U0958300

普通高等教育"十二五"规划教材
会 计 精 品 系 列

中级财务会计

（第四版）

王文华 徐文丽／主编

立信会计出版社
LIXIN ACCOUNTING PUBLISHING HOUSE

图书在版编目(CIP)数据

中级财务会计/王文华，徐文丽主编. —4版. —上海：立信会计出版社，2012.8

普通高等教育"十二五"规划教材. 会计精品系列

ISBN 978-7-5429-3600-4

Ⅰ.①中… Ⅱ.①王…②徐… Ⅲ.①财务会计—高等学校—教材 Ⅳ.①F234.4

中国版本图书馆CIP数据核字(2012)第182932号

责任编辑 徐小霞

封面设计 周崇文

中级财务会计(第四版)

出版发行	立信会计出版社		
地　　址	上海市中山西路2230号	邮政编码	200235
电　　话	(021)64411389	传　　真	(021)64411325
网　　址	www.lixinaph.com	电子邮箱	lxaph@sh163.net
网上书店	www.shlx.net	电　　话	(021)64411071
经　　销	各地新华书店		
印　　刷	上海天地海设计印刷有限公司		
开　　本	787毫米×960毫米	1/16	
印　　张	27.5		
字　　数	466千字		
版　　次	2012年8月第4版		
印　　次	2016年9月第4次		
印　　数	9 301—12 400		
书　　号	ISBN 978-7-5429-3600-4/F		
定　　价	38.00元		

如有印订差错，请与本社联系调换

第四版前言

《中级财务会计》出版后，受到广大高校师生认可，谨在此表示衷心的感谢。2006年，财政部颁布了《企业会计准则——基本准则》及38项具体会计准则，基本实现了会计国际趋同。其改革的深度和广度很大，具有我国会计发展史上里程碑的意义。为此，我们于2007年8月，以此为依据对本教材进行了第三版的修订。

随着我国新的企业会计准则逐步实施和不断完善，我们认为有必要对本教材再次修订。这次修订主要是根据我国企业会计准则与国际持续趋同的要求、财政部企业会计准则解释以及增值税转型等变化，对本教材相关的内容进行补充和调整，以使本教材尽可能与新企业会计准则体系对应

对于教材中的不妥之处，恳请广大读者批

王文华

2012年8月

第三版前言

2006年2月15日财政部颁布了《企业会计准则——基本准则》、《企业会计准则第1号——存货》等38项具体准则。相对于前几次的会计改革来说，本次改革在会计要素的确认、计量、记录及披露等更深的层次上完善会计规则，规范会计秩序，实现国际趋同。其改革的深度及广度都超过前几次。在中国会计发展史上具有里程碑的意义。

为了适应本次我国会计改革的新形势，我们根据财政部2006年颁布的新的企业会计准则，及时对本书的内容作了较大幅度的修订。使其内容更加新颖、结构更加合理，理论更趋规范。

参加本书第三版修订的有王文华、徐文丽、潘裕文、刘瑞丹、郭玲玲、何杰。

对于书中的不妥之处，恳请读者批评指正。

作　　者

2007年8月

第二版前言

《中级财务会计》于2001年出版以后，随着改革开放的深入发展，我国的会计改革又向前推进了一大步，相继出台了各项新的具体会计准则、会计制度及改革措施。如：颁布实施了固定资产、无形资产、存货等具体会计准则；修订了非货币性交易、投资、现金流量表等前已颁布的具体会计准则；颁布了《企业财务会计报告条例》等。这些会计改革的新变化，将使我国会计理论和实务更加适应社会主义市场经济发展及与国际惯例接轨的要求。基于我国会计环境的变化，我们对该书第一版的内容作了较大幅度的修改，使其内容更加新颖、翔实，理论更趋系统、规范，以适应培养新型的现代会计专业人才的需要。

参加本书修订的有王文华、徐文丽、向涛、王玉法、聂敏、朱磊、赵超、朱琳。由王文华、徐文丽定稿。

对于书中不妥之处，恳请读者批评指正。

作　者

2003年9月

前　言

上海大学会计系一直致力于会计教学的改革和会计课程的建设，以适应培养理论基础扎实，知识面宽广，一专多能的复合型、通用型、外向型的跨世纪现代会计专业人才的需要。

会计教材的建设是会计教学改革的重要环节。本书根据财政部近期颁布的具体会计准则及2001年新的《企业会计制度》等，并结合我们多年来教学和研究的成果编著而成。

本书的特点是：内容新颖、翔实；理论系统、规范；注重科学性与可操作性，以及理论与实践的结合。

本书可作为高校经济、管理类会计课程教材，也可作为各类企业中、高级会计人员继续教育的培训教材。

参加本书撰写的有：王文华、徐文丽、葛隆华、朱蓉莎、张晓红、张菁、李化、高新宇、高明霞。由王文华、徐文丽修改、总纂、定稿。

陈可喜、陶琼、刘永红参加部分复习思考题的编写。

对于书中不妥之处，恳请读者批评指正。

作　者

2001年9月

目　　录

第一章　总　　论

第一节　会 计 概 述

一、会计目标

会计目标是指会计所要达到的目的，会计主要是生成和提供会计信息。随着企业组织制度的发展变化，为适应股份公司这一主要的企业组织形式发展的需要，会计也突破仅仅为单个企业业主服务的界限，会计核算和会计信息服务对象的范围逐步扩大到企业外部投资者、债权人、政府及其有关部门和社会公众等。

我国会计的目标是与社会主义市场经济体制相适应的。我国会计的目标仍然是对会计主体的经济活动进行核算，提供反映会计主体经济活动的信息。

第一，会计要为国家宏观经济管理和调控提供会计信息。企业经济是国民经济的一个重要组成部分。企业经济的繁荣，直接影响国民经济的稳定和发展。虽然会计不能提供宏观经济管理所需要的全部信息，但是，会计信息是宏观经济管理所需资料的基础。

第二，会计要为企业内部经营管理提供会计信息。企业内部经营管理的好坏，直接影响到企业的经济效益，影响到企业在市场上的竞争能力，甚至可以说关系到企业的前途和命运。会计是企业内部的重要信息系统，会计提供准确可靠的信息，有助于决策者进行合理的决策，有助于强化内部管理。

第三，会计要为企业外部各有关方面了解其财务状况和经营成果提供会计信息。在市场经济条件下，企业处于错综复杂的经济关系之中，其生产经营活动与政府、投资者、债权人、职工和社会公众等方面存在着密切的联系。由于这些企业外部利益关系的各个方面不直接参与企业的生产经营活动，其对企业会计信息的要求只能通过企业对外提供的会计报表来得到满足。

二、会计任务

会计任务是在经济管理中发挥会计的职能作用所要达到的目的和要求。会计的基本任务可以概括为以下五个方面：

(1) 真实、准确、完整地记录各项经济业务。

(2) 维护国家的财政制度与财务制度。

(3) 保护社会主义公共财产。

(4) 分析、考核计划与预算的执行情况。

(5) 预测经济前景,参与经济决策,提高总体经济效益。

《中华人民共和国会计法》第二十二条对会计机构、会计人员的主要职责作了明确规定:进行会计核算;实行会计监督;撰写办理会计事务的具体办法;参与拟订经济计划、业务计划,考核分析预算、财务计划的执行情况;办理其他会计事务。这是对会计基本任务的法律规范。

第二节　会计基本假设

会计假设是指对会计资料的搜集、整理和报告等所作的合乎逻辑的推理,它是会计核算工作的一个必备的前提条件。会计假设通常包括以下几个方面。

一、会计主体

在组织会计核算之前,首先应明确会计为之服务的特定单位,这就是会计主体。凡具有经济业务,又实行独立核算的独立实体,都可以成为一个特定的会计主体。一个会计主体实际上是一个经济责任中心。划分会计主体,就是规定会计活动的空间范围,实际上就是限定会计对象的范围。会计主体假设,可以正确地反映企业所有的财产和对外应付的债务,准确地计算它在经营中所取得的收益和损失,为决策提供有用的信息。

二、持续经营

持续经营是指把企业看作永久存在的实体,其业务经营是无限期地持续下去的。会计主体假设为会计的活动作了空间的规定,而持续经营假设则为会计的正常活动作了时间上的规定。它是财务会计某些原则和会计程序得以顺利建立的前提条件,如企业的财产计价、费用分配和收益的确定等,均是以持续经营假设为基础的。

三、会计分期

会计分期是指将企业连续不断的生产经营活动人为地划分为若干个相等的时间阶段。其目的是为了能定期地反映企业的财务状况和经营成果。

我国会计法规定,会计年度为公历1月1日至12月31日,年度下再分季度和月度。

会计期间只是一种假设，企业的经营活动实际并未因会计期间终了而停止。因此，为了正确地计算会计期间的经营成果，需要对跨会计期间的经济业务采用合理的会计处理方法，如折旧、摊销及配比等。此外，在一个会计期间内，各项资产和负债的变动与现金的收支是不会完全一致的，于是就产生了权责发生制。

四、货币计量

货币计量，即要求对所有会计核算对象采用同一种货币作为统一的尺度来予以计量，并把企业经营活动和财务状况的数据转化为按统一货币单位反映的会计信息。货币单位是会计的基本计量单位，其他计量单位，如物理单位、劳动时间单位等都是辅助单位。在我国是以人民币作为记账本位币，有外币收支的企业，应当折算为人民币编制会计报表。

第三节　会计信息质量要求

会计信息质量要求是对企业财务报告中所提供会计信息质量的基本要求，是使财务报告中所提供会计信息对投资者等使用者决策有用应具备的基本特征，它包括以下八项：

(1) 可靠性。企业应当以实际发生的交易或者事项为依据进行确认、计量和报告，如实反映符合确认和计量要求的各项会计要素及其他相关信息，保证会计信息真实可靠、内容完整。

(2) 相关性。企业提供的会计信息应当与投资者等财务报告使用者的经济决策需要相关，有助于投资者等财务报告使用者对企业过去、现在或者未来的情况作出评价或者预测。

(3) 可理解性。企业提供的会计信息应当清晰明了，便于投资者等财务报告使用者理解和使用。

(4) 可比性。企业提供的会计信息应当相互可比。同一企业不同时期发生的相同或者相似的交易或者事项，应当采用一致的会计政策，不得随意变更。确需变更的，应当在附注中说明。不同企业同一会计期间发生的相同或者相似的交易或者事项，应当采用规定的会计政策，确保会计信息口径一致、相互可比。

(5) 实质重于形式。企业应当按照交易或者事项的经济实质进行会计确认、计量和报告，不仅仅以交易或者事项的法律形式为依据。

(6) 重要性。企业提供的会计信息应当反映与企业财务状况、经营成果和现金流量有关的所有重要交易或者事项。

(7) 谨慎性。企业对交易或者事项进行会计确认、计量和报告应当保持应有的谨慎,不应高估资产或者受益、低估负债或者费用。

(8) 及时性。企业对于已经发生的交易或者事项,应当及时进行确认、计量和报告,不得提前或者延后。

第四节 会计要素及其确认

会计要素是为实现会计目标,以会计基本前提为基础,对会计对象的基本分类,是会计核算对象的具体化。我国《企业会计准则》明确列示了资产、负债、所有者权益、收入、费用和利润等六个会计要素。

一、资产

(一) 资产的定义

资产是指企业过去的交易或者事项形成的,由企业拥有或者控制,预期会给企业带来经济利益的资源。

(二) 资产的基本特征

(1) 导致企业取得或实际上能支配某些经济资源的交易或事项已经发生。

(2) 这些经济资源是属于企业或处于实际支配之下。

(3) 资产能够给企业带来未来经济利益,即可望给企业带来现金流入的资源。

(三) 资产的确认条件

(1) 与该资源有关的经济利益很可能流入企业。

(2) 该资源的成本或者价值能够可靠地计量。

二、负债

(一) 负债的定义

负债是指企业过去的交易或者事项形成,预期会导致经济利益流出企业的现时义务。

(二) 负债的基本特征

(1) 负债是由过去交易或事项所形成的当前的债务。

(2) 负债是企业将来要清偿的义务。

(3) 负债需要企业在将来以转移资产或提供劳务加以清偿。

(三) 负债的确认条件

(1) 与该义务有关的经济利益很可能流出企业。

(2) 未来流出的经济利益的金额能够可靠地计量。

三、所有者权益

(一) 所有者权益的定义

所有者权益是指企业资产扣除负债后,由所有者享有的剩余权益。公司的所有者权益又称为股东权益。

(二) 所有者权益的来源

所有者权益的来源主要包括所有者投入的资本、直接计入所有者权益的利得和损失、留存收益等。通常由股本(或实收资本)、资本公积(含股本溢价或资本溢价、其他资本公积)、盈余公积和未分配利润构成。

所有者投入的资本,是指所有者投入企业的资本部分,它既包括构成企业注册资本或者股本部分的金额,也包括投入资本超过注册资本或者股本部分的金额,即资本溢价或者股本溢价。

直接计入所有者权益的利得和损失,是指不应计入当期损益、会导致所有者权益发生增减变动的、与所有者投入资本或者向所有者分配利润无关的利得或者损失。其中,利得是指由企业非日常活动所形成的、会导致所有者权益增加的、与所有者投入资本无关的经济利益的流入。损失是指由企业非日常活动所发生的、会导致所有者权益减少的、与向所有者分配利润无关的经济利益的流出。

留存收益,是企业历年实现的净利润留存于企业的部分,主要包括累计计提的盈余公积和未分配利润。

(三) 所有者权益的确认

由于所有者权益体现的是所有者在企业中的剩余权益,因此,所有者权益的确认主要依赖于其他会计要素,尤其是资产和负债的确认;所有者权益金额的确定也主要取决于资产和负债的计量。

四、收入

(一) 收入的定义

收入是指企业在日常活动中形成的、会导致所有者权益增加的、与所有者投入资本无关的经济利益的总流入。

(二) 收入的特征

(1) 收入应当是企业在日常活动中形成的。

(2) 收入应当会导致经济利益的流入,该流入不包括所有者投入的资本。

(3) 收入应当最终会导致所有者权益的增加。

(三) 收入的确认

收入在确认时除了应当符合收入定义外,还应当满足严格的确认条件。

收入的确认至少应当同时符合以下条件：

（1）与收入相关的经济利益应当很可能流入企业。

（2）经济利益流入企业的结果会导致企业资产的增加或者负债的减少。

（3）经济利益的流入额能够可靠地计量。

五、费用

（一）费用的定义

费用是指企业在日常活动中发生的、会导致所有者权益减少的、与向所有者分配利润无关的经济利益的总流出。

（二）费用的特征

（1）费用应当是企业在日常活动中发生的。

（2）费用应当会导致经济利益的流出，该流出不包括向所有者分配的利润。

（3）费用应当最终会导致所有者权益的减少。

（三）费用的确认

费用的确认除了应当符合费用定义外，还应当满足严格的确认条件：

（1）与费用相关的经济利益应当很可能流出企业。

（2）经济利益流出企业的结果会导致资产的减少或者负债的增加。

（3）经济利益的流出额能够可靠计量。

六、利润

（一）利润的定义

利润是企业在一定会计期间的经营成果。

（二）利润的来源

利润的来源包括收入减去费用后的净额、直接计入当期利润的利得和损失等。其中，收入减去费用后的净额反映的是企业日常活动的业绩，直接计入当期利润的利得和损失反映的是企业非日常活动的业绩。直接计入当期利润的利得和损失，是指应当计入当期损益、最终会引起所有者权益发生增减变动的、与所有者投入资本或者向所有者分配利润无关的利得或者损失。

（三）利润的确认

利润反映的是收入减去费用、利得减去损失后的净额，因此，利润的确认主要依赖于收入和费用以及利得和损失的确认，其金额的确定也主要取决于收入、费用、利得、损失金额的计量。

第五节 会 计 计 量

会计计量是为了将符合确认条件的会计要素登记入账并列报于财务报表而确定其金额的过程。企业应当按照规定的会计计量属性进行计量，确定相关金额。从会计角度，计量属性反映的是会计要素金额的确定基础，主要包括历史成本、重置成本、可变现净值、现值和公允价值等。

一、历史成本

历史成本又称为实际成本，就是取得或制造某项财产物资时所实际支付的现金或者其他等价物。在历史成本计量下，资产按照其购置时支付的现金或者现金等价物的金额，或者按照购置资产时所付出的对价的公允价值计量。负债按照其因承担现实义务而实际收到的款项或者资产的金额，或者承担现时义务的合同金额，或者按照日常活动中为偿还负债预期需要支付的现金或者现金等价物的金额计量。

二、重置成本

重置成本，又称现行成本，是指按照当前市场条件，重新取得同样一项资产所需支付的现金或现金等价物金额。在重置成本计量下，资产按照现在购买相同或者相似资产所需支付的现金或者现金等价物的金额计量。负债按照现在偿付该项债务所需支付的现金或者现金等价物的金额计量。

三、可变现净值

可变现净值是指在正常生产经营过程中，以预计售价减去进一步加工成本和销售所必需的预计税金、费用后的净值。在可变现净值计量下，资产按照其正常对外销售所能收到现金或者现金等价物的金额扣减该资产至完工时估计将要发生的成本、估计的销售费用以及相关税金后的金额计量。

四、现值

现值是指对未来现金流量以恰当的折现率进行折现后的价值，是考虑货币时间价值因素等的一种计量属性。在现值计量下，资产按照预计从其持续使用和最终处置中所产生的未来净现金流入量的折现金额计量。负债按照预计期限内需要偿还的未来净现金流出量的折现金额计量。

五、公允价值

公允价值是指在公平交易中，熟悉情况的交易双方自愿进行资产交换或者债务清偿的金额。在公允价值计量下，资产和负债按照在公平交易中，熟悉情况的交易双方自愿进行资产交换或者债务清偿的金额计量。

企业在对会计要素进行计量时，一般应当采用历史成本。采用重置成本、可变现净值、现值、公允价值计量的，应当保证所确定的会计要素金额能够取得并可靠计量。

复习思考题

一、单项选择题

1. 会计主体对会计核算范围从(　　)上进行了有效的界定。

A. 时间　　B. 内容　　C. 空间　　D. 时间和空间

2. 持续经营假设为(　　)提供了理论依据。

A. 会计计量　　B. 复式记账

C. 会计确认　　D. 会计要素的划分

3. 会计分期假设是建立在(　　)基础上而提出的。

A. 会计主体假设　　B. 货币计量假设

C. 配比原则　　D. 持续经营假设

4. 划分各期收入和费用的原则是(　　)。

A. 配比性原则　　B. 权责发生制原则

C. 谨慎性原则　　D. 重要性原则

5. 下列各项中，属于资产的有(　　)。

A. 待摊费用　　B. 本年利润　　C. 预提费用　　D. 预收账款

6. 在会计工作中，将劳动手段按一定标准分为低值易耗品和固定资产的依据是(　　)。

A. 可比性原则　　B. 重要性原则

C. 真实性原则　　D. 明晰性原则

7. 根据《企业会计准则——基本准则》，企业对会计要素计量一般采用(　　)的计量属性。

A. 历史成本　　B. 公允价值　　C. 重置成本　　D. 可变现净值

二、多项选择题

1. 可比性原则是指(　　)应一致。

A. 企业与企业之间　　B. 会计处理方法

C. 会计程序　　D. 会计指标计算口径

E. 会计处理的期间

2. 下列各项中,符合谨慎性原则的有( )。

A. 应收账款计提坏账准备金

B. 固定资产加速折旧

C. 固定资产折旧的直线法

D. 提取存货跌价准备金

E. 当资产发生减值时提取减值准备

3. 构成利润表的会计要素包括( )。

A. 收入 B. 负债 C. 费用 D. 利润

E. 所有者权益

4. 企业取得收入时会影响的会计要素有( )。

A. 资产 B. 负债 C. 费用 D. 利润

E. 所有者权益

5. 下列会计处理中,符合会计信息质量谨慎性要求的有( )。

A. 坏账核算采用备抵法

B. 当资产发生减值时提取减值准备

C. 对固定资产折旧采用年数总和法

D. 对长期股票投资采用权益法

E. 对长期股票投资采用成本法

6. 根据《企业会计准则——基本准则》,所有者权益的来源包括( )。

A. 所有者投入的资本

B. 直接计入所有者权益的利得

C. 直接计入所有者权益的损失

D. 留存收益

E. 所有者投入资本超过注册资本或者股本部分的金额

7. 根据《企业会计准则——基本准则》的规定,下列表述中,符合会计信息质量要求的有( )。

A. 会计核算方法一经确定不得随意变更

B. 会计核算应当及时进行,不得提前或延后

C. 会计核算应当仅反映交易或事项的法律形式

D. 会计核算应当以实际发生的交易或事项为依据

E. 企业提供的会计信息应当相互可比

8. 在确认资产要素时,应满足的条件有( )。

A. 符合资产要素定义
B. 经济利益很可能流入企业
C. 成本或者价值能够可靠地计量
D. 符合历史成本原则
E. 经济利益很可能流出企业

三、判断题

1. 会计核算基本前提之所以又称为会计假设,是由于缺少客观性以及人们无法对其进行证明。 ( )
2. 法律主体必定是会计主体,会计主体也必定是法律主体。 ( )
3. 我国企业会计准则规定,企业的会计核算应当以权责发生制为基础。 ( )
4. 谨慎性原则是会计人员以一种悲观态度来处理会计业务和编制报表,所以往往与历史成本原则相矛盾。 ( )
5. 会计只采用货币量度进行反映和监督。 ( )
6. 会计的任务取决于会计核算的内容。 ( )
7. 资产与权益在数量上始终是相等的。 ( )
8. 任何被涉及的经济业务发生都不会破坏会计等式两边的金额。 ( )

四、名词解释

1. 会计主体
2. 持续经营
3. 会计分期
4. 货币计量
5. 可靠性
6. 相关性
7. 可理解性
8. 可比性
9. 实质重于形式
10. 重要性
11. 谨慎性
12. 及时性
13. 历史成本
14. 重置成本
15. 可变现净值
16. 公允价值

五、简答题

1. 什么是会计要素?试述其所包含的内容。
2. 何谓会计信息质量重要性要求?如何理解这一原则?
3. 试述会计核算的任务。

第二章　货币资金的核算

第一节　现金的管理和核算

一、现金的管理

西方会计中所讲的“现金”概念包括库存现金、银行存款以及其他符合现金定义的票证，如未付支票、汇票等。我国会计上所界定的“现金”概念是指存放在会计部门、内部专职人员保管的库存现金，包括库存的人民币和各种外币。

现金管理是企业货币资金管理工作中的一项重要内容，每个企业必须按照现金管理制度要求，严格审核各项现金收支凭证，在规定范围内收支现金。在企业生产经营活动中，凡企业和外部单位或内部职工之间因经济往来所引起的货币收付行为称为“结算”。以现金直接收付为现金结算方式；通过银行划拨转账收付称为非现金结算方式或称为转账结算方式。

（一）现金的使用范围

企业的库存现金有规定的使用范围。根据国务院颁发的《现金管理条例》规定，企业使用现金限于下列范围：

（1）职工的工资、津贴。

（2）个人的劳动报酬。

（3）根据国家规定颁发给个人的科学技术、文化艺术、体育等各种奖金。

（4）各种劳保、福利费用以及国家规定的对个人的其他支出。

（5）向个人收购农副产品和其他物资的价款。

（6）出差人员必须随身携带的差旅费。

（7）结算起点（1 000 元）以下的零星支出。

（8）中国人民银行确定需要支付现金的其他支出。

属于现金结算范围内的各种支出，企业可以根据需要向银行提取现金支付；不属于上述现金结算范围的各种支出，应通过开户银行办理转账结算。

（二）现金管理的内容

（1）企业必须遵守国家规定的现金管理和结算方法。国家对现金管理的措施主要有：

① 规定现金管理单位。一切企业、事业单位、机关、团体、部队、学校都是现金管理单位，都必须严格执行现金管理办法。

② 实行库存现金限额管理。为满足企业日常工作中零星开支需要，并有效地控制现金使用、限制现金的流通范围，银行根据企业单位日常现金开支多少、与银行的距离远近、交通情况等，对企业向银行申请保留的日常库存现金数额予以审核。所核定企业保留库存现金的最高限额（即库存现金限额）一般不超过该单位3～5天正常零星开支所需现金，距银行较远的单位经核定可适当放宽，但是最多不得超过该单位15天正常零星开支所需现金。超过库存现金限额的部分，企业应及时存入银行。

③ 实行现金收入管理。企业的现金收入应于当天营业终了前送存企业开户银行，不准用来直接支付自身的支出。企业以收入的现金直接支付各项支出称为“坐支”。极个别企业由于特殊情况需要坐支现金的必须经银行批准，由银行规定坐支的范围与限额。坐支现金的企业应定期向开户银行报告坐支现金金额和使用情况。

④ 严格执行现金使用范围。企业必须按现金支付的规定范围使用现金，超过现金支付范围的开支一律通过银行划拨转账。国家对企业现金的使用加以一定范围的限制对于有计划地调节货币流通，集中资金促进经济发展有着重要作用。

（2）为切实做好企业现金管理工作，企业应加强企业现金管理的内部控制制度。这些制度主要有：现金管理责任制、现金收付业务审核制和现金清查盘点制。

① 建立健全现金管理责任制。企业现金的收入、支出和保管应由专职出纳人员负责办理。企业内部的现金出纳工作要分工明确并实行相互联系、相互制约的内部牵制原则。所有的现金收入与支出应及时入账，出纳人员可以登记现金日记账但应由其他会计人员定期核对，并加强对现金收付凭证的审核，出纳人员不得兼管收入、费用和债权债务等总账和明细账的登记工作。

② 建立健全现金收付业务审核制。企业应定期编制现金收支计划并按计划组织现金的收支活动，对于日常发生的各项现金收付业务应按规定实行审批制度。监督现金收付业务的凭证、内容、金额等是否合规、合理、合法。

③ 建立健全现金清查盘点制。现金出纳员在每日营业终了应结出现金

日记账的余额并与实际盘点的现金数额相核对，保证账实相符。发现现金的盈余或短缺，应查明原因，及时处理。企业内部应定期和不定期组织对库存现金的清查。

二、现金的核算

为了总括地反映企业库存现金的收支和结存情况，企业应设置“库存现金”总分类账户。“库存现金”账户分设“借方”、“贷方”和“余额”三栏。现金收入时借记本账户；现金支付时贷记本账户；余额在借方，表示库存现金的结存数额。

现金总账可根据现金收款凭证和银行存款付款凭证的有关内容逐笔登记或根据汇总的收付款凭证、账户汇总表登记。企业内部各车间部门周转使用的备用金不在现金账户核算，而在其他应收账款账户核算。

为了全面、连续、逐日地反映现金的收入来源、支出用途和结存情况，以便随时掌握现金的收付存状态，防止差错，便于检查，企业还应设置现金日记账。现金日记账采用订本式，每一账页要顺序编写，以防止账页丢失或被抽换，同时也便于核对。企业常用的现金日记账格式，见表2-1。

表2-1

现 金 日 记 账

年		凭　证		摘　　要	对应账户	收入	付出	结余
月	日	种类	号数					

现金日记账由出纳人员根据审核无误的收款凭证、付款凭证按经济业务发生的先后顺序在现金日记账中逐日逐笔登记；每日终了应计算本日现金收入、支出和结出现金余额，并与实际库存现金核对；月终，现金日记账的余额应与现金总账的余额核对相符。

有外币现金的企业，应加设外币现金日记账。

企业收入现金时，根据审核无误的记账凭证借记“现金”账户，贷记有关账户。

【例2-1】 企业本月份有下述现金收入业务：

(1) 企业开具现金支票，向银行提取现金600元。作会计分录如下：

借：库存现金　　600
　贷：银行存款　　600

(2) 客户单位租用本企业包装物，以现金 350 元交付押金。作会计分录如下：

借：库存现金　　350
　贷：其他应付款——存入保证金　　350

(3) 销售产品 1 件，收取现金 117 元，其中货款 100 元，增值税款 17 元。作会计分录如下：

借：库存现金　　117
　贷：主营业务收入　　100
　　　应交税费——应交增值税(销项税额)①　　17

企业付出现金时，根据审核无误的记账凭证借记有关账户，贷记"现金"账户。

【例 2-2】 企业本月份有下述现金支出业务：

(1) 企业行政部门购买办公用品 48 元，以现金支付。作会计分录如下：

借：管理费用　　48
　贷：库存现金　　48

(2) 职工王青预借差旅费 1 200 元，经审核后以现金支付。作会计分录如下：

借：其他应收款——王青　　1 200
　贷：库存现金　　1 200

三、现金的清查

库存现金的清查是通过对库存现金的实地盘点，并与现金账户进行核对来检查账实是否相符，保护现金的安全完整。现金清查是现金管理的一项重

① 增值税是一种流转税。作为一般纳税单位，销售产品可按销售收入乘以增值税税率(大部分企业为 17%，少数行业例外)计算增值税的销项税额，贷记"应交税费——应交增值税(销项税额)"账户；在购进原材料等有关货物时，可根据购货发票中注明的增值税额借记"应交税费——应交增值税(进项税额)"账户；如果购进货物用于增值税的应税项目，则允许以进项税额抵扣销项税额。从本章起，举例进行账务处理中，凡涉及增值税的主要业务均列示有关增值税的处理。至于增值税的具体要求、规定、核算等内容详见本书第九章第二节有关内容。

要工作。

库存现金的清查包括出纳员对现金的日常清点核对和清查小组定期或不定期的现金清查。企业的现金出纳员在每天营业终了时，应对库存现金进行盘点，并将实际盘点数与现金日记账的当天余额核对，做到现金日清月结，保证账款相符。为加强对库存现金保管工作的监督，企业还应由清查小组对库存现金进行定期清查或突击清查。清查小组可由企业负责人、部门负责人及有关人员组成。出纳人员应主动配合。在清查前，出纳人员应将截至清查时的已办妥收付现金的凭证全部登记入账，并结出现金余额。在清查中应注意以下几个问题：

(1) 清查时现金出纳人员应在场。

(2) 企业库存现金分放两处或两处以上的应同时清查或先封存再依次清查。

(3) 清查时，不仅要检查账实是否相符，还应查明现金收付业务是否遵守财经纪律、现金的管理工作是否符合现金管理制度的规定事项等。

(4) 清查中发现现金短缺或盈余，应设法查明原因，并根据清查结果编制现金盘点报告表，列明实存、账存及盈亏金额。有盈亏金额的，应说明其原因，及时报请领导，根据不同情况作出处理。

清查现金中发现现金的实存额与账面金额不符时，应根据现金盘点报告进行账务处理。属于单纯记账错误的按规定更正方法更正；属于单据遗失造成错误的应补办手续入账；属于工作过失所引起的短缺，应根据清查小组处理意见和领导决定追究过失人的经济责任。发现现金盈余应借记“库存现金”账户，贷记“待处理财产损溢——待处理流动资产损溢”账户；发现现金短缺，应借记“待处理财产损溢——待处理流动资产损溢”账户，贷记“库存现金”账户。待查明盈或亏的原因后再进行相应的转账。

【例 2-3】 企业进行现金清查，情况如下。

(1) 现金清查中发现盘盈现金 150 元。作会计分录如下：

借：库存现金　　150
　贷：待处理财产损溢——待处理流动资产损溢　　150

如核查后原因不明，经批准将不明盈余予以转账。作会计分录如下：

借：待处理财产损溢——待处理流动资产损溢　　150
　贷：营业外收入　　150

(2) 现金清查中发现盘缺 120 元。作会计分录如下：

借：待处理财产损溢——待处理流动资产损溢　　120
　贷：库存现金　　120

如经核查是出纳人员工作失职造成，应由出纳人员赔偿。作会计分录如下：

借：其他应收款——出纳员××　　120
　贷：待处理财产损溢——待处理流动资产损溢　　120

四、备用金的核算

备用金是企业拨付给企业内部用款部门或职工个人为办理企业经济业务所需的日常零星开支的备用款项。企业拨付备用金采用先付后用、用后报销的办法。实务中，企业可根据管理需要，采用定额备用金制或不定额备用金制，并在“其他应收款——备用金”账户反映。

定额备用金也称固定备用金，是企业拨付给企业内部用款部门或职工个人在一定限额内周转使用的款项。通常备用金存放额由用款人根据需要提出申请，经审核批准并确定备用金的存放定额，一次拨付给用款人，用款人在报销时，财务部门为简化核算手续，可根据审核的报销额补足备用金的存放定额。不定额备用金也称临时备用金，是企业拨付给企业内部用款部门或职工个人提出用款申请经批准的备用款项。用款人用款后，财务部门根据用款凭证进行一次性的审批报账，采用多退少补的结账方式。

为加强对备用金的管理，企业应制定备用金的审批、领用、报销和保管制度；要求使用备用金的部门和个人应按规定用途支用，并及时办理报销；财务部门应认真做好备用金的核算工作，正确反映监督备用金的领用和报销。

【例 2-4】 企业供应部门申请定额备用金 1 000 元，经审核批准，开出现金支票。作会计分录如下：

借：其他应收款——备用金(供应科)　　1 000
　贷：银行存款　　1 000

供应科以备用金购入厂部办公用品 750 元，财务部门审核后给予报销，以现金 750 元支付。作会计分录如下：

借：管理费用　　750
　贷：库存现金　　750

【例 2-5】 职工王华经厂部批准赴广州出差，原借用备用金1 800元，现返回。报销差旅费 1 600 元，多余现金 200 元退回财务部门。作会计分录如下：

借：管理费用　　1 600
　贷：其他应收款——备用金(王华)　　1 600
借：库存现金　　200
　贷：其他应收款——备用金(王华)　　200

第二节 银行存款的管理和核算

一、银行存款的管理

银行存款是指企业存放在银行或其他金融机构可动用的货币资金。我国银行存款包括人民币存款和外币存款两种。

根据我国关于现金管理和结算办法规定，凡独立核算的企业必须在当地银行或其他金融机构开立存款账户，用以保存货币资金、办理银行存款的存入取出以及转账结算业务。企业除按规定留存的库存现金以外的货币资金必须及时存入银行，对发生的各项货币资金收付业务，除制度规定可以使用现金支付之外，都应通过银行办理转账结算。企业应加强对银行存款的管理，严格遵守银行结算纪律，按照国家法律、法规和《银行结算办法》的各项规定办理结算。不准将在银行开立的账户出借或出租；不准签发空头支票和远期支票；不准套取银行信用。

银行存款的基本要求是：

(1) 建立和健全银行存款管理责任制，明确分工，严格实施内部控制制度。企业应指派专人负责银行存款的管理。出纳人员负责办理银行存款的收付业务，不能兼管稽核及有关收入、费用、债权、债务账的登记工作；支票的签发及在支票上加盖预留银行印鉴应分别由两人或两人以上分别办理。

(2) 严格执行单据管理制度。凡可以由企业按规定签发的各种单据，如支票、商业汇票等均应由专人负责签发。签发时应填明收款单位或个人、用款理由及金额。严格执行单据的领用、签发和保管制度；严格执行单据签发的审批制度。

(3) 加强对银行存款收付业务的审核监督，保证银行存款收付业务的合规性、合理性、合法性。

(4) 做好货币资金的调度，提高货币资金的使用效率。企业财会部门应随时了解银行存款的收支动态和余额，灵活调度，防止过多存款闲置或由于存款不足而引起到期债务不能偿付及签发空头支票等现象。

二、银行存款的核算

为了总括地核算和监督银行存款的收支结存情况，企业应设置"银行存款"总分类账户。该账户的借方登记银行存款的收入数额；贷方登记银行存款的付出数额；期末借方余额表示企业银行存款的结余数额。

为了全面、连续、逐日详细地反映银行存款的收支用途和结存情况，以便随时掌握银行存款收付结存状况，合理组织货币资金的收支，防止差错和便于检查，企业还应设置银行存款日记账进行序时核算。银行存款日记账应按开户银行、其他金融机构、存款种类和货币种类分别设置。企业出纳人员根据审核无误的收款凭证、付款凭证逐日、逐笔、序时地在银行存款日记账中进行登记，每日终了应结出余额，月末应结出本月收入、付出合计及余额，并与银行核对账目。银行存款日记账一般采用三栏式订本日记账，其格式、内容与现金日记账基本相同。

企业收到往来单位通过银行转来的款项以及企业将款项存入银行或其他金融机构时，应借记"银行存款"账户，贷记有关账户；企业从银行存款户中支付款项或从银行提取现金时，应借记有关账户，贷记"银行存款"账户。

三、银行存款转账结算的核算

银行转账结算是社会经济活动各种资金结算的中介，企业在生产经营过程中的款项收付大多是通过银行进行结算的。广泛应用银行转账结算，有利于加强银行对企业的货币监督，发挥银行结算中心的作用；有利于促进企业维护购销权益，及时安全地办理结算，保障结算活动的正常进行，加速资金周转；同时也有利于银行集中各单位暂时闲置的资金，有计划地发放信贷，充分发挥资金的作用。办理银行结算的单位、个人及银行本身都必须遵守以下银行结算原则：

首先，恪守信用，履约付款，维护收付双方当事人的正当权益。在市场经济条件下，各种经济往来均应依法签订并严格履行有关合同或协议，并据此签发有关结算凭证或票据，提交开户银行委托办理收付款项手续，以了结当事人之间的债权债务关系。

其次，钱货两清。各单位及组织在进行商品交易或劳务服务中，除国家规定允许的预收预付和赊销者外，应做到及时将货款结清，以保证资金运用按计划进行。

再次，明确资金所有权与支配权，即谁的钱归谁所有和支配。

最后，银行不垫款。我国企业进行银行转账结算的主要办法是通过票据活动。票据是由出票人签发，约定无条件支付一定数额款项给指定收款人或其受让人或持票人的一种书面凭证或通知，如汇票、本票、支票。国家为规范票据行为，保障票据活动中当事人的合法权益，维护社会经济秩序，促进社会主义市场经济发展，于 1995 年 5 月 10 日颁布了《中华人民共和国票据法》，凡在中华人民共和国境内的企业单位或个人进行票据活动都必须严格遵守。除通过票据活动进行银行转账结算外，我国还采用汇兑、托收承付、委托收款等结算方式。

不同的转账结算方式都有其自身的特点，由于收付款单位所在地、交易的性质、付款的条件和业务手续等不尽一致，其账务处理也各有不同。企业应根据结算单位、经济业务内容的情况区别选用恰当的转账结算方式。我国现行转账结算方式及其核算分别说明如下。

（一）银行本票

银行本票是由申请人将款项交存银行，由银行签发给其凭以办理转账结算或支取现金的票据。

银行本票分为不定额银行本票和定额银行本票两种。不定额银行本票用压数机压印金额，起点金额为××元；定额银行本票面额分 1 000 元、5 000 元、10 000 元、50 000 元四种。

银行本票的付款期自出票日起，最长不得超过 2 个月。票据期限凡按月计算的，以应到期月份中与出票日相同的那一天为到期日（即对日）；到期月份无对日的则以到期月份的月末一天为到期日；到期日为节假日时顺延。对于预期的银行本票，兑付银行不予受理。申请人因银行本票超过付款期或其他原因要求退款时，可持银行本票并填制进账单向签发银行办理。银行本票遗失不予挂失，持银行本票的单位应注意保管好，防止丢失。遗失不定额银行本票在付款期满后 1 个月，如确未被冒领，可由原申请人备函向签发银行说明情况后办理退款手续。

银行本票见票即付、信誉很高、支付功能强，用于单位和个人在同域范围内的商品交易、劳务供应和其他款项的结算。

企业以银行本票结算方式与支付货款或其他款项时，应填制“银行本票申请书”，如需支取现金的应填明“现金”字样，连同款项交存银行。银行受理后签发银行本票交给申请企业据以办理结算；付款企业取得银行本票和使用银行本票的业务在“其他货币资金”账户中核算。有关其他货币资金的业务内容将在本章第三节讲述。收款单位取得银行本票后，应在付款期内及时填写进账单连同银行本票一并交开户银行办理转账，根据银行盖章退回进账单的第一联和有关原始凭证编制收款凭证借记“银行存款”账户，贷记“应收账款”等账户。

银行本票结算程序,见图 2-1。

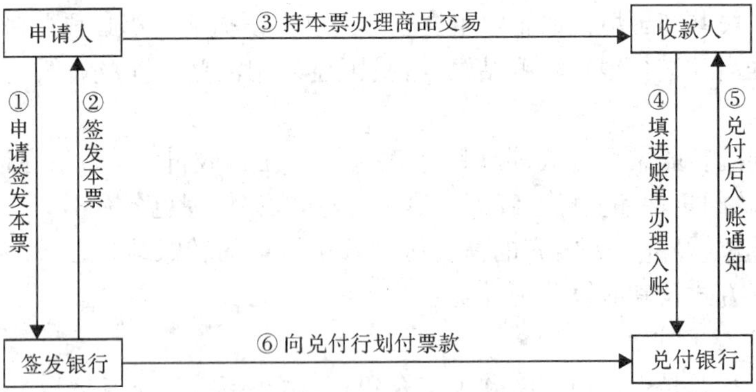

图 2-1 银行本票结算程序图

(二) 银行汇票

银行汇票是汇款人将款项交存当地银行,由银行签发给汇款人持往异地办理转账或支取现金的票据。

银行汇票的主要种类有:记名汇票、不记名汇票、约期汇票(按约定日期付款)、批期汇票(付款人按票据批准的付款日期付款)四种。目前我国签发的银行汇票一律记名,汇票的付款期为 1 个月(按次月对日计算)。逾期的银行汇票送兑付银行不予受理。不慎遗失银行汇票时,如遗失的银行汇票是填明现金字样的应立即向兑付银行、开户银行请求挂失;如遗失的银行汇票上填明收款单位的,银行不予挂失,应与兑付银行、收款单位取得联系,请求协助防范;遗失的银行汇票在期满 1 个月后可办理退款。

银行汇票结算方式适用于单位和个人用于异地的各种款项结算,尤其适用于企业先收款后发货或钱货两讫的商品交易。采用银行汇票使用灵活、兑现性强;票随人到、凭票购货,避免长途携带现金;支用结余,可自动退回。银行汇票可以背书转让,但只限个人转让给单位或个体经营户,且在付款期只可以转让一次。

汇款单位使用银行汇票,应在“银行汇票委托书”上填明收款人姓名、金额、用途及兑付银行等内容后提交银行,银行受理并收妥款项后签发银行汇票。如需支取现金的,应在汇票的“汇款金额”栏填明“现金”字样后再填写汇款金额,并用压数机压印汇款金额、加盖印章,将汇票和解讫通知单一并交汇款人。汇款人持银行汇票,可向填明的收款单位办理结算。

收款单位收到银行汇票，应在付款期限内将不超过汇票面额的应收金额和多余金额填入银行汇票，并在汇票背面加盖印章，连同进账单等凭证送交开户银行办理转账。如银行汇票支付后尚有多余款，将由签发银行退交汇款单位。

银行汇票结算方式和结算程序，见图 2-2。

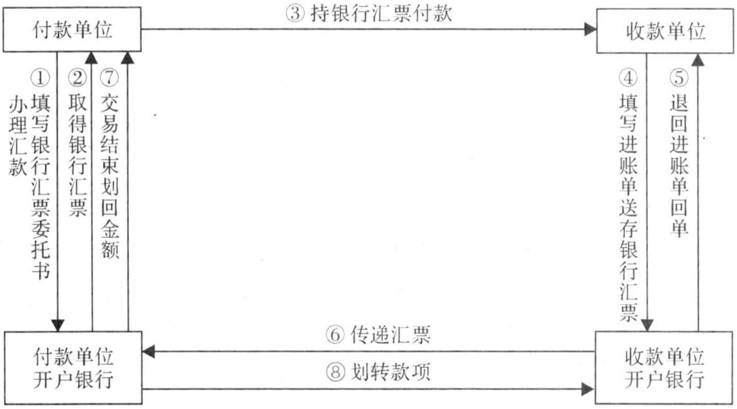

图 2-2 银行汇票结算方法和结算程序

企业向银行申请办理银行汇票和使用银行汇票在“其他货币资金”账户核算。收款单位收到付款单位送来的银行汇票后，应在付款期内填写进账单，根据银行盖章退回的进账单第一联，进行账务处理，借记“银行存款”账户，贷记“应收账款”等账户。

（三）商业汇票

商业汇票是由收款人或付款人签发，由承兑人承兑并于汇票到期之日向收款人或被背书人支付款项的票据。

商业汇票签发的前提是在银行开立账户的法人与其他组织之间具有真实的交易关系或债权债务关系。同城异地均可以使用。

商业汇票的承兑是指汇票付款人承诺在汇票到期日支付汇票金额的票据行为。商业汇票的承兑期限由交易双方约定，但最长不得超过 6 个月。商业汇票提示付款期限自汇票到期日起 10 日内。如属分期付款，可一次签发若干张不同期限汇票。汇票的承兑人负有在汇票到期时无条件支付票款的责任。

商业汇票一律记名。它可以经指定收款人在票据背面签章（即背书）后，将票据转让他人；也可以把未到期的票据转让给银行，获取银行按规定扣除利息部分后的金额（即贴现）。

商业汇票按承兑人的不同又可分为商业承兑汇票和银行承兑汇票。

商业承兑汇票是由付款人(购货企业)承兑的票据。由收款单位签发时,收款单位应填写一式三联商业承兑汇票,在汇票上逐项填明签发日期、收付款人全称和账号、开户银行、汇票金额(大写和小写)、汇票到期日、交易合同号码等内容,并在汇票第二联"汇票签发人"处加盖预留银行印鉴后送付款单位承兑,汇票的第三联留存。付款单位收到收款单位签发的商业承兑汇票,经与合同和协定的内容核对无误后,在商业承兑汇票正面签署"承兑"字样,并在第二联"付款人盖章"处加盖预留银行印鉴后,交给收款单位,汇票的第一联(卡片)留存。如果是由付款单位签发,付款单位应填写一式三联商业承兑汇票,并由自己承兑,其余手续与收款单位签发商业承兑汇票相同。

商业承兑汇票的承兑人是付款方,因此,付款人应于商业承兑汇票到期日之前准备好足够资金交存其开户银行,开户银行根据收到的到期商业承兑汇票将款项划转给收款人、被背书人或贴现银行。如果汇票到期,付款人的存款户余额不足支付,其开户银行将商业承兑汇票退还给收款人,由其自行处理,同时,银行按规定对付款人处以一定金额的罚款;如商业承兑汇票到期前已办理贴现,银行则将以贴现的商业承兑汇票退还给贴现人,并对贴现人执行扣款,扣款不足按逾期贷款处理,同时对付款人处以罚款。

银行承兑汇票是由银行受理付款人申请银行承兑后予以承兑的票据。

由收款单位签发银行承兑汇票应由收款单位填写一式四联银行承兑汇票,逐项填明签发日期、收款人和承兑申请人全称及账号、开户银行、汇票金额、汇票到期日、交易合同号码等内容,并在汇票第一、第二、第三联"汇票签发人签章"处加盖预留银行印鉴,然后,将汇票第四联留存,其余三联寄交付款单位办理承兑手续。付款单位收到收款单位签发的银行承兑汇票后,根据双方协定的内容,逐项进行审核无误后,在汇票的第一联"承兑申请人盖章"处加盖预留银行印鉴和申请承兑日期,同时填制一式三联银行承兑协议,连同第一、第二、第三联银行承兑汇票及交易购销合同一并送交开户银行信贷部门,经银行信贷部门审查同意并签署"银行承兑协议"后,再到银行会计部门办理手续,并将银行承兑汇票的第二、第三联寄交收款单位。

签发银行承兑汇票,承兑银行按汇票金额的大小向承兑申请人收取一定的承兑手续费。银行承兑汇票到期时,承兑银行按承兑协议凭票据无条件将款项付给收款人、被背书人或贴现银行,随后向承兑申请人(付款人)收回票款。如果汇票到期,承兑申请人付款不足,承兑银行对承兑申请人实行扣款,扣款不足部分按逾期贷款处理。

商业汇票到期时,收款人应填制"进账单",连同商业汇票、解讫通知一并送交银行办理收款。商业汇票流转结算程序，见图2-3、图 2-4。

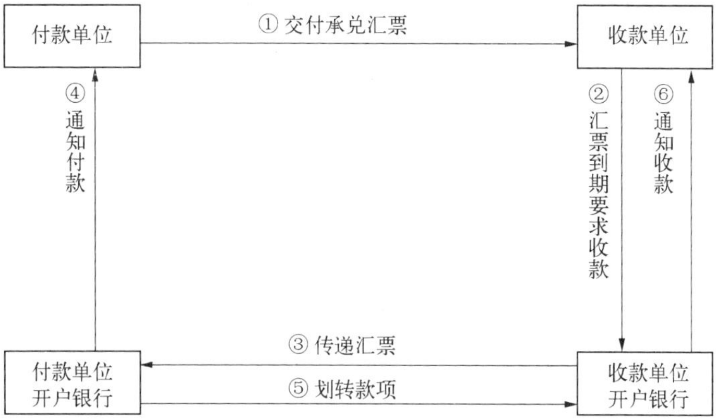

图 2-3　商业承兑汇票结算程序图

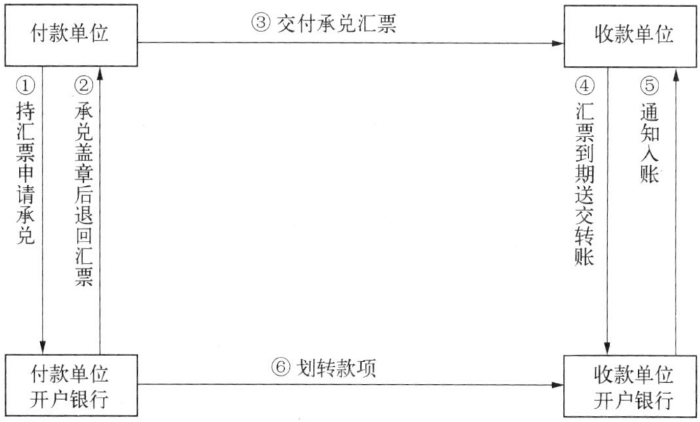

图 2-4　银行承兑汇票结算程序图

企业进行商业汇票核算时，应设置“应收票据”和“应付票据”账户。“应收票据”账户的借方登记企业销售商品收到商业汇票的金额；贷方登记到期回收的、转让给其他单位的、向银行办理贴现的商业汇票的金额；余额在借方，表示企业持有尚未到期商业汇票的金额。“应付票据”账户的贷方登记企业购进商品开出商业汇票的金额；借方登记商业汇票到期转销偿付的金额；余额在贷方，表示企业开出商业汇票尚未支付的金额。

购货单位签发商业汇票在向银行申请承兑经银行审核受理时，企业按规定所交纳的手续费应借记“财务费用”账户，贷记“银行存款”账户。购货企业将已承兑的商业汇票交给销货企业时，应借记“材料采购”、“应交税费——应交增值税(进项税额)”等账户。购货单位收到银行支付到期商业汇票的付款通知时,应借记“应付票据”账户,贷记“银行存款”账户。

销货单位收到购货单位已承兑的商业汇票时,借记“应收票据”账户,贷记“主营业务收入”、“应交税费——应交增值税(销项税额)”等账户。销货单位在汇票到期,将汇票及进账单送交开户银行办理转账时,借记“银行存款”账户,贷记“应收票据”账户。如销货单位在汇票到期前因急需资金,持未到期汇票向银行申请贴现,款项存入银行时,按银行扣取的贴现利息,借记“财务费用”账户;按汇票票额扣除贴现利息后的净额借记“银行存款”账户,贷记“应收票据”账户。如果销货单位因购买材料等物资将汇票背书转让给其他单位时,借记“材料采购”、“应交税费——应交增值税(进项税额)”等账户,贷记“应收票据”账户。

在商业汇票到期付款单位无力支付的情况下,商业承兑汇票与银行承兑汇票的处理不同。如采用商业承兑汇票,汇票到期付款单位无力支付时,银行将到期汇票退回,并对付款单位处以罚款。付款单位应借记“应付票据”账户,贷记“应付账款”账户;并根据银行罚款通知借记“财务费用”账户,贷记“银行存款”账户。收款单位则应借记“应收账款”账户,贷记“应收票据”账户。如采用银行承兑汇票,汇票到期付款单位无力支付时,银行仍然将票款兑付给持票人,对付款单位则执行扣款,如扣款不足部分作逾期贷款。根据以上业务,收款单位借记“银行存款”账户,贷记“应收票据”账户;付款单位借记“应付票据”账户,贷记“银行存款”、“短期借款”账户。

【例 2-6】 A公司购入B公司生产产品作为生产材料,A公司于5月20日签发并承兑一张面值为58 500元,3个月到期的商业汇票交B公司,B公司开出销售发票,价款(不含增值税)50 000元、增值税8 500元。8月20日汇票到期,B公司办妥转账收款、A公司兑付货款。A、B公司有关账务处理如下:

(1) A公司5月20日签发商业承兑汇票交B公司时,编制转账凭证。作会计分录如下:

借:材料采购　　50 000
　　应交税费——应交增值税(进项税额)　　8 500
　贷:应付票据　　58 500

(2) A公司8月20日收到银行支付到期汇票的付款通知时,编制付款凭证。作会计分录如下:

借：应付票据　　58 500
　贷：银行存款　　58 500

(3) B公司5月20日销售产品，开出发票，收到A公司商业承兑汇票时，编制转账凭证。作会计分录如下：

借：应收票据　　58 500
　贷：主营业务收入　　50 000
　　应交税费——应交增值税(销项税额)　　8 500

(4) B公司8月20日将到期汇票连同进账单送交开户银行办理转账收款时，编制收款凭证。作会计分录如下：

借：银行存款　　58 500
　贷：应收票据　　58 500

采用商业汇票结算方式有利于维护和发展社会主义市场经济。由于使用商业汇票，购货单位可以延期付款，便于在资金暂时不足的情况下适时购进材料物资来保证生产经营的顺利进行，销货单位可以疏通商品渠道，扩大销售。商业汇票通过承兑，使商业信用票据化，销货单位可按期收回货款；在急需资金时，还可以在汇票到期前向银行申请办理贴现，融通资金。

在采用商业汇票结算方式时，销货单位应根据购货单位的信用程度和偿付能力等情况的不同，选用商业承兑汇票或银行承兑汇票；购货单位应及时调度足够支付的资金，在汇票到期之前，将款项送存开户银行，保证按期承付。

企业为了加强商业汇票的管理，有利于日常分析安排资金，在应收票据到期时及时办理收款手续及在应付票据到期前调度好资金保证承付，应在有关明细账或"票据登记簿"中逐笔仔细登记应收、应付票据的种类、号数、出票日期、票面金额、交易合同号、付款人或收款人、承兑人、背书人、到期日等资料。

(四) 支票

支票是银行存款人签发给收款人办理结算或委托开户银行将款项支付给收款人的票据。

使用支票人应向银行申请，提交证明其身份的合法证件，预留其签名式样和印鉴，并存入银行一定数额的资金，以保证签发支票具有可靠的资信。

支票由银行统一印制。支票分为现金支票和转账支票两种。现金支票可从银行支取现金，也可办理转账；转账支票只能办理转账。支票可以记名或不记名，不记名的以持票人为收款人。支票的提示付款期限为自出票日起10日，中国人民银行另有规定的除外。转账支票在批准的地区内可以背书转让。

支票结算方式在实际应用中甚为广泛，凡单位、个人在同城票据交换地区的商品交易、劳务供应和其他款项的结算，都可以使用支票。

支票的出票人不可签发远期支票和空头支票。经办银行如发现支票出票人签发的远期支票一律视同即期支票。出票人签发的支票金额超过其付款时在付款人处存款金额的，称为空头支票，如发现支票出票人签发空头支票，银行除了退票外，还按规定处以一定罚款。

签发的现金支票如有遗失，可向开户银行申请挂失；签发的转账支票如有遗失，开户银行不受理挂失，签发支票人只能请求开户银行和收款人协助防范。

企业签发支票，应根据支票存根及有关原始凭证编制银行存款付款凭证，进行账务处理，借记有关账户，贷记"银行存款"账户；收款人收到外单位签发的支票，应审查支票收款人是否为本人，支票是否在规定有效期内，支票的大小写金额是否相符，其他有关内容是否填写正确齐全，有无涂改(除收款人、签发日期和大小写金额不可更改外，其他内容更改应加盖预留银行印鉴之一)，经审查无误时，方可向银行办理收款手续。办理收款时应填写"进账单"连同支票送交银行，根据银行盖章退回的进账单第一联和有关原始凭证编制银行存款收款凭证，进行账务处理，借记"银行存款"账户，贷记有关账户。

支票结算程序，见图2-5、图2-6。

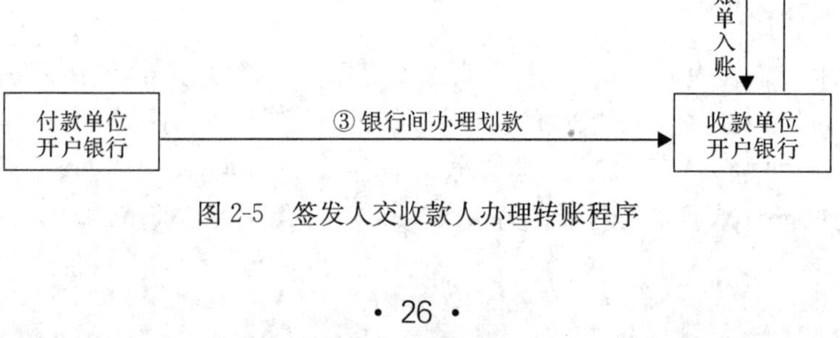

图2-5　签发人交收款人办理转账程序

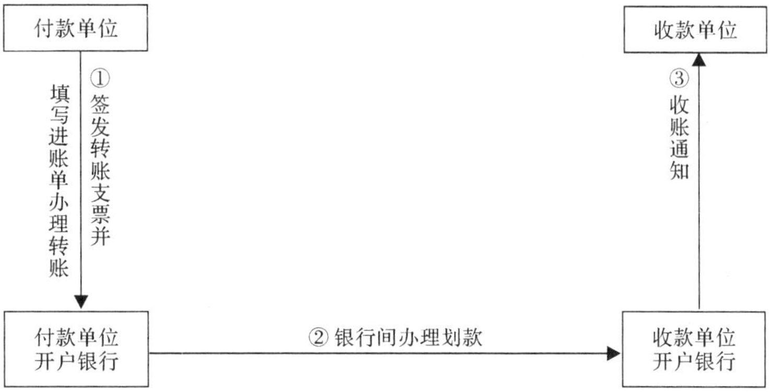

图 2-6　签发人交本开户银行办理转账程序

（五）汇兑结算方式

汇兑结算方式是汇款人委托银行将款项汇给外地收款单位或个人的结算方式。它是付款单位主动付款的一种结算方式，用于异地之间各种款项的结算，如资金调拨、清理归欠、购进商品验收无误后的主动付款及先款后货的交易等均可使用。汇兑结算方式按凭证传送方法不同分为信汇和电汇两种。

汇款人采用汇兑结算方式委托银行汇出款项时，应填写汇票委托书，详细填明汇入地点、行名、收款人名称及用途等内容，送交开户银行，委托银行将款项汇往收汇银行。收汇银行受托汇款后，转送汇款凭证一联，通知收款人收款。收汇银行经过 2 个月无法交付的汇款可主动办理退汇。未在银行开立账户的收款人凭信汇或电汇取款通知向汇入银行支取款项，支取时应交验本人的身份证件或汇入地有关单位盖以证明收款人身份的证明，并在“收款人盖章处”一栏盖章或签名。

企业委托开户银行汇款后根据取回的汇款凭证回单联，进行账务处理，借记有关账户，贷记“银行存款”账户。如果企业为便于异地采购，可通过银行汇入异地银行并以收款人姓名开设临时存款户。这种临时存款可分次支取，只付不收、不计利息、付完清户，会计上称为外埠存款，列为“其他货币资金”，其核算参见本章第三节有关内容。

汇兑结算程序，见图 2-7。

（六）委托收款结算方式

委托收款是收款人委托银行向付款人收取款项的一种结算方式。它适用于在银行或其他金融机构开立账户的双方商品交易、劳务供应以及其他款项

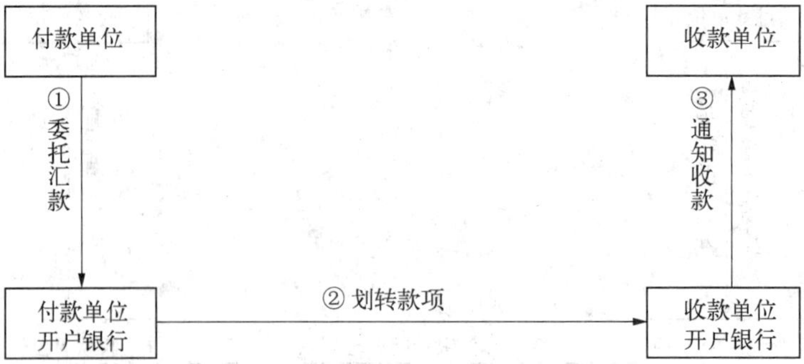

图 2-7　汇兑结算程序

的结算。委托收款按款项划回方式不同分为邮寄划回和电报划回两种，同域和异地的结算均可办理，不受金额起点限制，结算中如有争议由双方自行处理。

企业委托开户银行向付款单位收取款项时，应填写一式五联委托收款凭证，写明收付单位名称、账号及开户行、委托收取的金额、款项内容及附寄单证张数等，连同发票运单等单据一并送交开户银行。收款单位开户银行收到上述凭证并在审核无误后，将委托收款凭证（第三、第四、第五联）连同其他凭证寄交付款单位开户银行，由付款单位开户银行审核后填明收到日期和付款期（规定付款期为 3 天，如遇节假日顺延），并将委托收款凭证（第五联）连同其他凭证一并及时通知付款单位。付款期满，付款单位未向银行提出异议，银行视作同意，在付款期满的次日将款项转账付给收款单位开户银行。付款单位在付款期满时如无足够的存款支付全部款项，付款单位开户银行即向付款单位发函索回单证，付款单位应在银行发出索回单证通知的次日起 2 天内，退回全部单证，由付款单位开户银行寄交收款单位开户银行；如果付款单位逾期不退回单证，其开户银行除按规定处以罚款外，并暂停付款单位委托银行向外办理结算业务，至退回单证时为止。

付款单位经审查有关单证后，如决定全部拒付或部分拒付的，应在规定付款期填制拒付理由书，连同第五联委托收款凭证以及所付单证一并送交开户银行。银行不负责审理拒付理由，由收付单位自行处理，如是部分拒付，银行对于未被拒付的款项部分，仍办理款项划转。委托收款结算程序，见图 2-8。

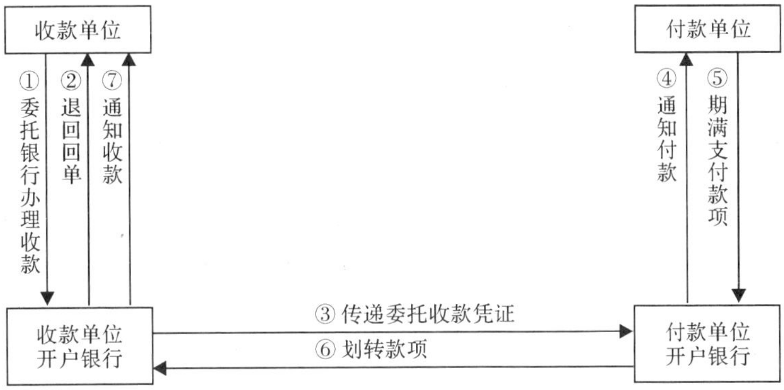

图 2-8　委托收款结算程序

付款单位在付款期满后根据收到银行转来的委托收款凭证的付款通知及有关原始凭证编制银行存款付款凭证，借记有关账户，贷记“银行存款”账户。如是全部拒付不作账务处理；如是部分拒付，根据银行盖章退回的拒付理由书第一联，编制部分付款凭证。委托收款单位接到银行转来款项收妥通知后编制银行存款收款凭证，借记“银行存款”账户，贷记有关账户。

（七）异地托收承付结算方式

异地托收承付是指销货单位根据经济合同发货后委托银行向异地购货单位收取货款和代垫运杂费；购货单位根据经济合同核对单证确认货物已发运在途或验收入库后向银行承付款项的一种结算方式。

异地托收承付结算方式广泛应用于商品流通企业，适用于订有经济合同的异地国有企业、供销合作社等单位之间的商品交易以及由商品交易而引起的劳务供应款项的结算，每笔的金额起点为 10 000 元。

采用异地托收承付结算方式应具备以下条件：购销双方必须订有符合《经济合同法》的经济合同；购销双方有较好的商业信用，能按照合同规定进行商品交易；货物确已发运，并能提供已发运货物的凭证和其他有关证件。办理异地托收承付结算的款项限于商品交易以及因商品交易所引起的劳务供应款项。代销、寄销、赊销商品的款项，不可以办理托收承付结算。

采用托收承付结算方式的购销双方应在签订的购销合同上注明采用托收承付结算方式。销货单位按照经济合同发运商品后，填写“托收承付结算”凭证，连同发运证件、交易单证及其他有关证明送交开户银行办理托收手续。开户银行将托收结算凭证回单联退给托收企业，并将其他结算凭证寄往购货单位开户银行，由购货单位开户银行通知购货单位承付货款。购货单位根据经济合同经验单或验货无误后予以承付。结算办法规定采用验单付款的承付期为3天,从购货单位开户银行发出承付通知的次日算起(遇节假日顺延);采用验货付款的承付期为10天,从运输部门向购货单位发出提货通知的次日算起(遇节假日顺延)。在承付期内,购货单位未向银行表示拒绝付款,银行即视作承付,在承付期满的次日(遇节假日顺延)上午,将款项主动从购货单位的存款户内划出。如果购货单位在验单或验货中发现发票或货物与合同规定不符等原因,可向银行提出全部或部分拒绝付款。购货单位提出拒绝付款时,应填写"拒绝付款理由书",说明拒绝付款理由,向开户银行办理拒绝付款手续。异地托收承付结算方式的结算程序,见图2-9。

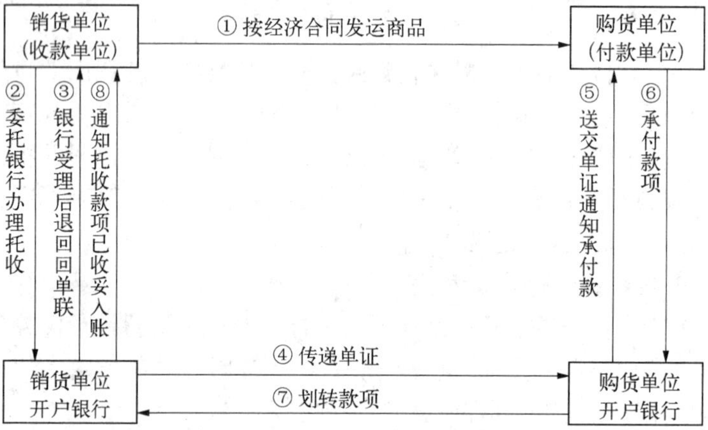

图2-9 异地托收承付结算方式的结算程序

销货单位向银行办理托收后,根据托收结算凭证回单联做账务处理,借记"应收账款"账户,贷记"应交税费——应交增值税(销项税额)"、"主营业务收入"等账户;购货单位承付后,根据托收结算凭证和所附发票账单等单据做账务处理,借记"材料采购"、"应交税费——应交增值税(进项税额)"等账户,贷记"银行存款"账户;销货单位在收到银行转来收款通知后,根据收款通知及有关原始凭证做账务处理,借记"银行存款"账户,贷记"应收账款"账户。

(八)信用卡

信用卡是指商业银行向个人和单位发行的,凭以向特约单位购物、消费和向银行存取现金,且具有消费信用的特制载体卡片。

信用卡按使用对象分为单位卡和个人卡;按信誉等级分为金卡和普通卡。

凡在中国境内金融机构开立基本存款账户的单位可申领单位卡。单位卡可申领若干张,持卡人资格由申领单位法定代表人或其委托的代理人书面指定和注销,持卡人不得出租或转借信用卡。单位卡账户的资金一律从其基本存款账户转账存入,在使用过程中,需要向其账户续存资金的,也一律从其基本存款账户转账存入,不得交存现金,不得将销货收入的款项存入其账户。单位卡一律不得用于100 000元以上的商品交易、劳务供应款项的结算,不得支取现金。

信用卡在规定的限额和期限内允许善意透支,透支额金卡最高不得超过10 000元,普通卡最高不得超过5 000元。透支期限最长为60天。透支利息,自签单日或银行记账日起15日内按日息万分之五计算,超过15日按日息万分之十计算,超过30日或透支金额超过规定限额的,按日息万分之十五计算。透支计息不分段,按最后期限或者最高透支额的最高利率档次计息。超过规定限额或规定期限,并且经发卡银行催收无效的透支行为称为恶意透支,持卡人使用信用卡不得发生恶意透支。严禁将单位的款项存入个人卡账户中。

单位或个人申领信用卡,应按规定填制申请表,连同有关资料一并送交发卡银行。符合条件并按银行要求交存一定金额的备用金后,银行为申领人开立信用卡存款账户,并发给信用卡。企业交存的这部分备用金已经具有特定用途,从性质上讲,属于其他货币资金。企业取得信用卡时,应根据银行有关凭证借记"其他货币资金——信用卡存款"账户,贷记"银行存款"账户。

企业在特约单位使用信用卡付款时,由特约单位在签购单上压卡,填写实际结算金额、用途、持卡人身份证号码、特约单位名称和编号。如超过支付限额的,由特约方向发卡银行索权并填写授权号码。签购单由持卡人签名确认。企业应根据特约单位退还的信用卡签购单第一联和发票等原始凭证进行账务处理,借记有关费用账户,贷记"其他货币资金——信用卡存款"等账户。

如信用卡遗失,持卡人应立即持有效证明,并按规定提供有关情况,向发卡银行或代办银行申请挂失。信用卡结算方式的结算程序见图2-10。

(九) 信用证

信用证结算方式是国际结算的一种主要方式。经中国人民银行批准经营结算业务的商业银行总行以及经商业银行总行批准开办信用证结算业务的分支机构,也可以办理国内企业之间商品交易的信用证结算业务。

采用信用证结算方式的,收款单位收到信用证后,即备货装运,签发有关发票账单,连同运输单据和信用证,送交银行,根据退还的信用证等有关凭证编制收款凭证;付款单位在接到开证行的通知时,根据付款的有关单据编制付款凭证。

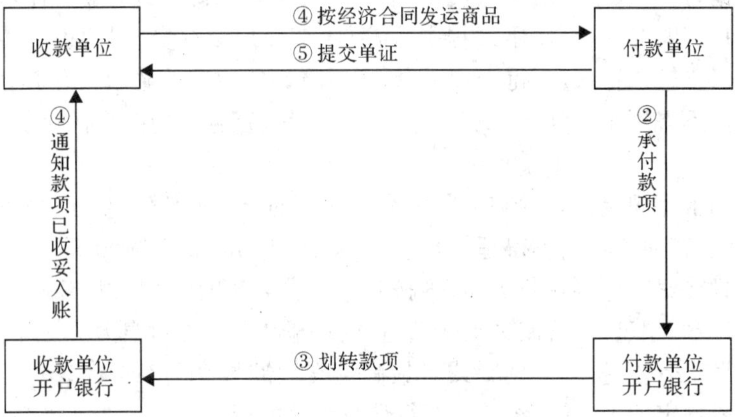

图 2-10　信用卡结算方式的结算程序

四、银行存款的清查

企业的银行存款收付业务频繁。为了避免银行存款账目发生差错，掌握企业可动用银行存款的实有额，企业除加强日常账目核对外，还应按期进行银行存款的清查。银行存款清查的基本方法是将银行存款日记账与银行对账单进行逐笔核对，如发现银行存款各笔收付及余额与银行对账单各笔收付及余额不一致，除因双方记账错误外，还可能是由于未达账项所引起。对发现的记账错误应及时查明予以更正；存在未达账项时，则应编制"银行存款余额调节表"。

所谓未达账项是指企业与银行之间由于结算凭证在传递时间上有先有后，因而造成一方已登记入账，而另一方尚未登记入账的款项。

未达账项表现为四种情况：

(1) 银行已经收款入账，企业因尚未收到收款通知而未作收账的款项，如银行支付给企业的存款利息等。

(2) 银行已经付款入账，企业因尚未收到付款通知而未作付账的款项，如银行代企业支付的公用事业费用等。

(3) 企业已经收款入账，银行尚未及时入账的款项，如企业收到其他单位的转账支票，企业已入账而银行未入账。

(4) 企业已经付款入账，银行因尚未收到付款通知而未作付账的款项，如企业开出转账支票已交收款单位，而收款单位尚未到银行办理转账手续。

核对中存在未达账项，可通过编制"银行存款余额调节表"进行调节。通过调节，如果双方余额不一致，表明记账有差错，要进一步查明双方余额不一致的原因，进行更正；如果通过调节后，双方余额一致，则一般说明双方记账在收付金额上没有错误。

银行存款余额调节表是在企业银行存款日记账余额与银行对账单余额的基础上加减双方的未达账项，使其达到平衡。其计算公式如下：

$$\text{银行存款日记账余额}+\text{银行已收账企业尚未收账的款项}-\text{银行已付账企业尚未付账的款项}$$

$$=\text{银行对账单余额}+\text{企业已收账银行尚未收账的款项}-\text{企业已付账银行尚未付账的款项}$$

现举例说明“银行存款余额调节表”的编制：

【例 2-7】 A 公司 3 月 31 日的银行存款日记账账面余额为 75 422 元，银行对账单余额为 83 630 元。经逐笔核对，发现以下未达账项：

(1) 3 月 27 日，A 公司签发转账支票 6 200 元交收款单位，收款单位尚未向银行办理转账；

(2) 3 月 28 日，银行代付电话费 542 元，A 公司尚未接到银行转来的付款通知，因此尚未入账；

(3) 3 月 31 日，A 公司委托银行代收货款 8 800 元，银行已收到入账，但收款通知尚未送达 A 公司；

(4) 3 月 31 日，A 公司销售商品收到购方支票 6 250 元，银行尚未登入公司存款账户。

根据以上有关资料，编制“银行存款余额调节表”。见表 2-2。

表 2-2

银行存款余额调节表

××××年 3 月 31 日　　　　单位：元

项　　目	金　额	项　　目	金　额
银行对账单余额	83 630	银行存款日记账余额	75 422
加：3 月 31 日送存支票	6 250	加：3 月 31 日银行代收款项	8 800
减：3 月 27 日开出支票	6 200	减：3 月 28 日银行代付电话费	542
调节后银行账银行存款金额	83 680	调节后企业账银行存款金额	83 680

经过调节后的银行存款余额双方均为 83 680 元，表明银行和企业双方在银行存款的收付数额上，一般没有记账错误，同时也表明企业在 3 月 31 日营业终了时存放在银行可以动用的款项为83 680元。

银行存款清查中应注意几点：

(1) 银行存款日记账与银行对账单的核对，必须逐笔核对；

(2) 银行存款余额调节主要用以反映企业与银行双方的未达账项，通过调节用以检查企业与银行双方记账有无差错，不能作为记账的依据；

(3) 银行已入账而企业未入账的未达账项，需在企业收到有关结算凭证后方可据以进行账务处理并登账。

第三节　其他货币资金的核算

其他货币资金是指企业所拥有的除库存现金、银行存款以外的其他各种货币资金。从性质上看，其他货币资金与库存现金、银行存款一样同属于货币资金，但由于存放地点和用途不同，因此在会计上作为其他货币资金进行单独核算。其他货币资金的内容主要包括企业的银行本票存款、银行汇票存款、外埠存款、在途货币资金以及境外结算业务的信用证存款等。

为了总括地反映和监督其他货币资金的收、支和结存情况，企业应设置"其他货币资金"账户。该账户属于资产类账户，其借方登记企业其他货币资金的增加额；贷方登记企业其他货币资金的减少额；余额在借方，表示企业其他货币资金的结余额。为了分别反映和监督各项其他货币资金的收、支结存情况，应按其他货币资金的种类分设"银行本票存款"、"银行汇票存款"、"外埠存款"、"信用证存款"、"信用卡存款"、"在途资金"等明细账户，并按银行本票、银行汇票的收款单位、外埠存款的开户银行、在途资金汇出单位等设置明细账。

一、银行本票存款的核算

银行本票存款是指企业为取得银行本票按照规定存入银行的款项。

企业申请办理银行本票应向银行提交"银行本票申请书"，并将款项交存银行取得银行本票。根据银行盖章退回的申请书存根联，借记"其他货币资金——银行本票存款"账户，贷记"银行存款"账户。企业进行采购等付出银行本票时，应根据取得的发票等凭证，借记"材料采购"、"应交税费——应交增值税(进项税额)"等账户，贷记"其他货币资金——银行本票存款"账户。企业取得银行本票只办理全额结算，如结算中有多余，收款方在收妥银行本票后可采用支票、现金等方式将多余款项退回企业；企业因本票超过付款期等原因要求退款时，应填制一式两联进账单并连同银行本票一并交送签发银行，企业根据银行盖章退回的第一联进账单，借记"银行存款"账户，贷记"其他货币资金"账户；收款单位收到银行本票后，连同进账单交开户银行办理转账收款，根据进账单回单及发票记账联等凭证，借记"银行存款"账户，贷记有关账户；如收款单位收到银行本票准备转让而未向开户银行办理转账收款手续，应借记“其他货币资金——银行本票存款”账户，贷记有关账户。

【例 2-8】（1）B公司向银行申请并得到一张面额为 30 000 元的银行本票作付款凭证。作会计分录如下：

借：其他货币资金——银行本票存款	30 000
贷：银行存款	30 000

（2）B公司向乙企业购入原材料，发票中注明的价款为25 000元、增值税额为 4 250 元，乙企业以现金 750 元找回差额。B公司据发货票等凭证作会计分录如下：

借：物资采购	25 000
应交税费——应交增值税(进项税额)	4 250
库存现金	750
贷：其他货币资金——银行本票存款	30 000

（3）乙企业收到上述银行本票即送交银行办理转账收款，根据进账单回单联、产品销售凭证等作会计分录如下：

借：银行存款	30 000
贷：主营业务收入	25 000
应交税费——应交增值税(销项税额)	4 250
库存现金	750

二、银行汇票存款的核算

银行汇票存款是指企业为取得银行汇票，按规定存入银行的款项。

企业申办银行汇票应填写“银行汇票委托书”，并将款项交存银行。取得银行汇票后，根据银行盖章退回委托书存根联编制付款凭证，借记“其他货币资金——银行汇票存款”账户，贷记“银行存款”账户。企业在使用银行汇票后，根据取得的发票账单和开户银行转来的银行汇票第四联等凭证，借记“材料采购”等账户，贷记“其他货币资金——银行汇票存款”账户。银行汇票超过付款期或其他原因要求退款经银行受理后，借记“银行存款”账户，贷记“其他货币资金——银行汇票存款”账户。收款单位收到付款单位送来的银行汇票时，填写进账单一并送交银行进行转账收款，根据进账单的回单及销售凭证等编制收款凭证，借记“银行存款”账户，贷记“主营业务收入”、“应交税费——应交增值税(销项税额)”等账户。银行汇票的账务处理与银行本票的账务处理基本相同，但银行本票只办理全额结算，而银行汇票可办理差额结算，也就是讲，实际结算额小于银行汇票面额时，银行汇票上的多余额可由签发银行退交汇款人。

【例 2-9】 B企业以银行汇票支付购料款，银行汇票面额为 60 000 元，发票上注明的价款为 40 000 元，增值税额为 6 800 元。收款人在银行汇票应收金额栏填入 46 800 元，在多余金额栏填入 13 200 元，连同进账单等凭证送交开户银行办理转账收款。银行汇票支付后的多余款由签发银行退交B企业。

(1) B企业(付款企业)。

以银行汇票支付购料款，作会计分录如下：

借：材料采购　　40 000
　　应交税费——应交增值税(进项税额)　　6 800
　贷：其他货币资金——银行汇票存款　　46 800

以银行汇票支付后的多余款由银行划回企业存款户，作会计分录如下：

借：银行存款　　13 200
　贷：其他货币资金——银行汇票存款　　13 200

(2) 销货企业(收款企业)。

销售产品收到银行汇票后送交开户银行办理转账收款，作会计分录如下：

借：银行存款　　46 800
　贷：主营业务收入　　40 000
　　　应交税费——应交增值税(销项税额)　　6 800

三、外埠存款核算

外埠存款是指企业到外地进行临时或零星采购时，汇往采购地银行开立采购专户的款项。

企业为便于在异地进行临时或零星采购，可通过当地银行将款项汇往采购所在地点指定银行，以汇款单位的名义开设采购专户。汇入采购专户的存款除了采购员差旅费等可以支取少量现金外，其余一律转账。采购专户的存款不计利息，采购专户只付不收，采购结束后，如有多余资金，可由银行转回。

企业将款项委托当地银行汇往采购地开立专户时，应填写汇款委托书。企业根据汇款凭证，编制付款凭证，借记“其他货币资金——外埠存款”账户，贷记“银行存款”账户；外出采购员以外埠存款支付采购货款予以报销时，企业根据发票等凭证，编制付款凭证，借记“材料采购”、“应交税费——应交增值税(进项税额)”等账户，贷记“其他货币资金——外埠存款”账户；采购完毕，如外埠存款尚有结余，可转回当地银行。企业收到银行的收款通知，编制收款凭证，借记"银行存款"账户，贷记"其他货币资金——外埠存款"账户。

四、信用卡存款

信用卡存款是指企业为取得信用卡而存入银行信用卡专户的款项。

企业按规定填制申请表，并按银行要求交存备用金，银行开立信用卡存款账户，发给信用卡，企业根据银行盖章退回的交存备用金的进账单，作会计分录，借记"其他货币资金——信用卡存款"账户，贷记"银行存款"账户。企业在收到开户银行转来的信用卡款的付款凭证及所附发票账单，并经核对无误后，应进行账务处理。企业在使用该信用卡支付有关费用时，应借记有关费用，贷记"其他货币资金——信用卡存款"账户。

五、在途货币资金

在途货币资金指企业同所属单位之间和上下级之间的汇、解款项业务中，到月终时尚未到达的汇入款项。

企业根据汇出单位的通知，作会计分录，借记"其他货币资金——在途资金"账户，贷记"其他应收款（或有关科目）"账户；收到汇款时，根据银行通知进行账务处理，借记"银行存款"账户，贷记"其他货币资金——在途资金"账户。

六、信用证保证金存款

信用证存款是指采用信用证结算方式的企业为开具信用证而存入银行信用证保证金专户的款项。

企业向银行申请开出信用证用于支付供货单位购货款项时，根据开户银行盖章退回的"信用证委托书"回单，借记"其他货币资金——信用证存款"账户，贷记"银行存款"账户。企业收到供货单位信用证结算凭证及所附发票账单，经核对无误后进行会计处理，借记"在途物资"、"应交税费——应交增值税（进项税额）"等账户，贷记"其他货币资金——信用证存款"账户。如果企业收到未用完的信用证存款余额，应借记"银行存款"账户，贷记"其他货币资金——信用证存款"账户。

七、存出投资款

存出投资款是指企业已存入证券公司但尚未进行短期投资的现金。

企业向证券公司划出资金时，应按实际划出的金额，借记"其他货币资金——存出投资款"账户，贷记"银行存款"账户；购买股票、债券等时，按实际发生的金额，借记"短期投资"账户，贷记"其他货币资金——存出投资款"账户。

复习思考题

一、单项选择题

1. 我国企业会计实务中所说的现金是指(　　)。
   A. 库存现金和银行存款
   B. 库存现金
   C. 库存现金和有价证券
   D. 库存现金、银行存款和有价证券
2. 对于银行已经入账而企业尚未入账的未达账项,企业应当(　　)。
   A. 在编制“银行存款调节表”的同时入账
   B. 根据“银行对账单”记录的金额入账
   C. 待有关结算凭证到达后入账
   D. 根据对账单编制自制凭证暂估入账
3. 我国目前规定转账结算金额起点为(　　)。
   A. 100 元　　B. 500 元　　C. 1 000 元　　D. 不设金额起点
4. 企业支付的银行承兑汇票手续费应计入(　　)。
   A. 管理费用　　B. 财务费用
   C. 营业外支出　　D. 其他业务支出
5. 下列项目中,应用转账结算的项目是(　　)。
   A. 职工的工资、津贴
   B. 个人的劳动报酬
   C. 大额的材料采购业务
   D. 根据国家规定发给个人的奖金
6. 下列项目中,不是其他货币资金的是(　　)。
   A. 外埠存款　　B. 银行存款
   C. 银行汇票存款　　D. 银行本票存款
7. 企业行政管理部门报销定额备用金时,应借记“管理费用”账户,贷记(　　)账户。
   A. “备用金”　　B. “现金”
   C. “其他应收款”　　D. “其他应付款”
8. 某工业企业将银行承兑汇票背书转让给其他企业,用于购买原材料,应借记“材料采购”账户，贷记（　　）账户。

A. “银行存款”　B. “应收账款”　C. “应收票据”　D. “应付账款”

9. 以现金存入银行，使银行存款增加，一般应编制（　　）。

A. 现金收款凭证　　B. 现金付款凭证

C. 银行存款收款凭证　　D. 银行存款付款凭证

10. 企业现金长款，经检查仍未能找出原因，应当（　　）。

A. 不作账务处理　　B. 经批准转作营业外收入

C. 经批准抵减现金短款　　D. 经批准抵减营业外支出

二、多项选择题

1. 货币资金包括（　　）。

A. 现金、银行存款　　B. 银行本票存款、银行汇票存款

C. 在途货币资金、外埠存款　　D. 商业承兑汇票、银行承兑汇票

2. 按照《现金管理暂行条例》规定，下列支出中，可以使用现金的有（　　）。

A. 张某出差预借差旅费 2 000 元

B. 购买办公用品 450 元

C. 从供销社收购农副产品价值 50 000 元

D. 李某报销医药费 1 200 元

E. 购买采购材料款 1 800 元

3. 银行承兑汇票到期，如果承兑申请人无力支付票款，应由（　　）。

A. 承兑银行付款

B. 银行对承兑申请人执行扣款和计收罚息

C. 由收款企业付款

D. 可以延期付款

E. 由购销双方自行处理

4. 在（　　）的情况下，企业银行存款账面余额会大于银行对账单余额。

A. 企业开出支票，企业已入账，但对方尚未到银行兑现

B. 银行代收款项，银行已入账但尚未通知企业

C. 银行代付款项，银行已入账但尚未通知企业

D. 企业送存银行的款项，企业已记账，但银行尚未入账

E. 企业将一笔销货款收入多记了 2 000 元

5. 在编制银行存款余额调节表时，若企业和银行记账均无错误，将银行对账单进行（　　）处理后，应与企业银行存款日记账余额相等。

A. 加企业已收银行未收款项　　B. 减企业已付银行未付款项
C. 减银行已收企业未收款项　　D. 加银行已付企业未付款项
E. 加银行已收企业未收款项,减企业已付银行未付款项

6. 按照《银行结算办法》规定,银行本票(　　)。
A. 在付款期限内,不予挂失
B. 可以挂失
C. 遗失的不定额银行本票在付款期满后1个月,确实未被冒领的,可以办理退款手续
D. 分为不定额和定额两种
E. 结算起点为100元

7. 企业收入现金的主要途径是(　　)。
A. 从银行提取现金
B. 收取转账起点以下的小额销售额
C. 职工交回差旅费剩余款
D. 接受外单位货币资金投资
E. 销售给不能转账的集体或个人销货款

8. 银行本票分为不定额和定额两种,定额本票面额有(　　)元。
A. 500　　B. 1 000　　C. 5 000　　D. 10 000
E. 50 000

9. 银行汇票的主要种类有(　　)。
A. 记名汇票　　B. 不记名汇票　　C. 约期汇票　　D. 批期汇票
E. 即期汇票

10. 采用异地托收承付结算方式应具备的条件是(　　)。
A. 购销双方必须订有符合《经济合同法》的经济合同
B. 购销双方有较好的商业信用,能按照合同规定进行商品交易
C. 购销双方在银行或其他金融机构开立账户
D. 货物确已发运,并能提供已发运货物的凭证和其他有关证件
E. 属于代销、寄销、赊销的商品交易

三、判断题

1. 为了简化现金收支手续,企业可以随时坐支现金。　　(　　)
2. 企业预借给职工的差旅费,应作为备用金处理。　　(　　)
3. 企业用于支付邮费而购入未用的邮票,应属现金项目。　　(　　)

4. 银行存款对账单上的余额，往往与企业银行存款日记账余额不符，这是由记账错漏和未达账项两种因素造成的。（　　）

5. 企业汇往采购地银行的资金所取得的利息收入，应计入财务费用。（　　）

6. 对于“现金”概念的界定，我国会计与西方会计的说法是一致的。（　　）

7. 企业的“现金日记账”和“现金”总账都是由企业的专职出纳人员逐日逐笔登记的。（　　）

8. 一切存入银行的款项都应通过“银行存款”账户核算。（　　）

9. 购货单位在验单或验货中发现发票或货物与合同规定不符等情况，可向银行提出全部或部分拒绝付款。（　　）

10. 汇入采购专户的存款一律不准支取现金。（　　）

四、名词解释

1. 货币资金　　2. 现金管理
3. 结算　　4. 坐支
5. 贴现　　6. 未达账项
7. 银行结算原则　　8. 备用金
9. 外埠存款　　10. 在途资金

五、简答题

1. 简述现金的适用范围。

2. 企业可以采用的银行结算办法有哪几种？哪些适用于同域结算？哪些适用于异地结算？

3. 什么是未达账项？它有几种情况？

4. 简述管理银行存款的基本要求。

六、计算与分析题

习题一　练习货币资金的会计处理

资料

某企业20××年2月发生下列经济业务：

1. 职工张某报销差旅费1 700元，原预借现金2 000元，余款退回。

2. 购买一批原材料，增值税专用发票上注明原材料价款20 000元，增值税率为17%，计增值税额为3 400元，开出商业承兑汇票1张，材料已经验收入库。

3. 销售商品一批，售价为100 000元，该商品增值税税率为17%，计增值税额17 000元，开具专用发票，已办妥托收手续，货款尚未收到。

4. 从银行提取现金5 000元。

5. 总务科实行定额备用金制度，经核定总务科的定额备用金为500元，当即从出纳处领到500元备用金。

6. 企业支付到期的商业承兑汇票20 000 000元。

7. 企业将1 500 000元汇往某省采购地银行。

8. 企业将1张1 000 000元的商业承兑汇票到银行贴现，贴现息为4 000元，实际收到金额为996 000元。

9. 上述已贴现汇票到期，付款单位无力支付，企业收到银行扣款通知。

10. 总务科零星开支收据5张，到财务科报销，收到现金420元，补足备用金定额。

11. 支付银行承兑汇票手续费500元。

12. 职工李某报销医药费340元。

要求

根据以上经济业务，编制有关会计分录。

习题二　练习银行存款余额调节表的编制

资料

某企业20××年8月31日银行存款日记账余额55 200元，银行对账单的企业银行存款余额60 000元。经查对，发现以下未达账项：

1. 8月29日，企业委托银行收取的货款10 000元，银行已收到入账，企业尚未入账。

2. 8月30日，企业送存转账支票4 000元，银行尚未登记企业存款户。

3. 8月30日，银行代企业支付水电费4 600元，但转账通知尚未送达企业。

4. 8月31日，企业开出转账支票3 400元，支票持有单位尚未到银行办理转账。

要求

根据上述资料，编制银行存款余额调节表。

习题三　练习其他货币资金的核算

资料

某工厂9月份有关其他货币资金经济业务如下：

1. 9月17日，采用银行汇票结算方式向江西化工厂购买材料，填写银行汇票委托书，向银行办理签发银行汇票30 000元，银行受理签发了银行汇票。

2. 9月18日，采购员李强去昆明采购材料，汇往昆明工商银行20 000元，开立采购专户。

3. 9月26日，银行转来江西化工厂的银行汇票结算凭证，料款25 000元，增值税4 250元，价税合计为29 250元，并已将尾数750元转存结算户，上述材料验收入库。

4. 9月30日，采购员李强回厂报销以采购专户存款购买材料价款17 000元，增值税2 890元，价税合计为19 890元。料已验收入库。昆明采购资金存款余额划回结清。

要求

根据上列业务，编制会计分录。

第三章　应收和预付款项的核算

第一节　应收票据的核算

一、应收票据概述

（一）应收票据的概念

应收票据是指企业在采用商业汇票结算方式下，因销售产品、材料等而收到的商业汇票。“应收票据”主要是指商业汇票。

应收票据，按其承兑人不同，可分为由付款人承兑的商业承兑汇票和由银行承兑的银行承兑汇票。按是否计息之分，分为带息票据和不带息票据。带息票据在其票面上载明利率及付息日期，在票据到期时，持票人可获取票面价值以及按票面利率、承兑时间计算的利息；不带息票据在到期时，持票人只获取票面价值。

应收票据与应收账款都是企业所拥有的一种信用债权，其主要区别在于：

(1) 应收账款是企业在经营活动中获取的一种口头上的付款承诺，表现为一种单一性的商业信用；而应收票据则是企业在经营活动中获取的一种书面承诺，有的票据表现为商业信用与银行信用的结合，如银行承兑汇票。

(2) 应收账款没有规定的收款日期，债务人往往比债权人具有更大的主动权；而应收票据的票据上写明约定的款项承兑期，债务人负有在票据到期之日无条件支付票款的责任。

（二）应收票据的计价

我国商业票据的期限一般较短，为 6 个月，利息金额相对来说不大，用现值记账不但计算麻烦而且其折价还要逐期摊销，过于繁琐。因此，应收票据一般按面值入账。但对于带息的应收票据，按照现行制度的规定，应于期末，即在中期期末和年度终了，按应收票据的票面价值和确定的利率计提利息，计提的利息应增加应收票据的账面价值。

相对于应收账款来讲，应收票据，尤其是银行承兑汇票，发生坏账的风险小，因此，一般地说，不对应收票据计提坏账准备。超过承兑期收不回的应收票据应转作应收账款，可对应收账款计提坏账准备。

（三）票据到期日的确定

企业取得应收票据到票据到期日有一个时间期限，票据到期日的确定一般有三种情况：

（1）按月份定期。按月份定期的应收票据是在票据上以月份数来注明其期限的。例如，在票据上注明“定于出票日后3个月为期，到期照付”字样的票据。

这类票据的到期日是指票据到期月份中与出票日期相对应的一天，即对日。如出票日为31日，到期日就是票据到期月份中的31日，到期月份是小月，只有30天，则以30日为到期日。

（2）按日数定期。按日数定期的应收票据是在票据上以日数来注明其期限的。例如，在票据上注明“定于出票日后60天为期，到期照付”字样的票据。

这类票据的到期日是指从出票日计算到票据上注明天数止的一天，计算时算头不算尾或算尾不算头。如9月2日签发为期80天到期的票据，其到期日计算如下：

80天－9月份剩余天数－10月份实有天数＝80－(30－2)－31＝21，即到期日为11月21日。

（3）按规定日期定期。按规定日期定期的应收票据是在票据上具体指定某年某月某日为到期日。例如，在票据上注明“定于1997年8月15日到期照付”字样的票据。

这类票据不需要通过计算，1997年8月15日就是票据到期日。

月末签发的票据，不论月份大小，以到期月份的月末那一天为到期日。

二、应收票据核算

为反映和监督企业应收票据的取得和收回等情况，企业应设置“应收票据”账户。该账户借方登记应收票据的票面金额和计提利息的金额，贷方登记到期收回的账面金额和已办贴现的应收票据的账面金额。期末余额在借方，表示尚未到期收回或尚未贴现或尚未背书转让的应收票据的账面金额。该账户应按不同的票据种类分别设置明细账，进行明细分类核算。

为便于日常对票据的管理，分析各种票据的具体情况，企业应设置“应收票据登记簿”，逐笔记录每一笔应收票据的种类、号数、出票日期、交易合同号、付款人、承兑人、背书人、到期日和利率、贴现日、贴现利息和贴现净额以及收款日期和收回金额等资料。应收票据到期结清票款后，应逐笔注销。

应收票据核算的基本要求是：监督企业认真遵守商业汇票的管理制度；反

映和监督企业各种应收票据的取得、收回、转让、贴现、尤其是期末计息等情况,及时收回票款,加速流动资金周转;正确计算应收票据的到期价值、贴现息和贴现净额。

(一) 应收票据的取得

收到应收票据,应按票据面值借记"应收票据"账户,贷记"主营业务收入"、"应交税费——应交增值税(销项税额)"等账户。

【例 3-1】 A 公司销售产品给甲公司,货款为 58 500 元(其中增值税 8 500 元)。收到不带息的面值为 58 500 元的商业承兑汇票,出票日为 9 月 1 日,到期日为同年 11 月 20 日。

A 企业收到票据时,按面值入账。作会计分录如下:

借:应收票据——甲公司	58 500	
贷:主营业务收入		50 000
应交税费——应交增值税(销项税额)		8 500

(二) 应收票据到期收款的核算

应收票据有带息与不带息之分,在核算上不尽相同。

(1) 不带息应收票据的到期收款核算。票据到期收回票款时,借记"银行存款"等账户,贷记"应收票据"账户。商业承兑汇票到期,承兑人违约拒付或无力偿还票款,收款企业应将到期票据的票面金额转入"应收账款"账户。

【例 3-2】 承[例 3-1],同年 11 月 20 日,票据到期,A 企业收到甲公司的款项。作会计分录如下:

借:银行存款	58 500	
贷:应收票据		58 500

若该票据到期,甲公司无力偿还票款,A 公司应将到期的票据的票面金额转入"应收账款"账户。作会计分录如下:

借:应收账款	58 500	
贷:应收票据		58 500

(2) 带息应收票据的到期收款核算。对于带息应收票据,应当计算票据利息。企业应于期末和年度终了,按规定计算票据利息,并增加应收票据的账面价值,同时,冲减财务费用。带息票据到期时,要关系到利息的计算。利息是根据带息票据票面上载明的票款、利率和期限来计算的。利息计算公式如下:

应收票据利息＝应收票据票面金额×利率×期限

公式中的利率是年利率，期限指签发日至到期日的时间间隔(有效期)。票据的期限则用月或日表示。在实务中，为计算方便，常把一年定为360天。期限以月表示的，则公式中的期限为按月确定的月数/12个月；期限以日表示的，则公式中的期限为按日确定的天数/360天。

票据的到期值＝面值×(1＋利率×期限)

带息的应收票据到期收回款项时，按应收到的本息，借记“银行存款”账户；按账面价值，贷记“应收票据”账户；按其差额，贷记“财务费用”账户。

【例3-3】 A公司销售产品给乙公司，货已发出，发票上注明销售收入为100 000元，增值税额为17 000元。于2000年9月1日收到乙公司当天开具的面值为117 000元商业承兑汇票一张(为期6个月，年利率10%)。

(1) 收到票据时，作会计分录如下：

借：应收票据	117 000	
贷：主营业务收入		100 000
应交税费——应交增值税(销项税额)		17 000

(2) 年度终了(2000年12月31日)，计提票据利息：

票据利息＝117 000×10%×4÷12＝3 900(元)

作会计分录如下：

借：应收票据	3 900	
贷：财务费用		3 900

(3) 2001年3月1日，票据到期，A公司收回货款：

应收票据的到期值＝117 000×(1＋10%÷12×6)＝122 850(元)

2001年计提的票据利息＝117 000×10%×2÷12＝1 950(元)

作会计分录如下：

借：银行存款	122 850	
贷：应收票据		120 900
财务费用		1 950

若该票据到期，乙公司无力偿还票款，A公司按面值与票据利息之和(票

据到期值)转入“应收账款”账户,作会计分录如下:

借:应收账款　　122 850
　贷:应收票据　　120 900
　　财务费用　　1 950

如果用银行承兑汇票,汇票到期付款单位无力支付时,银行仍然将票款兑付给持票人,银行对付款人执行扣款,如扣款不足部分作逾期贷款。

（三）应收票据的转让

应收票据转让是指持票人因偿还前欠货款等原因,将未到期的商业汇票背书后转让给其他单位或个人的业务活动。

企业可以将自己持有的商业汇票背书转让。背书是指持票人在票据背面签字,签字人称为背书人,背书人对票据的到期付款负连带责任。

企业将持有的应收票据背书转让,以取得所需物资时,按应计入物资成本的价值,借记“在途物资”、“原材料”等账户;按取得的专用发票上注明的增值税,借记“应交税费——应交增值税(进项税额)”账户;按应收票据的账面价值,贷记“应收票据”账户。如有差额,借记或贷记“银行存款”等账户。

（四）应收票据的贴现

企业持有的应收票据在票据到期前,如企业急需货币资金可持未到期的商业汇票向银行申请贴息兑现。

所谓贴息兑现即贴现,是指票据持票人将未到期的票据在背书后送交银行,经银行受理后,从票据的到期值中预扣按银行贴现率计算确定的贴息后,将余款付给持票人。

贴现是一种票据转让行为,持票人利用票据向银行融资,将票据到期收款的权利转让给贴现银行,并从贴现银行那里取得支付贴息后的余款,提前收回商业信用上的资金。银行受理贴现,从其实质上看是买进票据,是一种与商业信用相结合的银行业务。

贴息是贴现银行根据票据到期值、银行贴现率和贴现期来计算的。其计算公式如下:

贴现息＝票据到期值×贴现率×贴现期限

公式中的票据到期值是指票据到期时的票据价值。不带息票据的到期值为票据的面值,带息票据的到期值为票据到期时的本金加利息。

公式中的贴现率一般为年利率。

公式中的贴现期限是指自贴现日起至票据到期日前一天止的天数,也等于票据的有效天数减去企业持有天数后的余数。

贴现后，企业获取的余额，即贴现净额等于票据到期值减去贴息后的余额。

按照中国人民银行《支付结算办法》的规定，实付贴现金额按票面金额扣除贴现日到汇票到期前一日的利息计算。承兑人在异地的，贴现利息的计算应另加 3 天的划款日期。

票据贴现按是否带追索权，可以分为不带追索权的票据贴现和带追索权的票据贴现。

1. 不带追索权的票据贴现

不带追索权票据贴现（如银行承兑汇票贴现），贴现企业不仅将应收票据未来的现金流量转移给银行，而且将应收票据上的风险也全部转移给了银行，当债务人到期未能付款时，贴现企业不承担连带偿付责任。因此，贴现企业应终止确认已贴现的应收票据，即注销其账面价值。

【例 3-4】 A 公司将期限为 80 天，面值为 60 000 元的银行承兑汇票，在持票 30 天后向银行办理贴现，贴现率 12%。

贴现息＝60 000 元×12%×(80－30)÷360＝1 000(元)

贴现净额＝60 000－1 000＝59 000(元)

A 公司应作会计分录如下：

借：银行存款	59 000	
财务费用	1 000	
贷：应收票据		60 000

如贴现的银行承兑汇票到期，债务人无力支付，则贴现企业不承担连带的偿付责任，不需作任何会计处理。

2. 带追索权的票据贴现

带追索权的票据贴现（如商业承兑汇票贴现），贴现企业仅将应收票据未来收取现金的权利转移给银行，并未将该票据的风险（如承担无法收回款项的损失）转移给银行，如贴现银行未收到票款，贴现企业在法律上有连带偿付责任的，贴现银行可以向贴现企业进行追索。因此，此类票据贴现属于以应收票据为质押向银行取得短期贷款，在票据贴现时，贴现企业应如实反映负债的增加，而不能注销应收票据的账面价值。

【例 3-5】 B 公司持有一张面值为 100 000 元，年利率为 10%，期限为 90 天的带息商业承兑汇票，B 公司在持票 20 天后向银行办理贴现，贴现率 12%。

票据到期值＝100 000×(1＋10%×90÷360)＝102 500(元)

贴现息＝102 500×12%×(90－20)÷360＝2 391.67(元)

贴现净额＝102 500－2 391.67＝100 108.33(元)

B公司应作会计分录如下：

借：银行存款	100 108.33	
财务费用	2 391.67	
贷：短期借款		102 500

如贴现的商业承兑汇票到期，债务人无力支付，由于贴现企业在法律上有连带偿付责任，贴现银行对其具有追索权，银行将已贴现的票据退回贴现企业，同时从贴现企业账户中将贴现票款划回。贴现企业保留对债务人的追索权，按照到期值借记“应收账款”账户，贷记“应收票据”账户。

接前述[例 3-5]，若B公司贴现的商业承兑汇票到期，而债务人无力支付，则B公司应作会计分录如下：

借：短期借款	102 500	
贷：银行存款		102 500

同时，

借：应收账款	102 500	
贷：应收票据		100 000
财务费用 $\left(100\,000\times10\%\times\frac{90}{360}\right)$		2 500

第二节　应收账款的核算

一、应收账款的概述

（一）应收账款的概念

应收账款是指企业因销售产品、提供劳务等业务，应向购买单位收取的款项，包括应由购买方负担的税金、代购方垫付的各种运杂费等。

应收账款表示企业在销售过程中被购买单位所占用的资金。企业应及时收回应收账款以弥补企业在生产经营过程中的各种耗费，保证企业持续经营；对于被拖欠的应收账款应采取措施，组织催收；对于确实无法收回的应收账款，凡符合坏账条件的，应在取得有关证明并按规定程序报批后，作坏账损失处理。

（二）应收账款的计价

通常情况下，应收账款应按购销双方成交时的价格计算入账，即按交易日实际发生额入账。计价时还需要考虑商业折扣和现金折扣等因素。已入账的应收账款，不一定在以后全部收回，按照谨慎性原则，企业在会计期末编制报表时，应预计不能收回的坏账，可在年末时，按年末应收账款余额的一定比例计提坏账准备。

1. 商业折扣

商业折扣是指企业根据市场供需情况，或针对不同的顾客，在商品标价上给予的扣除。它是企业最常用的促销手段。企业为了扩大销售、占领市场，对于批发商往往给予商业折扣，采用销量越多、价格越低的促销策略，即通常所说的“薄利多销”。商业折扣一般在交易发生时即已确定，它仅仅是确定实际销售价格的一种手段，对应收账款的入账价值没有什么实质性的影响。因此，在存在商业折扣的情况下，企业应收账款入账金额应按扣除商业折扣以后的实际售价确认。

2. 现金折扣

现金折扣是指债权人为鼓励债务人在规定的期限内付款，而向债务人提供的债务扣除。现金折扣通常发生在以赊销方式销售商品及提供劳务的交易中。企业为了鼓励客户提前偿付货款，通常与债务人达成协议，债务人在不同期限内付款可享受不同比例的折扣。现金折扣一般用符号“折扣/付款期限”表示。例如，买方在10天内付款可按售价给予2%的折扣，用符号“2/10”表示；在20天内付款可按售价给予1%的折扣，用符号“1/20”表示；在30天内付款，则不给折扣，用符号“n/30”表示。

在存在现金折扣的情况下，应收账款入账金额的确认有两种方法：一种是总价法；另一种是净价法。

总价法是将原售价金额作为实际售价，据以确认应收账款的入账价值。这种方法是把给客户的现金折扣视为融资的理财费用，会计上作为“财务费用”处理。我国的会计实务中通常采用此方法。

净价法是将扣减现金折扣后的金额作为实际售价，据以确认应收账款的入账价值。这种方法是把客户取得折扣视为正常现象，认为客户一般会提前付款，而将由于客户超过折扣期限而多收入的金额，视为提供信贷获得的收入，冲减“财务费用”。

二、应收账款的核算

为了反映和监督企业应收账款的发生、结算和结存情况，企业应设置“应收账款”账户。“应收账款”账户用来核算因销售产品、提供劳务等业务，应向购方收取的款项。该账户仅核算因销售产品、提供劳务等而形成的债权，不包括企业应收的保险赔款、应收股利、职工欠款等其他应收款。其借方登记企业应收的款项；贷方登记已收回的款项或转作商业汇票结算的应收账款，以及已结转坏账损失的应收账款；期末借方余额反映尚未收回的应收账款。本账户应按债务人分别设置明细账户，进行明细分类核算。

（一）应收账款核算的基本要求

正确、及时反映企业应收账款的形成、收回及其增减变化，监督企业执行国家有关法规和结算制度；加强应收账款管理，及时收回款项，加速资金周转；按规定计提坏账准备和进行坏账的处理。

（二）应收账款形成和收回的核算

企业销售产品、提供劳务所形成的应收账款，应按销售产品和提供劳务的价款，包括为客户代垫的包装费、运杂费等借记“应收账款”账户；按应计算交纳的增值税，贷记“应交税费——应交增值税（销项税额）”账户；按实现的经营收入，贷记“主营业务收入”账户。企业收回应收账款时，借记“银行存款”等账户，贷记“应收账款”账户。

（1）企业发生的应收账款，在没有商业折扣的情况下，按应收的全部金额入账。

【例 3-6】 向C公司销售产品，货已按合同发出，产品不含增值税的价款为50 000元，按规定计算应交纳的增值税为8 500元，发出商品时以银行存款400元支付代垫运杂费。作会计分录如下：

借：应收账款——C公司	58 900	
贷：应交税费——应交增值税（销项税额）		8 500
主营业务收入		50 000
银行存款		400

收到C公司通过银行汇来的上述欠款，款项存入银行。作会计分录如下：

借：银行存款	58 900	
贷：应收账款——C公司		58 900

（2）企业发生的应收账款，在有商业折扣的情况下，应按扣除商业折扣后的金额入账。

【例 3-7】 向D公司销售产品，货已按合同发出，产品不含增值税的价款为20 000元。由于是成批销售，销货方给购货方10%的商业折扣，金额为

2 000元，销货方应收账款的入账金额为18 000元，适用增值税税率为17%。作会计分录如下：

借：应收账款——D公司　　21 060
　贷：主营业务收入　　18 000
　　应交税费——应交增值税（销项税额）　　3 060

收到D公司通过银行汇来的上述欠款，款项存入银行。作会计分录如下：

借：银行存款　　21 060
　贷：应收账款——D公司　　21 060

（3）企业发生的应收账款在有现金折扣的情况下，采用总价法入账，发生的现金折扣作为财务费用处理。

【例3-8】 向E公司销售产品，货已按合同发出，产品不含增值税的价款为20 000元。规定的现金折扣条件为"2/10，n/30"（假如不考虑增值税），适用增值税税率为17%，产品交付并办理托收手续。作会计分录如下：

借：应收账款——E公司　　23 400
　贷：主营业务收入　　20 000
　　应交税费——应交增值税（销项税额）　　3 400

收到E公司通过银行汇来的上述欠款时，根据购货企业是否得到现金折扣的情况入账。如果上述款项在10天内收到，则按售价20 000元的2%享受400元（20 000×2%）的现金折扣，实际支付额为23 000元。作会计分录如下：

借：银行存款　　23 000
　　财务费用　　400
　贷：应收账款——E公司　　23 400

三、坏账

（一）坏账概述

坏账是指企业无法收回或收回可能性极小的应收账款。由于坏账而产生的损失称为坏账损失。

应收账款的债务人由于破产、死亡等各种原因无法偿还时，债权人就可能无法收回或不能如期收回账款而导致坏账损失。这种损失有时是难以避免的。

企业应当在期末对应收账款进行检查，并预计可能产生的坏账损失。对预计可能发生的坏账损失，计提坏账准备。企业计提坏账准备的方法由企业自行确定。企业应当制定计提坏账准备的政策，明确计提坏账准备的范围、提取方法、账龄的划分和提取比例，按照法律、行政法规的规定报有关各方备案，并备置于企业所在地。坏账准备提取方法一经确定，不得随意变更。如需变更，应当在会计报表附注中予以说明。

在确定坏账准备的计提比例时，企业应当根据以往的经验、债务单位的实际财务状况和现金流量等相关信息予以合理估计。除有确凿证据表明该项应收账款不能够收回或收回的可能性不大外（如债务单位已撤销、破产、资不抵债、现金流量严重不足、发生严重的自然灾害等导致停产而在短时间内无法偿付债务等，以及 3 年以上的应收账款），下列各种情况不能全额提取坏账准备：

（1）当年发生的应收账款。

（2）计划对应收款项进行重组。

（3）与关联方发生的应收款项。

（4）其他已逾期，但无确凿证据表明不能收回的应收款项。

应当指出，对已确认为坏账的应收账款，并不意味着企业放弃了追索权，一旦重新收回，应及时入账。

（二）坏账的核算

企业的坏账损失，在会计上一般有两种处理方法：直接转销法和备抵法。

1. 直接转销法

直接转销法是指企业实际发生坏账时，确认坏账损失，直接计入当期损益，同时冲销应收账款。企业按不能收回确认为坏账的实际数额，借记“资产减值损失”账户，贷记“应收账款”账户。如果已确认并转销的坏账，以后又收回时，应先转回后再按正常程序反映应收账款的收回，即借记“应收账款”账户，贷记“资产减值损失”账户；然后再借记“银行存款”账户，贷记“应收账款”账户。

【例 3-9】 E 公司欠甲公司的账款 6 700 元已超过 3 年，屡催无效后断定无法收回，则对该客户的应收账款作坏账损失处理。作会计分录如下：

借：资产减值损失——坏账损失	6 700	
贷：应收账款——E 公司		6 700

如果已冲销的应收账款以后又收回，作会计分录如下：

借：应收账款——E 公司	6 700	
贷：资产减值损失——坏账损失		6 700

同时，作会计分录如下：

借：银行存款　　6 700
　贷：应收账款——E公司　　6 700

采用直接转销法核算比较客观、真实，账务处理简单。其主要缺点是：坏账损失的计入是在认定账款不能收回时，而不是应收账款发生的本期，因此不符合权责发生制和收支配比原则。此外，企业发生的长年挂账，须在确认为坏账后方能计入费用。在确认坏账前，这种损失不能计入费用，虚增了利润。

2. 备抵法

备抵法是按期估计坏账损失，计入资产减值损失，形成坏账准备。实际发生应收账款的坏账损失时，按发生的金额冲减坏账准备金，同时转销应收账款。

为了反映和监督坏账准备的计提和坏账损失的发生等情况，应设置“坏账准备”账户。“坏账准备”账户用来核算企业按规定从成本中提取的坏账准备。该账户是应收款项账户的备抵调整账户。该账户借方登记已发生的坏账损失及冲减坏账准备；贷方登记提取的坏账准备、收回以前已确认并转销的坏账损失；期末结账前的余额可能在贷方，反映已提取尚未转销的坏账准备；可能在借方，反映尚待提取的坏账准备；结账后的余额在贷方，反映期末应收账款按规定已计提的坏账准备。

估计坏账损失的方法主要有三种：应收账款余额百分比法、账龄分析法和销货百分比法。简述如下：

（1）应收账款余额百分比法。它是根据应收账款余额的一定比例计算提取坏账准备。各行业企业的计提比例不尽一致，为了不虚夸资产价值，具体可结合企业的所处情况而定，一经决定不得任意更改。

企业提取坏账准备时，借记“资产减值损失”账户，贷记“坏账准备”账户；确认并转销坏账损失时，借记“坏账准备”账户，贷记“应收账款”账户；已确认并转销的坏账损失，以后又收回时，先按实际收回金额，借记“应收账款”账户，贷记“坏账准备”账户，然后，借记“银行存款”账户，贷记“应收账款”账户。这样处理的理由是便于提供分析债务人财务状况信息，便于在是否与其继续进行财务往来作出选择，同时也反映债务人企盼重建其信誉的愿望。

企业在期末应提的坏账准备大于其账面余额的，应按其差额提取；应提取的坏账准备小于账面余额的，应按其差额冲回。

【例 3-10】 某企业实行坏账准备金制度，按年末应收账款余额 9 000 000 元的 5‰提取坏账准备。

第二年发生坏账损失 30 000 元，其中 A 企业无法归还款项 22 000 元，B

企业无法归还款项 8 000 元。年末企业应收账款余额为 8 000 000 元。

第三年 A 厂汇来 14 000 元归还货款，该项应收账款是上一年已确认并转销 22 000 元坏账损失的一部分。年末企业应收账款余额为 6 000 000 元。

第一年计提坏账准备 45 000 元(9 000 000×5‰)。作会计分录如下：

借：资产减值损失	45 000	
贷：坏账准备		45 000

第二年发生坏账损失 30 000 元，坏账准备账面余额为 15 000 元(45 000－30 000)，年末应提取坏账准备 40 000 元(8 000 000 ×5‰)，应提取额比坏账准备账面余额大 25 000 元，应予以补提。

确认并转销坏账损失时，作会计分录如下：

借：坏账准备	30 000	
贷：应收账款——A 企业		22 000
——B 企业		8 000

年末补提坏账准备时，作会计分录如下：

借：资产减值损失	25 000	
贷：坏账准备		25 000

第三年收到 A 厂上年已确认并转销为坏账损失的应收账款14 000元，企业处理后，坏账准备的账面余额是 54 000 元(40 000＋14 000)，年末应提取坏账准备 30 000 元(6 000 000× 5‰)，应提取额比坏账准备账面余额小 24 000 元(30 000－54 000)，应予以冲回。

收到 A 厂汇来的 14 000 元时，作会计分录如下：

借：应收账款——A 企业	14 000	
贷：坏账准备		14 000
借：银行存款	14 000	
贷：应收账款——A 企业		14 000

年末冲回账面坏账准备时，作会计分录如下：

借：坏账准备	24 000	
贷：资产减值损失		24 000

(2) 账龄分析法是根据应收账款账龄时间长短来估计坏账损失的方法。建立这种方法的理论基础是：应收账款被拖欠未收回的时间越长，发生坏账损失的可能性就越大。

【例 3-11】 某企业某年末应收账款账龄分析及估计坏账损失如表 3-1 所示。

表 3-1

某企业坏账准备估算表

××××年 12 月 31 日

应收账款		估计损失(%)	估计损失金额(元)
账龄	金额(元)		
未到期	80 000	0.50	400
过期 1 个月	20 000	1	200
过期 2 个月	12 000	2	240
过期 8 个月	18 000	3	540
过期 1 年	5 000	5	250
合计	135 000		1 630

根据上述估算,该企业当年年末坏账准备应提数为 1 630 元。企业应根据调整前坏账准备账户的账面余额,确定本期应入账的金额。若调整前,坏账准备账面余额为贷方 630 元,则本期应予以补提坏账准备 1 000 元。

(3) 销货百分比法。该法是根据赊销总额的一定百分比来计算坏账损失的方法。采用销货百分比法主要是根据以往经验及应收账款发生坏账的可能程度,确定一个认为是恰当的百分比来估计坏账损失。

【例 3-12】 某公司当年赊销总额为 200 万元,估计坏账损失的可能程度为 1%,则年末估计坏账损失为 20 000 元(2 000 000×1%)。

采用备抵法的主要优点在于两个方面:第一,备抵法将预计不能收回的应收账款作为坏账损失,及时计入费用,可以避免企业在利润上反映的虚增现象。第二,在会计报表上列示应收账款的净额,消除了虚列的应收账款,使企业应收账款实际占用资金接近实际;同时便于报表使用者更好地了解企业财务情况,作出正确的决策。

第三节 预付账款的核算

预付账款是指企业按照购货合同的规定预付给供货单位的货款。预付账款是由企业主动付款而形成的,属于企业短期性债权。

企业购进材料等物资采用预付货款办法,其目的是为了按照合同契约以预付货款形式交付供货方相当于购物保证金的部分货款,从而可按合同契约按期取得供货方提供的商品;或者为了保证未来某时期生产所需材料物资能及时得到供应,不至于发生脱节现象。

预付货款往往是一种双方约定。企业预付的货款,成为企业的一项资产,而该项资产暂时被供货方所占用,企业有权要求供货方及时按照合同供应商品;反过来,供货方采用预先收取部分货款的办法,可在一定程度上增加流动资金的后劲或减轻流动资金的压力,同时对购买方可能出现的随意违约情况予以制约,以免带来不必要的损失。此外,供货方采用客户预付办法,可根据预订情况,按订货批量组织生产,避免有些商品的库存积压。在市场经济条件下,一些有眼力的企业,推行商品预订并预先收取部分货款办法来密切供需双方关系、扩大经营成果。

为反映和监督预付货款的支出和结算情况,企业可设置"预付账款"账户。该账户借方反映企业向供货单位预付或补付的款项;贷方反映企业收到所购货物时应结转或退回多付的预付款项;期末余额一般在借方,反映企业向供货方已预付尚未结算的货款,有时期末余额也会在贷方,反映企业尚需补付的货款。"预付账款"账户应按供应单位设置明细账进行明细核算。

【例 3-13】 甲企业计划向乙企业采购 A 材料,双方合同规定购方须先预付货款 50 000 元,其余货款在销售方供货后付清。

(1) 甲企业根据合同契约通过银行汇款 50 000 元,作为预付货款。作会计分录如下:

借:预付账款——乙企业　　50 000
　贷:银行存款　　50 000

(2) 甲企业收到乙企业随同货物发运单转来的专用销售发票,合计金额 117 000元,其中 A 材料货款 100 000 元,增值税款 17 000 元。作会计分录如下:

借:材料采购　　100 000
　　应交税费——应交增值税(进项税额)　　17 000
　贷:预付账款——乙企业　　117 000

(3) 甲企业以银行存款 67 000 元(117 000－50 000)补付货款。作会计分录如下:

借:预付账款——乙企业　　67 000
　贷:银行存款　　67 000

预付货款情况较少的企业,也可以将发生的预付货款不通过"预付账款"

账户核算，而直接记入“应付账款”账户的借方，转销时贷记“应付账款”账户。按[例 3-13]的业务，应作会计分录如下：

预付货款时：

借：应付账款——乙企业　　50 000
　贷：银行存款　　50 000

收到乙企业专用销售发票时：

借：材料采购　　100 000
　　应交税费——应交增值税（进项税额）　　17 000
　贷：应付账款——乙企业　　117 000

补付货款时：

借：应付账款——乙企业　　67 000
　贷：银行存款　　67 000

预付账款和应收账款都是企业的短期债权。预付账款是因购货而引起的，而应收账款是由销货而发生的。这是两者最显著之区别。企业会计制度规定，企业的预付账款如有确凿证据表明其不符合预付账款性质，或者因供货单位破产、撤销等原因已无望再收到所购货物的，应将原计入预付账款的金额转入其他应收款，并计提相应的坏账准备。

通过“预付账款”账户进行预付货款业务的核算，在会计期末，“预付账款”明细账户如果有贷方余额时，应将这部分贷方余额，在资产负债表“应付账款”项目中列示；通过“应付账款”账户进行预付货款业务的核算，在会计期末，“应付账款”明细账户如果有借方余额时，应将这部分借方余额，在资产负债表“预付账款”项目中列示。

第四节　其他应收款的核算

其他应收款是指除应收账款、应收票据和预付账款以外，企业应收、暂付其他单位和个人的各种款项。它属于企业发生的非购销活动的短期性债权。

其他应收款核算的主要内容有：

（1）预付给企业内部职能部门、车间和职工个人的备用款项。

（2）应收取的各种赔款、罚款。

（3）存出保证金，如支付的包装物押金等。

(4) 应向职工个人收取的各种垫付款项等。

为反映和监督其他应收款的结算情况，应设置“其他应收款”账户进行总分类核算，并对其他应收款的项目分类设置明细账户，并进行明细分类核算。

企业发生预支备用金、支付保证金及各种应收的股利、赔款、罚款时，借记“其他应收款”账户，贷记“库存现金”、“银行存款”、“营业外收入”、“待处理财产损溢”等账户；收回保证金、备用金和收取罚款等时，借记“库存现金”、“银行存款”账户，贷记“其他应收款”账户。

有关业务举例如下：

【例 3-14】 某企业成品仓库在盘存中发现部分产成品损坏，经查明是由于保管员失职所致，应由该保管员负责赔偿 500 元。作会计分录如下：

借：其他应收款——×××　　500
　贷：待处理财产损溢——待处理流动资产损溢　　500

【例 3-15】 某企业向其他单位购买材料时借用包装物，以银行存款 3 000 元支付押金。作会计分录如下：

借：其他应收款——存出保证金　　3 000
　贷：银行存款　　3 000

【例 3-16】 应收保管员赔偿的 500 元，本月从其工资中扣回。作会计分录如下：

借：应付职工薪酬　　500
　贷：其他应收款——×××　　500

【例 3-17】 购材料时借用的包装物因损坏，不能按期归还供货单位，原付出的包装物押金 3 000 元经批准予以转销。作会计分录如下：

借：管理费用　　3 000
　贷：其他应收款——存出保证金　　3 000

企业应当定期或至少于每年年度终了，对其他应收款进行检查，预计其可能发生的坏账损失，并计提坏账准备。

复习思考题

一、单项选择题

1. 采用应收账款余额的一定比例提取坏账准备的企业应按(　　)。

A. 年末应收账款的余额提取

B. 月末应收账款的余额提取

C. 季末应收账款的余额提取

D. 半年末应收账款的余额提取

2. 预付货款在“预付账款”账户核算的工业企业,收到购买的原材料时,采用计划成本进行材料日常核算的,应作(　　)。

A. 借记“预付账款”账户,贷记“材料采购”账户

B. 借记“材料采购”账户,贷记“预付账款”账户

C. 借记“预付账款”账户,贷记“银行存款”账户

D. 借记“材料采购”账户,贷记“银行存款”账户

3. “坏账准备”账户的借方反映(　　)。

A. 冲回多提和发生坏账冲销的坏账准备

B. 提取的坏账准备

C. 冲回多提的坏账准备

D. 收回已作为坏账核销的应收账款

4. 企业某项应收账款 40 000 元,付款条件为“2/10,1/15,n/30”,客户在第 17 天付款,则客户应付款(　　)元。

A. 39 200　　　B. 39 600

C. 40 000　　　D. 39 400

5. 如果一张票据的出票日期为 6 月 28 日,30 天到期,则票据的到期日为(　　)。

A. 7 月 28 日　　　B. 7 月 27 日

C. 7 月 26 日　　　D. 7 月 29 日

6. 某企业 5 月 2 日销售产品一批,销售收入为 40 000 元,增值税税率为 17%。付款条件为“2/10,1/20,n/30”,客户在 5 月 15 日付款,则应给予客户的现金折扣应为(　　)元。

A. 0　　　B. 400

C. 936　　　D. 468

7. 一张票面为 12 000 元,利率为 10%的 1 年期的带息应收票据,企业已持有 8 个月,现按 12%的贴现率进行贴现,则该企业可实现的贴现款为(　　)元。

A. 12 672　　　B. 12 144

C. 12 276　　　D. 12 720

8. 2000年7月3日,某企业持一张带息应收票据到银行贴现。该票据面值为1 000 000元,2000年6月30日已计利息1 000元,尚未计提利息1 200元,银行贴现息为900元,则该票据贴现当期计入财务费用的金额为(　　)元。

A. −1 300　　B. −300

C. 900　　D. −100

9. 某企业1999年年初“坏账准备”科目的贷方余额为30 000元,1999年发生坏账损失2 000元。1999年年末“应收账款”科目的余额500万元,提取坏账准备金为5‰,则该企业年末应提取的坏账准备金为(　　)元。

A. 25 000　　B. 0

C. 27 000　　D. −3 000

10. 一张应收票据的面值为10 000元,出票日为6月20日、票面利率为12%、期限为30天。某企业于7月10日持该票据向银行贴现,贴现率为9%,则该票据的贴现息为(　　)元。

A. 25　　B. 25.25

C. 75.75　　D. 100

二、多项选择题

1. 票据贴现息的计算与(　　)有关。

A. 银行存款利率　　B. 票据到期价值

C. 贴现率　　D. 贴现期

E. 票据票面价值

2. 我国的应收票据包括(　　)。

A. 支票　　B. 银行本票

C. 商业承兑汇票　　D. 银行承兑汇票

E. 银行汇票

3. 应收账款包括通过(　　)结算方式而发生。

A. 支票　　B. 委托收款

C. 汇兑　　D. 银行本票

E. 异地托收承付

4. 坏账准备制度符合会计核算的(　　)原则。

A. 权责发生制　　B. 配比

C. 谨慎性　　D. 划分收益性支出与资本性支出

E. 重要性

5. 以下各项中，属于企业短期债权的有(　　)。

A. 预付账款　　B. 应收票据

C. 应收账款　　D. 其他应收款

E. 预收账款

6. 企业的应收账款不包括(　　)。

A. 应收职工欠款　　B. 应收认股款

C. 应收销货款　　D. 存出保证金

E. 应收各种租金

7. 下列项目中，可能会减少应收账款收回数的是(　　)。

A. 现金折扣　　B. 代垫运费

C. 坏账　　D. 商业折扣

8. 下列各项中，应记入“坏账准备”账户贷方的有(　　)。

A. 收回过去已确认并转销的坏账

B. 转销的坏账损失

C. 年末按应收账款余额的一定比例计提的坏账准备

D. 年末实际提取并列入利润表的坏账准备

三、判断题

1. 因为应收票据发生坏账的风险较应收账款小，因此，在我国会计实务中，不对应收票据计提坏账准备。(　　)

2. 企业已转为坏账损失的应收账款，意味着放弃追索款项的权利。(　　)

3. 已确认并已转销的坏账损失，以后发生收回，仍然应通过“应收账款”账户核算。(　　)

4. 应收票据到期时，若付款人拒付票款或无力支付票款，应将票据本金和利息一并转入应收账款。(　　)

5. 根据我国现行制度规定，企业年终结账后，“坏账准备”账户的余额一定等于应收账款余额与坏账准备计提比例的乘积。(　　)

6. 企业带息的票据贴现所得不一定小于其票据面值。(　　)

7. 无论是采用直接转销法，还是采用备抵法核算坏账损失，其坏账损失的确认条件都是相同的。(　　)

8. 企业将应收的商业承兑汇票贴现后，可能在短期内形成对银行的负债，因此应将其列为“资产负债表”的流动负债项目。(　　)

9. 某企业1998年3月31日签发一张期限为3个月的商业承兑汇票，其到期日为7月1日。 (　　)

10. 企业将带息票据贴现时，贴现所得的金额小于票据账面余额的差额，应增加财务费用；贴现所得的金额大于票据面值的差额，应冲减财务费用。(　　)

四、名词解释

1. 坏账损失的直接转销法
2. 坏账损失的备抵法
3. 应收票据贴现
4. 商业折扣
5. 现金折扣
6. 总价法
7. 净价法
8. 坏账
9. 坏账损失
10. 应收账款余额百分比法
11. 账龄分析法
12. 销货百分比法

五、简答题

1. 坏账损失的确认条件是什么？坏账准备计提比例如何确定？
2. 应收票据贴现如何计算？
3. 应收票据的票据到期日如何确定？
4. 应收票据在期末和年度终了如何计提利息？
5. 现金折扣和商业折扣的区别是什么？
6. 在现金折扣下，确认应收账款入账金额的两种方法是什么？账务处理方法有什么不同？
7. 坏账损失两种处理方法在账务处理上有何不同？
8. 其他应收账款的核算内容有哪些？

六、计算与分析题

习题一　练习应收票据的会计处理

资料

某工业企业19××年发生以下经济业务：

1. 11月1日，销售产品一批，售价共40 000元，增值税率为17%，计增值税额为6 800元，产品已经发出，货款尚未收到。

2. 11月6日，企业收到买方承兑的商业承兑汇票，付款期为180天，票面利率为10%，面值为46 800元。

3. 企业于2月15日将该商业承兑汇票到银行贴现，贴现息率为8%，贴现净额已存入银行。

4. 票据到期日，企业收到银行通知，付款单位无力支付已贴现的商业承兑汇票，款项已从该企业的银行存款账户收取。

5. 票据到期后的第三日，经双方协商，企业收到对方新开出的期限为3个月，面额为49 140元的商业承兑汇票。

要求

根据上述经济业务，编制会计分录。

习题二　练习应收票据的贴现计算

资料

某企业19××年3月1日收到一张商业承兑汇票，面额100 000元，付款期限3个月，该企业当日将该商业汇票到银行贴现，银行年贴现率为9%，贴现净额已存入银行。

要求

计算贴现息和贴现净额，并编制有关会计分录。

习题三　练习坏账损失的会计处理

资料

某企业按应收账款余额百分比法计提坏账准备，计提比例为应收账款余额的4‰，有关资料如下：

1. 应收账款期末余额分别为：2004年500 000元，2005年450 000元，2006年560 000元。

2. 2004年初“坏账准备”账户贷方余额500元。

3. 2005年2月发生坏账损失3 000元。

4. 2006年3月已确认的上年坏账3 000元中，收回1 750元。

要求

编制3年中有关坏账准备提取、冲转和收回的会计分录。

习题四　综合练习应收款项及应收票据的核算

资料

A公司9月16日销售给B公司商品一批，价款85 470元，增值税税率17%，增值税为14 530元，价税合计为100 000元，货款未收。上述货款收到一张票面为 100 000 元、年利率为 10%、期限为 3 个月的带息商业承兑汇票。10 月 20 日 A 公司因急需资金周转，持此票据到银行贴现，贴现率为年息 12%。票据到期后付款单位和 A 公司均无款支付而遭退票，由于该票据贴现带有追索权转为 A 公司的逾期贷款处理。

A 公司年末应按应收账款余额的 5‰计提坏账准备，当年末应收账款余额为1 000 000元，当年初坏账准备尚余40 000元，年内经确认坏账损失为5 000元，收回 C 企业已转销的坏账损失 8 000元。

要求

进行必要的账务处理。

习题五　练习现金折扣情况下应收款项的核算

资料

某企业在 2009 年 10 月 1 日向 A 企业销售一批商品 400 件，增值税专用发票上注明的售价为 40 000 元，增值税税额为 6 800 元。企业为了及早收回货款而在合同中规定符合现金折扣的条件为“2/10，1/20，n/30”。假定计算折扣时不考虑增值税。

要求

试编制 10 月 1 日销售实现时和在 10 月 9 日、10 月 18 日和 10 月底付款的会计分录。

第四章　存货的核算

第一节　存货概述

一、存货的概念

存货是指企业在日常活动中持有以备出售的产成品或商品、处在生产过程中的在产品、在生产过程或提供劳务过程中耗用的材料和物料等，包括各类原材料、在产品、半成品、产成品、商品以及周转材料等。

（一）存货的特征

企业为进行正常的生产经营活动，除了需要备置一定数量的货币性资产及长期资产外，也需要备置一定数量的存货资产。存货作为企业的一类资产，它具有资产所有的特征之外，还具有其本身的特征：其一，作为存货，它以一定的物质实体而存在，是一项有形资产。这一特征，使存货与无物质实体而存在的资产，如无形资产、应收账款等相区分，也将货币性资产从存货的范围中排除。其二，作为存货，它具有较大的流动性，通常能在一年内转换为现金或其他资产。这一特征，使存货与虽有一定物质实体存在但流动性较小的资产，如固定资产等相区分。其三，作为存货，它必须是为了在经营中销售的流动资产，或者是在生产中耗用的流动资产。这一特征，使存货与虽有一定物质实体存在且流动性较大的但属于非生产耗用的资产，如在建工程用材料等相区分。

企业的存货通常包含以下内容：

(1) 原材料：指直接用于制造产品并构成产品主要实体的各种原料及主要材料、辅助材料、外购半成品、修理用备件、包装材料、燃料等。通常将来自采掘业的自然资源和农副业产品称为原料，如矿石、原棉等；将来自加工业的产品称为材料，如钢材、棉纱等；外购半成品是指从其他企业购入的零件、部件或半成品，它经过本企业继续加工，构成本企业产品的主要实体。

(2) 在产品：指未完工产品存货或对外销售前须进一步加工的物品。

(3) 自制半成品：指已完成一定生产程序，并经检验合格交付半成品仓库，须继续加工的半成品，如纺织厂生产的棉纱等。

(4) 产成品:指工业企业已经完成全部生产过程,并验收入库、合乎标准规格和技术条件,可以作为商品对外销售的产品。

(5) 商品:指商品流通企业外购或委托加工完成验收入库用于销售的各种商品。

(6) 周转材料:指企业能够多次使用、逐渐转移其价值但仍保持原有形态不确认为固定资产的材料,如包装物和低值易耗品。其中,包装物是指为包装本企业产品而储备的包装容器,如箱、桶、瓶、袋等。低值易耗品是指单位价值在规定限额以下,或使用年限在1年以内,不作为固定资产核算的各种用具物品,如管理用具、玻璃器皿,以及在经营过程中周转使用的包装容器等。

(二) 存货的确认条件

存货予以确认,应符合存货的定义,并同时满足以下条件:

(1) 与该存货有关的经济利益很可能流入企业。

(2) 该存货的成本能够可靠地计量。

二、存货的初始计量

存货应当按照成本进行初始计量。存货成本包括采购成本、加工成本和其他成本。

(一) 外购的存货

原材料、商品、低值易耗品等通过购买而取得的存货的成本由采购成本构成。存货的采购成本,包括购买价款、相关税费、运输费、装卸费、保险费以及其他可归属于存货采购成本的费用。其中采购价格是指企业购入的材料或商品的发票账单上列明的价款,但不包括按规定可以抵扣的增值税额。其中已扣除商业折扣,但包括现金折扣。其他税金是指企业购买、自制或委托加工存货发生的消费税、资源税和不能从销项税额中抵扣的增值税进项税额等。其他可直接归属于存货采购的费用,即采购成本中除上述各项外的可直接归属存货采购的费用,如在存货采购过程中发生的包装费、运输途中的合理损耗、入库前的挑选整理费用等。这些费用能分清负担对象的,应直接计入存货的采购成本;不能分清负担对象的,应选择合理的分配方法,分配计入有关存货的采购成本。分配方法通常按所购存货的重量或采购价格比例进行分配。仓储费(不包括在生产过程中为达到下一个生产阶段所必需的费用)在发生时确认为当期损益,不计入存货成本。

商品流通企业在采购过程中发生的运输费、装卸费、保险费、运输途中的合理损耗以及其他可归属于存货采购成本的相关费用等,一般要计入存货的采购成本,也可以在发生时先进行归集,期末再按已销商品和结存商品的比例进行分配。如果企业采购商品的进货金额较小的,可以在发生时直接计入当期损益。

(二) 加工取得的存货的成本

企业通过进一步加工取得的存货,其成本由采购成本、加工成本和其他相关成本构成。

存货的加工成本,包括直接人工以及按照一定方法分配的制造费用。直接人工是指企业在生产产品过程中,直接从事产品生产的职工薪酬。制造费用是指企业生产产品或提供劳务所发生的除直接费用之外的间接费用,如制造车间办公费、折旧费、劳动保护费等。企业应当根据制造费用的性质,合理地选择制造费用分配方法。在同一生产过程中,同时生产两种或两种以上的产品,并且每种产品的加工成本不能直接区分的,其加工成本应当按照合理的方法在各种产品之间进行分配。

(三) 其他方式取得的存货的成本

1. 投资者投入存货的成本

投资者投入存货的成本,应当按照投资合同或协议约定的价值确定,但投资合同或协议约定价值不公允的除外。

2. 通过非货币性资产交换、债务重组和企业合并等取得的存货的成本

通过非货币性资产交换、债务重组和企业合并等取得的存货的成本,应当按相关准则规定确定。

3. 盘盈存货的成本

盘盈的存货,应按其重置成本作为入账价值。

三、存货发出的计价方法

企业的存货是不断流动的,有流入也有流出,就形成了生产经营过程中的存货流转。存货的流转包括实物流转和成本流转两方面。在理论上,存货的实物流转和成本流转应是一致的。但在实际工作中,企业的存货进出量大,存货品种繁多,存货单位成本多变,难保两者一致。这样就出现了存货成本流转假设。所谓存货的成本流转是指存货收入时成本流入和存货发出时的成本流出。期末存货的成本就是期初存货成本加上存货成本流入流出的差额。成本流转假设的核心是假定存货的成本流转与其实物流转是不一致的,会计人员只要选择一定的成本流转顺序就可以了,而不必考虑存货发出的实际批次。

按照国际惯例,结合我国实际情况,存货发出的计价方法主要有:先进先出法、月末一次加权平均法、移动平均法、个别计价法、计划成本法、毛利率法、售价金额法、零售价法等。这些方法都是以历史成本为基础的。

存货计价方法的不同,会对企业财务状况、盈亏情况有不同的影响。这主要表现在以下三个方面:对企业的损益的计算有直接影响;对资产负债表有关

项目数额有影响，如流动资产总额、所有者权益等；对计算缴纳所得税的数额有一定的影响，因为不同的计价方法对结转当期销售成本有不同的影响，从而影响到企业当期应纳税利润数额的确定。

1. 先进先出法

先进先出法是以先入库的存货先发出为假定前提，并根据这一假定的成本流转顺序，对发出存货进行计价的一种方法。

先进先出法将先购入的存货成本在后购入的存货成本之前转出，据此确定发出存货和期末存货的成本。

【例 4-1】 某企业 A 种存货明细账如表 4-1 所示。企业采用先进先出法计算发出存货和期末存货的成本。

表 4-1

存货明细账

存货名称：__A__　　编号：______　　类别：______

数量计量单位：______　　最高存货量：______　　最低存货量：______

年		凭证号	摘要	收入			发出			结存		
月	日			数量	单价	金额	数量	单价	金额	数量	单价	金额
5	1		期初余额							200	40	8 000
	5	（略）	购入	800	50	40 000				200 800	40 50	8 000 40 000
	10		发出				200 500	40 50	8 000 25 000	300	50	15 000
	15		购入	500	54	27 000				300 500	50 54	15 000 27 000
	18		发出				300 300	50 54	15 000 16 200	200	54	10 800
	22		购入	900	60	54 000				200 900	54 60	10 800 54 000
	29		发出				200 600	54 60	10 800 36 000	300	60	18 000
5	31		本月发生额及月末余额	2 200	—	121 000	2 100	—	111 000	300	60	18 000

采用这种计价方法，收入存货时要逐笔登记购进的每一批存货的数量、单价和金额；发出存货时要按先进先出的原则确定单价，逐笔登记存货发出和结存的数量、单价和金额。

在采用先进先出法时，能随时计算出发出存货和库存存货的成本，但当存货进出频繁时，核算的工作量是比较繁重的。期末存货成本比较接近现行的市场价格，但当物价上涨时，会高估企业当前利润和库存存货价值。

2. 加权平均法

加权平均法也称全月一次加权平均法，是一种综合加权平均的方法。它是在期末以存货的数量为权数来计算该存货的平均单价，并据以计算发出存货实际成本的一种计价方法。其计算公式如下：

$$\text{加权平均单价}=\left(\text{期初结存金额}+\text{本期进货金额合计}\right)\div\left(\text{期初结存数量}+\text{本期进货数量合计}\right)$$

本期发出存货成本＝本月发出存货数量×加权平均单价

期末库存存货成本＝期末库存存货数量×加权平均单价

【例 4-2】 仍以[例 4-1]A 种存货明细账资料为例，说明加权平均法的运用。

A 存货加权平均单价＝(8 000＋121 000)÷(200＋2 200)

＝53.75(元)

本期发出 A 存货成本＝2 100×53.75＝112 875(元)

期末库存 A 存货成本＝300×53.75＝16 125(元)

各次发出存货的实际成本同样可按发出数量乘以加权平均单价来计算确定。

采用加权平均法是在月末一次计算加权平均单价，较为简单，但由于此法在月末进行，因此无法提供日常发出和结存存货的单价及金额。

按照加权平均法登记的 A 种存货明细账见表 4-2。

表 4-2

存货明细账

存货名称：A　　编号：＿＿＿＿　　类别：＿＿＿＿

数量计量单位：＿＿＿＿　　最高存货量：＿＿＿＿　　最低存货量：＿＿＿＿

年		凭证号	摘要	收入			发出			结存		
月	日			数量	单价	金额	数量	单价	金额	数量	单价	金额
5	1		期初余额							200	40	8 000
	5	(略)	购入	800	50	40 000				1 000		
	10		发出				700			300		
	15		购入	500	54	27 000				800		
	18		发出				600			200		
	22		购入	900	60	54 000				1 100		
	29		发出				800			300		
5	31		本月发生额及月末余额	2 200	—	121 000	2 100	53.75	112 875	300	53.75	16 125

3. 移动加权平均法

移动加权平均法是指每次进货时重新计算一个加权平均单价，并据以计算发出成本的一种方法。其计算公式如下：

$$加权平均单价=\frac{本次购进前结存金额+本次购进金额}{本次购进前结存数量+本次购进数量}$$

移动加权平均法下的单价，受到每次收入存货实际成本的影响，存货成本与现行成本相比，会存在一定的差距。但由于每次收入存货要重新确定单价，因而比加权平均法下的差距要小一些，所计算的发出存货成本和结存的存货成本比较客观，能使管理当局及时了解存货的结存情况。

【例 4-3】 仍以[例 4-1]为例，按照移动加权平均法登记的 A 种存货明细账见表 4-3。

表 4-3

存货明细账

存货名称：A　　编号：______　　类别：______

数量计量单位：______　　最高存货量：______　　最低存货量：______

年		凭证号	摘要	收入			发出			结存		
月	日			数量	单价	金额	数量	单价	金额	数量	单价	金额
5	1		期初余额							200	40	8 000
	5	（略）	购入	800	50	40 000				1 000	48	48 000
	10		发出				700	48	33 600	300	48	14 400
	15		购入	500	54	27 000				800	51.75	41 400
	18		发出				600	51.75	31 050	200	51.75	10 350
	22		购入	900	60	54 000				1 100	58.50	64 350
	29		发出				800	58.50	46 800	300	58.50	17 550
5	31		本月发生额及月末余额	2 200	—	121 000	2 100	—	111 450	300	58.50	17 550

4. 个别计价法

个别计价法是按照各种存货，逐一辨认各批发出存货和期末所属的购进批别或生产批别，分别按购入时或生产时所确定的单价来计算各批发出存货和期末存货成本的方法。个别计价法又称个别认定法、具体辨认法、分批实际法。

采用这种方法对存货进行计价，必须具备两个条件：

(1) 各批存货必须是容易辨认的。

(2) 各批存货必须备有详细的批号、数量及单位成本等记录。

采用个别计价法所计算的发出存货的成本和期末存货的成本均能以实际的历史成本予以反映。但需要对发出和结存存货的批次、单价等进行具体认定,在实际操作上并不简单,工作量较大,一般适用于容易识别、单价较高的存货计价。

四、存货的期末计量

(一) 存货期末计量原则

资产负债表日,存货应当按照成本与可变现净值孰低计量。存货成本高于其可变现净值的,企业应当按照规定分别选择采用单个存货项目计提存货跌价准备,或合并计提存货跌价准备,计入当期损益。若资产负债表日企业以前减记存货价值的影响因素已经消失的,减记的金额应当予以恢复,并在原已计提的存货跌价准备的金额内转回,转回的金额计入当期损益。

(二) 可变现净值的含义

可变现净值,是指在日常活动中,存货的估计售价减去至完工时估计将要发生的成本、估计的销售费用以及相关税费后的金额。

1. 可变现净值的基本特征

(1) 确定存货可变现净值的前提是企业在进行日常活动。

(2) 可变现净值为存货的预计未来现金流量,而不是存货的售价或合同价。

(3) 不同存货可变现净值的构成不同。

① 产成品、商品和用于出售的材料等直接用于出售的商品存货,其可变现净值为在正常生产经营过程中,该存货的估计售价减去估计的销售费用和相关税费后的金额。

② 需要经过加工的材料存货,其可变现净值为在正常生产经营过程中,以该材料所生产的产成品的估计售价减去至完工时估计将要发生的成本、销售费用和相关税费后的金额。

2. 确定存货的可变现净值应考虑的因素

企业确定存货的可变现净值,应当以取得的确凿证据为基础,并且考虑持有存货的目的、资产负债表日后事项的影响等因素。

存货可变现净值的确凿证据,是指对确定存货的可变现净值有直接影响的确凿证明,如产品或商品的市场销售价格、与企业产品或商品相同或类似商品的市场销售价格、供货方提供的有关资料、销售方提供的有关资料、生产成本资料等。

（三）存货期末计量的具体方法

1. 存货的盘存制度

正确地确定存货成本在于正确地确定存货的数量与单价。其中，存货数量的确定是一个重要前提。对于确定某一个特定时日存货的实际数量，在会计上有两种方法：一种是实地盘存制；另一种是永续盘存制。

(1) 实地盘存制。实地盘存制，又称实物盘存制，是指期末通过对实物盘点来确定库存品数量，并据以计算库存品成本和发出成本的一种方法。在这种盘存制下，企业平时对有关存货账面上只登记收入增加数，不登记发出减少数，也无须逐日轧计结存数。在会计期末，按实地盘点确定的存货数量作为期末存货账户的结存数，并据以计算期末成本，然后再推算出本期销售或耗用的数量及成本。这种方法用于工业企业称之为以存计耗制或盘存计耗制，用于商品流通企业称之为以存计销制或盘存计销制。其基本计算公式如下：

$$\text{本期耗用或销售存货量}=\text{期初账面结存量}+\text{本期账面购入量}-\text{期末实地盘存量}$$

$$\text{本期耗用或销售成本}=\text{期初账面结存成本}+\text{本期账面购进成本}-\text{期末按实地盘存量计算的成本}$$

应注意的是，期末实地盘点存货数量不一定就是企业期末库存存货的数量。应根据销售凭证、购货发票和出入库凭证，查明已出库但未销售、已销售但未出库、已入库但未购入、已购入但未入库等的存货数量，并对实地盘点存货的数量进行调整。

在实地盘存制下，由于平时不记存货的减少数，也不必逐日轧计存货的结存数，这就大大地简化了存货的日常核算工作。其主要的缺点是：不能随时反映存货发出和结存动态，不利于日常对存货的计划与控制；采用以存计销、以存计耗来倒轧存货发出的减少数，会将因浪费、盗窃和保管不善而发生的损失，隐匿在销售成本或耗用成本之中。

(2) 永续盘存制。永续盘存制，又称账面盘存制，是指按库存品的品种规格设置明细账，逐笔登记收入和发出数量，随时反映其结存数量的一种库存品核算方法。

这种方法不是“以存计销”或“以存计耗”，而是发出时逐批点数，逐笔记录数量，计算出剩余的期末结存数量，因而是一种“以销计存”或“以耗计存”的方法。

采用永续盘存制，在存货的账面上可随时反映出存货的收入、发出和结存动态，为存货的日常管理和决策提供及时的依据。其主要不足之处是存货明细账的记录工作量较大。

应指出的是，采用永续盘存制并非不需要对存货进行实物盘点。为了核对账面与实存数，确定意外损耗和其他损失，加强对存货的管理，企业仍须定期及不定期地对存货进行实物盘点。

鉴于永续盘存制较之于实地盘存制，能够及时地提供有关存货的详细资料，有利于存货的计划与控制，可通过实物盘点及时发现和处理不正常的损失，企业一般应采用永续盘存制。

2. 存货的成本与可变现净值孰低法

所谓存货的成本与可变现净值孰低法，是指如果成本低于可变现净值时，则不计提跌价准备，如果可变现净值低于成本时，应将成本降至可变现净值，并计提跌价准备。

企业一般采用“备抵法”进行核算。即对于存货可变现净值低于成本的损失，不直接冲减有关存货账户，而另设“存货跌价准备”账户反映。

企业应在每一资产负债表日，比较存货成本与可变现净值，计算出应计提的存货跌价准备，再与已提数进行比较，若应提数大于已提数，应予补提。企业计提的存货跌价准备，应计入当期损益(资产减值损失)；反之，应冲销部分已提数。

在备抵法下，企业应设置“存货跌价准备”账户进行核算。该账户是存货的备抵账户，贷方登记提取和补提的存货跌价准备，借方登记冲回或转销的存货跌价准备，期末贷方余额表示已提取的存货跌价准备。

【例 4-4】 某企业采用“成本与可变现净值孰低法”进行存货的计价核算。并运用“备抵法”进行相应的账务处理。假设 2003 年，该企业的年末某项存货的账面成本为 200 000 元，预计可变现净值为 180 000 元，应计提的存货跌价准备为 20 000 元(200 000－180 000)。作会计分录如下：

借：资产减值损失——存货减值损失	20 000	
贷：存货跌价准备		20 000

假设 2004 年年末该存货的种类、数量、账面价值和已提的存货跌价准备均未发生变化，2004 年年末，该存货的可变现净值为 170 000 元，则应计提的存货跌价准备为 10 000 元[(200 000－170 000)－20 000]。作会计分录如下：

借：资产减值损失——存货减值损失	10 000	
贷：存货跌价准备		10 000

2005 年年末，该存货的可变现净值有所恢复，可变现净值为 194 000 元，则应冲减计提的存货跌价准备为－24 000 元[(200 000－194 000)－30 000]。作会计分录如下：

借：存货跌价准备　　24 000
　贷：资产减值损失——存货减值损失　　24 000

2006年年末，该存货的可变现净值进一步恢复，可变现净值为210 000元，则应冲减计提的存货跌价准备余额6 000元，使存货跌价准备账户余额为零。作会计分录如下：

借：存货跌价准备　　6 000
　贷：资产减值损失——存货减值损失　　6 000

五、存货核算的任务

企业为保证生产经营过程连续不断地正常进行，必须不断地购入、耗用或销售存货。企业盈利能力的提高，一方面需要保持适量的存货，以满足销售和保证生产经营不间断进行之需要；另一方面又应避免存货的超储积压，加速资金的周转。而管理当局为了对存货的计划和控制事项作出决策，须依赖于存货会计提供及时的、翔实可靠的存货信息。存货的特征之一是它具有较大的流动性，存货经常处在购进、售出或耗用的不断循环之中，企业为管好用好存货，保护其安全完好、防止意外损失，须通过企业各种管理制度的建立与执行，如存货的验收制度、收发领退制度、保管制度、盘存制度等予以保证。同时，由于存货在企业资产中一般占有的比例较大，存货数量及价值的计算正确与否，对企业确认的资产价值和收益的正确性影响甚大。因此，正确、合理、有效地组织好存货的核算具有重要意义。

根据存货在企业生产经营过程中的作用和存货的特点，在存货核算上的主要任务是：

(1) 反映和监督存货采购的成本支出，正确计算存货的购入成本，促使企业提高采购供应业务的管理水平，降低采购成本。

(2) 反映和监督存货的收发领退和保管情况，保证存货的账实相符和存货的安全完好。

(3) 反映和监督存货的占用情况，防止存货的超储、积压或不足，加速资金的周转。

(4) 反映和监督存货的消耗或销售情况，加强材料存货消耗定额的管理，促进产品存货销售计划的完成，并正确计算存货的消耗成本或销售成本。

第二节　材料的核算

材料属于企业的劳动对象，是工业企业生产经营中必不可少的物质要素。

工业企业库存的各种材料，按其经济内容分，包括原料及主要材料、辅助材料、外购半成品、修理用备件、包装材料、燃料等，但不包括购入的低值易耗品和包装物。按其存放地点分可分为在途物资、库存材料和委托加工物资三大类。材料是具有较强流动性的一项资产，在流动资产中占有很大的比重。因此，企业必须加强对材料的管理，搞好材料日常收发的核算。

一、材料收发核算的凭证

审核无误的材料收发凭证是企业进行材料核算的依据。对于企业日常发生的材料收发业务，必须按规定的程序和手续填制和取得合法的会计凭证。

（一）材料收入的凭证

企业收入的材料，其主要来源除从外单位购入外，还有本单位自制、生产中回收及委托加工单位加工完成的材料。材料的来源不同，其凭证也不尽相同。材料收入的凭证主要是货款结算凭证，如银行结算凭证、供应单位的发票、运杂费单据等，以及材料的入库凭证，如收料单、材料交库单、委托加工物资收料单、退料单等。由于结算方式不同，货款结算凭证及其手续也不全相同。但无论采用何种结算方式，在材料入库时，企业都必须填制“收料单”，办理材料的验收入库手续。

收料单是企业在外购材料抵达后，根据审核无误的货款结算凭证办理验收入库时，按实收材料数量填制的。收料单一般一式三联：一联由交库单位存查；一联留仓库据以登记库存材料明细账；一联送交财务部门据以进行账务处理。收料单的一般格式，见表4-4。

表4-4

收 料 单

供货单位：________　　　　　　　　　　　　凭证编号：________
材料类别：________　　　　年　　月　　日　　　收料仓库：________

材料编号	材料名称	规格	计量单位	数 量		实际价格		计划价格		备 注
				应收	实收	单价	总价	单价	总价	

供应部门负责人：______　　记账：______　　收料：______　　制单：______

材料交库单一般是用于企业自制材料和回收的废料交库时填制的交库凭证。交库材料经验点交库后，由仓库人员在交库凭证上填明实收数量，并由交料人与收料人分别在凭证上签章。材料交库单的一般格式，见表4-5。

表 4-5

材料交库单

交库单位:________　　　　凭证编号:________
交库原因:________　　　　收料仓库:________
年　月　日　　　　材料类别:________

材料编号	材料名称	规格	计量单位	数量		单价	金额	备注
				交库	实收			

记账:________　　收料:________　　交料:________

委托加工物资收料单是企业委托外单位加工材料,在加工完成收回办理验收入库时填制的,其一般格式,见表 4-6。

表 4-6

委托加工物资收料单

加工单位:________　　　　凭证编号:________
年　月　日　　　　收料仓库:________

发料单编号	加工后材料名称规格	单位	应收数	实收数	计划单价(元)	金额

记账:________　　收料:________　　经手人:________

企业进行产品生产领用材料,在会计期末,往往在领用的材料中,有部分材料尚未使用,需要于下一个会计期继续使用。根据权责发生制原则,对于这部分已领用材料,应于期末时办理多余材料的退库或者办理期末假退料手续。办理时,应填制退料单。一般企业为减少凭证种类,常用填制红字领料单来代替,作为本期发出材料的减少。

(二) 材料发出的凭证

企业发出的材料,主要用于各生产车间和企业管理部门。此外,还有委托其他单位加工或对外销售。材料发出的次数一般比较频繁,金额也比较大。为合理、经济地使用材料,防止浪费和损失,应加强对材料工作的管理,明确有关部门和人员的经济责任,既要严格发料的手续,又要便利领料手续。企业常用的领料凭证主要有以下三种：领料单、限额领料单及领料登记表。

领料单是一次使用有效的凭证。每领一次材料，须填制一次领料单。请领时，应填明所需材料的名称、规格、请领数量和用途，由领用部门负责人审核。仓库发料时，应将实发数量和金额在领料单的有关栏目中填明。领料单一般填写一式三联。一联退领料单位备查，一联留存仓库在发料后作为登记材料明细账的依据，一联送交财务部门据以编制"发料凭证汇总表"和进行账务处理的依据。领料单一般用于领用次数不多以及没有规定消耗定额材料的领发业务。领料单的一般格式，见表 4-7。

表 4-7

领 料 单

领料单位：________　　　　　　　　　　　凭证编号：________

用　　途：________　　年　月　日　　　　发料仓库：________

材料类别	材料编号	材料名称	计量单位	数量		单价	金额	备注
				请领	实收			

仓库保管员：　　　发料人：　　　领料单位负责人：　　　领料人：

限额领料单，是一种多次使用有效的领料凭证。使用部门在凭证使用有效期间及领料限量或限额内，可以连续多次使用。这种凭证适用于有规定材料消耗定额且经常领用的材料领发业务。实行限额领料制，不仅能有效地减少凭证的填制数量，简化领料核算手续，而且还有利于加强企业对材料消耗的控制。其格式，见表 4-8。限额领料单的使用期限一般不超过 1 个月，通常于每月初开始使用。限额领料单上由企业主管部门注明可领用材料的名称规格以及最高限额，按一式两联分交仓库及领料部门。领料部门领料时填明请领数量后交仓库。仓库发料后应在两份限额领料单上填明实发数量和限额结余，并与领料人互相签章。对领料部门领料超过限额结余的部分，如仓库拒绝发料，应由领料部门办理追加限额手续或另填一次性使用的领料单，经有关部门审核同意后向仓库领料。月末，仓库结出累计实发数量及期末限额结余，送交财务部门作为进行账务处理的依据。

表 4-8

限额领料单

领料单位：________　　　　　　　　　　　　凭证编号：________

用　　途：________　　　　年　　月　　日　　　　发料仓库：________

材料类别	材料编号	材料名称	计量单位	全月领用限额	全月实发数量	单价	金额	备注	

日期	请领		实发			扣除代用		退库		限额结余
	数量	领料单位负责人签章	数量	发料人签章	领料人签章	数量	领用单编号	数量	退库单编号	

供应部门负责人：______　　　生产计划部门负责人：______　　　仓库负责人：______

领料登记表，也称汇总领料单。它是一种多次使用的累计领发料凭证，用于经常领用且数量较小的消耗材料领发业务，如消耗性机物料、常用小五金材料等。这种累计凭证通常按月开设，一单一料，一般一式三联，平时存放于仓库；领料时，由领料人在单上签收，月终由仓库汇总计算金额；一联留存仓库据以登记材料明细账，一联交领料部门存查，一联交财务部门据以进行账务处理。其格式，见表 4-9。

表 4-9

汇总领料单

领料单位：________

材料类别：________　　　　　　　　　　　　发料仓库：________

材料编号：________　　　　　　　　　　　　计量单位：________

材料名称及规格：________　　年　　月　　日　　领用限额：________

日期	领用数量		发料人	领料人	备注
	当日	累计			

材料单位：　　　　　　　　　　　　　　　　合计金额：

如果企业内部仓库与仓库之间的材料相互转移，应由仓库主管部门签发材料内部调拨凭证，一式三联，除主管部门留存一份外，由调出仓库和调入仓库各持一份，分别作为仓库发料及收料的凭证。

应指出的是，在实务中，上述材料收发凭证应根据企业管理要求和计价方法等增减有关凭证的内容和栏目。例如，对材料采用计划成本计价的企业，应增加“计划成本”内容和栏目等。

二、材料按实际成本计价的核算

材料按实际成本计价方法进行收发核算的特点是：企业材料的收发凭证、材料的总分类账和明细分类账全部按实际成本计价。

（一）按实际成本计价的材料明细分类核算

材料的收发结存与企业的生产经营关系密切，企业及时掌握各种材料的库存数量和价值，有利于加强材料的日常管理，防止材料的积压或不足现象，加速材料资金的周转。因此，企业必须认真地组织好材料的明细分类核算，按材料品种、规格反映材料收发和库存数量及金额，按材料的类别反映材料资金的增减变化及占用情况。

材料明细分类核算应包括数量核算和价值核算两部分。在一般企业中，材料的数量核算由仓库人员负责，价值核算由财会人员负责。为了加强对各种材料的日常控制，仓库设置材料卡片，核算各种材料收发结存的数量，财会部门设置材料明细账，核算各种材料收发存的数量和金额。有的企业将设置的各种材料的明细账存放仓库，由仓库人员负责登记数量，财会部门除进行总分类核算外，另按材料大类设置二级明细账加以控制和监督，定期到仓库稽核收单，在材料收发凭证上标价，登记金额。这样，既能较好地反映各种材料收发结存的数量与金额，又可简化记账工作。

材料明细账采用收入、发出、结存三栏式，既反映数量，又反映金额，也称数量金额式明细账。其格式，见表 4-10。

表 4-10

材料明细分类账

最高库存	
最低存量	

账户编号	
本账页次	
本户页次	

类别：　编号：　名称和规格：　计量单位：　存放地点：

年		凭证编号	摘要	收入			发出			结存		
月	日			数量	单价	金额	数量	单价	金额	数量	单价	金额

企业各种材料是分次分批购进的，每次购进材料的单价往往不同，因而对领发材料的价格，就有一个计价的问题。企业应按一定方法确定一个单价作

为发出材料计价的标准。在采用实际成本计价时，发出材料的单价可选用"先进先出法"、"全月一次加权平均法"、"移动加权平均法"、"个别计价法"等方法加以确定。应指出的是，企业可以根据不同情况，采用上述的某种方法进行材料发出的计价，但方法一经确定，不得随意变更。

（二）按实际成本计价的材料总分类核算

为总括地反映企业材料资金的增减变化和占用情况，企业应设置"原材料"和"在途物资"账户。

"原材料"账户，用来核算企业库存的各种原材料的实际成本。该账户借方登记因外购、自制、委托加工完成、盘盈等而办理验收入库原材料的实际成本；贷方登记因企业领用、对外销售、盘亏毁损等原因而减少的原材料的实际成本；期末余额在借方，反映期末库存原材料的实际成本。

"在途物资"账户，用来核算已经付款或已开出商业承兑汇票，但尚未到达或尚未验收入库的原材料。这账户的借方登记已支付或已开出商业承兑汇票的材料货款；贷方登记已验收入库材料的实际成本；其借方余额，反映已经付款或已开出商业承兑汇票，但尚未验收入库的在途物资的实际成本。"在途物资"账户下按供货单位设置明细账户，进行在途物资的明细分类核算。

企业的材料，主要是从外部购入。由于结算方式和采购地点不同，材料入库和货款支付在时间上不一定同步。特别是从异地购进的材料，往往由于材料运输时间和结算凭证的传递以及承付时间的不一致，在不同情况下，材料采购的账务处理也往往不同。

在实际工作中，主要有三种情况：结算凭证与外购材料同时到达企业；已经支付货款或已开出商业承兑汇票，但材料尚未运达企业；所购材料已达企业，而结算凭证尚未到达。

外购材料结算凭证与材料同时到达，企业应根据结算凭证、发票账单、收料单等凭证，借记"原材料"、"应交税费——应交增值税（进项税额）"账户，贷记"银行存款"账户。

对于已支付货款或已开出商业承兑汇票，但材料尚未运达货款已经支付，材料尚未验收入库，企业应根据结算凭证、发票账单，借记"在途物资"、"应交税费——应交增值税（进项税额）"账户，贷记"银行存款"等账户；以后材料运达入库时，再根据收料单，借记"原材料"账户，贷记"在途物资"账户。

在日常核算中，有时会碰到外购的材料已运达，而发票账单等凭证未到，货款尚未支付的采购业务。这类业务收料在先，付款在后，一般短期内，发票账单等凭证即可到达。为简化核算手续，对于月份内发生的该项业务，可暂时不予进行总分类账的处理，只将收到的材料在明细账中登记；待月末时，如发票账单等凭证仍未收到时，为真实反映企业库存材料的实际情况，对于已验收入库而发票账单等凭证尚未到达的材料，应按合同价格或计划价格，暂估入账，借记“原材料”账户，贷记“应付账款——暂估应付款”账户；次月初，用红字作同样记账予以冲回；待次月付款或开出商业承兑汇票后，再按正常程序作账务处理。

企业外购材料，在验收入库时，如发现短缺毁损，应根据造成短缺或毁损的原因，进行不同的处理：属于定额内合理的途中损耗，以提高入库材料的单位成本归于材料的采购成本，不另作账务处理；能确定由供应单位、运输单位、保险公司或其他过失人负责赔偿的，应向有关单位或责任人索赔，根据赔偿请求单所列的索赔金额，借记“其他应收款”账户，借记“应付账款”账户；凡尚待查明原因和需要报请批准才能转销处理的损失，应通过“待处理财产损溢”账户核算。

企业自制完成并已验收入库的材料及生产中回收的废料，应根据材料交库单等按实际成本，借记“原材料”账户，贷记“生产成本”账户。

【例 4-5】 某企业从本地购入材料，材料价款 20 000 元，增值税额 3 400 元。材料验收入库，发票账单等结算凭证收到，款项已通过银行支付。作会计分录如下：

借：原材料	20 000	
应交税费——应交增值税(进项税额)	3 400	
贷：银行存款		23 400

【例 4-6】 某企业从外地采购材料，材料价款 30 000 元，增值税额 5 100 元。发票账单等结算凭证已到，货款已通过银行支付，但材料未到。作会计分录如下：

借：在途物资	30 000	
应交税费——应交增值税(进项税额)	5 100	
贷：银行存款		35 100

上述材料到达验收入库后，作会计分录如下：

借：原材料	30 000	
贷：在途物资		30 000

【例 4-7】 企业从外地采购材料，该批材料已验收入库，但结算凭证到月末仍未到，货款尚未支付。暂估价 25 000 元。

(1) 当月月末，结算凭证仍未到时，按暂估价入账。作会计分录如下：

借：原材料　　25 000

　贷：应付账款——暂估应付款　　25 000

（2）下月初，用红字冲回。作会计分录如下：

借：原材料　　[25 000]

　贷：应付账款——暂估应付款　　[25 000]

材料收入的总分类核算根据收料凭证逐日编制记账凭证，并据以登记总分类账。在收入业务较多的企业，可根据收料凭证定期编制“收料凭证汇总表”，于月末一次登记总分类账。

材料发出的总分类核算在一般情况下，由于材料日常领发业务频繁，为简化核算，平时只登材料明细分类账，反映各种材料的收发结存金额。月末再根据发料凭证按领用部门和用途汇总编制的“发料凭证汇总表”（格式，见表 4-11），据以登记总分类账。

表 4-11

发料凭证汇总表

年　月　日

应借账户	应贷账户				
	原材料				合计
生产成本	66 000				
管理费用	4 000				
营业费用	3 800				
在建工程	2 200				
本月发出合计	76 000				

【例 4-8】 根据表 4-11“发料凭证汇总表”，作会计分录如下：

借：生产成本　　66 000

　　管理费用　　4 000

　　销售费用　　3 800

　　在建工程　　2 200

　贷：原材料　　76 000

三、材料按计划成本计价的核算

企业储备的材料，品种规格繁多，以满足生产经营之需。为正确反映不同品种规格材料收发结存，要求按各种不同材料的实际成本分别核算。当企业所需材料的品种规格较多，日常收发业务频繁时，则材料计价工作是很繁重的。为简化材料收发的核算，在具备材料计划成本资料的企业，应采用计划成本计价方法。

企业材料收发核算采用按计划成本计价方法的特点是：材料收发凭证、材料总分类账及材料明细分类账均采用计划成本计价；材料的实际成本脱离计划成本的差异，在设置的“材料成本差异”账户进行核算。

（一）按计划成本计价的材料明细分类核算

在材料按计划成本计价方法下，企业应设置“材料采购明细账”、“原材料明细账”和“材料成本差异明细账”。通过这三种明细账为企业提供各种外购材料实际成本、各种库存材料计划成本及实际成本与计划成本之间差异额的详细核算资料。

1. 材料采购明细分类账

材料采购明细分类账是为反映外购材料实际成本和计划成本、加强对外购材料的付款、入库及在途情况的核算监督而设立的明细账。它可以按会计账户设置，也可以按材料的类别或品种设置。其格式，见表4-12。

表4-12

材料采购明细分类账

材料类别：________　　　　　　　　年　　月份

记账凭证		发票账单编号	收料凭证			供货单位名称	材料名称及规格	借方金额				贷方金额			材料成本差异
日期	编号		日期	编号	数量			材料价款	运杂费	其他	合计	计划成本	其他	合计	

材料采购明细账是根据审核无误的有关凭证进行序时登记，常采用横线登记法（即同一批外购材料的付款、入库业务在该明细分类账中的同一行中进行登记）。月终时，对于已付款但未验收入库的在途物资，即外购的某批材料在采购明细分类账上只登记借方金额而不登记贷方金额，应逐笔转入下月本明细账内。

2. 原材料明细分类账

在一般情况下，仓库按材料的品种规格设置有收入、发出和结存栏目的明细分类账或材料卡片。由于按计划成本计价，材料的收入和发出均可按计划成本核算，因此，明细账中的“收入”和“发出”栏可单设收发的“数量”栏。

但明细账的"结存"栏应分设"数量"与"金额"栏。日常发生材料收发所计算的结存数，可只登记结存数，不计结存金额。月末时，根据材料结存量乘以计划单价，得出材料的计划成本。为便于对账和控制，反映各大类材料的资金占用情况，企业财会部门还应按材料存放地点和材料大类设置只登记金额，不登记数量的材料明细分类账。其格式，见表4-13。

表 4-13

原材料明细分类账

材料类别：________　　　　仓库：________

年		摘　要	收入金额	发出金额	结存金额
月	日				

3. 材料成本差异明细分类账

该明细分类账是用来反映各类或各种材料的实际成本与计划成本之间的差异额和差异率，为调整发出材料计划成本提供依据。其格式，见表 4-14。

表 4-14

材料成本差异明细分类账

材料类别：________

年		摘要	本月收入			差异分配率	本月发出			月末结存		
月	日		计划成本	成本差异			计划成本	成本差异		计划成本	成本差异	
				超支	节约			超支	节约		超支	节约

材料成本差异明细分类账中所设收入、发出和结存三栏分别列示企业各类或各种收入、发出和结存材料的计划成本及成本差异。

收入材料的成本差异是根据入库材料的实际成本与其计划成本进行比较计算的。实际成本大于计划成本的金额为成本差异的超支额，实际成本小于计划成本的金额为成本差异的节约额。

发出材料的成本差异是通过发出材料的计划成本乘以本月材料成本差异

率计算出来的。发出材料的计划成本加上相应的成本差异超支额或减去相应的成本差异节约额，就被调整为发出材料的实际成本。其计算公式如下：

$$\text{本月材料成本差异率}=\frac{\text{月初结存材料成本差异额}+\text{本月收入材料成本差异额}}{\text{月初结存材料计划成本}+\text{本月收入材料计划成本}}\times 100\%$$

式中，“本月收入材料计划成本”不包括月末尚未收到结算凭证，按计划成本暂入账的材料。

$$\text{本月发出材料应负担成本差异额}=\text{本月发出材料计划成本}\times\text{本月材料成本差异率}$$

【例 4-9】 A 企业月初结存原材料的计划成本为 48 000 元，本月收入材料的计划成本为 152 000 元。本月发出材料的计划成本为 180 000 元。原材料成本差异的月初数为 1 150 元(超支额)，本月收入材料的成本差异为 5 150 元(节约额)。

$$\text{本月材料成本差异率}=\frac{1\,150+(-5\,150)}{48\,000+152\,000}\times 100\%=-2\%$$

$$\text{本月发出材料应负担成本差异额}=180\,000\times(-2\%)=-3\,600(\text{元})$$

在计算材料成本差异率时应注意，如成本差异额为节约额，应在差异额前加负号表示。本月发出材料的实际成本为 176 400 元(180 000—3 600)。

(二) 按计划成本计价的总分类核算

采用按计划成本计价方法进行材料收发核算的企业，除应设置“原材料”账户，还应设置“材料采购”账户和“材料成本差异”账户。

“原材料”账户用来反映企业原材料收、发、结存的计划成本。该账户借方登记已验收入库材料的计划成本；贷方登记发出原材料的计划成本；余额在借方，反映库存原材料的计划成本。

“材料采购”账户主要用来反映外购的尚未入库材料的实际成本。该账户借方登记购入材料的实际成本和实际成本小于计划成本的节约差异额；贷方登记购入材料入库转出的计划成本和实际成本大于计划成本的超支差异额；余额在借方，表示企业已购入，但尚未抵达入库材料的实际成本。

“材料成本差异”账户用来反映企业库存材料实际成本与计划成本之间的超支或节约差异额。该账户借方登记超支差异及发出材料应负担的节约差异；贷方登记节约差异及发出材料应负担的超支差异。期末借方余额，反映库存材料超支差异额；期末贷方余额，表示库存材料节约差异额。

企业外购材料时，应根据发票账单等凭证反映的实际支出借记“材料采购”账户，如果实际支付数中包括购入企业支付并可作为增值税抵扣项的进项税额应予以扣除，并借记“应交税费——应交增值税（进项税额）”账户；按企业实际支付金额，贷记“银行存款”等账户。材料验收入库时，应根据收料单并按计划成本，借记“原材料”账户，贷记“材料采购”账户，同时结转外购材料实际成本与计划成本之间的差异额。当实际成本大于计划成本时，借记“材料成本差异”账户，贷记“材料采购”账户；当实际成本小于计划成本时，借记“材料采购”账户，贷记“材料成本差异”账户。为减少日常核算工作量，成本差异的结转可在月末一次进行。

对于尚未收到发票账单等凭证而材料已到的业务，应在月末时，按计划成本暂估入账，借记“原材料”账户，贷记“应付账款——暂估应付账款”账户。下月初用红字作同样会计分录予以冲回。

企业自制材料入库时，应按计划成本，借记“原材料”账户，贷记“生产成本”账户，并结转材料成本差异。

为简化日常核算工作，材料收入发出的总分类核算，也可定期编制“收料凭证汇总表”和“发料凭证汇总表”，分别填制记账凭证，并根据记账凭证登记总分类账。

【例 4-10】 某企业本月材料收入发出业务如下：

(1) 购入 A 材料，发票账单收到，发票中所列价款 50 000 元，增值税额8 500 元。货款已通过银行支付，材料验收入库，计划成本 53 000 元。作会计分录如下：

借：材料采购	50 000	
应交税费——应交增值税（进项税额）	8 500	
贷：银行存款		58 500
借：原材料	53 000	
贷：材料采购		53 000

(2) 购入 B 材料，发票账单到，发票中所列价款 30 000 元，增值税额 5 100 元，材料尚未到达。该批材料款曾预付 20 000 元，余款通过银行付讫。作会计分录如下：

借：材料采购	30 000	
应交税费——应交增值税（进项税额）	5 100	
贷：预付账款		35 100
借：预付账款	15 100	
贷：银行存款		15 100

(3) 购入C材料一批,材料已验收入库,但发票账单到月末尚未收到,货款尚未付。月末按计划成本25 000元暂估入账。作会计分录如下:

借:原材料 25 000
  贷:应付账款——暂估应付账款 25 000

下月初,用红字分录冲回。作会计分录如下:

借:原材料 25 000
  贷:应付账款——暂估应付账款 25 000

(4) 上月在途物资A,于本月到货,验收入库,该批材料的采购成本为42 000元,计划成本为41 500元。作会计分录如下:

借:原材料 41 500
  贷:材料采购 41 500

(5) 月末结转外购验收入库材料的成本差异。本月外购材料实际成本92 000元(50 000元+42 000元),计划成本94 500元(53 000+41 500),材料成本差异额为2 500元(节约额)。作会计分录如下:

借:材料采购 2 500
  贷:材料成本差异 2 500

(6) 根据"发料凭证汇总表"资料,本月发出材料的计划成本为120 000元。其中,生产产品领用80 000元,厂部管理部门领用30 000元,在建工程领用10 000元。假设本月材料成本差异率为2%。作会计分录如下:

借:生产成本 80 000
  管理费用 30 000
  在建工程 10 000
  贷:原材料 120 000

借:生产成本 1 600
  管理费用 600
  在建工程 200
  贷:材料成本差异 2 400

原材料按计划成本核算,各主要材料账户核算内容及对应关系,如图4-1所示。

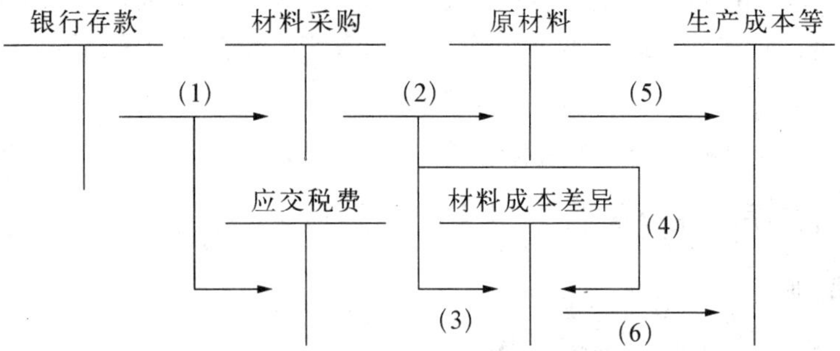

(1) 登记材料采购实际成本及支付的增值税进项税额；(2) 登记验收入库材料的计划成本；(3) 结转入库材料的超支差异；(4) 结转入库材料的节约差异；(5) 登记发出材料的计划成本；(6) 结转发生材料应负担的成本差异，如为节约差异，用红字记录。

图 4-1　外购材料按计划成本核算的账务处理程序

按计划成本进行材料核算相对于按实际成本进行材料核算而言，主要的优点在于：较大程度上简化材料收发凭证的计价和材料明细账的登账等日常核算工作，特别是对于材料品种规格繁多，材料进价经常变动的企业更受其益；同时，由于材料收入按计划成本计价，可以反映各种材料实际成本与计划成本之间的差异，借以考核各种物资采购业务的经营成果，分析购入材料成本超支或节约的原因；此外，由于发出材料按计划成本计价，这就可以剔除材料价格变动的影响，有利于考核各车间部门材料耗用情况。

在材料按计划成本计价方法下，对于发出材料的计划成本，在当期内仍须调整为实际成本。期末各报表反映的材料存货也必须按实际成本予以反映。由于在日常核算中，材料成本差异的计算，一般不是对全部材料按材料的品种规格一一个别进行计算的，因此材料成本计算的准确性比直接采用实际成本计算要逊色些。

四、委托加工物资的核算

企业购入物资有时不能满足生产经营的需要，或者需要通过加工制成另一种物资，但受企业自身加工设备、技术条件的限制等原因而委托其他单位代为加工，例如，企业将木板发往其他单位，委托其他单位加工成包装箱等。这种发往其他单位并委托其他单位进行加工的物资，会计上称为委托加工物资。

(一) 委托加工物资的计价

委托加工的物资，由于发往其他单位而离开本企业，但其所有权仍属于本企业。同时，经过加工的物资，其原有实物形态、性质或用途发生了变化；原有物资的价值,对物资加工所追加的劳动价值,以及支付物资外地往返运杂费等,会构成加工完毕后新物资的实际成本。这就需要单独对委托加工物资进行核算。为此,在进行核算时,首先要正确地对加工物资进行计价。

企业委托其他单位加工的物资,其实际成本应包括:

(1) 加工中耗用物资的实际成本。

(2) 支付的加工费用。

(3) 支付的税金,即委托加工物资所应负担的增值税和消费税。

(4) 支付加工物资的往返运杂费。

其中上述第(3)点,对于委托加工物资应负担的增值税和消费税应区分于不同的情况:

加工物资应负担的增值税。凡属于加工物资用于应交增值税项目并取得增值税专用发票的一般纳税人,可将这部分增值税作为进项税,不计入委托加工物资成本;凡属于加工物资用于非应税项目的或用于免征增值税项目,以及未取得增值税专用发票的一般纳税人或小规模纳税人,则应将这部分增值税计入委托加工物资成本。

加工物资应负担的消费税。凡属于加工应税的消费品收回后,直接用于销售的,委托方应将代扣代缴的消费税计入委托加工的应税消费品成本;凡属于加工应税的消费品收回后用于连续生产应税消费品,按规定准予抵扣的,委托方应将代扣代缴的消费税款记入"应交税费——应交消费税"账户的借方,待用委托加工的应税消费品生产出应纳消费税的产品销售时,再抵扣其应交的销售环节的消费税。

(二) 委托加工物资的核算

为了反映和监督委托加工物资的实际成本,企业应设置"委托加工物资"账户,进行总分类核算。同时,还应按加工合同编号和委托加工单位名称,设置明细账户,进行明细分类核算。"委托加工物资"账户的借方登记委托加工发出材料的实际成本、支付的加工费和运杂费等;贷方登记加工完毕后收回材料的实际成本;余额在借方,反映尚在加工中各种材料的实际成本。

(1) 发出委托加工物资。企业发出委托加工物资时,应按实际成本,借记"委托加工物资"账户,贷记"原材料"账户;按计划成本核算的企业,应按计划成本,借记"委托加工物资"账户,贷记"原材料"账户。同时结转成本差异。如果是超支额,则借记"委托加工物资"账户,贷记"材料成本差异"账户;若为节约额则作相反分录。

(2) 支付加工费、运杂费和增值税等。支付加工费和外地运杂费时,应按企业接受加工劳务应负担的增值税额，借记“应交税费——应交增值税（进项税额）”账户；按实际支付款减应负担增值税后的金额，借记“委托加工物资”账户；按实际支付款，贷记“银行存款”等账户。

（3）交纳消费税。交纳消费税时，按照税法规定，企业委托加工的应税消费品，由受托方在向委托方交货时代收代缴税款。委托加工应税消费品收回后，直接用于销售的，委托方应将代扣代交的消费税计入委托加工的应消费品成本，借记“委托加工物资”、“生产成本”等账户，贷记“应付账款”、“银行存款”等账户，待委托加工应税消费品销售时，不需要再交纳消费税；若委托加工应税消费品收回后，用于连续生产应税消费品的，且按规定准予抵扣的，委托方应按代扣代缴的消费税款，借记“应交税费——应交消费税”账户。贷记“应付账款”、“银行存款”等账户，待用委托加工的应税消费品生产出来的应纳消费税的产品销售时，再交纳消费税。

（4）加工完成收回加工物资。加工完毕验收入库时，应按加工后材料的实际成本，借记“原材料”等账户，贷记“委托加工物资”账户；按计划成本核算的企业，应按计划成本，借记“原材料”账户，贷记“委托加工物资”账户，并结转成本差异。

【例 4-11】 某企业有关经济业务如下：

（1）根据加工合同发出材料 A 一批，计划成本 6 000 元，材料成本差异（节约额）800 元。作会计分录如下：

借：委托加工物资	6 000	
贷：原材料——A		6 000

同时，作会计分录如下：

借：材料成本差异	800	
贷：委托加工物资		800

（2）通过银行支付加工费 2 700 元，发票注明应由企业负担的增值税 459 元，合计 3 159 元。消费税税率为 10%。

消费税的组成计税价格＝(5 200＋2 700)÷(1－10%)＝8 777.78(元)

(受托方)代扣应交的消费税＝8 777.78×10%＝877.78(元)

若企业收回加工物资后的材料用于继续生产应税消费品，作会计分录如下：

借：委托加工物资　　2 700.00
　应交税费——应交增值税（进项税额）　　459.00
　　　　——应交消费税　　877.78
　贷：银行存款　　4 036.78

若企业收回加工物资后的材料直接用于销售，作会计分录如下：

借：委托加工物资　　3 577.78
　应交税费——应交增值税（进项税额）　　459.00
　贷：银行存款　　4 036.78

（3）加工完成的B材料验收入库，计划成本为8 300元。作会计分录如下：

借：原材料——B　　8 300
　贷：委托加工物资　　8 300

同时：
若企业收回加工后的材料用于继续生产应税消费品，作会计分录如下：

借：委托加工物资　　400
　贷：材料成本差异　　400

若企业收回加工后的材料直接用于销售，作会计分录如下：

借：材料成本差异　　477.78
　贷：委托加工物资　　477.78

第三节　周转材料的核算

一、包装物的核算

（一）包装物的核算范围

包装物是指为包装本企业产品或商品而储备与使用的各种包装容器，如箱、桶、瓶、袋、坛等。

包装物的使用很广泛，其主要作用在于装潢美化产品或商品的外观，以利销售，并方便产品与商品储运及储运过程中防止短缺、毁损、变质等。就包装物在企业生产经营过程中的作用和性质而言，在生产过程中用于包装产品或随同产品一起销售的包装物，属于辅助材料；在销售过程中出借或出租的包装物，则属于低值易耗品。由于包装物有其自身的特点，为了加强对包装物的日常管理，提高包装物的使用效果，有必要将包装物单独归于一类进行核算。

企业储备与使用包装物的范围包括：

（1）在生产过程中用于包装产品，作为产品组成部分的包装物。

（2）在销售过程中随同产品出售而不单独计价的包装物。

（3）在销售过程中随同产品出售并单独计价的包装物。

（4）在销售过程中出借或出租给购买单位使用的包装物。

以下物品不应列入企业包装物的范围：

（1）各种包装用材料，如纸张、线绳、铁丝等，应归于"原材料"账户内核算。

（2）企业在生产经营过程中，用来储存和保管产品、材料等而不随同产品出售、出借或出租的包装物品，应按其价值的大小和使用期限的长短，分别归入"固定资产"或"周转材料——低值易耗品"账户内核算。

（3）企业生产经营计划中单独列作企业商品产品的自制包装物，应作为企业的产品处理。

（二）包装物的核算

为反映和监督企业包装物收发结存情况，企业应设置"周转材料——包装物"账户进行核算。包装物核算的业务主要有包装物的购置、生产领用包装物、随同产品出售包装物、出借和出租包装物等业务。包装物可采用一次摊销法、五五摊销法摊销成本(有关摊销法的具体内容参见低值易耗品摊销)。

1. 包装物的购置

包装物的购置，包括外购、自制、委托外单位加工等，可比照原材料收入的处理。

2. 生产领用包装物

在产品生产过程中领用的包装物，用于包装产品后直接成为库存商品的一部分，其价值应计入产品的生产成本，借记"生产成本"账户，贷记"周转材料——包装物"账户。

【例 4-12】 生产车间领用包装物一批，用于包装本厂产品，计划成本 5 000元。作会计分录如下：

借：生产成本	5 000	
贷：周转材料——包装物		5 000

3. 随同产品出售包装物

随同产品出售的包装物有不单独计价和单独计价的包装物之分，处理上是不同的。

(1) 随同产品出售不单独计价的包装物。有些包装物价值较低,随产品出售后不需回收,如纸盒、塑料袋等,通常就随产品出售不单独计价,在会计上作为销售费用处理。发出包装物时,借记"销售费用"账户,贷记"周转材料——包装物"账户。

【例 4-13】 企业销售产品,领用不单独计价的包装物,计划成本 2 000 元。作会计分录如下:

借:销售费用	2 000	
贷:周转材料——包装物		2 000

(2) 随同产品出售单独计价的包装物。有些包装物价值较高,可予以收回周转使用,如塑料桶、纸板箱等,通常就随产品出售时进行单独计价。在此情况下,所开发票上应分别列示产品与包装物的数量、单价、金额。由于随同产品出售单独计价包装物有相应的收入与之匹配,因此在会计上作为其他销售处理,并按规定计交增值税。销售发出包装物时,借记"其他业务支出"账户,贷记"周转材料——包装物"账户;取得包装物价款或索取价款权时,按照应收的包装物价款,借记"银行存款"、"应收账款"等账户;按计交增值税额,贷记"应交税费"账户;按包装物价款扣除应交增值税额后的余额,贷记"其他业务收入"账户。

【例 4-14】 企业销售产品时领用单独计价的包装物,计划成本 1 200 元。作会计分录如下:

借:其他业务支出	1 200	
贷:周转材料——包装物		1 200

凡采用计划成本核算包装物的,在领用包装物的当月月末,应结转其成本差异。假定月末包装物的成本差异率为 1%,对本节前举各例所应负担的成本差异,作会计分录如下:

借:生产成本	50	
销售费用	20	
其他业务支出	12	
贷:材料成本差异		82

4. 出借、出租包装物

企业在销售过程中供给购货者使用,并要求购货者用毕归还的包装物,可以采用出借或出租的方式。

出借包装物是销货企业为购货单位提供的一种无偿服务。领用包装物及相应的包装物损耗和修理支出计入“销售费用”。

出租包装物是销货单位为购货单位提供包装物，通过收取租金方式的一种业务活动。租金的收入作为“其他业务收入”处理；领用包装物及相应的包装物损耗和修理支出计入“其他业务成本”。通常企业的租金收入在补偿部分或全部出租包装物所发生的费用后尚有盈利。

为了督促购货单位能按期归还包装物，无论是出借还是出租包装物，销货单位一般都要收取客户一定数额的押金，收回包装物时，再退回押金。收取和退回押金，通过“其他应付款——存入保证金”账户核算。如客户逾期未归还包装物，应按规定没收其押金。税法规定没收的这种押金应交纳增值税，没收的押金金额扣除应交税费后的金额计入“其他业务收入”账户。

二、低值易耗品的核算

（一）低值易耗品的概念及分类

1. 低值易耗品的概念

低值易耗品是指单位价值比较低或使用年限比较短，不能作为固定资产核算的那部分资产，如工具、管理用具、玻璃器皿等。

低值易耗品可以多次参加周转而不改变其原有实物形态。从其性质上看，它属于劳动资料，但低值易耗品有其自身的特点，其中最基本的特点是其价值较低，或容易耗损。因此，购置低值易耗品不需动用大量资金，并且需要经常更换重置。为便于核算与管理，在实际工作中，将低值易耗品作为流动资产，在会计上划归为存货一类。

2. 低值易耗品的分类

低值易耗品所包括的具体物品很多，不同企业所使用的低值易耗品也有较大区别。为了加强对低值易耗品的核算与管理，必须按一定的划分标准，对低值易耗品进行分类管理。通常按其用途分为以下几大类：

（1）一般工具：指在生产经营过程中使用的通用工具，如刀具、量具、夹具、模具和各种辅助工具等。

（2）专用工具：指专门用于制造某一特定产品或用于某一特定工序上的工具，如专用模具等。

（3）替换设备：指容易磨损或为制造不同产品需要替换使用的各种设备、装置和零件，如轧钢用的钢辊、浇铸钢锭用的钢锭模型等。

（4）管理用具：指企业在管理过程中使用的各种家具、办公用具等，如办公桌椅、一般打字机等。

(5) 劳动保护用品:指为了保障劳动安全而发给职工的用品,如工作服、工作帽、工作鞋等。

(6) 其他:指不属于以上各类的低值易耗品。

(二) 低值易耗品的摊销方法

低值易耗品在生产经营过程中可以多次周转使用,而不改变其原有实物形态,其价值是逐渐地减少的。这点与固定资产相似,会计上虽然将低值易耗品划归于存货一类,但其毕竟不同于原材料等其他存货。对于低值易耗品的价值损耗,核算上是采用摊销的方法。主要的摊销方法是:一次摊销法或五五摊销法等。

1. 一次摊销法

采用一次摊销法是在首次领用低值易耗品时,就将其全部价值一次摊入有关费用成本。低值易耗品报废时收回的残料价值作为当月低值易耗品摊销额的减少。

这种摊销方法的主要优点是简便易行,实务工作中常用;其不足之处是:各期费用负担欠合理,不符合收入与费用的配比原则;同时,由于低值易耗品价值一次摊销,而其实物依旧存在,不利于对其实物的管理与控制。一次摊销法适用于价值较小或易损坏的低值易耗品。

2. 五五摊销法

采用五五摊销法是在领用低值易耗品时,将其价值的 50%摊入有关费用成本;在其报废时,将余下的 50%部分(扣除收回残料的价值)摊入有关费用成本。

这种摊销方法只是在领用及报废时各摊销一次,各期费用成本负担是不均衡的。但在这种方法下,只要低值易耗品还在使用中,账面上就不会被注销。因此,采用此法有利于对实物的管理与控制。

五五摊销法适用于单位价值较低,使用期限较短或每月领用与报废在数量上大体相当的低值易耗品。

(三) 低值易耗品的核算

为反映低值易耗品的收发结存情况,企业应设置"周转材料——低值易耗品"账户。在该账户下,按低值易耗品的类别、品种规格设立明细账,进行数量与金额的明细核算。

采用五五摊销法的企业,应在"周转材料——低值易耗品"账户下分设"在库"、"在用"和"摊销"明细账户,分别核算库存低值易耗品的成本、已领用出库投入使用低值易耗品的成本及在用低值易耗品已摊销的成本。

1. 一次摊销低值易耗品的核算

采用一次摊销法，在领用时，按全部成本借记“制造费用”、“管理费用”或“其他业务成本”等账户，贷记“周转材料——低值易耗品”账户；报废时，根据回收的残料价值，借记“原材料”账户，贷记“制造费用”、“管理费用”或“其他业务成本”等账户。

【例 4-15】 生产车间领用玻璃器皿一批，其实际成本为 2 000 元，一次摊销计入成本。作会计分录如下：

借：制造费用　　2 000
　贷：周转材料——低值易耗品　　2 000

2. 五五摊销低值易耗品的核算

采用五五摊销法，在领用时，按所领用低值易耗品的实际成本或计划成本，借记“周转材料——低值易耗品——在用”账户，贷记“周转材料——低值易耗品——在库”账户；在领用月份摊销时，按领用低值易耗品实际成本或计划成本的 50%借记“制造费用”账户；在报废时，应按收回的残料价值借记“原材料”账户，同时摊销余下成本的 50%（扣除残料回收价值），并转销“周转材料——低值易耗品——在用”和“周转材料——低值易耗品——摊销”明细账户；按计划成本进行低值易耗品核算的企业，在报废低值易耗品的月末，应分摊成本差异，借记“制造费用”账户，贷记“材料成本差异”账户。

【例 4-16】 某企业采用五五摊销法进行低值易耗品核算。本月基本生产车间领用专用工具一批，计划成本 3 000 元。

(1) 领用时，作会计分录如下：

借：周转材料——低值易耗品——在用　　3 000
　贷：周转材料——低值易耗品——在库　　3 000

(2) 当月摊销 50%的价值，作会计分录如下：

借：制造费用　　1 500
　贷：周转材料——低值易耗品——摊销　　1 500

【例 4-17】 1 年后，上述领用的专用工具报废，收回残料，作价 80 元，报废当月，企业低值易耗品成本差异率为 5%。

(1) 摊销余下的 50%价值时，作会计分录如下：

借：制造费用　　1 500
　贷：周转材料——低值易耗品——摊销　　1 500

（2）冲销“在用”和“摊销”账户。作会计分录如下：

借：周转材料——低值易耗品——摊销　　3 000
　贷：周转材料——低值易耗品——在用　　3 000

（3）收回残料入库，冲减“制造费用”账户，作会计分录如下：

借：原材料　　80
　贷：制造费用　　80

（4）报废当月月末，分摊已报废低值易耗品应负担的成本差异150元（3 000×5%）。作会计分录如下：

借：制造费用　　150
　贷：材料成本差异　　150

第四节　库存商品的核算

一、库存商品的概念及范围

库存商品是指已经完成全部生产过程，并经验收合乎规定标准和技术条件，可以作为商品对外销售的产品。

库存商品是企业生产经营活动的成果。从这一点看，库存商品既包括企业用自备材料加工制造的商品产品，也包括企业接受外来原材料加工制造的代制品和为外单位加工修理的代修品；库存商品是产权归属于企业的一项资产，从这一点看，库存商品既包括存放在本企业成品库的库存商品，也包括存放在本企业所属门市部准备销售的库存商品以及已发出尚未办理托收手续的库存商品。会计上将企业在生产过程中产生的可以降价出售的不合格品也视同库存商品核算，但由于其售价不同，应与合格品分别核算。

库存商品的生产和销售是产品生产企业的主要任务。库存商品是企业的一项重要存货，企业应尽快组织库存商品的销售并取得货币资金，用以补偿生产经营过程中的资金耗费，保证企业生产能持续不断地进行。因此，企业必须建立健全库存商品内部控制制度，加强库存商品的管理，组织好库存商品的核算。

二、库存商品收发核算的凭证

库存商品是企业流动资金的重要组成部分，企业必须健全库存商品收发的手续制度，认真执行库存商品收发凭证的填制和审核。

库存商品收入的主要凭证有库存商品交库单，库存商品发出的主要凭证有提货单。生产车间加工完成的库存商品交库时，应由生产车间填制“库存商品交库单”，连同交库库存商品送交企业检验部门，经检验合格后，连同检验部门签署的“检验合格证”移送库存商品仓库，办理交库手续。产品交库单一般可一式三联，其中，一联由生产车间留存，作为完成库存商品数量统计的依据；一联交库存商品仓库，作为收入库存商品登记库存商品明细账的依据；一联由库存商品仓库转送财务部门，作为库存商品入账的依据。其格式，见表 4-15。

表 4-15

产 品 交 库 单

交库单位：　　　　　　　　　　　年　月　日　　　　　　　　　　　产品仓库：

产品编号	产品名称	计量单位	交库数量	检验结果		实收数量	备　注
				合　格	不合格		

检验员：　　　　　　保管人：　　　　　　车间负责人：　　　　　　制单：

库存商品发出的业务主要是对外销售。销售时，应由销售部门填制发货单证，如提货单、发货票等。购货单位凭提货单向库存商品仓库提取库存商品实物，发货票一般一式三联，其中：一联留存销售部门备查；一联送交财务部门，作为库存商品发出的依据；一联交购货单位，作为结算凭证。提货单的常用格式，见表 4-16。

表 4-16

提　货　单

购货单位：

提货地址：　　　　　　　　　　　年　月　日　　　　　　　　　　　编号：

产品编号	产品名称	规　格	计量单位	提货数量	单　价	金　额	备　注

发货人：　　　　　　　　提货人：　　　　　　　　制单：

企业有关车间部门领用的库存商品、退回车间返修的库存商品等，也应按规定填制库存商品的出库凭证，办理出库手续。

三、库存商品的核算

为了总括地反映和监督企业库存商品的收入、发出和结存情况，企业应设置“库存商品”账户，进行库存商品的总分类核算。该账户借方登记验收入库库存商品的实际成本；贷方登记发出库存商品的实际成本；余额在借方，反映企业库存商品的实际成本。

库存商品的明细分类核算，应按库存商品的品种和类别分别设置明细分类账进行库存商品的数量核算和价值核算，序时地反映企业各种库存商品实物的收发和结存的数量以及库存商品资金的增减和占用情况。

企业生产完工验收入库的库存商品，应借记“库存商品”账户，贷记“生产成本”账户；销售的库存商品，应在库存商品销售后，借记“主营业务成本”账户，贷记“库存商品”账户。

在收到受托代销的商品，按约定的价格，借记“受托代销商品”账户，贷记“受托代销商品款”账户。售出受托代销商品后，按实际收到或应收的金额，借记“银行存款”、“应收账款”等账户，贷记“受托代销商品”账户。计算代销手续费等收入，借记“受托代销商品款”账户，贷记“其他业务收入”账户。结清代销商品款时，借记“受托代销商品款”账户，贷记“银行存款”账户。

【例 4-18】 某企业本月生产完工验收入库 A 产品 100 件，其单位成本 600 元，合计为 60 000 元。作会计分录如下：

借：库存商品	60 000	
贷：生产成本		60 000

商品流通企业的库存商品还可以采用毛利率法和零售价法进行日常核算。

1. 毛利率法

毛利率法是根据本期销售净额乘以前期实际（或本月计划）毛利率匡算本期销售毛利，并计算发出存货成本的一种方法。其计算公式如下：

$$毛利率=销售毛利\div销售净额\times100\%$$

$$销售净额=商品销售收入-销售退回与折让$$

$$销售毛利=销售净额\times毛利率$$

$$销售成本=销售净额-销售毛利$$

$$期末存货成本=\begin{matrix}期初存\\货成本\end{matrix}+\begin{matrix}本期购\\货成本\end{matrix}-\begin{matrix}本期销\\货成本\end{matrix}$$

【例 4-19】 某批发企业一季度商品销售收入为 356 000 元，其已销商品的进价成本为 284 800 元。4 月初该商品的存货为46 000元，本月购货 85 000 元，销货 120 000 元，销售退回与折让合计 1 000 元。计算本月已销存货和月末存货的成本。

$$上季度已销商品毛利率=\frac{上季度已销商品毛利额}{上季度商品销售收入}\times100\%$$

$$=\frac{356\ 000-284\ 800}{356\ 000}\times100\%=20\%$$

本月销售净额＝120 000－1 000＝119 000(元)

销售毛利＝119 000×20%＝23 800(元)

销售成本＝119 000－23 800＝95 200(元)

月末存货成本＝46 000＋85 000－95 200＝35 800(元)

用毛利率法计算本期销售成本和期末存货成本，在商业企业较为常见，尤为商业批发企业。商业企业的同类商品毛利率大致相同，故采用本办法比较接近实际。采用本办法，商品销售成本按商品大类销售额计算，在商品大类账上结转成本，计算手续简便。商品明细账平时只记数量，不记金额，每季季末的最后一个月再根据月末结存数量，按照最后进价法等计价方法，先计算月末存货成本，然后再计算该季度的商品销售成本，用该季度的商品销售成本减去前两个月已结转的成本，计算第三个月应结转的销售成本，从而对前两个月用毛利率计算成本进行调整。

2. 零售价法

零售价法是指用成本占零售价的百分比计算期末存货成本的一种方法。计算步骤如下：

(1) 期初存货和本期购货同时按成本和零售价记录，以便计算可供销售的存货成本和售价总额。

(2) 本期销货只按售价记录，从本期可供销售的存货售价总额中减去本期销售的售价总额，计算出期末存货的售价总额。

(3) 计算存货成本占零售价的百分比，即成本率。其计算公式如下：

$$成本率=\frac{期初存货成本+本期购货成本}{期初存货售价+本期购货售价}\times100\%$$

(4) 计算期末存货成本。其计算公式如下：

期末存货成本＝期末存货售价总额×成本率

(5) 计算本期销售成本。其计算公式如下：

本期销售成本＝期初存货成本＋本期购货成本－期末存货成本

【例 4-20】 某商店 1999 年 3 月份的期初存货成本为 100 000 元，售价总额为 125 000 元；本期购货成本为 450 000 元，售价总额为 675 000 元；本期销售收入 640 000 元。计算期末存货成本和本期销货成本。

$$成本率=\frac{100\ 000+450\ 000}{125\ 000+675\ 000}\times 100\%=68.75\%$$

期末存货售价总额＝125 000＋675 000－640 000

＝160 000(元)

期末存货成本＝160 000×68.75%＝110 000(元)

本期销货成本＝100 000＋450 000－110 000＝440 000(元)

零售价法主要适用于商业零售企业，如百货商店或超级市场等，在我国的会计实务中，商业零售企业广泛采用售价金额核算法。这种方法通过设置"商品进销差价"账户进行处理，平时商品存货的进、销、存均按售价记账，售价与进价的差额记入"商品成本差异"账户，期末通过计算进销差价率办法计算本期已销商品应分摊的进销差价，并据以调整本期销售成本。实际上，售价金额计价法并不是单独的存货计价方法，而是零售价法的一种账务处理方式。

第五节　存货清查的核算

企业的各种存货在日常收发保管过程中，可能由于计量差错、管理不当、自然损耗等原因，或发生被偷盗、贪污等现象，造成存货的溢余、短缺和毁损，导致存货账实不一。因此，企业必须对存货进行清查。

存货的清查是通过对存货的实物进行盘点，检查存货的储存保管情况，确定存货的实存数量，并与存货账存数核对是否相符的一种专门方法。存货清查是企业财产清查的一个主要方面。通过存货清查，如实反映存货的数量和实际成本，保护存货的安全完整，做到账实相符；同时，通过存货清查，可以弄清企业有无属于呆滞积压物资的存货，以便及时处理，挖掘潜力，加速资金的周转。

存货清查的形式可分为定期的全面清查和经常性的轮流清查两种。定期全面清查一般于年度终了时进行。经常性轮流清查是在年度内计划安排进行,对于收发量较大、容易缺损的存货,清查次数可适当增加,对贵重存货则应每月清查。

存货清查在实地盘点之前,应先把有关存货明细账登记齐全,算出结存数量和金额,以备核对之用。在实物盘点后,如发现账实不符,应区别两种不同的情况:一是经查明属于存货明细账登记及结算上的差错;二是发现存货实际盈亏。对于前一种情况,可由存货核算人员开列清单,说明原因,经清查小组或会计部门复核无误后,按规定的改错方法予以更正,不必另作调整的会计分录;后一种情况,应按规定程序办理报批手续,进行有关账务处理。

清查中发现存货的盘盈、盘亏和毁损情况,应编制存货盘点报告表(一般格式,见表 4-17),并及时查明原因、分清责任。在按规定程序报请有关部门批准前,应根据存货盘点报告表所列盈亏数,对存货的账存数进行调整;批准后,应根据盘盈、盘亏和毁损的原因及批准意见,作相应的账务处理。

表 4-17

存货盘点报告表

存货编号	名称规格	计量单位	数量		单价	盘盈		盘亏		原因
			账存	实存		数量	金额	数量	金额	

清查中发现存货的盘盈、盘亏和毁损,是通过“待处理财产损溢”账户进行核算的。该账户下设“待处理流动资产损溢”和“待处理固定资产损溢”两个明细账户。

一、存货盘盈的核算

存货的盘盈,通常是由于企业在日常收发计量或计算错误所致。发生存货的盘盈,应根据存货盘点报告表中列的盘盈数额,及时办理存货的入账手续,调整存货账面的实存数,借记有关存货账户,贷记“待处理财产损溢”账户。报经有关部门批准后,可冲减管理费用,借记“待处理财产损溢”账户,贷记“管理费用”账户。

【例 4-21】 公司进行财产清查。存货盘点报告表中列示了存货清查结果:盘盈钢材 500 千克。经查明,原因是日常计量错误所致。按计划单价 8 元入账。

(1) 批准前，调整账面实存数。作会计分录如下：

借：原材料　　4 000
　贷：待处理财产损溢——待处理流动资产损溢　　4 000

(2) 批准后，冲减管理费用。作会计分录如下：

借：待处理财产损溢——待处理流动资产损溢　　4 000
　贷：管理费用　　4 000

二、存货盘亏、毁损的核算

清查中发现存货盘亏、毁损情况，在批准以前，先结转到“待处理财产损溢”账户；批准后，根据造成亏损的原因，分别以下情况处理：

(1) 属于正常情况下发生的定额内亏损，在批准后可转作管理费用。

【例 4-22】 某企业盘亏 A 材料 5 千克，计划单价 20 元，经查明，属于正常情况下的定额内损耗，材料成本差异额(节约额)为 10 元。账务处理如下：

① 批准前，调整存货账存数。作会计分录如下：

借：待处理财产损溢——待处理流动资产损溢　　100
　贷：原材料　　100

同时，调整盘亏材料的成本差异。作会计分录如下：

借：材料成本差异　　10
　贷：待处理财产损溢——待处理流动资产损溢　　10

② 批准后，计入管理费用。作会计分录如下：

借：管理费用　　90
　贷：待处理财产损溢——待处理流动资产损溢　　90

(2) 属于超定额短缺及毁损，即非正常损失。这种非正常损失是生产经营过程中正常损耗之外的损失，包括：因管理不当造成的损失、自然灾害引起的损失及其他非正常损失。凡能确定过失人的应由过失人负责赔偿；属于保险责任范围的，应向保险公司索赔。在扣除过失人或保险公司赔款和残料价值后的损失，计入管理费用。属于自然灾害引起的损失，扣除保险公司赔款和残料价值后的损失部分，计入营业外支出。

税法规定，外购材料及材料投入后形成在产品或库存商品发生非正常损失时，要将进货时已付且在以后抵扣增值税的“进项税额”转出，由企业承担税赋。转作待处理损失的增值税，应与遭受损失的存货成本一并处理。

【例 4-23】 盘亏甲材料 40 千克,每千克单价 20 元,其进项税额为 136 元,经查盘亏系保管人失职所致。

① 批准前,调整存货账存数。作会计分录如下:

借:待处理财产损溢——待处理流动资产损溢 936
　贷:原材料 800
　　应交税费——应交增值税(进项税额转出) 136

② 批准后,由过失人赔偿。作会计分录如下:

借:其他应收款 936
　贷:待处理财产损溢——待处理流动资产损溢 936

复习思考题

一、单项选择题

1. 某企业原材料按实际成本进行日常核算。2005 年 3 月 1 日结存甲材料 300 千克,每千克实际成本为 20 元;3 月 15 日购入甲材料 280 千克,每千克实际成本为 25 元;3 月 31 日发出甲材料 200 千克。如按先进先出法计算则 3 月份发出甲材料的实际成本为(　　)元。

A. 400　　B. 500　　C. 4 000　　D. 5 000

2. 某工业企业为增值税一般纳税人,2005 年 10 月 9 日购入材料一批,取得的增值税专用发票上注明的价款为 21 200 元,增值税额为 3 604 元。该企业适用的增值税税率为 17%,材料入库前的挑选整理费为 200 元,材料已验收入库。则该企业取得的材料的入账价值应为(　　)元。

A. 20 200　　B. 21 400　　C. 23 804　　D. 25 004

3. 工业企业采购材料,在运输途中发生的定额内损耗应计入(　　)。

A. 采购成本　　B. 管理费用

C. 供应单位赔偿款　　D. 保险公司赔偿款

4. 某企业月初库存材料 60 件,每件为 1 000 元,月中又购进两批,一次 200 件,每件 950 元,另一次 100 件,每件 1 046 元,则月末该材料的加权平均单价为(　　)元。

A. 980　　B. 985　　C. 990　　D. 1 182

5. 在材料日常核算采用计划成本计价的情况下,收入材料不通过“材料采购”账户核算的有(　　)。

A. 外购材料　　B. 自制材料

C. 外购半成品　　D. 外购包装物

6. 以上季度实际毛利率匡算本期销售成本的会计期间是(　　)。

A. 每季度的第一个月　　B. 每季度的头两个月

C. 每季度的第三个月　　D. 每年的1月份至11月份

7. 某企业采用毛利率法,第一季度实际毛利率为20%。6月份销售额为50 000元,按先进先出法计算的6月末商品结存成本为28 000元;5月份商品销售额为51 000元,5月末商品结存成本为39 000元;6月份购入存货的成本为33 000元,6月份拨付加工商品的成本为12 000元,则6月份商品销售成本为(　　)元。

A. 49 600　　B. 32 000　　C. 40 000　　D. 44 000

8. 存货采用先进先出法计价,在存货物价上涨的情况下,将会使企业的(　　)。

A. 期末存货升高,当期利润减少

B. 期末存货升高,当期利润增加

C. 期末存货降低,当期利润增加

D. 期末存货降低,当期利润减少

9. 按计划成本计价进行低值易耗品核算,其摊销采用五五摊销法的企业,本月基本生产车间报废低值易耗品的计划成本为15 000元;残料入库作价2 000元;当月材料成本差异率为-1%。则应计入制造费用的金额是(　　)元。

A. 5 350　　B. 7 350　　C. 5 500　　D. 7 500

10. 企业销售产品领用不单独计价包装物一批,其计划成本为8 000元,材料成本差异率为1%,此项业务企业应计入销售费用的金额为(　　)元。

A. 8 000　　B. 7 920　　C. 8 080　　D. 0

11. 下列项目中,应计入“销售费用”账户的有(　　)。

A. 随同产品销售而单独计价的包装物成本

B. 出租包装物的摊销成本

C. 出借包装物的摊销成本

D. 出租包装物的修理支出

12. 不能继续使用而报废的出租包装物残值,应(　　)。

A. 计入其他业务收入　　B. 计入营业外收入

C. 冲减其他业务支出　　　　　　D. 冲减销售费用

13. 企业外购存货所发生的由本企业负担的自然灾害损失，应计入(　　)。

A. 期间费用　　　　　　B. 入库存货的成本

C. 营业外支出　　　　　　D. 销货成本

14. 存货计价采用成本与可变现净值孰低法，体现的会计核算的一般原则是(　　)。

A. 可比性原则　　　　　　B. 客观性原则

C. 重要性原则　　　　　　D. 谨慎性原则

15. 委托加工应纳消费税产品收回后，如用于继续加工生产应纳消费税产品的，其由受托方代扣代缴的消费税，应(　　)。

A. 计入生产成本

B. 计入“应交税费”账户的借方

C. 计入委托加工产品的成本

D. 计入主营业务成本

二、多项选择题

1. 归属于企业存货范围的是(　　)。

A. 为企业在建工程而储备的材料

B. 已购入待转售的商品

C. 用于生产产品而购入，但正处在运输途中的材料

D. 已发出委托其他单位加工的材料

E. 库存待出租的包装物

2. 影响企业存货入账价值的因素主要是(　　)。

A. 购货发票上注明的购货价格

B. 企业购入存货在入库前支付除购货价格外的费用，即附带成本

C. 购入存货应依法交纳的价内税，如消费税等

D. 管理费用

E. 制造费用

3. 按假定的存货收发次序计算存货成本的方法有(　　)。

A. 先进先出法　　　　　　B. 加权平均法

C. 移动加权平均法　　　　　　D. 个别辨认法

4. 按实际成本计价进行材料核算的企业，其材料验收入库时，有可能借

记“原材料”账户,贷记(　　)账户。

A. “应付票据”　　B. “应付账款”

C. “预付账款”　　D. “生产成本”

E. “制造费用”　　F. “委托加工物资”

5. 存货按计划成本计价核算的企业则(　　)。

A. 存货明细账可以不登记存货数量

B. 企业必须制定存货价格目录

C. 存货入库时,按计划成本记入存货明细账

D. 存货采购账户贷方按入库存货的计划成本入账

E. 发出的存货应以实际成本记入存货明细账

6. 企业外购存货,当入库存货的计划成本大于其实际成本时,应按其差额(　　)。

A. 借记“材料采购”账户　　B. 借记“材料成本差异”账户

C. 借记“原材料”账户　　D. 贷记“原材料”账户

E. 贷记“材料成本差异”账户　　F. 贷记“材料采购”账户

7. 本月材料成本差异率的计算公式中,本月收入材料的计划成本包括(　　)。

A. 外购入库材料的计划成本

B. 自制材料入库的计划成本

C. 车间领而未用而退回仓库的材料计划成本

D. 委托加工完毕验收入库材料的计划成本

E. 材料已到,但月末结算凭证未到而入账材料的计划成本

F. 仓库盘盈材料的计划成本

8. 下列项目中,应在“包装物”账户核算的是(　　)。

A. 随同产品出售而不单独计价的包装物

B. 出租包装物

C. 企业库存包装材料

D. 用于储存和保管产品、材料的包装物品

E. 出借包装物

9. 一般纳税企业委托其他单位加工材料收回后直接对外销售的,其发生的下列支出中,应计入委托加工物资成本的有(　　)。

A. 加工费　　B. 增值税

C. 发出材料的实际成本　　D. 受托方代收代交的消费税

10. 应在“库存商品”账户核算的是(　　)。

A. 自备材料加工制造的商品产品

B. 为外单位加工修理的代修品

C. 接受外来原材料加工制造的代制品

D. 生产过程中产生的可以降价出售的不合格品

E. 已完成全部生产过程经检验不合格但可以修复的产品

11. 关于存货的盘存制度,下面几种说法中,正确的是:(　　)。

A. 实地盘存制是以存计耗或以存计销,因此,平时在存货明细账中只记收入,不计其发出和结存

B. 永续盘存制下,可通过存货明细账随时了解各种存货的收、发、存情况

C. 实地盘存制下,把存货损耗及差错造成的减少额均计入销售和耗用成本之中,不利于存货的安全管理

D. 不论是永续盘存制,还是实地盘存制,都必须重视和加强对存货进行定期和不定期的实地盘点

E. 实地盘存制需要定期进行实地盘点,但永续盘存制无需进行实地盘点

12. “存货成本与可变现净值孰低法”中的“可变现净值”是指(　　)。

A. 存货的现行售价

B. 存货的预计售价

C. 目前重新取得相同存货所需的成本

D. 以存货的估计售价减去至完工估计将要发生的成本、估计的销售费用以及相关税金后的金额

三、判断题

1. 一般地说,企业拥有的资产,即企业拥有的物资。(　　)

2. 永续盘存制下,可以通过存货明细账的记录随时结出存货的结存数量,年终不需要对存货进行盘点,这也是永续盘存制相对于实地盘存制来讲的一个显著特点。(　　)

3. 期末存货少计,会使当期营业利润多计。(　　)

4. 在实地盘存制下,存货的溢缺隐含在存货中,而永续盘存制下,则隐含在销货成本中。(　　)

5. 在实地盘存制下,进行实地盘点的目的是在于确定期末存货数量,并倒轧销售或耗用成本。(　　)

6. 采用永续盘存制时,存货的账面结存量不一定就是实际数量,而采用

实地盘存制时，记入账面的结存量一定是实际结存数量。（ ）

7. 企业购入材料已入库，并收到发票账单，但企业月末尚未付款。此时应于月末借记“原材料”账户，贷记“应付账款”账户，并于下月初原分录用红字冲回。（ ）

8. 采用计划成本进行材料日常核算的企业，材料的实际成本与计划成本之间的差异应单独核算，并按材料的品种或类别进行明细核算。（ ）

9. 采用计划成本进行材料日常核算的企业，发出材料应负担的材料成本差异应按上月材料成本差异率计算。（ ）

10. 采用计划成本进行材料日常核算，月末分摊发出材料应负担的成本差异节约额，应借记“材料成本差异”账户，若是成本差异超支额，应贷记“材料成本差异”账户。（ ）

11. 材料按计划成本计价时，“材料采购”账户的期末余额表示企业已购入但尚未入库的在途物资的计划成本。（ ）

12. 企业的存货，不论是以实际成本计价还是以计划成本计价，在编制资产负债表时，均应根据有关存货账户的借方余额填入资产负债表的存货项目内。（ ）

13. 外购商品是指企业购入的无需经过任何加工就可以对外出售的商品。（ ）

14. 毛利率就是销售毛利占销售成本的比率，通常以百分比表示，如15%、20%。（ ）

15. 采用毛利率法的情况下，年度内各个月份的销售成本，都可以根据当月销售收入净额和上季实际毛利率或本季计划毛利率予以计算。（ ）

16. 用于储存和保管产品、材料而不对外出售的包装物，应按其价值大小和使用年限长短，分别在“固定资产”账户或“低值易耗品”账户核算。（ ）

17. 企业基本生产车间向仓库领用包装材料，用于包装本厂产品时，应借记“生产成本”账户，贷记“包装物”账户。（ ）

四、名词解释

1. 存货
2. 先进先出法
3. 移动平均法
4. 加权平均法
5. 材料成本差异
6. 低值易耗品
7. 一次摊销法
8. 五五摊销法
9. 委托加工物资
10. 包装物

11. 库存商品　　　　　　　　12. 存货成本流转假设

五、简答题

1. 什么是存货？存货确认的标志是什么？
2. 存货可分哪些种类？
3. 什么是永续盘存制？什么是实地盘存制？其优缺点有哪些？
4. 包装物和低值易耗品的摊销方法有哪几种？各有什么特点？
5. 存货的成本与可变现净值孰低法的账务处理的内容是什么？

六、计算与分析题

习题一　练习存货发出的计价方法

资料

某企业1月份某存货购入和领用情况如表4-18所示。

表4-18

某企业1月份某存货购入和领用情况表

数量单位：件　　　　　　　　　　　　　　　　　　　金额单位：元

日期	摘　要	收　　入			发　出	结　　存		
		数量	单价	金额	数量	数量	单价	金额
1	期初					600	60	36 000
10	购入	1 200	66	79 200		1 800		
11	发出				1 000	800		
18	购入	700	67	46 900		1 500		
22	发出				1 100	400		

要求

分别用先进先出法、加权平均法、移动平均法计算本月发出存货的成本及确定月末存货的成本。

习题二　练习按实际成本计价材料的收发总分类核算及明细分类核算

资料

1. 某企业为一般纳税单位。20××年9月1日原材料总账期初借方余额为 184 800 元，其中，A 材料 2 200 千克 123 420 元；B 材料 3 100 千克 61 380 元。在途物资总账期初借方余额为97 740元，系外购 1 800 千克 A 材料的实际成本。

2. 9 月份的材料收发业务如下：

(1) 9 月 2 日，购入 A 材料 2 000 千克，专用发票(指增值税专用发票，下同)载明材料买价 109 000 元、增值税 18 530 元。企业开出面额为 127 530 元的商业承兑汇票，材料经验收入库(收料单 101 号)。

(2) 9 月 3 日，上月在途物资如数入库(收料单 102 号)。

(3) 9 月 6 日，购入 B 材料 5 200 千克，专用发票载明材料买价 107 100 元、增值税 18 207 元、代垫运杂费 1 200 元。材料入库(收料单 103 号)，货款暂欠(上月曾预付 10 000 元)。

(4) 9 月 8 日，车间为生产产品领用材料，其中 A 材料 5 000 千克(领料单 201 号)、B 材料 6 500 千克(领料单 202 号)。

(5) 9 月 12 日，向外地某公司购入 A、B 两种材料，专用发票载明：A 材料 3 000 千克，买价 165 600 元；B 材料 4 200 千克，买价 80 200 元，增值税 41 786元，代垫 A、B 材料的铁路运费1 656元。以银行存款支付上述款项(运费按 A、B 材料的重量比例分摊)。

(6) 9 月 15 日，企业于 9 月 12 日所购材料全部入库(收料单 104 号、105 号)。

(7) 9 月 20 日，车间为生产产品领用材料，其中 A 材料 3 800 千克，B 材料 5 100 千克(领料单 203 号、204 号)；厂管理部门领用 B 材料 150 千克(领料单 205 号)。

(8) 9 月 25 日，购入 B 材料 1 600 千克，专用发票载明：价款 33 500 元，增值税 5 695 元，代垫运杂费 600 元。企业根据收到的托收承付结算凭证予以承付。材料尚在运输途中。

(9) 9 月 28 日，收到外地某单位发来 A 材料 1 000 千克，已验收入库，尚未收到结算凭证(收料单 106 号)。

(10) 9 月 30 日，企业于 9 月 28 日已入库的材料结算凭证仍未收到，按每千克 55 元估价入账。

要求

1. 设置“原材料”、“在途物资”总账和明细账(用 T 字形账户表示)。

2. 根据外购材料业务，编制会计分录，并逐笔登记“原材料”、“在途物资”总账和明细账。

3. 根据领料单，编制“发料凭证汇总表”，并据以编制会计分录，登记材料账。发出A、B材料按全月一次加权平均法分别计算单价。

4. 结出“原材料”和“在途物资”账户余额，并进行总账与明细账的核对。

习题三　练习按计划成本计价材料收发的总分类核算

资料

1. 某企业为一般纳税单位。20××年9月1日原材料总账期初借方余额为183 000元，其中，A材料2 200千克，121 000元；B材料3 100千克，62 000元。“材料采购”账户期初借方余额为97 740元，系外购A材料1 800千克的实际成本。“材料成本差异”账户的期初借方余额为1 800元。

2. A材料单位计划成本为55元，B材料单位计划成本为20元。

3. 9月份发生经济业务，见习题二的2(1)～2(10)。

要求

1. 设置“材料采购”、“原材料”、“材料成本差异”总账账户(用T字形账户表示)。

2. 根据结算凭证，编制会计分录，登记外购材料的实际成本。

3. 根据收料单编制“收料凭证汇总表”，并据以编制会计分录，登记外购入库材料的计划成本，同时结转外购材料的成本差异。

4. 根据领料单编制“发料凭证汇总表”，并据以编制会计分录，登记发出材料的计划成本；同时计算本月材料成本差异率(按A、B材料合并计算综合材料成本差异率)，以及本月发出材料应负担的成本差异额，并编制必要的会计分录。

5. 结出“材料采购”、“原材料”和“材料成本差异”总账账户的期末余额。

习题四　练习委托加工物资的核算

资料

某工业企业20××年10月份发生如下经济业务：

1. 发出木材3立方米，委托外单位加工成包装用木箱，发出木材的单位计划成本为每立方米1 800元，材料成本差异率为－2%。

2. 以银行存款1 500元预付加工费。

3. 委托加工完成，增值税专用发票上注明加工费为2 000元，增值税340元，企业开出转账支票840元结清账款。

4. 退回加工木箱余料入库，作价600元。

5. 加工完成的包装箱800只，按计划单价9.50元入账。

要求

根据以上资料，编制会计分录。

习题五 练习低值易耗品领用、摊销、报废的核算

资料

某企业20××年2月份有关经济业务如下：

1. 基本生产车间从仓库领用全新专用工具80件，每件计划成本为2 400元，预计使用期6个月。

2. 基本生产车间当月报废专用工具40件，其残料作价500元，进原材料仓库。

3. 本月专用工具的成本差异率为−2%。

要求

根据以上经济业务，采用一次摊销法和五五摊销法分别编制有关会计分录。

习题六 练习包装物收入和领用核算

资料

某企业库存包装物用于生产及随同产品销售，领用包装物的价值一次摊入有关费用成本。某月份包装物账户期初计划成本为13 000元，包装物的成本差异期初数为(节约额)120元。当月发生的有关经济业务如下：

1. 基本生产车间自制包装物交库，实际成本为8 300元，计划成本为9 000元。

2. 委托外单位加工包装物验收入库，实际成本为18 600元，计划成本为18 000元。

3. 基本生产车间领用包装物计划成本为12 000元，用于包装产品。

4. 企业销售产品时，领用单独计价的包装物，计划成本为8 500元。

5. 企业销售产品时，领用不单独计价的包装物，计划成本为11 000元。

要求

1. 根据以上经济业务，编制会计分录。

2. 计算本月包装物的成本差异率，并结转本月发出包装物应分摊的成本差异额。

习题七　练习出租包装物的核算

资料

某企业在销售工业产品过程中，为购货单位提供出租包装袋的服务。每只包装袋的计划成本为50元；每只包装袋出租收取押金60元；租金按月计算，每只包装袋每月租金10元；包装袋的成本采用五五摊销法核算。出租包装物的有关业务如下：

1. 1月份出租给新民厂全新包装袋10只，租期2个月；收取押金600元及第一个月租金100元存入银行。

2. 3月份，新民厂按期还来包装袋8只，另2只因遗失无法归还。归还的8只包装袋，除1只报废外，其余7只交库，报废残值15元，转作原材料入库。企业按规定归还部分押金，当月包装袋成本差异率为2%。

要求

1. 根据资料1编制发出包装物，摊销50%成本，以及收取押金、租金的会计分录。

2. 按应计制原则，结转2月份的应收租金。

3. 根据资料2编制收回包装袋入库，并将扣除2月份应收租金后的余款退回，没收逾期未还包装袋的押金，以及包装袋报废时摊销等会计分录。

习题八　练习材料清查结果的核算

资料

某工业企业于年末对材料仓库进行清查，清查结果如下：

1. 原材料A盘盈120千克，每千克计划成本60元，经查明属入库计量不准所致。

2. 原材料B盘亏15千克，单位计划成本20元，材料成本差异率+1%。经查明，属定额内自然损耗所致。

3. 原材料C毁损500千克，单位计划成本35元，材料成本差异率−2%。经查明，其中20千克材料的毁损属仓库管理人员失职造成，应由其赔偿损失；30千克材料的毁损属制度不健全造成，应列入当期费用；其余450千克材料的毁损是由于自然灾害非常事故所造成，残料价值300元；保险公司同意赔偿13 000元。

要求

根据以上资料，编制按规定程序报经有关部门批准前和批准后的会计分录。

习题九 练习存货的核算

资料

1. W厂为一般纳税单位，设有两个基本生产车间，第一车间生产半成品a，经过第二车间继续加工生产出库存商品A。

2. 该厂材料与包装物按计划成本计价，分别按材料、包装物设置材料成本差异明细账。其他存货按实际成本计价。有关存货账户5月份期初资料如表4-19所示。

表4-19

5月份期初资料

金额单位：元

账户	计划单价	数量	借方余额	贷方余额	说明
原材料——甲	60	600千克	36 000		
原材料——乙	40	1 500千克	60 000		其中800千克为上月末按计划成本暂估入账的无发票到货
材料成本差异——甲、乙材料				890	
物资采购		1 000千克	60 900		外购甲材料
包装物	370	85件	31 450		
材料成本差异——包装物				1 680	
低值易耗品——H型专用工具		300件	11 400		

3. 库存包装物于产品销售过程中用于出借，一次摊销成本；低值易耗品发出和结存的计价方法为后进先出法，领用低值易耗品的成本采用五五摊销法摊销。

4. W企业5月份有关经济业务：

(1) 1日，将上月已入库，因结算凭证未到而按计划成本暂估入账的乙材料红字冲回。

(2) 2 日，收到银行转来外单位的托收凭证等单据。增值税专用发票上所列甲材料 3 000 千克的价款 81 300 元。增值税额30 821元，另有外单位代垫运杂费 370 元，企业承付上述款项。

(3) 4 日，外购 H 型专用工具 500 件，售价 18 000 元，供货单位代垫运杂费 500 元，工具全数入库，企业签发已承兑商业汇票一张，面额 18 500 元。

(4) 8 日，外购乙材料 4 500 千克，增值税专用发票所列价款 172 000 元，增值税额 29 240 元，供货方代垫运费 3 500 元材料入库，款未付。

(5) 9 日，上月在途材料(甲材料 1 000 千克)到达，实收 995 千克，其中 5 千克为自然损耗。

(6) 10 日，企业于 20 日所购甲材料 3 000 千克到货，验收入库。

(7) 11 日，外购一批包装物 115 件，供销售过程中借给购货单位使用，全部价款 41 285 元，企业以面值为 41 285 元的银行本票一张支付货款，包装物入库。

(8) 15 日，通过银行汇款 204 740 元，支付本月 8 日所购乙材料全部款项。

(9) 16 日，企业在产品销售过程中，领用包装物 120 件出借给用户，采用一次摊销法当即收取用户押金 5 万元存入银行。

(10) 17 日，基本生产车间领用 H 型专用工具 600 件，采用五五摊销法摊销成本。同时报废以前领用同类工具 500 件，实际单位成本 38 元，残料作废料交库，作价 580 元。

(11) 18 日，第一车间完成自制半成品 166 件，实际单位成本 106 元，其中 100 件直接交第二车间继续加工，66 件交半成品仓库。

(12) 26 日，第二车间完工 A 产品 800 件，实际成本 520 000 元验收入库。

(13) 31 日，月末时，月初冲回的无发票到货乙材料 800 千克的发票仍未到，按计划成本暂估入账。

(14) 31 日，结转本月外购甲、乙材料和包装物的成本差异，并计算本月材料及包装物的成本差异率。

(15) 31 日，本月发出材料，其中第一基本生产车间领用甲材料 4 000 千克，乙材料 5 000 千克，厂管理部门领用乙材料 110 千克。

(16) 31 日，材料盘点，其中甲材料盘亏 160 千克，乙材料盘盈 10 千克，编制清点表予以上报。

(17) 31 日，经领导批准材料盘亏盘盈转账，其中甲材料盘亏系自然灾害所致，无残值，保险公司同意赔偿 7 000 元；乙材料盘盈是由于计量有误所致。

(18) 31日，结转本月领用材料、包装物应负担的成本差异额。

(19) 31 日，摊销本月应负担的包装物成本。

要求

1. 开设“材料采购”、“原材料”、“低值易耗品”、“包装物”及“材料成本差异”账户，根据业务进行登记，结出月末余额(T字形账户)。

2. 采用计划成本计价的材料、包装物，其收入时形成的差异于月末一次结转。

3. 编制会计分录。

习题十　练习存货与可变现净值孰低法的核算

资料

W公司对存货采用成本与可变现净值孰低法计价，存货盘点采用永续盘存制。2007年、2008年、2009年存货情况如表4-20所示。

表4-20

W公司各年存货情况

单位：元

日　　期	成　　本	可变现净值
2007年1月1日	200 000	200 000
2007年12月31日	300 000	290 000
2008年12月31日	250 000	260 000
2009年12月31日	120 000	111 500

要求

用备抵法作会计分录。

习题十一　练习委托加工物资的核算

资料

A企业委托B企业加工材料一批(属于应税消费品)。原材料成本为200 000元，支付加工费34 000元(不含增值税)，消费税税率为10%，材料加工完毕验收入库，加工费等尚未支付。双方适用的增值税税率均为17%。

要求

1. 试作A企业的委托加工物资的发出、支付加工费用和收回委托加工原材料的会计分录。

2. 若A企业收回加工后的材料用于继续生产应税消费品的情况。

3. 若A企业收回加工后的材料直接用于销售的情况。

第五章　长期股权投资的核算

第一节　长期股权投资的初始计量

长期股权投资是指通过投资取得被投资企业的股权，投资企业成为被投资企业的股东，按所持有股份比例享有权益并承担有限责任的投资。

企业对其他单位的股权投资，通常是为了长期持有，以期通过股权投资控制被投资单位，或对被投资单位施加重大影响，或为了与被投资单位建立密切关系，以分散经营风险。股权投资通常具有投资大、投资期限长、风险大以及能为企业带来较大的利益等特点。

一、长期股权投资初始计量原则

长期股权投资在取得时，应按初始投资成本入账。长期股权投资的初始投资成本，应分别企业合并和非企业合并两种情况确定。

本章所指长期股权投资主要包括：

(1) 投资企业能够对被投资单位实施控制的权益性投资，即对子公司投资。

(2) 投资企业与其他合营方一同对被投资单位实施共同控制的权益性投资，即对合营企业投资。

(3) 投资企业对被投资单位具有重大影响的权益性投资，即对联营企业投资。

(4) 投资企业持有的对被投资单位不具有共同控制或重大影响，并且在活跃市场中没有报价、公允价值不能可靠计量的权益性投资。

二、企业合并形成的长期股权投资

(一) 企业合并概述

企业合并，是指将两个或者两个以上单独的企业合并形成一个报告主体的交易或事项。

1. 按合并方式对企业合并进行分类

以合并方式为基础，企业合并包括控股合并、吸收合并和新设合并。

(1) 控股合并，是指合并方(或购买方)通过企业合并交易或事项取得对被合并方(被购买方)的控制权,能够主导被合并方的生产经营决策,从而将被合并方纳入其合并财务报表范围形成一个报告主体的情况。控股合并中,被合并方在企业合并后仍保持其独立的法人资格继续经营,合并方在合并中取得的是对被合并方的股权。合并方在其账簿及个别财务报表中应确认对被合并方的长期股权投资,合并中取得的被合并方的资产和负债仅在合并财务报表中确认。

(2) 吸收合并,是指合并方在企业合并中取得被合并方的全部净资产,并将有关资产、负债并入合并方自身的账簿和报表中进行核算。企业合并后,注销被合并方的法人资格,由合并方持有合并中取得的被合并方的资产、负债,在新的基础上继续经营。

(3) 新设合并,是指企业合并中注册成立一家新的企业,由其持有原参与合并各方的资产、负债在新的基础上经营。原参与合并各方在合并后均注销其法人资格。

2. 按是否同一控制下进行合并对企业合并的分类

以是否在同一控制下进行企业合并为基础,企业合并可以分为同一控制下的企业合并和非同一控制下的企业合并。

(1) 同一控制下的企业合并。参与合并的企业在合并前后均受同一方或相同的多方最终控制且该控制并非是暂时性的,而是同一控制下的企业合并。对于同一控制下的企业合并,在合并日取得对其他参与合并企业控制权的一方为合并方,参与合并的其他企业为被合并方。合并日,是指合并方实际取得对被合并方控制权的日期。

同一控制下的企业合并包括但不仅限于以下几种情况:

① 母公司将其持有的对子公司的股权用于交换非全资子公司增加发行的股份。

② 母公司将其持有的对某一子公司的控股权出售给另一子公司。

③ 集团内某子公司自另一孙公司处取得对某一子公司的控制权。

(2) 非同一控制下的企业合并。参与合并的各方在合并前后不受同一方或相同的多方最终控制的,为非同一控制下的企业合并。

形成投资单位对被投资单位长期股权投资的企业合并属于控股合并。企业合并形成的长期股权投资,其初始投资成本应当遵循《企业会计准则第20号——企业合并》的相关规定,分别同一控制下的企业合并与非同一控制下的企业合并情形分别确定。

(二) 长期股权投资的账户设置

为了核算和监督企业长期股权投资的增减变化情况,应设置“长期股权投资”账户。这是资产类账户，核算企业持有的长期股权投资。借方登记长期股权投资的成本，贷方登记出售或收回长期股权投资的账面价值；期末借方余额反映企业持有的长期股权投资的成本。本账户按被投资单位设置明细分类账户，对长期股权投资采用权益法核算的，还应当分别“成本”、“损益调整”和“其他权益变动”等进行明细核算。

（三）同一控制下企业合并形成的长期股权投资

对于同一控制下的企业合并，往往是集团内部资产、负债的重新组合，不属于交易，长期股权投资的初始投资成本一般以被合并方所有者权益的账面价值为计量基础。由于合并方为取得某项长期股权投资可以支付现金、转让非现金资产或承担债务方式作为合并对价，也可以发行权益性证券作为合并对价，因此在具体确定初始投资成本时其处理上有所不同。

（1）合并方以支付现金、转让非现金资产或承担债务方式作为合并对价的、应当在合并日按照取得被合并方所有者权益账面价值的份额作为长期股权投资的初始投资成本。长期股权投资的初始投资成本与支付的现金、转让的非现金资产及所承担债务账面价值之间的差额，应当调整资本公积（资本溢价或股本溢价），资本公积（资本溢价或股本溢价）的余额不足冲减的，调整留存收益。

具体进行会计处理时，合并方在合并日按取得被合并方所有者权益账面价值的份额，借记“长期股权投资”账户，按应享有被投资单位已宣告但尚未发放的现金股利或利润，借记“应收股利”账户，按支付的合并对价的账面价值，贷记有关资产或借记有关负债账户，按其差额，贷记“资本公积——资本溢价或股本溢价”账户；如为借方差额，应借记“资本公积——资本溢价或股本溢价”账户，资本公积（资本溢价或股本溢价）不足冲减的，借记“盈余公积”、“利润分配——未分配利润”账户。

【例 5-1】 A、B 公司为同属甲公司的子公司，A 公司于 2007 年 8 月 1 日以银行存款 1 000 万元取得了 B 公司 60％的股份。B 公司 2007 年 8 月 1 日所有者权益的账面价值为 2 000 万元，A 公司编制会计分录如下：

借：长期股权投资——B公司	12 000 000	
贷：银行存款		10 000 000
资本公积——股本溢价		2 000 000

（2）合并方以发行权益性证券作为合并对价的，应按发行股份的面值总额作为股本，长期股权投资初始投资成本与所发行股份面值总额之间的差额，应当调整资本公积（资本溢价或股本溢价）；资本公积不足冲减的，调整留存收益。

具体进行会计处理时，在合并日应按取得被合并方所有者权益账面价值的份额，借记“长期股权投资”账户，按应享有被投资单位已宣告但尚未发放的现金股利或利润，借记“应收股利”账户，按发行权益性政权的面值，贷记“股本”账户，按其差额，贷记“资本公积——资本溢价或股本溢价”账户；如为借方差额，应借记“资本公积——资本溢价或股本溢价”账户，资本公积不足冲减的，借记“盈余公积”、“利润分配——未分配利润”账户。

【例 5-2】　20×7 年 1 月 1 日，A 公司向同一集团内 B 公司的原股东定向增发 2 000 万股普通股，每股面值 1 元，取得 B 公司 100％的股权，并于当日起能够对 B 公司实施控制。合并后 B 公司仍维持其独立法人资格继续经营。两公司在企业合并前采用的会计政策相同。合并日，B 公司的账面所有者权益总额为 6 000 万元。

B 公司在合并后维持其法人资格继续经营，合并日 A 公司在其账簿及个别财务报表中应确认对 B 公司的长期股权投资，账务处理如下：

借：长期股权投资	60 000 000	
贷：股本		20 000 000
资本公积——股本溢价		40 000 000

（四）非同一控制下企业合并形成的长期股权投资

非同一控制下的企业合并，参与合并的各方在合并前后不受同一方或相同的多方最终控制，这种合并往往表现为市场的购买行为，合并成本应以公允价值为基础，并且以公允价值作为长期股权投资的初始成本。

非同一控制下的控股合并中，购买方应当按照确定的企业合并成本作为长期股权投资的初始投资成本。企业合并成本包括购买方付出的资产、发生或承担的负债、发行的权益性证券的公允价值以及为进行企业合并发生的各项直接相关费用之和。

具体进行会计处理时，对于非同一控制下企业合并形成的长期股权投资，应在购买日按企业合并成本（不含应自被投资单位收取的现金股利或利润），借记“长期股权投资”账户，按享有被投资单位已宣告但尚未发放的现金股利或利润，借记“应收股利”账户，按支付合并对价的账面价值，贷记有关资产或借记有关负债账户，按发生的直接相关费用，贷记“银行存款”等账户，按其差额，贷记“营业外收入”或借记“营业外支出”等账户。

非同一控制下企业合并涉及以库存商品等作为合并对价的，应按库存商品的公允价值，贷记“主营业务收入”账户，并同时结转有关的成本。

【例 5-3】　X 公司于 20×7 年 3 月 31 日取得了 Y 公司 80％的股权。合并中，

X公司支付的有关资产，在购买日的账面价值与公允价值如表5-1所示。合并中，X公司为核实Y公司的资产价值，聘请有关机构对该项合并进行咨询，支付咨询费用50万元。本例中，假定合并前X公司与Y公司不存在任何关联方关系。

表5-1

20×7年3月31日

单位：元

项　　目	账面价值	公允价值
土地使用权(自用)	10 000 000	16 000 000
专利技术	4 000 000	5 000 000
银行存款	4 000 000	4 000 000
合　　计	18 000 000	25 000 000

X公司对于合并形成的对Y公司的长期股权投资，应按支付对价的公允价值确定其初始投资成本，X公司进行账务处理如下：

借：长期股权投资　　25 500 000
　贷：无形资产　　14 000 000
　　银行存款　　4 500 000
　　营业外收入　　7 000 000

三、企业合并以外其他方式取得的长期股权投资

(1) 以支付现金取得的长期股权投资，应当按照实际支付的购买价款作为长期股权投资的初始投资成本，包括购买过程中支付的手续费等必要支出。但所支付价款中包含的被投资单位已宣告但尚未发放的现金股利或利润应作为应收项目核算，不构成取得长期股权投资的成本。

【例5-4】 甲公司于2××7年2月15日自公开市场中买入乙公司20%的股份，实际支付价款9 000万元，另外，在购买过程中支付手续费等相关费用300万元。甲公司取得该部分股权后，能够对乙公司的生产经营决策施加重大影响。

甲公司应当按照实际支付的购买价款作为取得长期股权投资成本，其账务处理如下：

借：长期股权投资　　93 000 000
　贷：银行存款　　93 000 000

(2) 以发行权益性证券方式取得的长期股权投资，其成本为所发行权益性证券的公允价值，但不包括应自被投资单位收取的已宣告但尚未发放的现金股利或利润。

为发行权益性证券支付给有关证券承销机构等的手续费、佣金等与权益性证券发行直接相关的费用，不构成取得长期股权投资的成本。该部分费用应自权益性证券的溢价发行收入中扣除，权益性证券的溢价收入不足冲减的，应冲减盈余公积和未分配利润。

【例5-5】 20×7年3月，C公司通过增发1 500万股普通股（每股面值1元）取得对D公司20%的股权，按照增发前后的平均股价计算，该1 500万股股份的公允价值为2 600万元。为增发该部分股份，C公司支付了100万元的佣金和手续费。

本例中，C公司应当以所发行股份的公允价值作为取得长期股权投资的成本。

借：长期股权投资	26 000 000	
贷：股本		15 000 000
资本公积——股本溢价		11 000 000

发行权益证券过程中的佣金和手续费，应冲减权益性证券的溢价发行收入。

借：资本公积——股本溢价	1 000 000	
贷：银行存款		1 000 000

(3) 投资者投入的长期股权投资，应当按照投资合同或协议约定的价值作为初始投资成本，但合同或协议约定的价值不公允的除外。

第二节 长期股权投资的后续计量

长期股权投资在持有期间，根据投资企业对被投资单位的影响程度及是否存在活跃市场、公允价值能否可靠取得等进行划分，应当分别采用成本法及权益法进行核算。

一、长期股权投资的成本法

（一）成本法的定义及适用范围

成本法是指长期股权投资按取得股权的成本计价的方法。长期股权投资的成本法适用以下情况：

(1) 企业持有的能够对被投资单位实施控制的长期股权投资。

控制，是指有权决定一个企业的财务和经营政策，并能据以从该企业的经营活动中获取利益。如投资企业直接拥有被投资单位50%以上的表决权资本等。投资企业能够对被投资单位实施控制的，被投资单位为其子公司，投资企业应当将子公司纳入合并财务报表的合并范围。

投资企业对子公司的长期股权投资，应当采用成本法核算，编制合并财务报表时按照权益法进行调整。

(2) 投资企业对被投资单位不具有共同控制或重大影响，且在活跃市场中没有报价、公允价值不能可靠计量的长期股权投资。

共同控制是指按照合同约定对某项经济活动所共有的控制，仅在与该项经济活动相关的重要财务和经营决策需要分享控制权的投资方一致同意时存在。投资企业与其他方对被投资单位实施共同控制的，被投资单位为其合营企业。

重大影响是指一个企业的财务和经营政策有参与决策的权力，但并不能够控制或者与其他方一起共同控制这些政策的制定。投资企业能够对被投资单位施加重大影响的，被投资单位为其联营企业。当投资企业直接或通过子公司间接拥有被投资单位20%以上但低于50%的表决权资本时，一般认为对被投资单位具有重大影响。

(二) 成本法的账务处理

采用成本法核算的长期股权投资，核算方法如下：

(1) 初始投资或追加投资时，按照初始投资或追加投资时的成本增加长期股权投资的账面价值。

(2) 被投资单位宣告分派的现金股利或利润中，投资企业按应享有的部分，确认为当期投资收益。从理论上说，投资企业确认的投资收益，仅限于被投资企业接受投资后产生的累积净利润的分配额，对所获得的现金股利或利润超过被投资企业在接受投资后产生的累积净利润的部分，作为初始投资成本的收回(也称为清算股利)，冲减长期股权投资的账面价值。但在企业会计实务中，投资企业对有些被投资单位的影响较小，如果投资企业对被投资单位无控制、共同控制或重大影响，投资企业很可能无法取得或者无法及时取得被投资单位的财务报表，因而难以获取被投资单位接受投资后累积分配的现金股利或利润是否超过其累积实现的净利润等会计信息。国际会计准则与我国会计准则均对长期股权投资成本法的会计处理进行改进，予以简化。

简化后的长期股权投资成本法，对于投资企业从被投资单位分得的现金股利或利润，除了分得已包含在取得投资时实付价款中的已宣告未发放的现金股利或利润应当冲减应收股利外，投资企业均按照其所享有份额直接确认为当期投资收益，不需要再划分是否属于投资前和投资后被投资单位实现的净利润。

【例 5-6】 甲企业 20×5 年 1 月 10 日购入乙公司股份100 000股，每股价格 10 元，另支付相关税费 5 000 元，甲企业所持股份占乙公司有表决权资本的 15%，并准备长期持有。取得投资后，乙公司实现的净利润及利润分配情况见表 5-2。

表 5-2

单位：元

年　　度	被投资单位实现的净利润	当年度分派利润
20×5 年度	300 000	270 000

(1) 计算投资成本：

成交价(100 000×10)	1 000 000
加：税费	5 000
投资成本	1 005 000

(2) 购入时，作会计分录如下：

借：长期股权投资——乙公司　　1 005 000
　贷：银行存款　　1 005 000

(3) 乙公司宣告分派 20×5 年度股利，作会计分录如下：

借：应收股利(270 000×15%)　　40 500
　贷：投资收益　　40 500

二、长期股权投资的权益法

(一) 权益法的定义及其适用范围

权益法，是指投资以初始投资成本计量后，在投资持有期间根据投资企业享有被投资单位所有者权益的份额的变动对投资的账面价值进行调整的方法。

投资企业对被投资单位具有共同控制或重大影响的长期股权投资，即对合营企业及对联营企业投资，应当采用权益法核算。

(二) 权益法的账务处理

1. 初始投资成本的调整

投资企业取得对联营企业或合营企业的投资以后，对于取得投资时投资成本与应享有被投资单位可辨认净资产公允价值份额之间的差额，应区别情况分别处理。

(1) 初始投资成本大于取得投资时应享有被投资单位可辨认净资产公允价值份额的,差额部分不要求对长期股权投资的成本进行调整。该部分差额从本质上是投资企业在取得投资过程中通过购买作价体现出的与所取得股权份额相对应的商誉及不符合确认条件的资产价值。

(2) 初始投资成本小于取得投资时应享有被投资单位可辨认净资产公允价值份额的,两者的差额体现为双方在交易作价过程中转让方的让步。该部分经济利益流入应作为收益处理,计入取得投资当期的营业外收入,同时调整增加长期股权投资的账面价值。

【例 5-7】 X 企业于 20×7 年 1 月取得 Y 公司 30%的股权,支付价款为 4 500万元。取得投资时被投资单位净资产账面价值为 11 250 万元,假定被投资单位各项可辨认资产、负债的公允价值与其账面价值相同。

在 Y 公司的生产经营决策过程中,所有股东均按持股比例行使表决权。X 企业在取得 Y 公司的股权后,派人参与了 Y 公司的生产经营决策。因能够对 Y 公司施加重大影响,X 企业对该投资应当采用权益法核算。取得投资时,X 公司应进行账务处理以下:

借: 长期股权投资——投资成本	45 000 000	
贷: 银行存款		45 000 000

长期股权投资的初始投资成本 4 500 万元大于取得投资时应享有被投资单位可辨认净资产公允价值的份额 3 375 万元(11 250×30%),两者之间的差额不调整长期股权投资的账面价值。

如果本例中取得投资时被投资单位可辨认净资产的公允价值为 18 000 万元,X 企业按持股比例的 30%计算确定应享有 5 400 万元,则初始投资成本与应享有被投资单位可辨认净资产公允价值份额之间的差额 900 万元应计入取得投资当期的营业外收入,账务处理如下:

借: 长期股权投资——投资成本	54 000 000	
贷: 银行存款		45 000 000
营业外收入		9 000 000

2. 投资损益的确认

属于被投资单位当年实现的净利润而影响的所有者权益的变动,投资企业应按所持表决权资本比例计算应享有的份额,增加长期股权投资的账面价值,并确认为当期投资收益,借记“长期股权投资——损益调整”账户,贷记“投资收益”账户。但投资企业按应享有的份额确认被投资单位实现的净利润时,不包括法规或公司章程规定不属于投资企业的净利润，如按照我国有关法律、法规规定，某些企业实现的净利润可以提取一定比例的职工福利及奖励基金，这部分从净利润中提取的职工福利及奖励，投资企业不能享有。因此，在计算应享有被投资单位实现的净利润时，应扣除不能由投资企业享有的净利润的部分。

3. 取得现金股利或利润的处理

投资企业按照被投资单位宣告分派的利润或现金股利计算应分得的部分，相应减少长期股权投资的账面价值。自被投资单位分得的现金股利或利润未超过已确认投资损益的，应借记“应收股利”账户，贷记“长期股权投资——损益调整”账户。

4. 亏损的确认

投资企业确认被投资单位发生的净亏损，应当以长期股权投资的账面价值以及其他实质上构成对被投资单位净投资的长期权益减记至零为限，投资企业负有承担额外损失义务的除外。

具体应按照以下顺序处理：

首先，减记长期股权投资的账面价值。借记“投资收益”账户，贷记“长期股权投资——损益调整”账户。

其次，在长期股权投资的账面减记至零的情况下，对于未确认的投资损失，考虑除长期股权投资以外，账面上是否有其他实质上构成对被投资单位净投资的长期权益项目，如果有，则应当以其他长期权益的账面价值为限，继续确认投资损失，冲减长期应收项目等的账面价值。借记“投资收益”账户，贷记“长期应收款”账户。

在确认了有关的投资损失以后，被投资单位于以后期间实现盈利的，应按以上相反顺序分别恢复其他长期权益及长期股权投资的账面价值。借记“长期应收款”、“长期股权投资”账户，贷记“投资收益”账户。

【例 5-8】 A 公司持有 B 公司 40％的股权，能够对 B 公司施加重大影响。20×6 年 12 月 31 日该项长期股权投资的账面价值为 3 000 万元。B 企业20×7 年度发生亏损 9 000 万元，则 A 企业按其持股比例确认应分担的损失为3 600万元，但长期股权投资的账面价值仅为 3 000 万元，在确认了 3 000 万元的投资损失，长期股权投资的账面价值减记至零以后，假设 A 企业账上仍有应收 B 公司的长期应收款 1 200 万元，应以长期应收款的账面价值为限进一步确认投资损失 600 万元。A 企业应进行账务处理如下：

借：投资收益　　30 000 000
　贷：长期股权投资——损益调整　　30 000 000

借：投资收益　　6 000 000
　贷：长期应收款　　6 000 000

5. 被投资单位除净损益以外所有者权益的其他变动

采用权益法核算时，投资企业对于投资单位除净损益以外所有者权益的其他变动，在持股比例不变的情况下，应按照持股比例与被投资单位除净损益以外所有者权益的其他变动中归属于本企业的部分，相应调整长期股权投资的账面价值，同时增加或减少资本公积。

【例 5-9】 X 企业持有 Y 企业 30%股份，能够对 Y 公司施加重大影响。当期 Y 企业因持有的可供出售金融资产公允价值的变动计入资本公积的金额为 900 万元，Y 企业当前实现的净利润为 4 800 万元。

X 企业在确认应享有被投资单位所有者权益的变动时，应进行的账务处理如下：

借：长期股权投资——损益调整　　14 400 000
　贷：投资收益　　14 400 000

借：长期股权投资——其他权益变动　　2 700 000
　贷：资本公积——其他资本公积　　2 700 000

6. 股票股利的处理

被投资单位分派的股票股利，投资企业不作账务处理，但应于除权日注明所增加的股数，以反映股份的变化。

第三节　长期股权投资的减值和处置

一、长期股权投资的减值

企业持有的长期股权投资，作为一项资产，与其他资产一样，应能为企业带来未来的经济利益，当一项长期投资不能再为企业带来经济利益时，或者一项长期投资预计未来收回的价值低于原投资成本或账面价值，则长期投资不能再保持原来的账面价值，而应将预计低于投资账面价值的部分确认为一项资产损失，以避免高估资产。因此，企业应对长期投资的账面价值定期地逐项进行检查。如果由于市价持续下跌或被投资单位经营状况变化等原因导致其可收回金额低于投资的账面价值，应确认为损失。

（一）长期股权投资减值的判断标准

1. 对子公司、联营公司及合营企业的投资

对子公司、联营公司及合营企业的投资是否应当计提减值准备，可以根据下列迹象判断：

（1）市价持续2年低于账面价值。

（2）该项投资暂停交易1年。

（3）被投资单位当年发生严重亏损。

（4）被投资单位持续2年发生亏损。

（5）被投资单位进行清理整顿、清算或出现其他不能持续经营的迹象。

当企业存在减值迹象时，应当估计其可收回金额，然后将所估计的资产可收回金额与其账面价值相比较，以确定资产是否发生了减值，以及是否需要计提资产减值准备并确认相应的减值损失。

资产可收回金额的估计，应当根据其公允价值减去处置费用后的净额与资产预计未来现金流量的现值两者之间较高者确定。

2. 企业持有的对被投资单位不具有共同控制或重大影响、在活跃市场中没有报价、公允价值不能可靠计量的长期股权投资

对于无市价的长期投资，是否应当计提减值准备，可以根据下列迹象判断：

（1）影响被投资单位经营的政治或法律环境的变化，如税收、贸易等法规的颁布或修订，可能导致被投资单位出现巨额亏损。

（2）被投资单位所供应的商品或提供的劳务因产品过时或消费者偏好改变而使市场的需求发生变化，从而导致被投资单位财务状况发生严重恶化。

（3）被投资单位所从事产业的生产技术或竞争者数量等发生变化，被投资单位已失去竞争能力，从而导致财务状况发生严重恶化。

（4）被投资单位的财务状况、现金流量发生严重恶化，如进行清理整顿、清算等。

（二）长期投资减值的账务处理

1. 对子公司、联营公司及合营企业的投资发生减值的处理

（1）设置“长期股权投资减值准备”账户，作为长期投资价值的备抵。

（2）在编制财务报告时，按上述判断标准，预计长期投资的减值。

（3）预计可收回金额低于长期投资的账面价值及已提的减值，确认为损失，计入当期损益。

当企业确定持有的长期股权投资发生了减值，应当根据所确认的资产减

值金额，借记“资产减值损失”账户，贷记“长期股权投资减值准备”账户。在期末，企业应当将“资产减值损失”账户余额转入“本年利润”账户，结转后该账户应当没有余额。长期股权投资减值准备账户积累每期计提的减值准备，直至相关资产被处置时才予以转出。

【例 5-10】 甲企业 20×7 年 1 月 1 日以银行存款 120 000 元对乙企业进行长期股权投资，持有 B 企业的股份为 60 000 股，并按权益法核算。同年 12 月 10 日，由于火灾，乙企业的大部分资产受损并难有恢复可能。其股票市价下跌为每股 1.5 元。甲企业的应提减值准备 30 000 元(120 000－1.5×60 000)。作会计分录如下：

借：资产减值损失——长期股权投资减值损失　　30 000

　贷：长期投资减值准备——乙企业　　30 000

2. 企业持有的对被投资单位不具有共同控制或重大影响、在活跃市场中没有报价、公允价值不能可靠计量的长期股权投资发生减值的处理

在活跃市场中没有报价且其公允价值不能可靠计量的长期股权投资，发生减值时，应当将该长期股权投资的账面价值，与按照类似金融资产当时市场收益率对未来现金流量折现确定的现值之间的差额，确认为减值损失，计入当期损益。

上述有关长期股权投资的减值准备在提取以后，均不允许转回。

二、长期股权投资的处置

处置长期股权投资时，其账面价值与实际取得价款的差额，应当计入当期损益(投资收益)。采用权益法核算的长期股权投资，因被投资单位除净损益以外所有者权益的其他变动而计入所有者权益的，处置该项投资时应当将原计入所有者权益的部分按相应比例转入当期损益(投资收益)。

部分处置某项长期股权投资时，应按该项投资的总平均成本确定其处置部分的成本，并按相应比例结转已计提的减值准备和资本公积项目。

处置长期股权投资时，应按实际收到的金额，借记“银行存款”等账户，按其账面余额，贷记“长期股权投资”账户，按尚未领取的现金股利和利润，贷记“应收股利”账户，按其差额，贷记或借记“投资收益”账户。已计提减值准备的，还应同时结转减值准备。

采用权益法核算长期股权投资的处置，除上述规定外，还应结转原计入资本公积的相关金额，借记或贷记“资本公积——其他资本公积”账户，贷记或借

记“投资收益”账户。

复习思考题

一、单项选择题

1. 在运用成本法核算长期股权投资时，“长期股权投资”账户的账面价值反映的是（　　）。

A. 投资的净收益　　B. 投资的全部权益

C. 投资的现行价值　　D. 投资的历史成本

2. 企业以实物资产和无形资产折价入股的，应以（　　）作为长期投资入账价值。

A. 市价　　B. 账面价值

C. 评估或合同协议确定的价值　　D. 清算价值

3. 某企业20×7年年初购入B公司40%有表决权股份，实际支付价款200万元。当年B公司经营获利100万元，发放股利20万元。20×7年年末企业的股票投资成本为（　　）万元。

A. 200　　B. 240　　C. 232　　D. 220

4. A公司2006年1月1日，以银行存款购入B公司10%的股份，并准备长期持有，采用成本法核算。B公司于2006年5月2日宣告分派2005年度的现金股利50 000元。2006年B公司实现净利润200 000元，2007年5月1日B公司宣告分派2006年度现金股利100 000元。A公司2007年确认应收股利时应确认的投资收益为（　　）元。

A. 15 000　　B. 10 000　　C. 20 000　　D. 0

5. A公司和B公司无关联方关系，2007年6月1日，B公司经审计的净资产公允价值为2亿元，A公司以评估的实物资产10 000万元（账面价值9 000万元）对B公司进行投资，同时以银行存款支付审计、法律等相关费用100万元，拥有B公司60%的股权。则A公司长期股权投资的入账价值是（　　）万元。

A. 10 100　　B. 9 100　　C. 10 800　　D. 10 900

6. 对于同一控制下的企业合并，合并方以发行权益性证券作为合并对价的，应当在合并日按照（　　）作为长期股权投资的初始投资成本。

A. 发行权益性证券的公允价值

B. 发行价格

C. 取得合并方所有者权益账面价值

D. 取得被合并方所有者权益账面价值的份额

7. 投资者投入的长期股权投资，应当按照（ ）作为初始投资成本，但合同或协议约定价值不公允的除外。

A. 对方投入的长期股权投资的账面价值

B. 投资合同或协议约定的价值

C. 对方投入的长期股权投资的账面余额

D. 双方确认的价值

8. 下列长期股权投资中，应该采用权益法核算的有（ ）。

A. 对被投资企业实施控制

B. 对被投资企业不具有重大影响

C. 对被投资企业具有共同控制或重大影响

D. 对被投资企业不具有共同控制

9. 2007 年 1 月 1 日，A 公司支付现金 2 000 万元购买 C 公司持有的 B 公司 80%的股权（A 和 B 属于同一集团内的子公司），购买股权时 B 公司的所有者权益账面价值为 4 000 万元。则 A 公司长期股权投资的入账价值是（ ）万元。

A. 2 000　　B. 3 200　　C. 1 600　　D. 4 000

10. A 企业 2005 年 1 月 1 日以银行存款购入 B 公司 10%的股份，按成本法核算。初始投资成本为 200 000 元。B 公司 2005 年 3 月 1 日宣告分派 2004 年度的现金股利 100 000 元。假设 B 公司 2005 年度实现净利润 300 000 元，2006 年 3 月 1 日，B 公司宣告分派 2005 年度的现金股利 350 000 元，则 2006 年 3 月 1 日，A 企业应确认的投资收益为（ ）元。

A. 20 000　　B. 25 000　　C. 30 000　　D. 35 000

二、多项选择题

1. 长期股权投资的记账方法包括（ ）。

A. 成本法　　B. 权益法

C. 市价法　　D. 成本与市场孰低法

2. 在权益法下，与“长期股权投资”账面价值有关的是（ ）。

A. 被投资企业的净收益　　B. 被投资企业的净亏损

C. 原始成本　　D. 股利收入

3. 长期投资的入账价值，依投资对象不同，可能有（ ）。

A. 实际支付的金额

B. 评估价值或合同、协议确认的价值

C. 实际支付的金额扣除应收利息后的差额

D. 实际支付的金额扣除已宣告的应收股利后的差额

4. 下列各项中，可能计入“投资收益”账户核算的有(　　)。

A. 期末长期股权投资账面价值大于可收回金额的差额

B. 处置长期股权投资时，结转的资本公积——股权投资准备

C. 长期股权投资采用权益法下被投资方宣告的现金股利

D. 长期股权投资采用成本法下被投资方宣告的现金股利

5. 按照《企业会计准则第2号——长期股权投资》的规定，当投资企业对被投资单位(　　)，并且在活跃市场中没有报价、公允价值不能可靠计量的，长期股权投资应采用成本法核算。

A. 不具有共同控制　　B. 不具有控制

C. 不具有重大影响　　D. 能够实施控制

6. 下列各项中，属于权益法下计算长期股权投资账面余额时应当考虑的明细账户有(　　)。

A. “长期股权投资——×××企业(成本)”

B. “长期投资减值准备——×××企业”

C. “长期股权投资——×××企业(损益调整)”

D. “长期股权投资——×××企业(其他权益变动)”

7. 对长期股权投资采用权益法核算时，以下事项发生后，投资企业需要进行账务处理的有(　　)。

A. 被投资单位提取法定盈余公积、法定公益金和任意盈余公积

B. 被投资单位因增资扩股增加的股本溢价

C. 被投资单位以资本公积转增股本

D. 被投资单位发放股票股利

8. 投资企业以现金购入的长期股权投资，下列各项中，应该计入初始投资成本的有(　　)。

A. 实际支付的购买价款

B. 与取得长期股权投资直接相关的税金

C. 与取得长期股权投资直接相关的费用

D. 其他必要支出

9. 在成本法下，长期股权投资取得后，下列情形中，投资企业的长期股权投资账面价值保持不变的有(　　)。

A. 被投资企业年末实现利润
B. 被投资企业所有者权益——其他发生增减变动
C. 被投资企业发放股票股利
D. 投资企业追加投资或收回投资

10. 下列项目中,在采用权益法核算的情况下,需要调整“长期股权投资”账户的有(　　)。

A. 被投资企业实现盈余或发生亏损
B. 被投资企业增资扩股而增加的资本溢价
C. 被投资企业外币资本折算所引起的所有者权益的变动
D. 被投资企业宣告发放现金股利

三、名词解释

1. 长期股权投资
2. 控股合并
3. 吸收合并
4. 新设合并
5. 控制
6. 共同控制
7. 重大影响
8. 长期投资减值准备
9. 成本法
10. 权益法

四、简答题

1. 同一控制下企业合并与非同一控制下企业合并形成的长期股权投资取得成本的确定有何区别?
2. 长期股权投资的成本法与权益法两者有什么特点?分别适用于什么情况?
3. 长期股权投资收益应如何确认?
4. 如何确定企业长期股权投资的入账价值?
5. 同一控制下企业合并取得的长期股权投资支付的价款中包括的已宣告发放但尚未领取的现金股利应如何处理?

五、计算与分析题

习题一　练习长期股权投资业务的会计处理

资料

某企业长期股权投资业务如下:

1. 20×5 年 2 月 5 日,购入甲公司发行的普通股股票 2 000 股,每股面额为 1 000 元，购入价格为 1 200 元，另付佣金、手续费 10 000 元。

2. 20×5 年年末，甲公司获得净利 500 000 元(共发行 10 000 股)。

3. 20×6 年 1 月 5 日，宣告并发放现金股利，每股 20 元。

4. 20×6 年末，甲公司发生亏损 200 000 元。

5. 20×7 年 5 月 2 日，出售甲公司股票，每股出售价为1 100元。

要求

根据上述资料，分别按成本法、权益法作出必要的会计分录。

习题二　练习长期股权投资业务的会计处理

A 股份有限公司 2006 年至 2007 年对 B 股份有限公司投资的有关资料如下：

(1) 2006 年 3 月 1 日，A 公司以银行存款 2 000 万元购入 B 公司 20%股份，另支付相关税费 10 万元。A 公司对 B 公司的财务和经营决策具有重大影响，并准备长期持有该股份。2006 年 3 月 1 日，B 公司的可辨认净资产的公允价值为 9 150 万元。

(2) 2006 年 5 月 1 日，B 公司宣告分派 2005 年度利润 100 万元。

(3) 2006 年 6 月 10 日，A 公司收到 B 公司分派的现金股利。

(4) 2006 年度，B 公司实现净利润 400 万元，2006 年年初，B 公司一台营销部门用的设备公允价值为 800 万元，账面价值为 600 万元，截至 2006 年年初，固定资产的预计使用年限为 10 年，净残值为零，按照直线法计提折旧。

(5) 2007 年 5 月 2 日，B 公司召开股东大会，审议董事会于 2007 年 4 月 1 日提出的 2006 年度利润分配方案。审议通过的利润分配方案为：按净利润的 10%提取法定盈余公积；按净利润的 5%提取法定公益金；不分配现金股利。该利润分配方案于当日对外公布。B 公司董事会原提交股东大会审议的利润分配方案为：按净利润的 10%提取法定盈余公积；按净利润的 5%提取法定公益金；分配现金股利 100 万元。

(6) 2007 年，B 公司发生净亏损 500 万元。

(7) 2007 年 12 月 31 日，由于 B 公司当年发生亏损，A 公司对 B 公司的预计可回收金额降至 1 790.8 万元。

要求

编制 A 公司对 B 公司长期股权投资的会计分录。

第六章　固定资产的核算

第一节　固定资产概述

一、固定资产的概念及确认条件

固定资产是指同时具有下列两个特征的有形资产：一是为生产商品、提供劳务、出租或经营管理而持有的；二是使用寿命超过一个会计期间。使用寿命是指企业使用固定资产的预计期间，或者该固定资产所能生产产品或提供劳务的数量。

固定资产同时满足下列条件的，才能予以确认：

(1) 与该固定资产有关的经济利益很可能流入企业。

(2) 该固定资产的成本能够可靠地计量。

固定资产确认条件的具体应用：

固定资产的各组成部分具有不同使用寿命或者以不同方式为企业提供经济利益，适用不同折旧率或折旧方法的，应当分别将各组成部分确认为单项固定资产。

备品备件和维修设备通常确认为存货，但某些备品备件和维修设备需要与相关固定资产组合发挥效用，如民用航空运输企业的高价周转件，应当确认为固定资产。

二、固定资产的分类

(一) 按固定资产的经济用途分类

按固定资产的经济用途分类，可分为生产经营用固定资产和非经营用固定资产。

(1) 生产经营用固定资产，是指直接服务于企业生产、经营过程的各种固定资产。

(2) 非生产经营用固定资产，是指不直接服务于生产、经营过程的各种固定资产。

(二) 按固定资产的使用情况分类

按固定资产的使用情况分类，可分为使用中的固定资产、未使用的固定资产和不需用的固定资产。

（1）使用中的固定资产指正在使用中的生产经营性和非生产经营性固定资产。由于季节性经营或大修理等原因暂时停止使用的固定资产，仍属于企业使用中的固定资产，企业以经营租赁方式租给其他单位使用的固定资产和内部替换使用的固定资产也属于使用中的固定资产。

（2）未使用的固定资产指已完工或已购建的尚未交付使用的新增固定资产以及因进行改建、扩建等原因暂停使用的固定资产。例如，企业购建的尚待安装的固定资产、经营任务变更停止使用的固定资产等。

（3）不需用的固定资产指本企业多余或不适用，需要调配处理的各种固定资产。

（三）综合分类

按固定资产的经济用途和使用情况综合分类，可将企业的固定资产划分为七大类：

（1）生产经营用固定资产指直接参加生产经营过程或服务于生产经营的各类固定资产。

（2）非生产经营用固定资产指即不直接服务于生产经营活动的各类固定资产。例如，用于职工住宅、公用事业、文化生活、卫生保健等方面的固定资产。

（3）出租固定资产指即企业在经营性租赁方式下租给别人使用的固定资产。

（4）未使用固定资产指尚未投入生产的新增固定资产以及因进行改建、扩建等原因停止使用、脱离生产经营活动的固定资产。但由于季节性、大修理等原因暂停使用的固定资产，应列为在用固定资产。

（5）不需用固定资产指不适用于本企业生产经营活动及其他方面需要，等待处理的固定资产。

（6）土地，在我国属于国有财产，根据国家有关法规，可以有限地出让或出售土地使用权，所有权不会改变。因此，土地是不能单独计价核算的，购买和取得土地使用权的支出在无形资产中核算。这里的土地指我国 1951 年清产核资和 1956 年私营工商业社会主义改造已经估价入账的土地价格。

（7）融资租入固定资产，即为了融通企业资金而向外租入的固定资产。融资租入固定资产是为了取得固定资产的所有权而租入，在会计核算中应视为企业自有固定资产。

三、固定资产核算的账户设置

为了反映固定资产的价值形成及其变化过程，企业对固定资产的核算应设置“固定资产”、“累计折旧”、“在建工程”和“工程物资”等账户。

(一)“固定资产”账户

这是资产类账户,核算固定资产原始价值的增减变化和结存情况。借方登记增加的固定资产原始价值,贷方登记减少的固定资产原始价值,期末借方余额反映企业现有的固定资产的原始价值。本账户应按固定资产的类别和项目进行明细分类核算。

(二)“累计折旧”账户

这是资产类账户,也是固定资产的备抵调整账户,核算固定资产的累计折旧。贷方登记折旧额的增加,借方登记折旧额的冲销数,期末贷方余额反映企业现有固定资产的累计折旧额。本账户可按固定资产的类别或项目进行明细分类核算。

(三)“在建工程”账户

这是资产类账户,核算小企业进行基建、更新改造等在建工程等发生的支出。借方登记企业进行自营工程达到预定可使用状态前发生的实际成本及采用出包方式支付的工程款等,贷方登记在建工程达到预定可使用状态后转作固定资产的实际工程成本,期末借方余额表示尚未完工的在建工程的实际成本。该账户应设置建筑工程、安装工程、在安装设备、待摊支出以及单项工程等进行明细分类核算。

(四)“工程物资”账户

这是资产类账户,核算为在建工程准备的各种物资的成本,包括为工程准备的材料、尚未安装的设备以及为生产准备的工器具等。借方登记企业购入为工程准备的物资、尚未安装设备的实际成本以及剩余退回、盘盈的工程物资实际成本;贷方登记工程领用工程物资、待安装设备及转作存货的工程物资的实际成本,以及盘亏、报废、毁损工程物资的实际成本,期末借方余额表示库存的工程物资及尚待安装设备的实际成本。该账户可按“专用材料”、“专用设备”、“工器具”等进行明细分类核算。

四、固定资产的初始计量

固定资产应当按照成本进行初始计量。固定资产的成本,是指企业购建某项固定资产达到预定可使用状态前所发生的一切合理、必要的支出。这些支出包括直接发生的价款、运杂费、包装费和安装成本等,也包括间接发生的,如应承担的借款利息、外币借款折算差额以及应分摊的其他间接费用。

对于特殊行业的特定固定资产,确定其初始入账成本时还应考虑弃置费用。

(一)外购固定资产

企业外购固定资产的成本,包括购买价款、相关税费、使固定资产达到预定可使用状态前所发生的可归属于该项资产的运输费、装卸费、安装费和专业人员服务费等。取得固定资产发生的增值税能否抵扣,应当关注我国自 2009 年 1 月 1 日起实行的增值税转型改革。增值税转型改革的核心是在计算应缴增值税时,允许纳税人抵扣购进固定资产的进项税额,以避免重复征税,减轻企业负担,实现增值税由生产型向消费型的转换。2008 年 11 月发布的修订后的增值税条例,删除了有关不得抵扣购进固定资产的进项税额的规定。增值税一般纳税人在 2009 年 1 月 1 日后取得固定资产发生的进项税额,可根据增值税专用发票、海关进口增值税专用缴款书和运输费用结算单据等增值税扣税凭证从销项税额中抵扣。可以抵扣进项税额的固定资产范围,是指使用期限超过 12 个月的机器、机械、运输工具以及其他与生产经营有关的设备、工具、器具等,但有特殊规定的除外。

必须注意的是,房屋、建筑物等不动产不能纳入增值税的抵扣范围。房屋、建筑物以及用于不动产的在建工程不得抵扣进项税额,无论其是否与生产经营有关。纳税人新建、改建、扩建、修缮、装饰不动产,均属于不动产在建工程,不能抵扣进项税额。外购固定资产分为购入不需要安装的固定资产和购入需要安装的固定资产两类。

(1) 购入不需要安装的固定资产,相关支出直接计入固定资产成本。

(2) 购入需要安装的固定资产,通过"在建工程"账户核算。

【例 6-1】 企业购入不需要安装的设备 1 台,取得增值税专用发票上注明的设备价款为 18 000 元,增值税进项税额为 3 060 元。运输费、包装费等计 5 000元,款项已通过银行支付,设备已验收入库。财会部门根据有关单证,作会计分录如下:

借:固定资产　　23 000
　　应交税费——应交增值税(进项税额)　　3 060
　贷:银行存款　　26 060

【例 6-2】 甲公司购入 1 台需要安装的机器设备,取得的增值税专用发票上注明的设备价款为 100 000 元,增值税进项税额为 17 000 元,支付的运输费为 5 000 元,款项已通过银行支付;安装设备时,领用本公司原材料一批,价值 20 000 元,购进该批原材料时支付的增值税进项税额为 3 400 元;支付安装工人的工资为6 000元。假定不考虑其他相关税费。甲公司的账务处理如下。

(1) 支付设备价款、增值税、运输费合计为 122 000 元:

借:在建工程　　105 000
　　应交税费——应交增值税(进项税额)　　17 000
　贷:银行存款　　122 000

(2) 领用本公司原材料、支付安装工人工资等费用合计为29 400元。

在建工程领用本企业原材料时，若用于按税法规定不可抵扣的不动产等项目，应按原材料的成本和增值税额，借记“在建工程”账户，同时贷记“原材料”、“应交税费——应交增值税（进项税额转出）”等账户；若用于按税法规定可以抵扣的与生产经营有关的机器设备等项目，应按原材料的成本借记“在建工程”账户，贷记“原材料”账户。在建工程领用本企业产成品或自制半成品，应当按照产成品或自制半成品的实际成本和增值税额，借记“在建工程”账户，同时贷记“库存商品”、“应交税费——应交增值税（销项税额）”等账户。

借：在建工程　　26 000
　贷：原材料　　20 000
　　应付职工薪酬　　6 000

(3) 设备安装完毕达到预定可使用状态：

借：固定资产　　131 000
　贷：在建工程　　131 000

（二）自行建造固定资产

自行建造的固定资产，按建造该项资产达到预定可使用状态前所发生的必要支出，作为入账价值。其中，“建造该项资产达到预定可使用状态前所发生的必要支出”包括工程用物资成本、人工成本、交纳的相关税费、应予资本化的借款费用以及应分摊的间接费用等。企业为在建工程准备的各种物资，应按实际支付的购买价款、增值税税额、运输费、保险费等相关税费，作为实际成本，并按各种专项物资的种类进行明细核算。应计入固定资产成本的借款费用，应当按照《企业会计准则第 17 号——借款费用》的有关规定处理。

企业自行建造固定资产包括自营建造和出包建造两种方式。

1. 自营方式建造固定资产

企业通过自营方式建造的固定资产，其入账价值应当按照该项资产达到预定可使用状态前所发生的必要支出确定。

企业为在建工程准备的各种物资，应按照实际支付的买价、不能抵扣的增值税额、运输费、保险费等相关税费，作为实际成本，并按照各种专项物资的种类进行明细核算。编制会计分录如下：

借：工程物资
　贷：银行存款

工程完工后剩余的工程物资，如转作本企业库存材料的，按其实际成本或计划成本转作企业的库存材料。存在可抵扣增值税进项税额的，应按减去增值税进项税额后的实际成本或计划成本，转作企业的库存材料。编制会计分录如下：

借：原材料等

　　应交税费——应交增值税（进项税额）

　贷：工程物资

盘盈、盘亏、报废、毁损的工程物资，减去保险公司、过失人赔偿部分后的差额，工程项目尚未完工的，计入或冲减所建工程项目的成本；工程已经完工的，计入当期营业外收支。

工程达到预定可使用状态前因进行负荷联合试车所发生的净支出，计入工程成本。企业的在建工程项目在达到预定可使用状态前所取得的负荷联合试车过程中形成的、能够对外销售的产品，其发生的成本，计入在建工程成本，销售或转为库存商品时，按其实际销售收入或预计售价冲减工程成本。

在建工程发生单项或单位工程报废或毁损，减去残料价值和过失人或保险公司等赔款后的净损失，工程项目尚未达到预定可使用状态的，计入继续施工的工程成本；工程项目已达到预定可使用状态的，属于筹建期间的，计入管理费用，不属于筹建期间的，计入营业外支出。例如，为非常原因造成的报废或毁损，或在建工程项目全部报废或毁损，应将其净损失直接计入当期营业外支出。

所建造的固定资产已达到预定可使用状态，但尚未办理竣工决算的，应当自达到预定可使用状态之日起，根据工程预算、造价或者工程实际成本等，按估计价值转入固定资产，并按有关计提固定资产折旧的规定，计提固定资产折旧。待办理了竣工决算手续后再作调整。

【例 6-3】 2007 年 1 月，丙股份有限公司准备自行建造一座厂房，为此发生以下业务：

（1）购入工程物资一批，价款为 500 000 元，支付的增值税进项税额为 85 000元，款项以银行存款支付。

（2）至 6 月，工程先后领用工程物资 545 000 元（含增值税进项税额）；剩余工程物资转为该公司的存货，其所含的增值税进项税额可以抵扣。

（3）领用生产用原材料一批，价值为 64 000 元，购进该批原材料时支付的增值税进项税额为 10 880 元。

（4）辅助生产车间为工程提供有关的劳务支出为 50 000 元。

（5）计提工程人员工资 95 800 元。

（6）6 月底，工程达到预定可使用状态，但尚未办理竣工决算手续，工程按暂估价值结转固定资产成本。

(7) 7月中旬，该项工程决算实际成本为800 000元，经查其与暂估成本的差额为应付职工工资。

(8) 假定不考虑其他相关税费。

丙公司的账务处理如下。

(1) 购入为工程准备的物资：

借：工程物资　　585 000
　贷：银行存款　　585 000

(2) 工程领用物资：

借：在建工程——厂房　　545 000
　贷：工程物资　　545 000

(3) 工程领用原材料：

借：在建工程——厂房　　74 880
　贷：原材料　　64 000
　　　应交税费——应交增值税(进项税额转出)　　10 880

(4) 辅助生产车间为工程提供劳务支出：

借：在建工程——厂房　　50 000
　贷：生产成本——辅助生产成本　　50 000

(5) 计提工程人员工资：

借：在建工程——厂房　　95 800
　贷：应付职工薪酬　　95 800

(6) 6月底，工程达到预定可使用状态，尚未办理结算手续，固定资产按暂估价值入账：

借：固定资产——厂房　　765 680
　贷：在建工程——厂房　　765 680

(7) 剩余工程物资转作存货：

借：原材料　　34 188.03
　　应交税费——应交增值税(进项税额)　　5 811.97
　贷：工程物资　　40 000.00

(8) 7月中旬，按竣工决算实际成本调整固定资产成本：

借：固定资产——厂房　　34 320
　贷：应付职工薪酬　　34 320

2. 出包方式建造固定资产

采用出包工程方式的企业，按照应支付的工程价款等计量。设备安装工程，按照所安装设备的价款、工程安装费用、工程试运转等所发生的支出等确定工程成本。

(1) 企业按规定预付承包单位的工程价款时：

借：在建工程——××工程
　贷：银行存款

(2) 工程完工收到承包单位的账单，补付或补记工程价款时：

借：在建工程——××工程
　贷：银行存款

(3) 工程完工达到可使用状态时：

借：固定资产
　贷：在建工程——××工程

【例6-4】 某企业自行建造仓库一幢，出包给某建筑公司承建，按规定先预付工程造价80 000元，待工程竣工交付使用时，再补上工程余款140 000元。

(1) 预付工程付款80 000元。作会计分录如下：

借：在建工程——出包工程　　80 000
　贷：银行存款　　80 000

(2) 工程完工，根据承包单位结算账单，再补付工程余款140 000元。作会计分录如下：

借：在建工程——出包工程　　140 000
　贷：银行存款　　140 000

(3) 工程竣工交付使用，按实际发生的全部工程支出转账。作会计分录如下：

借：固定资产——经营用固定资产　　220 000
　贷：在建工程——出包工程　　220 000

(三) 投资者投入的固定资产

投资者投入的固定资产，按照投资合同或协议约定的价值确定，但合同或协议约定价值不公允的除外。

【例 6-5】 某企业接受甲公司投资转入汽车 1 辆,该汽车在甲公司账面原价为 80 000 元,累计折旧 20 000 元,双方同意按原固定资产的净值确认为投资额,现已交付使用。作会计分录如下:

借:固定资产　　60 000

　贷:实收资本　　60 000

(四) 融资租入固定资产

融资租赁,是指实质上转移了与资产所有权有关的全部风险和报酬的租赁。其所有权最终可能转移,也可能不转移。企业与出租人签订的租赁合同应否认定为融资租赁合同,不在于租赁合同的形式,而应视出租人是否将租赁资产的风险和报酬转移给了承租人而定。如果实质上转移了与资产所有权有关的全部风险和报酬,则该项租赁应认定为融资租赁;如果实质上并没有转移与资产所有权有关的全部风险和报酬,则该项租赁应认定为经营租赁。

在租赁业务中,租赁资产风险和报酬的转移与所有权的转移并不一定是同时发生的,租赁期届满后,如果承租人购买了租赁资产,则租赁资产的所有权转移给承租人;否则,租赁资产所有权一般不转移给承租人。在判断租赁类型时,不应以租赁资产所有权是否转移给承租人为标准。

企业采用融资租赁方式租入的固定资产,虽然在法律形式上资产的所有权在租赁期间仍然属于出租人,但由于资产的租赁期基本上包括了资产的有效使用年限,承租企业实质上获得了租赁资产所能提供的主要经济利益,同时承担了与资产所有权有关的风险。因此,承租企业应将融资租入资产作为一项固定资产入账,同时确认相应的负债,并采用与自有应折旧资产相一致的折旧政策计提折旧。

1. 租赁期开始日的会计处理

在租赁期开始日,承租人通常应当将租赁开始日租赁资产公允价值与最低租赁付款额现值两者中较低者作为租入资产的入账价值,将最低租赁付款额作为长期应付款的入账价值,其差额作为未确认融资费用。

会计分录如下:

借:固定资产(或在建工程)

　(租赁资产公允价值与最低租赁付款额现值两者中较低者)

　未确认融资费用

　贷:长期应付款(最低租赁付款额)

采用实际利率法分摊未确认融资费用时,分摊率的确定具体分为下列几种情况：

（1）以出租人租赁内含利率作为折现率将最低租赁付款额折现，且以该现值作为租赁资产入账价值的，应当将租赁内含利率作为未确认融资费用的分摊率。

（2）以合同规定利率作为折现率将最低租赁付款额折现，且以该现值作为租赁资产入账价值的，应当将合同规定利率作为未确认融资费用的分摊率。

（3）以银行同期贷款利率作为折现率将最低租赁付款额折现，且以该现值作为租赁资产入账价值的，应当将银行同期贷款利率作为未确认融资费用的分摊率。

（4）以租赁资产公允价值作为入账价值的，应当重新计算分摊率，该分摊率是使最低租赁付款额的现值等于租赁资产公允价值的折现率。

2. 初始直接费用的会计处理

承租人在租赁谈判和签订租赁合同过程中发生的，可归属于租赁项目的手续费、律师费、差旅费、印花税等初始直接费用，应当计入租入资产价值。会计分录如下：

借：固定资产（或在建工程）
　贷：银行存款

3. 未确认融资费用的分摊

未确认融资费用应当在租赁期内各个期间进行分摊。承租人应当采用实际利率法计算确认当期的融资费用。

会计分录如下：

借：财务费用
　贷：未确认融资费用

4. 租赁资产折旧的计提

会计分录如下：

借：制造费用等
　贷：累计折旧

5. 租赁期满归还

会计分录如下：

借：长期应付款
　　累计折旧
　贷：固定资产

【例 6-6】 2006 年 12 月 1 日，甲公司与乙租赁公司签订一份矿泉水生产线融资租赁合同。租赁合同规定：租赁期开始日为 2007 年 1 月 1 日；租赁期为 3 年，每年年末支付租金 2 000 000 元；租赁期届满，矿泉水生产线的估计残余价值为 400 000 元，其中甲公司担保余值为 300 000 元，未担保余值为100 000 元。

该矿泉水生产线于 2006 年 12 月 31 日运抵甲公司，当日投入使用；甲公司采用年限平均法计提固定折旧，于每年年末一次确认融资费用并计提折旧。假定该矿泉水生产线为全新生产线，租赁开始日的公允价值为 6 000 000 元；租赁内含利率为 6%。2009 年 12 月 31 日，甲公司将该矿泉水生产线归还给乙租赁公司。

甲公司的账务处理如下。

(1) 2006 年 12 月 31 日，租入固定资产：

最低租赁付款额＝2 000 000×3＋300 000＝6 300 000(元)

最低租赁付款额现值＝2 000 000×2.6730＋300 000×0.8396
＝5 597 880(元)

融资租入固定资产入账价值＝5 597 880(元)

未确认融资费用＝6 300 000－5 597 880＝702 120(元)

借：固定资产——融资租入固定资产　　5 597 880
　　未确认融资费用　　702 120
　贷：长期应付款　　6 300 000

(2) 2007 年 12 月 31 日，支付租金、分摊融资费用并计提折旧。

未确认融资费用的分摊结果见表 6-1。

表 6-1

未确认融资费用分摊表

单位：元

日　期	租　金	确认的融资费用	应付本金减少额	应付本金余额
	(1)	(2)＝期初(4)×6%	(3)＝(1)－(2)	(4)＝期初(4)－(3)
2007 年年初				5 597 880
2007 年年末	2 000 000	335 872.80	1 664 127.20	3 933 752.80
2008 年年末	2 000 000	236 025.17	1 763 974.83	2 169 777.97
2009 年年末	2 000 000	130 222.03 *	1 869 777.97	300 000
合　计	6 000 000	702 120	5 297 880	

* 尾数调整。

应计提折旧＝(5 597 880－300 000)÷3＝1 765 960(元)

借：长期应付款　　2 000 000
　贷：银行存款　　2 000 000

借：财务费用　　335 872.8
　贷：未确认融资费用　　335 872.8
借：制造费用　　1 765 960
　贷：累计折旧　　1 765 960

2008 年及 2009 年支付租金、分摊融资费用并计提折旧的账务处理，比照 2007 年相关账务处理。

(3) 2009 年 12 月 31 日，归还矿泉水生产线。

借：长期应付款　　300 000
　　累计折旧　　5 297 880
　贷：固定资产——融资租入固定资产　　5 597 880

如果一项租赁在实质上没有转移与租赁资产所有权有关的全部风险和报酬，那么该项租赁应认定为经营租赁。在经营租赁方式下，由于与租赁资产所有权有关的全部风险和报酬在实质上没有转移给承租企业，因此，承租企业不需承担租赁资产的主要风险，其会计处理比较简单，不需将所取得的租入资产的使用权资本化，相应地，也不必将所承担的付款义务确认为负债。

(五) 接受捐赠的固定资产

接受捐赠的固定资产应按发票账单所列金额加上企业负担的运杂费及交纳的税金等作为实际成本。无发票账单时，按有关协议确定价值或同类物资市价加上支付的相关税费作为实际成本。企业接受捐赠的固定资产时，按确定的入账价值，借记"固定资产"账户；贷记"营业外收入"等账户、贷记"银行存款"账户(支付相关税费)。

(六) 其他方式取得的固定资产

企业合并、非货币性资产交换、债务重组取得的固定资产、其成本应当分别按照《企业会计准则第 20 号——企业合并》、《企业会计准则第 7 号——非货币性资产交换》和《企业会计准则第 12 号——债务重组》确定。

第二节　固定资产折旧的核算

一、固定资产折旧概述

(一) 固定资产折旧的定义

固定资产的特点是可以连续多次参加生产经营活动，并始终基本上保持其原来的实物形态，而其价值则会随着固定资产的损耗而逐渐减少。固定资产在使用过程中由于逐渐损耗而转移的价值称为折旧。引起固定资产折旧的原因可归结为两个方面：一是固定资产的有形损耗；二是固定资产的无形损耗。有形损耗是指固定资产由于使用和自然力的影响而引起的使用价值和价值的损失；无形损耗是指固定资产由于科学技术进步而引起的在价值上的损失。根据配比原则，对固定资产损耗应在固定资产的预计有效使用期内，以计提折旧的方式计入成本费用，从各期营业收入中逐步得到补偿。可见，折旧核算的目的就是将固定资产成本在其预计使用年限内系统、合理地进行分配，实现当期收入与其相关费用的合理配比。

企业的固定资产是为生产经营活动服务的，所以固定资产折旧费就成为产品成本和费用的一个组成部分。计提固定资产折旧的过程，实质上就是固定资产价值转移的过程。

（二）影响固定资产折旧的因素

(1) 固定资产原价，指固定资产的成本。

(2) 预计净残值，指假定固定资产的预计使用寿命已满并处于使用寿命终了时的预期状态，企业目前从该项资产的处理中获得的扣除预计处置费用后的金额。

(3) 固定资产减值准备，指固定资产已计提的固定资产减值准备的累计金额。

(4) 固定资产的使用寿命，指企业使用固定资产的预计期间，或者该固定资产所能生产产品或提供劳务是数量。企业确定固定资产使用寿命应考虑如下因素：

① 预计生产能力或实物产量。

② 预计有形损耗或无形损耗。

③ 法律或者类似规定对资产使用的限制。

二、固定资产折旧的范围

企业应对所有固定资产计提折旧，但是，已提足折旧仍继续使用的固定资产和按照规定单独估计作为固定资产入账的土地除外。在确定计提折旧的范围时，应注意以下几点：

(1) 达到可使用状态的固定资产就需要计提折旧，方法是当月增加的固定资产，当月不提折旧，从下月起计提折旧；当月减少的固定资产，当月照提折旧，从下月起不提折旧。

(2) 固定资产提足折旧后，不管能否继续使用，均不再计提折旧；提前报废的固定资产，也不再补提折旧。

(3) 已经计提减值准备的固定资产，应当按照该固定资产的账面价值以及尚可使用寿命重新计算确定折旧率和折旧额。

(4) 转入在建工程而停止使用的更新改造固定资产停止计提折旧，更新改造完成后按重新确定的折旧方法和该项固定资产尚可使用年限计提折旧；

大修理期间继续计提折旧。

(5) 已达到预定可使用状态的固定资产按照估计价值确认为固定资产并计提折旧，待办理了竣工决算手续后，再按实际成本调整原来的暂估价值，但不需要调整原已计提的折旧额。

三、固定资产折旧的计算方法

固定资产折旧方法一般采用平均年限法或工作量法计算。但电子生产企业、船舶企业、化工生产企业和医药生产企业以及其他经财政部门批准的特殊行业的企业，其机器设备可以采用加速折旧法，即双倍余额递减法或年数总和法。现分别介绍如下。

(一) 平均年限法

这种方法也称直线法，即以固定资产预计使用年限平均计算折旧的方法。其计算公式如下：

$$\text{固定资产年折旧额}=\left(\text{固定资产原值}-\text{预计残值}+\text{预计清理费}\right)\div\text{固定资产预计使用年限}$$

$$\text{固定资产月折旧额}=\text{固定资产年折旧额}\div 12$$

在实际工作中，每月计提折旧额通常是根据固定资产原值乘以月折旧率来计算的。固定资产折旧率，是指一定时期内固定资产的折旧额对固定资产原值的比率。其计算公式如下：

$$\text{固定资产年折旧率}=\text{固定资产年折旧额}\div\text{固定资产原值}\times 100\%$$

或

$$\text{固定资产年折旧率}=(1-\text{预计净残值率})\div\text{固定资产使用年限}\times 100\%$$

【例 6-7】 某企业有房屋 1 幢，原值 400 000 元，预计使用年限 20 年，使用期满后，预计残值 20 000 元，预计清理费 4 000 元，其折旧额计算如下：

$$\text{年折旧额}=(400\,000-20\,000+4\,000)\div 20=19\,200(\text{元})$$

$$\text{月折旧额}=19\,200\div 2=1\,600(\text{元})$$

或

$$\text{预计净残值率}=\frac{20\,000-4\,000}{400\,000}\times 100\%=4\%$$

$$\text{年折旧率}=\frac{1-4\%}{20}\times 100\%=4.8\%$$

$$\text{月折旧率}=\frac{4.8\%}{12}=0.4\%$$

$$\text{年折旧额}=400\,000\times 4.8\%=19\,200(\text{元})$$

$$\text{月折旧额}=400\,000\times 0.4\%=1\,600(\text{元})$$

（二）工作量法

这是根据固定资产工作量计算折旧的一种方法。其计算公式如下：

$$\text{某项固定资产单位工作量折旧额}=\text{固定资产原值}\times\left(1-\text{预计净残值率}\right)\div\text{预计使用年限内完成工作量总额}$$

$$\text{月折旧额}=\text{单位工作量折旧额}\times\text{本月份实际完成工作量}$$

不同固定资产，其工作量的计算方法可能不同。因此，工作量折旧法又可进一步分为：

(1) 行驶里程折旧法。根据单位里程折旧额和实际行驶里程计算提取折旧。其计算公式如下：

$$\text{单位里程折旧额}=\text{固定资产原值}\times\left(1-\text{预计净残值率}\right)\div\text{规定的总行驶里程}$$

$$\text{月折旧额}=\text{单位里程折旧额}\times\text{月实际行驶里程}$$

(2) 工作时间折旧法。根据每小时折旧额和实际工作小时计算提取折旧。其计算公式如下：

$$\text{每工作小时折旧额}=\text{固定资产原值}\times\left(1-\text{预计净残值率}\right)\div\text{规定的工作时间总小时数}$$

$$\text{月折旧额}=\text{每工作小时折旧额}\times\text{月实际工作小时}$$

(3) 工作台班折旧法。根据每台班折旧额和实际工作台班计算提取折旧。其计算公式如下：

$$\text{每台班折旧额}=\text{固定资产原值}\times\left(1-\text{预计净残值率}\right)\div\text{规定的工作台班总数}$$

$$\text{月折旧额}=\text{每台班折旧额}\times\text{月实际工作台班}$$

（三）加速折旧法

加速折旧法是指在提取固定资产折旧总额不变的前提下，固定资产投入使用的最初几年多提折旧，随着时间的增加，在后几年逐渐少提折旧的一种计算折旧的方法。

加速折旧法早在第二次世界大战期间就出现在美国，之后，推广到西方各个国家的企业中。

1. 采用加速折旧法的理由

(1) 固定资产使用初期效率高，效能大，效果好。按照收入与费用配比的原则，早期应多提些折旧费。

(2) 随着使用时间的增加，固定资产性能效率降低，修理费用增长，后期应该少提些折旧费。

(3) 随着科学技术的进步，固定资产更新周期缩短。为了减少风险，在使用的早期多提些折旧费，以尽早收回投资，可尽量减少固定资产的无形损耗带给企业的损失。

(4) 采用加速折旧法，实际上推迟了企业向政府纳税的时间，等于政府无息给企业贷款。

2. 加速折旧法的种类

加速折旧法，主要有年数总和法和双倍余额递减法两种。

(1) 年数总和法。它是将固定资产原值减去残值后的净额乘以一个逐年递减的折旧率来计算固定资产折旧额的一种方法。

年数总和法的折旧率是一个分数，分子代表固定资产尚可使用的年数，分母则表示使用年限各年年数之和。如使用年限为 5 年，则年数总和为 15(1＋2＋3＋4＋5)。分子为尚可使用的年数，第一年为 5，第二年为 4，第三年为 3…… 年数总和法的计算公式如下：

各年的年折旧率＝固定资产尚可使用年数÷固定资产使用年数之和

各年折旧额＝(固定资产原值一预计净残值)×各年折旧率

【例 6-8】 企业某项固定资产的价值为 200 000 元，预计使用年限为 5 年，预计净残值为 6 000 元。则：

第一年应提折旧额＝(200 000－6 000)×5÷15＝64 666.67(元)
第二年应提折旧额＝(200 000－6 000)×4÷15＝51 733.33(元)
第三年应提折旧额＝(200 000－6 000)×3÷15＝38 800(元)
第四年应提折旧额＝(200 000－6 000)×2÷15＝25 866.67(元)
第五年应提折旧额＝(200 000－6 000)×1÷15＝12 933.33(元)

5 年后固定资产折余价值为 6 000 元。

(2) 双倍余额递减法。它是按直线法(不考虑残值)用两倍的折旧率去乘以固定资产每年期初账面净值，计算固定资产折旧额的一种方法。其计算公式如下：

年折旧率＝2÷折旧年限×100％
月折旧率＝年折旧率÷12
月折旧额＝固定资产账面净值×月折旧率

需要注意的是，在固定资产折旧年限到期之前 2 年内，将固定资产净值扣除预计净残值后的余额，用直线法平均摊销，以避免固定资产账面余额降低到其预计残值以下。

【例 6-9】 仍用[例 6-8]资料。则：

$$年折旧率=2\div5\times100\%=40\%$$

各年折旧额，见表 6-2。

在表 6-2 中，第四、第五年折旧额计算结果如下：

$$(43\ 200-6\ 000)\div2=18\ 600(元)$$

表 6-2

折旧计算表（双倍余额递减法）

年次	折旧余额	年折旧率(%)	年折旧额(元)
1	200 000	40	80 000
2	120 000	40	48 000
3	72 000	40	28 800
4	43 200		18 600
5	24 600		18 600
净残值	6 000		194 000

四、固定资产折旧的会计处理

企业应按国家规定，按月计提固定资产折旧。固定资产应提折旧额应以月初应计折旧的固定资产账面原值为计算基础。月份内增加的应计折旧的固定资产，当月不提折旧，从下月开始计提折旧；月份内减少的应计折旧的固定资产，当月照提折旧，从下月开始不提折旧。

在实际工作中，为了简化核算手续，可通过编制“固定资产折旧计算表”进行计算。其格式，见表 6-3。

表 6-3

固定资产折旧计算表

19××年×月　　单位：元

使用部门	上月计提折旧额	上月增加固定资产应计折旧额	上月减少固定资产应计折旧额	本月应提折旧额
基本生产车间：				
——房屋建筑物	4 000			4 000
——机器设备	9 000	1 000		10 000
企业管理部门：				
——房屋建筑物	5 000			5 000
——机器设备	3 000		500	2 500
合计	21 000	1 000	500	21 500

企业按月计提固定资产折旧，借记“制造费用”、“管理费用”等账户，贷记“累计折旧”账户。

根据表 6-3，应作会计分录如下：

借：制造费用	14 000	
管理费用	7 500	
贷：累计折旧		21 500

五、固定资产预计使用寿命、预计净残值和折旧方法的复核

企业至少应当于每年年度终了，对固定资产的使用寿命、预计净残值和折旧方法进行复核。

使用寿命预计数与原先估计数有差异的，应当调整固定资产使用寿命。

预计净残值预计数与原先估计数有差异的，应当调整预计净残值。

与固定资产有关的经济利益预期实现方式有重大改变的，应当改变固定资产折旧方法。

固定资产使用寿命、预计净残值和折旧方法的改变应当作为会计估计变更。

第三节　固定资产的后续支出

固定资产后续支出，是指固定资产在使用过程中发生的更新改造支出、修理费用等。

一、资本化的后续支出

与固定资产有关的更新改造等后续支出，符合固定资产确认条件的，应当计入固定资产成本，同时将被替换部分的账面价值扣除。

【例 6-10】 甲公司有关固定资产更新改造的资料如下：

(1) 20×4 年 12 月 30 日，该公司自行建成了一条生产线，建造成本为 1 136 000元；采用年限平均法计提折旧；预计净残值率为 3%，预计使用寿命为 6 年。

(2) 20×7 年 1 月 1 日，由于生产的产品适销对路，现有生产线的生产能力已难以满足公司生产发展的需要，但若新建生产线则建设周期过长。甲公司决定对现有生产线进行改扩建，以提高其生产能力。假定该生产线未发生减值。

(3) 20×7 年 1 月 1 日至 3 月 31 日，经过 3 个月的改扩建，完成了对这条印刷生产线的改扩建工程，共发生支出 537 800 元，全部以银行存款支付。

(4) 该生产线改扩建工程达到预定可使用状态后，大大提高了生产能力，预计将其使用寿命延长 4 年，即为 10 年。假定改扩建后的生产线的预计净残值率为改扩建后固定资产账面价值的 3%；折旧方法仍为年限平均法。

(5) 为简化计算过程，整个过程不考虑其他相关税费；公司按年度计提固定资产折旧。本例中，生产线改扩建后，生产能力将大大提高，能够为企业带来更多的经济利益，改扩建的支出金额也能可靠计量，因此该后续支出符合固定资产的确认条件，应计入固定资产的成本。有关的账务处理如下：

(1) 20×5 年 1 月 1 日至 20×6 年 12 月 31 日两年间，即，固定资产后续支出发生前：

该条生产线的应计折旧额＝1 136 000×(1－3%)＝1 101 920(元)

年折旧额＝1 101 920÷6＝183 653.33(元)

这两年计提固定资产折旧的账务处理如下：

借：制造费用	183 653.33	
贷：累计折旧		183 653.33

(2) 20×7 年 1 月 1 日，固定资产的账面价值为 768 693.34 元[136 000－(183 653.33×2)]。

固定资产转入改扩建：

借：在建工程	768 693.34	
累计折旧	367 306.66	
贷：固定资产		1 136 000.00

(3) 20×7 年 1 月 1 日至 3 月 31 日，发生改扩建工程支出：

借：在建工程	537 800	
贷：银行存款等		537 800

(4) 20×7 年 3 月 31 日，生产线改扩建工程达到预定可使用状态，固定资产的入账价值为 1 306 493.34 元(768 693.34＋537 800)。

借：固定资产	1 306 493.34	
贷：在建工程		1 306 493.34.00

(5) 20×7 年 3 月 31 日，转为固定资产后，按重新确定的使用寿命、预计净残值和折旧方法计提折旧：

应计折旧额＝1 306 493.34×(1－3%)＝1 267 298.54(元)

月折旧额＝1 267 298.54÷(7×12＋9)＝13 626.87(元)

年折旧额＝13 626.87×12＝163 522.39(元)

20×7 年应计提的折旧额＝13 626.87×9＝122 641.79(元)

会计分录如下：

借：制造费用　　122 641.79
　贷：累计折旧　　122 641.79

二、费用化的后续支出

与固定资产有关的修理费用等后续支出，不符合固定资产确认条件的，应当根据不同情况分别在发生时计入当期管理费用或销售费用等。

【例 6-11】 20×7 年 1 月 3 日，甲公司对现有的一台生产用机器设备进行日常维护，维护过程中领用本企业原材料一批，价值为 94 000 元，应支付维护人员的工资为 28 000 元；不考虑其他相关税费。

本例中，对机器设备的维护，仅仅是为了维护固定资产的正常使用而发生的，不产生未来的经济利益，因此应在其发生时确认为费用。甲公司的账务处理如下：

借：管理费用　　122 000
　贷：原材料　　94 000
　　应付职工薪酬　　28 000

第四节 固定资产的处置

固定资产处置，包括固定资产的出售、转让、报废和毁损、对外投资、非货币性资产交换、债务重组等。固定资产处置一般通过“固定资产清理”账户核算。该账户核算企业因出售、报废和毁损等原因转入清理的固定资产净值以及在清理过程中所发生的清理费用和清理收入。其借方登记被清理固定资产净值及其在清理过程中所发生的清理费用；贷方登记出售固定资产的价款、残料价值和变价收入及应赔偿的款项等。固定资产清理结束后，如果“固定资产清理”账户出现贷方余额，表示固定资产清理净收益，转入“营业外收入”账户；如果出现借方余额，表示固定资产清理净损失。在操作时，应区别以下情况进行处理：属于自然灾害等非正常原因造成的损失，转入“营业外支出——非常损失”账户；属于正常的处理损失，转入“营业外支出——处理固定资产损失”账户。

“固定资产清理”账户，应按被清理的固定资产项目设置明细账。

一、固定资产终止确认的条件

固定资产满足下列条件之一的，应当予以终止确认：

(1) 该固定资产处于处置状态。

(2) 该固定资产预期通过使用或处置不能产生经济利益。

二、固定资产处置的会计处理

企业出售、转让、报废固定资产或发生固定资产毁损，应当将处置收入扣除账面价值和相关税费后的金额计入当期损益。固定资产的账面价值是固定资产成本扣减累计折旧和累计减值准备后的金额。

1. 固定资产出售的核算

企业出售固定资产，应将出售固定资产的账面原值、累计折旧予以注销，转入清理，并通过“固定资产清理”账户核算清理损益。

【例 6-12】 企业将 1 辆不需用的吊车出售，该吊车的原值为 200 000 元，已提折旧 50 000 元，实际出售价格 170 000 元，价款已收存银行。

(1) 将出售的固定资产注销，转入清理。作会计分录如下：

借：固定资产清理	150 000	
累计折旧	50 000	
贷：固定资产		200 000

(2) 收到出售固定资产价款。作会计分录如下：

借：银行存款	170 000	
贷：固定资产清理		170 000

(3) 计算并结转清理的净收益。作会计分录如下：

借：固定资产清理	20 000	
贷：营业外收入		20 000

2. 固定资产报废的核算

固定资产在正常使用过程中，因磨损而自然老化，丧失生产能力，不能继续使用，或因遭自然灾害、非常事故等原因而毁损，应按规定程序报废，经批准后进行清理。

固定资产报废清理业务的核算，要反映该项报废固定资产的原值、累计折旧的注销，反映清理过程中发生的清理费用和残值变价收入及应由保险公司的过失人赔偿的损失，并确定清理损益。

【例 6-13】 某企业仓库 1 幢年久失修，属于危房，经批准提前报废，其原价 300 000 元，已提折旧 250 000 元。报废时的残料变价收入为 19 000 元，已收存银行。发生的清理费用 3 000 元，以银行存款支付。

(1) 将报废固定资产转入清理。作会计分录如下：

借：固定资产清理	50 000	
累计折旧	250 000	
贷：固定资产		300 000

(2) 收回残料变价收入。作会计分录如下：

借：银行存款　　19 000
　贷：固定资产清理　　19 000

(3) 支付清理费用。作会计分录如下：

借：固定资产清理　　3 000
　贷：银行存款　　3 000

(4) 结转报废固定资产发生的净损失。作会计分录如下：

借：营业外支出——处理固定资产损失　　34 000
　贷：固定资产清理　　34 000

3. 固定资产投资转出的核算

企业对于不需用的固定资产，可以将其作为长期投资向其他单位投资。投资转出的固定资产，应按其账面价值加上应支付的相关税费，借记"长期股权投资——投资成本"账户；按已提折旧，借记"累计折旧"账户；按固定资产原价，贷记"固定资产"账户；按应支付的相关税费，贷记"银行存款"、"应交税费"等账户。

【例 6-14】 某企业将 1 台设备投资于 A 公司，设备原价 22 万元，已提折旧 5 万元。作会计分录如下：

借：长期股权投资——投资成本　　170 000
　　累计折旧　　50 000
　贷：固定资产　　220 000

第五节　固定资产清查的核算

为了加强固定资产管理，保证账实相符，保护固定资产的安全完整，企业应定期对固定资产进行清查盘点。通过清查盘点，可以了解企业各项固定资产的保管利用情况和余缺数量，从而采取措施，堵塞漏洞，提高固定资产的使用效率。企业固定资产的清查盘点，每年至少进行一次，盘点前，财会部门要会同有关各方面认真核对各种固定资产账目，做到账账相符。通过实际盘点，不仅要查明固定资产的实存数量与账面结存是否相符，同时还应十分注意每项固定资产的使用和保管情况。对于清查中发现盘盈、盘亏和毁损的固定资产要及时查明原因，并编制"固定资产盘盈、盘亏、损毁报告单"，按规定报请有关部门审批处理。

一、固定资产盘盈的核算

企业在财产清查中盘盈的固定资产，在报经批准处理前，应先通过“待处理财产损溢——待处理固定资产损溢”账户核算。按盘盈固定资产的估计价值，借记“固定资产”账户；贷记“待处理财产损溢——待处理固定资产损溢”账户；待批准处理后，再转入“营业外收入”账户。

【例 6-15】 某企业在固定资产清查中，发现没有入账的设备 1 台，其估计价值为 18 000 元。经批准，该盘盈固定资产作为营业外收入处理。

(1) 盘盈固定资产时，作会计分录如下：

借：固定资产　　18 000
　贷：待处理财产损溢——待处理固定资产损溢　　18 000

(2) 经批准转作营业外收入时，作会计分录如下：

借：待处理财产损溢——待处理固定资产损溢　　18 000
　贷：营业外收入　　18 000

二、固定资产盘亏的核算

对于盘亏的固定资产，在未批准前，应将其净值转入“待处理财产损溢——待处理固定资产损溢”账户，经批准转销后，应转入“营业外支出”账户，或向有关责任人收回赔偿。

【例 6-16】 企业在财产清查中发现盘亏设备 1 台，其账面原价为 30 000 元，已提折旧为 20 000 元。经批准，该盘亏固定资产作营业外支出处理。

(1) 盘亏固定资产时，作会计分录如下：

借：待处理财产损溢——待处理固定资产损溢　　10 000
　　累计折旧　　20 000
　贷：固定资产　　30 000

(2) 经批准转销时，作会计分录如下：

借：营业外支出　　10 000
　贷：待处理财产损溢——待处理固定资产损溢　　10 000

三、固定资产的期末计价

企业的固定资产应当在期末时按照账面价值与可收回金额孰低计价，对可收回金额低于账面价值的差额应当计提固定资产减值准备，并通过“资产减值损失”、“固定资产减值准备”账户核算。

当某项固定资产不再具有使用价值和转让价值时，应当按照该项固定资产的账面价值全额计提固定资产减值准备，已全额计提减值准备的固定资产，不再计提折旧。

复习思考题

一、单项选择题

1. 某企业购入一台需要安装的设备，取得的增值税专用发票上注明的设备买价为 50 000 元，增值税额为 8 500 元，支付的运输费为 1 500 元，设备安装时领用工程用材料价值 1 000 元(不含税)，购进该批工程用材料的增值税为 170 元，设备安装时支付有关人员工资 2 000 元。该固定资产的成本为(　　)元。

A. 63 170　　B. 60 000　　C. 63 000　　D. 61 170

2. 企业建造办公大楼领用生产用原材料时，相关的增值税应借记的账户是(　　)。

A. "管理费用"　　B. "生产成本"

C. "在建工程"　　D. "其他业务成本"

3. 企业在收到其他单位投资转入的全新的固定资产时，应作(　　)处理。

A. 借记"固定资产"账户，贷记"资本公积"账户

B. 借记"固定资产"账户，贷记"长期投资"账户

C. 借记"固定资产"账户，贷记"长期应付款"账户

D. 借记"固定资产"账户，贷记"实收资本"账户

4. 固定资产账户的备抵账户是(　　)。

A. 固定资产卡片　　B. 固定资产分类账

C. "累计折旧"账户　　D. "固定资产净值"账户

5. 某企业对一条生产线进行改建。原价为 100 万元，已提折旧为 40 万元。改建过程中发生支出 30 万元，被替换部分的账面价值为 10 万元。该生产线改建后的成本为(　　)万元。

A. 65　　B. 70　　C. 80　　D. 130

6. 企业自行建造的固定资产，以建造过程中的(　　)作为其原始价值。

A. 重置完全价值　　B. 实际支出

C. 同类固定资产计价　　D. 折余价值

7. 固定资产折旧的计算依据是(　　)。

A. 市场价值　　B. 重置完全价值

C. 原始价值　　D. 折余价值

8. 以经营租赁方式出租的固定资产，其折旧应由（　　）。

A. 出租单位计提　　B. 租入单位计提

C. 出租和租入单位均计提　　D. 出租和租入单位均不计提

9. 采用工作量法计提固定资产折旧时，在固定资产使用期内，其折旧额为（　　）。

A. 前期大，后期小　　B. 前期小，后期大

C. 前后期基本一致　　D. 呈不规则变化

10. 按现行财务制度规定，不应当计提折旧的固定资产是（　　）。

A. 闲置未用车库　　B. 大修理停用设备

C. 已提足折旧继续使用的设施　　D. 出租给其他单位的设施

11. 企业出售固定资产的净值应转入（　　）。

A. 营业外支出　　B. 投资收益

C. 资本公积金　　D. 固定资产清理

12. 企业固定资产因灾害原因发生的毁损而从保险公司获得的赔偿，应记入（　　）。

A. "营业外收入"账户的借方　　B. "营业外支出"账户的贷方

C. "固定资产清理"账户的贷方　　D. "固定资产清理"账户的借方

13. 采用双倍余额递减法计算折旧时，企业每年计提折旧费用的情况为（　　）。

A. 各年平均　　B. 最初至后期逐渐减少

C. 不定期　　D. 最初至后期逐渐增加

14. 某项固定资产的原值为 200 000 元，预计净残值为 2 000 元，预计使用年限为 5 年。则在年数总和法下第二年的折旧额为（　　）元。

A. 26 400　　B. 52 800　　C. 40 000　　D. 39 600

15. 融资租入固定资产在交付使用时应（　　）。

A. 作备查登记处　　B. 记入固定资产账户

C. 记入代管固定资产明细账户　　D. 不需记账

16. 固定资产报废清理的净损失应计入（　　）。

A. 管理费用　　B. 其他业务支出

C. 制造费用　　D. 营业外支出

17. 某项固定资产原始价值为 280 000 元，估计使用年限 20 年，已使用 20 年，账面余额为 8 000 元，决定报废。清理报废中，发生清理费用 4 000 元，入库残

料价值 5 000 元,固定资产残值收入为 6 000 元。其清理损失为( )元。

A. 11 000　　B. 1 000　　C. 7 000　　D. 4 000

18. 盘盈、盘亏的固定资产,应在( )中核算。

A. “固定资产清理”账户　　B. “在建工程”账户

C. “待处理财产损溢”账户　　D. “营业外收支”账户

二、多项选择题

1. 企业固定资产按所有权分为( )。

A. 自用固定资产　　B. 租出固定资产

C. 自有固定资产　　D. 租入固定资产

E. 未使用固定资产

2. 下列各项中，会对处置固定资产损益有影响的因素有( )。

A. 累计折旧　　B. 营业税

C. 增值税　　D. 清理人工费用

3. 企业购入固定资产的原始价值包括( )。

A. 支付的增值税　　B. 支付的运杂费

C. 支付的固定资产清理费用　　D. 支付的关税

4. 可对已入账的固定资产原值进行调整的情况有( )。

A. 对原有固定资产增加补充设备

B. 发现原账面固定资产价值有误

C. 按国家规定对固定资产进行重新估价

D. 盘盈固定资产

E. 盘亏固定资产

5. 某企业对固定资产进行改良,其账面价值为 360 000 元,改良中,原有部件拆除作价 20 000 元,改良工程支出 80 000 元,改良工程完工,则( )。

A. 固定资产价值仍为 360 000 元

B. 固定资产价值调整到 440 000 元

C. 固定资产价值调整到 420 000 元

D. 固定资产净值增加 60 000 元

E. 长期待摊费用增加 80 000 元

6. “在建工程”账户借方发生额反映的是( )。

A. 已完工交付使用并办理完工决算的支出

B. 工程达到预计可使用状态前发生的实际支出

C. 达到预计可使用状态前发生的利息费用

D. 接受捐赠固定资产市价

E. 结转已完工工程的全部支出

7. 计提折旧的固定资产包括(　　)。

A. 在用机器

B. 关停企业固定资产

C. 破产企业固定资产

D. 经营出租固定资产

E. 工程完工交付使用但未办理竣工决算的固定资产

F. 季节性停用的设备

8. 计算折旧要考虑的因素有(　　)。

A. 固定资产原值　　B. 使用年限

C. 残值　　D. 清理费用

E. 预计净残值

9. 固定资产加速折旧的方法有(　　)。

A. 工作量法　　B. 双倍余额递减法

C. 年数总和法　　D. 直线法

E. 产品产量法

10. 下列情况中,本月不提折旧的固定资产有(　　)。

A. 本月投入使用的固定资产

B. 本月退出使用的固定资产

C. 上月已提足折旧,本月继续使用的固定资产

D. 上月已提前报废,而少提 2 个月折旧的固定资产

E. 上月投入使用的固定资产

11. 在采用自营方式建造固定资产的情况下,下列项目中,应计入固定资产取得成本的有(　　)。

A. 工程项目耗用的工程物资

B. 工程领用本企业商品涉及的增值税销项税额

C. 生产车间为工程提供的水、电等费用

D. 企业行政管理部门为组织和管理生产经营活动而发生的费用

12. 下列各项中,应通过“固定资产清理”账户核算的有(　　)。

A. 盘亏的固定资产　　B. 出售的固定资产

C. 报废的固定资产　　D. 损毁的固定资产

13. “固定资产清理”账户借方登记的内容有(　　)。

A. 转入清理的固定资产净值　　B. 固定资产变价收入

C. 支付的清理　　D. 向保险公司索取的赔偿

E. 转出的固定资产清理净损失

14. 固定资产清理发生的净损失,可记入(　　)。

A. “营业外支出——固定资产盘亏”账户

B. “营业外支出——处理固定资产损失”账户

C. “营业外支出——罚款支出”账户

D. “营业外支出——非常损失”账户

E. “营业外支出——待处理固定资产损溢”账户

三、判断题

1. 企业购入固定资产,其原值可根据售出单位的原值减去原安装成本和运杂费,再加上新支付的安装成本和运杂费计算。(　　)

2. 用于购建固定资产的长期借款,在固定资产完工交付使用以后,办理竣工决算前,其利息支出应予以资本化。(　　)

3. 采用出包方式自行建造固定资产工程时,预付承包单位的工程价款应通过“预付账款”账户核算。(　　)

4. 按现行财务制度规定,土地可以单独计价,所以企业在购买和取得土地使用权时,其支出可在无形资产中核算。(　　)

5. 凡是所有权属于企业的固定资产,均应计提折旧。(　　)

6. 固定资产折旧率是一定时期内固定资产的折旧额对固定资产净值的比率。(　　)

7. 企业接受投资者投入的固定资产按照双方确认的价值作为入账价值。(　　)

8. 加速折旧法,可使企业折旧总额减少,并带给企业延迟纳税的好处。(　　)

9. 采用年数总和法计提折旧的依据是固定资产的账面净值。(　　)

10. 企业将暂时不需用的固定资产出租给其他单位使用时,应视为在用固定资产,每月照提折旧。(　　)

11. 工作量法计提折旧的特点是每年提取的折旧额相等。(　　)

12. 固定资产使用年限的确定,应当同时考虑有形损耗和无形损耗两个因素。(　　)

13. 企业固定资产一经入账,其入账价值均不得作任何变动。(　　)

14. 当月增加的固定资产，当月不提折旧，当月减少的固定资产，当月照提折旧。（　）

15. 固定资产盘盈盘亏的净损失，应分别计入营业外收入和营业外支出。（　）

四、名词解释

1. 原始价值
2. 重置完全价值
3. 折余价值
4. 固定资产折旧
5. 预计净残值
6. 平均年限法
7. 工作量法
8. 年数总和法
9. 双倍余额递减法
10. 经营租赁
11. 融资租赁

五、简答题

1. 什么是固定资产？其确认的条件是什么？
2. 固定资产有几种计价方法？举例说明每种计价方法的适用情况。
3. 什么是固定资产折旧？折旧的计提范围和计提方法有哪些？
4. 固定资产自营工程和出包工程的核算各有什么特点？
5. 简述在建工程的核算内容。
6. 哪些固定资产需要清理？如何进行账务处理？

六、计算与分析题

习题一　练习固定资产业务处理

资料

1. 因生产需要，购进A设备1台，买价（含增值税）28 000元，运输费及包装费300元，款项用银行存款支付，设备已投入使用。

2. 购进生产线1条，设备价款为300 000元，增值税发票上注明的增值税额为51 000元，运输费及包装费为1 000元，保险费为300元。设备已经到达，投入安装，运输费、包装费、保险费已用银行存款支付。设备价款（含增值税）未付，经双方协议，企业签发并承兑一张为期6个月的商业汇票给供货方。

3. 上述生产线安装过程中领用生产用材料1 700元，分摊安装人员工资2 000元。

4. 上述生产线安装完毕，验收合格，交付使用，并办理竣工决算。

5. 企业自营建造生产用厂房 1 幢，购入工程材料一批，计价（含税）150 000元，已通过银行转账支付。

6. 建造厂房领用上述材料 150 000 元。

7. 建造厂房应负担的职工工资费用为 30 000 元。

8. 由辅助生产车间转来应由以上厂房工程负担的水电气费用 40 000 元。

9. 厂房建造发生的其他支出 50 000 元，以银行存款支付。

10. 自营厂房建造完毕，验收合格，已投入使用，结转该工程实际支出。

11. 企业需建造一小型卸货码头。该工程已出包给某建筑公司承建，并按规定向承包单位预付工程价款 1 000 000 元，向银行申请两年期借款支付，借款年利率 12%，半年付息一次。

12. 码头工程完工，根据承包单位结算账单，应补付工程余款 180 000 元，以银行存款支付。

13. 码头工程共建造了 6 个月，计算应计利息，并以银行存款支付。

14. 码头验收合格，投入使用，结转工程支出。

15. 企业与 A 公司、B 公司进行横向联合。A 公司投入铲车 1 辆，其账面原值为 120 000 元，累计折旧 30 000 元，双方协商价值 80 000 元；B 公司投入成套设备 1 套，原值 270 000 元，累计折旧 30 000 元，双方协商价值 310 000 元。设备均已运达企业。

16. 某外商向企业捐赠汽车 1 辆，提供的汽车购买发票上的价值为 340 000元，经验资证明其净值为 210 000 元，发生运杂费1 200元，以银行存款支付，汽车已运达企业。

要求

根据上述资料，编制必要的会计分录。

习题二　练习固定资产折旧的核算

资料

1. 企业 1 台设备，原值为 30 000 元，预计使用年限 5 年，预计残值收入为 600 元，预计清理费用 200 元。该设备报废时，实际残值收入 800 元，实际清理费用 100 元。该固定资产采用使用年限法折旧。请计算该设备使用期间的月折旧额。

2. 企业购进一成套设备，购价（含增值税）11 000 元，运杂费1 000元，保险费 500 元，安装调试费 2 500 元，预计残值收入 2 000 元，预计使用年限 8 年。请采用双倍余额递减法计算该设备的每年折旧额。

3. 企业从国外购进 A 设备 1 台，到岸价 600 000 元，支付进口关税 120 000元，国内运杂费 8 000 元，安装费 12 000 元，预计使用年限 5 年，预计残值收入 20 000 元。请采用年数总和法计算 A 设备每年折旧额。

4. 某企业固定资产的月分类折旧率分别为：机器设备 1%，房屋建筑 0.5%，运输设备 2%。上月份应计提折旧的固定资产总值，见表 6-4。

表 6-4

某企业固定资产折旧总值

单位：元

使用部门	原值			合计
	机器设备	房屋建筑	运输设备	
基本生产车间	5 000 000	2 000 000		7 000 000
辅助生产车间	300 000	100 000	50 000	450 000
企业管理部门		100 000	150 000	250 000
合计	5 300 000	2 200 000	200 000	7 700 000

上月份厂部购入汽车 1 辆，原价 120 000 元；基本生产车间出售铣床 1 台，原价 30 000 元；本月份厂部又出售旧汽车 1 辆，原价70 000元，已提折旧20 000 元。

要求

根据上述资料，计算本月份折旧额并编制有关会计分录。

习题三　练习固定资产处置的核算

资料

1. 出售不需用机器 1 台，原值 250 000 元，已提折旧 125 000 元，实际售价为 140 000 元，价款已收到存入银行。

2. 出售旧车 1 辆，原值 150 000 元，已折旧 50 000 元，实际售价 70 000 元，款项尚未收到。

3. 该企业辅助生产车间报废设备 1 台，经批准后予以清理，设备原值为 90 000 元，已提折旧为 63 000 元，在清理过程中，以银行存款支付清理费用 2 500 元，残料变价收入 5 000 元存入银行。

4. 收到出售旧汽车价款 70 000 元，存入银行。

5. 因台风袭击，企业 1 幢仓库发生倒塌，提前报废，其原值为 270 000元，已折旧 180 000 元。清理过程中，残料变价收入 15 000 元，已收存银行；另以银行存款支付清理费用 5 600 元。经保险公司理赔，得到保险金 85 000 元，已收存银行。

6. 企业将 1 台闲置多年的不需用设备投资于东鸿公司。双方合同确定的该设备投资价值为62 000元，其原值为80 000元，已提折旧10 000元。

7. 企业将1条旧生产线投资于联营伙伴厂，双方协议的投资价值为600 000元，其生产线原值为570 000元，已提折旧为150 000元。

要求

根据上述资料，编制会计分录。

习题四　练习固定资产租赁的核算

资料

H集团于2003年12月10日与B租赁公司签订了一份设备租赁合同。合同主要条款如下：

1. 租赁标的物：甲生产设备。
2. 起租日：2003年12月31日。
3. 租赁日：2003年12月31日至2005年12月31日。
4. 租金支付方式：2004年和2005年每年年末支付租金1 000万元。
5. 租赁期满时，甲生产设备的估计余值为200万元，其中H集团担保的余值为100万元，未担保的余值为100万元。
6. 甲生产设备为全新设备，2003年12月31日的公允价值为1 922.40万元，预计使用年限为3年。
7. 租赁年内含利率为6%。
8. 2005年12月31日，H集团将甲生产设备归还给B租赁公司。甲生产设备于2003年12月31日运抵H集团，当日投入使用。其固定资产均采用平均年限法计提折旧，与租赁有关的未确认融资费用均采用实际利率法摊销，并假定未确认融资费用在相关资产的折旧期限内摊销。

要求

1. 判断该租赁的类型，并说明理由。
2. 编制公司在起租日的有关会计分录。
3. 编制H集团在2004年年末和2005年年末与租金支付以及其他与租赁事项有关的会计分录(假定相关事项均在年末进行账务处理)。

(金额单位用万元表示)

习题五　练习固定资产的核算

资料

Y公司为一家上市公司，其2003—2007年与固定资产有关的业务资料如下：

(1) 2003年12月12日，丙公司购进1台不需要安装的设备，取得的增值税专用发票上注明的设备价款为500万元，增值税额为85万元，另发生运输费20万元，款项以银行存款支付；没有发生其他相关税费。该设备于当日投入使用，预计使用年限为10年，预计净残值为5万元，采用直线法计提折旧。

(2) 2004年12月31日，丙公司对该设备进行检查时发现其已经发生减值，预计可收回金额为500万元；计提减值准备后，该设备原预计使用年限、预计净残值、折旧方法保持不变。

(3) 2005年12月31日，丙公司因生产经营方向调整，决定采用出包方式对该设备进行改良，改良工程验收合格后支付工程价款。该设备于当日停止使用，开始进行改良。

(4) 2006年3月12日，改良工程完工并验收合格，丙公司以银行存款支付工程总价款30万元。当日，改良后的设备投入使用，预计尚可使用年限8年，采用直线法计提折旧，预计净残值为11万元。2006年12月31日，该设备未发生减值。

(5) 2007年12月31日，该设备因遭受自然灾害发生严重毁损，丙公司决定进行处置，取得残料变价收入45万元、保险公司赔偿款28.5万元，发生清理费用5万元；款项均以银行存款收付，不考虑其他相关税费。

要求

(1) 编制2003年12月12日取得该设备的会计分录。

(2) 计算2004年度该设备计提的折旧额。

(3) 计算2004年12月31日该设备计提的固定资产减值准备，并编制相应的会计分录。

(4) 计算2005年度该设备计提的折旧额。

(5) 编制2005年12月31日该设备转入改良时的会计分录。

(6) 编制2006年3月12日支付该设备改良价款、结转改良后设备成本的会计分录。

(7) 计算2006年度该设备计提的折旧额。

(8) 计算2007年12月31日处置该设备实现的净损益。

(9) 编制2007年12月31日处置该设备的会计分录。

(答案中的金额单位用万元表示)

要求

根据上述经济业务，编制有关的会计分录。

第七章　无形资产及投资性房地产的核算

第一节　无形资产的核算

一、无形资产的概念及确认条件

（一）无形资产的概念

所谓无形资产，是指企业拥有或者控制的没有实物形态的可辨认非货币性资产。

只要资产满足下列条件之一，就符合无形资产定义中的可辨认标准：

（1）能够从企业中分离或者划分出来，并能够单独或者与相关合同、资产或负债一起，用于出售、转移、授予许可、租赁或者交换。

（2）源自合同性权利或其他法定权利，无论这些权利是否可以从企业或其他权利和义务中转移或者分离。

商誉的存在无法与企业自身分离，不具有可辨认性，因此不属于无形资产。

土地使用权通常作为无形资产核算，但是属于投资性房地产或者作为固定资产核算的土地使用权，应当按照投资性房地产或固定资产的核算原则进行会计处理。

（二）无形资产的确认条件

某个项目要确认为无形资产，首先应该符合无形资产的定义，同时，还需要满足下列条件。

1. 与该无形资产有关的经济利益很可能流入企业

作为无形资产确认的项目，必须具备其所产生的经济利益很可能流入企业这一条件。通常情况下，无形资产产生的未来经济利益可能包括在销售商品、提供劳务的收入当中，或者企业使用该项无形资产而减少或节约了成本，或者体现在获得的其他利益中。

2. 该无形资产的成本能够可靠地计量

成本能够可靠地计量是确认资产的一项基本条件，对于无形资产而言，这个条件相对更为重要。例如,企业自创商誉以及内部产生的品牌、报刊名等,因其成本无法可靠地计量,因此不作为无形资产确认。

(三) 无形资产的特点和内容

1. 无形资产的特点

(1) 无形资产是企业拥有的一种特殊权利,具有在较长时间内为企业提供经济利益的能力。

(2) 无形资产不具有实物形态,它的产生与特定的主体有关。

(3) 无形资产必须是有偿取得,它的价值需要在一定时间内平均摊销。

(4) 无形资产所能提供的未来经济效益,具有很大的不确定性。

2. 无形资产的内容

(1) 专利权。它是指国家依法授予发明人对其发明创造在法定期限内所享有生产、使用和销售等方面的权利,包括发明专利权、实用新型专利权和外观设计专利权。

(2) 商标权。它是企业用来辨认其经营商品所使用特定名称或图案的一种标记。商标权是指商标的专用权利。商标只有经过注册登记,才能受国家法律的保护。

(3) 非专利技术。它是指未申请国家专利,也未公开在生产经营上使用的、先进的知识和技术,包括设计图纸、资料、工艺流程、技术规范、材料配方以及专家、技术人员、工人经过长期的积累而掌握的不成文的知识、技术和经验。

(4) 土地使用权亦称场地使用权。它是根据国家有关法规取得的在一定期限内对土地享有占有、使用、收益和处分的权利。

(5) 著作权亦称出版权。它是指对文学、艺术和科学作品享有的专有权。

二、无形资产的初始计量

无形资产应当按照成本进行初始计量。对于不同来源取得的无形资产,其成本构成也不尽相同。

(1) 外购无形资产的成本,包括购买价款、相关税费以及直接归属于使该项资产达到预定用途所发生的其他支出。

(2) 购买无形资产的价款超过正常信用条件延期支付,实质上具有融资租赁性质的,无形资产的初始成本以购买价款的现值为基础确定。

(3) 自行开发的无形资产,其成本包括自满足无形资产确认条件后至达到预定用途前所发生的支出总额,但是对于以前期间已经费用化的支出不再进行调整。

(4) 投资者投入无形资产的成本,应当按照投资合同或协议约定的价值确定，但合同或协议约定价值不公允的除外。

（5）非货币性资产交换、债务重组和政府补助取得的无形资产成本，按照相关规定确定。

三、无形资产的核算

为了反映和监督无形资产的增减变动情况，应设置“无形资产”账户，并按无形资产的类别设置明细分类账户进行核算。“无形资产”账户借方登记取得无形资产的价值；贷方登记转销无形资产的成本；期末借方余额反映企业无形资产的成本。

【例 7-1】 2007 年 6 月 14 日，甲公司支付价款 1 200 000 元从乙公司购入一项专利权；此外，另支付相关税费 3 000 元，款项已通过银行转账支付。如果使用该专利权，甲公司预计其生产能力将比原先提高 20%，销售利润率将增长 15%。

甲公司的账务处理如下：

借：无形资产——专利权　　1 203 000

　贷：银行存款　　1 203 000

企业取得的土地使用权，通常应当按照取得时所支付的价款及相关税费确认为无形资产。土地使用权用于自行开发建造厂房等地上建筑物时，土地使用权的账面价值不与地上建筑物合并计算其成本，而是仍然作为无形资产进行核算。但是，如果房地产开发企业取得的土地使用权用于建造对外出售的房屋建筑物时，其相关的土地使用权的价值应当计入所建造的房屋建筑物的成本。

企业外购房屋建筑物所支付的价款中包括土地使用权以及建筑物的价值的，则应当对实际支付的价款按照合理的方法在土地使用权和地上建筑物之间进行分配；如果确定无法进行合理分配的，应当全部作为固定资产，按照固定资产确认和计量的原则进行处理。

企业改变土地使用权的用途，停止自用土地使用权而用于赚取租金或资本增值时，应将其账面价值转为投资性房地产。

【例 7-2】 2006 年 10 月 11 日，A 股份有限公司购入一块土地的使用权，以银行存款转账支付 90 000 000 元，并在该土地上自行建造厂房等工程，发生材料支出 100 000 000 元，工资费用50 000 000元，其他相关费用 100 000 000 元。该工程已经完工并达到预定可使用状态。假定土地使用权的使用年限为 50 年，该厂房的使用年限为 25 年，两者都没有净残值，都采用直线法进行摊销和折旧。

A公司的账务处理如下。

(1) 支付转让价款:

借:无形资产——土地使用权	90 000 000	
贷:银行存款		90 000 000

(2) 在土地上自行建造厂房:

借:在建工程	250 000 000	
贷:工程物资		100 000 000
应付职工薪酬		50 000 000
银行存款		100 000 000

(3) 厂房达到预定可使用状态:

借:固定资产	250 000 000	
贷:在建工程		250 000 000

(4) 每年分期摊销土地使用权和对厂房计提折旧:

借:管理费用	1 800 000	
制造费用	10 000 000	
贷:累计摊销		1 800 000
累计折旧		10 000 000

四、研究与开发支出

(一) 研究与开发阶段的区分

对于企业自行进行的研究开发项目,应当区分研究阶段与开发阶段分别进行核算。

1. 研究阶段

研究是指为获取并理解新的科学或技术知识而进行的独创性的有计划调查。研究阶段是探索性的,是为进一步的开发活动进行资料及相关方面的准备,已进行的研究将来是否会转入开发、开发后是否会形成无形资产等均具有较大的不确定性。在这一阶段不会形成阶段性成果。因此,研究阶段的有关支出,在发生时应当费用化计入当期损益,而不是计入无形资产。

2. 开发阶段

开发是指在进行商业性生产或使用时,将研究成果或其他知识应用于某项计划或设计,以生产出新的或具有实质性改进的材料、装置、产品等。相对于研究阶段而言,开发阶段应当是已完成研究阶段的工作,在很大程度上具备了形成一项新产品或新技术的基本条件。如果企业能够证明开发支出符合无形资产的定义及相关确认条件,可以将其确认为无形资产。

（二）开发阶段相关支出资本化的条件

在开发阶段,可以将有关支出资本化计入无形资产的成本,但是必须同时满足下列条件:

(1) 完成该无形资产以使其能够使用或出售在技术上具有可行性。判断无形资产的开发在技术上是否具有可行性,应当以目前阶段的成果为基础,并提供相关证据和材料,证明企业进行开发所必需的技术条件等已经具备,不存在技术上的障碍或其他不确定性。

(2) 具有完成该无形资产并使用或出售的意图。企业的管理当局应当能够说明其开发无形资产的目的,并具有完成该项无形资产开发并使其能够使用或出售的可能性。

(3) 无形资产产生经济利益的方式,包括能够证明运用该无形资产生产的产品存在市场、或无形资产自身存在市场;无形资产将在内部使用的,应当证明其有用性。

(4) 有足够的技术、财务和其他资源支持,以完成该无形资产的开发,并有能力使用或出售该无形资产。

(5) 归属于该无形资产开发阶段的支出能够可靠地计量。企业对于开发活动所发生的支出应当单独核算。若发生的支出同时用于支持多项开发活动的,应当按照合理的标准在各项开发活动之间进行分配;无法合理分配的,应予以费用化计入当期损益,不计入开发活动的成本。

无法区分研究阶段和开发阶段的支出,应当在发生时作为管理费用,全部计入当期损益。

（三）内部开发无形资产成本的计量

内部研发形成的无形资产的成本,由可直接归属于该资产的创造、生产并使资产能够以管理层预定的方式动作的所有必要支出组成。可直接归属于无形资产开发活动以外的其他销售费用、管理费用等间接费用,无形资产达到预定用途前发生的可辨认的无效和初始运作损失,为运行该无形资产发生的培训支出等不构成无形资产的开发成本。

（四）内部研究开发费用的会计处理

企业自行开发无形资产发生的研发支出,无论是否满足资本化条件,均应先在“研发支出”账户中归集。期末时,对于不符合资本化条件的研发支出,转入当期管理费用;符合资本化条件但尚未完成的开发费用,继续保留在“研发支出”账户中，待开发项目完成达到预定用途形成无形资产时，再将其发生的实际成本转入无形资产。

外购或以其他方式取得的、正在研发过程中应予资本化的项目，先记入“研发支出”账户，其后发生的成本比较上述原则进行处理。

【例 7-3】 2007 年 4 月 16 日，甲公司的董事会批准研发某项新型技术，研发该项目具有可靠的技术和财务等资源的支持，并且一旦研发成功将降低公司的生产成本。研发过程中发生材料费用 5 500 000 元，人工费用 3 500 000 元，使用其他无形资产的摊销费用 500 000 元以及其他费用 1 000 000 元，总计 10 500 000 元，其中，符合资本化条件的支出为 6 000 000 元。2007 年 12 月 31 日，该项新型技术已经达到预定用途。

甲公司的账务处理如下。

(1) 发生研发支出：

借：研发支出——费用化支出	4 500 000	
——资本化支出	6 000 000	
贷：原材料		5 500 000
应付职工薪酬		3 500 000
银行存款		1 000 000
累计摊销		500 000

(2) 2007 年 12 月 31 日，该项新型技术已经达到预定用途：

借：管理费用	4 500 000	
无形资产	6 000 000	
贷：研发支出——费用化支出		4 500 000
——资本化支出		6 000 000

五、无形资产的摊销

无形资产应当在其预计的使用寿命内采用系统合理的方法对应摊销金额进行摊销。应摊销金额，是指无形资产的成本扣除残值后的金额。已计提减值准备的无形资产，还应扣除已计提的无形资产减值准备累计金额。使用寿命有限的无形资产，其残值应当视为零。

(一) 摊销期和摊销方法

无形资产摊销期，从其可供使用(即其达到预定用途)时起至终止确认时止。在无形资产的使用寿命内系统地分摊其应摊销金额，存在多种方法，如直线法、生产总量法等。企业选择的无形资产摊销方法，应当能够反映与该项无形资产有关的经济利益的预期实现方式，并一致地运用于不同会计期间；无法可靠确定其预期实现方式的，应当采用直线法进行摊销。

无形资产的摊销金额一般应当计入当期损益，但如果某项无形资产是专门用于生产某种产品或者其他资产，其所包含的经济利益是通过转入到所生产的产品或其他资产中实现的，则无形资产的摊销金额应当计入相关资产的成本。

（二）残值的确定

无形资产的残值一般应为零，但下列情况除外：

（1）有第三方承诺在无形资产使用寿命结束时购买该无形资产。

（2）可以根据活跃市场得到预计残值信息，并且该市场在无形资产使用寿命结束时可能存在。

（三）使用寿命有限的无形资产摊销的会计处理

使用寿命有限的无形资产应当在使用寿命内，采用合理的摊销方法进行摊销。摊销时，应当考虑该项无形资产所服务的对象，并以此为基础将其摊销价值计入相关资产的成本或者当期损益。

【例 7-4】 甲公司从外单位购入某项专利权的成本为5 000 000元，估计使用寿命为 10 年，该项专利用于产品的生产；同时，购入一项商标权，实际成本为 8 000 000 元，估计使用寿命为 8 年。假定这两项无形资产的净残值都为零。购买价值均已以银行存款支付。

本例中，专利权用于产品的生产，因此应当将其摊销金额计入相关产品的制造成本；而商标权的摊销金额通常直接计入当期管理费用。

甲公司的账务处理如下。

（1）取得无形资产时：

借：无形资产——专利权	5 000 000	
——商标权	8 000 000	
贷：银行存款		13 000 000

（2）按年摊销：

借：制造费用——专利权摊销	500 000	
管理费用——商标权摊销	1 000 000	
贷：累计摊销		1 500 000

此外，对于使用寿命不确定的无形资产，在持有期间内不需要进行摊销，但应当在每个会计期间进行减值测试，并计提相应的减值准备，其相关的账务处理为：借记“资产减值损失”账户，贷记“无形资产减值准备”账户。

六、无形资产处置和报废

（一）无形资产出租

企业让渡无形资产使用权形成的租金收入和发生的相关费用，分别确认为其他业务收入和其他业务成本。

（二）无形资产出售

企业出售某项无形资产，表明企业放弃该无形资产的所有权，应将所取得的价款与该无形资产账面价值的差额计入当期损益。

【例 7-5】 甲公司所拥有的某项商标权的成本为 5 000 000 元，已摊销金额为 3 000 000 元，已计提的减值准备为 500 000 元。该公司于当期出售该商标权的所有权，取得出售收入 2 000 000 元，应交纳的营业税等相关税费为 120 000 元。

甲公司的账务处理如下：

借：银行存款	2 000 000
累计摊销	3 000 000
无形资产减值准备	500 000
贷：无形资产	5 000 000
应交税费——应交营业税	120 000
营业外收入——处置非流动资产利得	380 000

（三）无形资产报废

如果无形资产预期不能为企业带来经济利益，则应将其报废并予转销，其账面价值转作当期损益。转销时，应按已计提的累计摊销，借记“累计摊销”账户，按其账面余额，贷记“无形资产”账户；按其差额，借记“营业外支出”账户。已计提减值准备的，还应同时结转减值准备。

【例 7-6】 2007 年 12 月 31 日，甲企业某项专利权的账面余额为 9 000 000 元。该专利权的摊销期限为 10 年，采用直线法进行摊销，已摊销 7 年。该专利权的残值为零，已累计计提减值准备 2 000 000 元。该专利权预期已不能再为企业带来经济利益。

甲公司账务处理如下：

借：累计摊销	6 300 000
无形资产减值准备	2 000 000
营业外支出——处置非流动资产损失	700 000
贷：无形资产——专利权	9 000 000

第二节　投资性房地产

一、投资性房地产的概念

投资性房地产是指为赚取租金或资本增值，或两者兼得而持有的房地产，主要包括已出租的土地使用权、持有并准备增值后转让的土地使用权和已出租的建筑物。投资性房地产应当能够单独计量和出售。

（一）属于投资性房地产的项目

1. 已出租的土地使用权

已出租的土地使用权是指企业通过出让或转让方式取得、并以经营租赁方式出租的土地使用权。企业计划用于出租但尚未出租的土地使用权，不属于此类。

【例 7-7】 甲企业与乙企业签订了一项经营租赁合同，乙企业将其持有使用权的一块土地出租给甲企业，以赚取租金，为期 8 年。甲企业又将这块土地转租给丙企业，以赚取租金差价，为期 4 年。

对于甲企业而言，这项土地使用权不能予以确认，也不属于其投资房地产。对于乙企业而言，自租赁期开始日起，这项土地使用权属于其投资性房地产。

2. 持有并准备增值后转让的土地使用权

持有并准备增值后转让的土地使用权是指企业通过出让或转让方式取得、并准备增值后转让的土地使用权。但是，按照国家有关规定认定的闲置土地，不属于持有并准备增值的土地使用权。

3. 已出租的建筑物

已出租的建筑物是指企业拥有产权并以经营租赁方式出租的房屋等建筑物。企业计划用于出租但尚未出租的建筑物，不属于此类。

企业将建筑物出租，按租赁协议向承租人提供的相关辅助服务在整个协议中不重大的，应当将建筑物确认为投资性房地产。

【例 7-8】 甲企业与乙企业签订了一项经营租赁合同，乙企业将其持有产权的两间门面房出租给甲企业，为期 6 年。甲企业一开始将这两间门面房用于自行经营餐馆。3 年后，由于连续亏损，甲企业将餐馆转租给丙公司，以赚取租金差价。

对于甲企业而言，这两间门面房产权不能予以确认，也不属于其投资性房地产。对于乙企业而言，则属于其投资性房地产。

【例 7-9】 甲企业购买了一栋写字楼，共 12 层。其中 5 层经营出租给乙公司，6 层经营出租给丙公司，底层经营出租给某超市。甲企业同时为整栋楼提供保安、清洁等日常辅助服务。

甲企业将写字楼出租,同时提供的辅助服务不重大。对于甲企业而言,这栋写字楼属于甲企业的投资性房地产。

【例 7-10】 甲企业在当地房地产交易中心竞拍取得一块土地的使用权。甲企业按照合同规定对这块土地进行了开发,并在这块土地上建造了一栋商铺,拟用于整体出租,但尚未找到合适的承租人。

这栋商铺不属于投资性房地产。直到甲企业与承租人签订经营租赁合同,自租赁期开始日起,这栋商铺才能转换为投资性房地产。

(二) 不属于投资性房地产的项目

下列房地产不属于投资性房地产:

(1) 自用房地产,即为生产商品、提供劳务或者经营管理而持有的房地产,包括自用建筑物(固定资产)和自有土地使用权(无形资产)。

(2) 作为存货的房地产,通常指房地产开发企业在正常经营过程中销售的或为销售而正在开发的商品房和土地。

某项房地产,部分用于赚取租金或资本增值,部分自用。若能够单独计量和出售的、用于赚取租金或资本增值的部分,应当确认为投资性房地产。不能单独计量和出售的、用于赚取租金或资本增值的部分,和自用部分一样,应当确认为固定资产或无形资产。

二、投资性房地产核算的账户设置

为核算投资性房地产,企业应设置"投资性房地产"、"投资性房地产累计折旧(摊销)"、"投资性房地产减值准备"等账户进行总分类核算。

在公允价值计量模式下,对于投资性房地产除应设置"投资性房地产"账户进行总分类核算外,企业还应当按照投资性房地产的类别和项目并分别以"成本"和"公允价值变动"进行明细核算。

三、投资性房地产的确认和初始计量

(一) 投资性房地产的确认

将某个项目确认为投资性房地产,首先应当符合投资性房地产的概念,其次要同时满足投资性房地产的两个确认条件:

(1) 与该投资性房地产相关的经济利益很可能流入企业。

(2) 该投资性房地产的成本能够可靠地计量。

(二) 投资性房地产的初始计量

投资性房地产应当按照成本进行初始计量。

1. 外购的投资性房地产

对于企业外购的房地产,只有在购入房地产的同时开始对外出租或用于资本增值，才能称之为外购的投资性房地产。外购投资性房地产的成本，包括购买价款、相关税费和可直接归属于该资产的其他支出。

企业购入房地产，自用一段时间之后再改为出租或用于资本增值的，应当先将外购的房地产确认为固定资产或无形资产，自租赁期开始日或用于资本增值之日起，再从固定资产或无形资产转换为投资性房地产。

2. 自行建造的投资性房地产

企业自行建造或开发的房地产，只有在自行建造或开发活动完成（即达到预定可使用状态）的同时开始对外出租或用于资本增值，才能将自行建造或开发的房地产确认为投资性房地产。自行建造或开发的投资性房地产的成本，由建造或开发该项房地产达到预定可使用状态前发生的必要支出构成。

企业自行建造或开发的房地产达到预定可使用状态后一段时间才对外出租或用于资本增值的，应当先将自行建造或开发的房地产确认为固定资产、无形资产或存货，自租赁期开始日或用于资本增值之日起，再从固定资产、无形资产或存货转换为投资性房地产。

四、投资性房地产的后续计量

投资性房地产的后续计量具有成本和公允价值两种模式。同一企业只有采用一种模式对所有投资性房地产进行后续计量，不得同时采用两种计量模式。

（一）采用成本模式进行后续计量的投资性房地产

采用成本模式进行后续计量的投资性房地产，应当遵循以下会计处理：

（1）外购投资性房地产或自行建造的投资性房地产达到预定可使用状态时，按照其实际成本，借记“投资性房地产”账户，贷记“银行存款”或“在建工程”等账户。

（2）按照固定资产或无形资产的有关规定，按期计提折旧或进行摊销，借记“其他业务成本”等账户，贷记“投资性房地产累计折旧”或“投资性房地产累计摊销”账户。

（3）取得的租金收入，借记“银行存款”等账户，贷记“其他业务收入”等账户。

（4）投资性房地产存在减值迹象的，应当适用资产减值的有关规定。经减值测试后确定发生减值的，应当计提减值准备，借记“资产减值损失”账户，贷记“投资性房地产减值准备”账户。

（二）采用公允价值模式进行后续计量的投资性房地产

1. 采用公允价值模式的前提条件

企业只有存在确凿证据表明投资性房地产的公允价值能够持续可靠取

得，才可以采用公允价值模式对投资性房地产进行后续计量，否则一律采用成本模式进行后续计量。采用公允价值模式对投资性房地产进行后续计量，应当同时满足下列条件：

(1) 投资性房地产所在地有活跃的房地产交易市场。所在地，通常是指投资性房地产所在的城市。对于大城市，应当为投资性房地产所在的城区。

(2) 企业能够从活跃的房地产交易市场上取得同类或类似房地产的市场价格及其他相关信息，从而对投资性房地产的公允价值作出合理的估计。

2. 采用公允价值模式进行后续计量的会计处理

采用公允价值模式进行后续计量的投资性房地产，应当遵循以下会计处理：

(1) 外购投资性房地产或自行建造开发的投资性房地产达到预定可使用状态时，按照其实际成本，借记"投资性房地产(成本)"账户，贷记"银行存款"、"在建工程"等账户。

(2) 不对投资性房地产计提折旧或摊销。企业应当以资产负债表日投资性房地产的公允价值为基础调整其账面价值，公允价值与原账面价值之间的差额计入当期损益。若公允价值高于原账面价值的差额，借记"投资性房地产(公允价值变动)"账户，贷记"公允价值变动损益"账户；若公允价值低于原账面价值的差额，则作相反的会计分录。

(3) 取得的租金收入，借记"银行存款"等账户，贷记"其他业务收入"等账户。

【例 7-11】 甲企业为从事房地产经营开发的企业。2007 年 8 月，甲公司与乙公司签订租赁协议，约定将甲公司开发的一栋写字楼于开发完成的同时开始租赁给乙公司使用，租赁期为 10 年。当年 10 月 1 日，该写字楼开发完成并开始起租，写字楼的造价为90 000 000元。由于该写字楼所在城区有活跃的房地产交易市场，而且能够从房地产交易市场上取得同类房地产的市场报价，甲公司决定采用公允价值模式对该项出租的房地产进行后续计量。2007 年 12 月 31 日，该写字楼的公允价值为 92 000 000 元。2008 年 12 月 31 日，该写字楼的公允价值为 93 000 000 元。

甲公司的账务处理如下。

(1) 2007 年 10 月 1 日，甲公司开发完成写字楼并出租：

借：投资性房地产——××写字楼(成本)　　90 000 000
　贷：开发产品　　90 000 000

(2) 2007 年 12 月 31 日，以公允价值为基础调整其账面价值，公允价值与原账面价值之间的差额计入当期损益：

借：投资性房地产——××写字楼(公允价值变动)　　2 000 000
　贷：公允价值变动损益　　2 000 000

(3) 2008 年 12 月 31 日，公允价值又发生变动：

借：投资性房地产——××写字楼(公允价值变动)　　1 000 000
　贷：公允价值变动损益　　1 000 000

五、投资性房地产的转换

(一) 房地产的转换形式

房地产的转换，实质上是因房地产用途发生改变而对房地产进行的重新分类。企业有确凿证据表明房地产用途发生改变，且满足下列条件之一的，应当将投资性房地产转换为其他资产或者将其他资产转换为投资性房地产：

(1) 投资性房地产开始自用。即将投资性房地产转为自用房地产。

(2) 作为存货的房地产改为出租。通常指房地产开发企业将其持有的开发产品以经营租赁的方式出租，存货相应地转换为投资性房地产。

(3) 自用建筑物或土地使用权停止自用改为出租。即企业将原本用于生产商品、提供劳务或者经营管理的房地产改用于出租，固定资产或土地使用权相应地转换为投资性房地产。

(4) 自用土地使用权停止自用改用于资本增值。即企业将原本用于生产商品、提供劳务或者经营管理的房地产改用于资本增值，将土地使用权相应地转换为投资性房地产。

(二) 房地产转换的会计处理

1. 成本模式下的转换

(1) 采用成本模式计量的投资性房地产转为自用房地产。企业将采用成本模式计量的投资性房地产转为自用房地产时，应当按该项投资性房地产在转换日的账面余额、累计折旧、减值准备等，分别转入“固定资产”、“累计折旧”、“固定资产减值准备”等账户，贷记“投资性房地产”账户；按已计提的折旧或摊销，借记“投资性房地产累计折旧(摊销)”账户，贷记“累计折旧(摊销)”账户；原已计提减值准备的，借记“投资性房地产减值准备”账户，贷记“固定资产减值准备”或“无形资产减值准备”账户。

【例 7-12】 2007 年 7 月末，甲企业将出租在外的厂房收回，8 月 1 日开始用于本企业的商品生产，该厂房相应由投资性房地产转换为自用房地产。该项房地产在转换前采用成本模式计量，截至 2007 年 7 月 31 日，账面价值为

37 700 000元，其中，原价50 000 000元，累计已提折旧12 300 000元。

甲企业2007年8月1日的账务处理如下：

借：固定资产　　50 000 000
　　投资性房地产累计折旧(摊销)　　12 300 000
　贷：投资性房地产——××厂房　　50 000 000
　　　累计折旧　　12 300 000

(2) 作为存货的房地产转换为采用成本模式计量的投资性房地产。企业将作为存货的房地产转换为采用成本模式计量的投资性房地产时，应当按该项存货在转换日的账面价值，借记"投资性房地产"账户；原已计提跌价准备的，借记"存货跌价准备"账户，按其账面余额，贷记"开发产品"等账户。

【例7-13】 甲企业是从事房地产开发业务的企业，2007年3月10日，甲企业与乙企业签订了租赁协议书，将其开发的一栋写字楼整体出租给乙企业使用，租赁期开始日为2007年4月15日。2007年4月15日，该写字楼的账面余额450 000 000元，未计提存货跌价准备，转换后采用成本模式计量。

甲企业2007年4月15日的账务处理如下：

借：投资性房地产——××写字楼　　450 000 000
　贷：开发产品　　450 000 000

(3) 自用土地使用权或建筑物转换为以成本模式计量的投资性房地产。企业将自用土地使用权或建筑物转换为以成本模式计量的投资性房地产时，应当按该项土地使用权或建筑物在转换日的原价、累计折旧、减值准备等，分别转入"投资性房地产"、"投资性房地产累计折旧(摊销)"、"投资性房地产减值准备"账户。按其账面余额，借记"投资性房地产"账户，贷记"固定资产"或"无形资产"账户；按已计提的折旧或摊销，借记"累计折旧"或"累计摊销"账户，贷记"投资性房地产累计折旧(摊销)"账户；原已计提减值准备的，借记"固定资产减值准备"或"无形资产减值准备"账户，贷记"投资性房地产减值准备"账户。

【例7-14】 甲企业拥有一栋办公楼，用于本企业总部办公。2007年3月10日，甲企业与乙企业签订了经营租赁协议，将这栋办公楼整体出租给乙企业使用，租赁期开始日为2007年4月15日，为期5年。2007年4月15日，这栋办公楼的账面余额为450 000 000元，已计提折旧为3 000 000元。假设甲企业所在城市没有活跃的房地产交易市场。

甲企业2007年4月15日的账务处理如下：

借：投资性房地产——××写字楼　　450 000 000
　累计折旧　　3 000 000
　贷：固定资产　　450 000 000
　　投资性房地产累计折旧（摊销）　　3 000 000

2. 公允价值模式下的转换

（1）采用公允价值模式计量的投资性房地产转为自用房地产。企业将采用公允价值模式计量的投资性房地产转换为适用房地产时，应当以其转换当日的公允价值作为自用房地产的账面价值，公允价值与原账面价值的差额计入当期损益。转换日，按该项投资性房地产的公允价值，借记“固定资产”或“无形资产”账户；按该项投资性房地产的成本，贷记“投资性房地产（成本）”账户，按该项投资性房地产的累计公允价值变动，贷记或借记“投资性房地产（公允价值变动）”账户，按其差额，贷记或借记“公允价值变动损益”账户。

【例 7-15】 2008 年 10 月 18 日，甲企业因租赁期满，将出租的写字楼收回，准备作为办公楼用于本企业的行政管理。2008 年 12 月 3 日，该写字楼正式开始自用，相应由投资性房地产转换为自用房地产，当日的公允价值为 50 000 000元。该项房地产在转换前采用公允价值模式计量，原账面价值为 48 000 000元，其中，成本为 45 000 000 元，公允价值变动为增值 3 000 000 元。

甲企业的账务处理如下。

借：固定资产　　50 000 000
　贷：投资性房地产——写字楼（成本）　　45 000 000
　　　　　　　　　——写字楼（公允价值变动）　　3 000 000
　　公允价值变动损益　　2 000 000

（2）作为存货的房地产转换为采用公允价值模式计量的投资性房地产。企业将作为存货的房地产转换为采用公允价值模式计量的投资性房地产时，应当按该项房地产在转换日的公允价值，借记“投资性房地产（成本）”账户；原已计提跌价准备的，借记“存货跌价准备”账户，按其账面余额，贷记“开发产品”等账户。同时，转换日的公允价值小于账面价值的，按其差额，借记“公允价值变动损益”账户；转换日的公允价值大于账面价值的，按其差额，贷记“资本公积——其他资本公积”账户。待该项投资性房地产处置时，因转换计入资本公积的部分应转入当期的其他业务收入，借记“资本公积——其他资本公积”账户，贷记“其他业务收入”账户。

【例 7-16】 沿用[例 7-13]，假设转换后采用公允价值模式计量，4 月 15 日，该写字楼的公允价值为 410 000 000 元，2007 年 12 月 31 日，该项投资性房地产的公允价值为430 000 000元。2008年4月，租赁期届满，甲企业收回该项投资性房地产，并于2008年6月以460 000 000元出售，出售款项已收讫。

甲企业的账务处理如下。

(1) 2007年4月15日：

借：投资性房地产——××写字楼(成本)　410 000 000
　　公允价值变动损益　40 000 000
　贷：开发产品　450 000 000

(2) 2007年12月31日：

借：投资性房地产——××写字楼(公允价值变动)　20 000 000
　贷：公允价值变动损益　20 000 000

(3) 2008年6月，出售时：

借：银行存款　460 000 000
　贷：其他业务收入　460 000 000

借：其他业务成本　430 000 000
　贷：投资性房地产——××写字楼(成本)　410 000 000
　　　　　　　　——××写字楼(公允价值变动)　20 000 000

同时，将投资性房地产累计公允价值变动转入其他业务收入，公允价值变动损益账面余额为借方余额20 000 000元。

借：其他业务收入　20 000 000
　贷：公允价值变动损益　20 000 000

【例7-17】 沿用[例7-13]，假设转换后采用公允价值模式计量，4月15日该写字楼的公允价值为470 000 000元。2007年12月31日，该项投资性房地产的公允价值为480 000 000元。2008年4月，租赁期届满，甲企业收回该项投资性房地产，并于2008年6月以550 000 000元出售，出售款项已收讫。

甲企业的账务处理如下。

(1) 2007年4月15日：

借：投资性房地产——××写字楼(成本)　470 000 000
　贷：开发产品　450 000 000
　　　资本公积——其他资本公积　20 000 000

(2) 2007年12月31日：

借：投资性房地产——××写字楼(公允价值变动)　　10 000 000
　贷：公允价值变动损益　　10 000 000

(3) 2008 年 6 月，出售时：

借：银行存款　　550 000 000
　贷：其他业务收入　　550 000 000

借：其他业务成本　　480 000 000
　贷：投资性房地产——××写字楼(成本)　　470 000 000
　　　　　　　　——××写字楼(公允价值变动)　　10 000 000

同时，将投资性房地产累计公允价值变动转入其他业务收入，公允价值变动损益账面余额为贷方余额 10 000 000 元。

借：公允价值变动损益　　10 000 000
　贷：其他业务收入　　10 000 000

同时，将转换时原计入资本公积的部分转入其他业务收入：

借：资本公积——其他资本公积　　20 000 000
　贷：其他业务收入　　20 000 000

(4) 自用土地使用权或建筑物转换为采用公允价值模式计量的投资性房地产。企业将自用土地使用权或建筑物转换为采用公允价值模式计量的投资性房地产时，应当按该项土地使用权或建筑物在转换日的公允价值，借记“投资性房地产(成本)”账户，按其账面余额，贷记“固定资产”或“无形资产”账户；按已计提的累计摊销或累计折旧，借记“累计摊销”或“累计折旧”账户，原已计提减值准备的，借记“无形资产减值准备”、“固定资产减值准备”账户，同时，转换日的公允价值小于账面价值的，按其差额，借记“公允价值变动损益”账户；转换日的公允价值大于账面价值的，按其差额，贷记“资本公积——其他资本公积”账户。待该项投资性房地产处置时，因转换计入资本公积的部分应转入当期的其他业务收入，借记“资本公积——其他资本公积”账户，贷记“其他业务收入”账户。

【例 7-18】 2007 年 6 月，甲企业打算搬迁至新建办公楼，并出租原办公楼。2007 年 10 月，甲企业完成了搬迁工作，原办公楼停止自用。2007 年 12 月，甲企业与乙企业签订了租赁协议，将其原办公楼租赁给乙企业使用，租赁期开始日为 2008 年 1 月 1 日，租赁期限为 3 年。假设甲企业对出租的办公楼采用公允价值模式计量，2008 年 1 月 1 日，该办公楼的公允价值为 350 000 000 元，其原价为 500 000 000 元，已提折旧 122 400 000 元。

甲企业2008年1月1日的账务处理如下：

借：投资性房地产——××办公楼(成本)　　350 000 000
　　公允价值变动损益　　27 600 000
　　累计折旧　　122 400 000
　贷：固定资产　　500 000 000

六、投资性房地产的处置

当投资性房地产被处置，或者永久退出使用且预计不能从其处置取得经济利益时，应当终止确认该项投资性房地产。

企业出售、转让、报废投资性房地产或者发生投资性房地产毁损，应当将处置收入扣除其账面价值和相关税费后的金额计入当期损益。

(一) 成本模式计量的投资性房地产

处置采用成本模式计量的投资性房地产时，应当按实际收到的金额，借记"银行存款"等账户，贷记"其他业务收入"账户；按该项投资性房地产的累计折旧或累计摊销，借记"投资性房地产累计折旧(摊销)"账户，按该项投资性房地产的账面余额，贷记"投资性房地产"账户，按其差额，借记"其他业务成本"账户。已计提减值准备的，还应同时结转减值准备。

(二) 公允价值模式计量的投资性房地产

处置采用公允价值模式计量的投资性房地产时，应按实际收到的金额，借记"银行存款"等账户，贷记"其他业务收入"账户。按该项投资性房地产的账面余额，借记"其他业务成本"账户，贷记"投资性房地产(成本)"账户，贷记或借记"投资性房地产(公允价值变动)"账户；同时，按该项投资性房地产的公允价值变动，借记或贷记"公允价值变动损益"账户，贷记或借记"其他业务收入"账户。按该项投资性房地产在转换日记入资本公积的金额，借记"资本公积——其他资本公积"账户，贷记"其他业务收入"账户。

【例7-19】 甲公司将其出租的一栋写字楼确认为投资性房地产。租赁期满后，甲公司将该栋写字楼出售给乙公司，合同价款为300 000 000元，乙公司已用银行存款付清。

(1) 假设这栋写字楼原采用成本模式计量。出售时，该栋写字楼的成本为250 000 000元，已计提折旧20 000 000元。

甲公司的账务处理如下：

借：银行存款　　300 000 000
　贷：其他业务收入　　300 000 000

借：其他业务成本　　230 000 000
　　投资性房地产累计折旧(摊销)　　20 000 000
　贷：投资性房地产——××写字楼　　250 000 000

(2) 假设这栋写字楼原采用公允价值模式计量。出售时，该栋写字楼的成本为220 000 000元，公允价值变动为借方余额30 000 000元。

甲公司的账务处理如下：

借：银行存款　　300 000 000
　贷：其他业务收入　　300 000 000

借：其他业务成本　　250 000 000
　贷：投资性房地产——××写字楼(成本)　　220 000 000
　　　　　　　　——××写字楼(公允价值变动)　　30 000 000

同时，将投资性房地产累计公允价值变动转入其他业务收入：

借：公允价值变动损益　　30 000 000
　贷：其他业务收入　　30 000 000

复习思考题

一、单项选择题

1. 对使用寿命有限的无形资产，应通过(　　)账户进行摊销。

A. “无形资产”　　B. “累计折旧”

C. “累计摊销”　　D. “营业外支出”

2. 甲股份公司接受乙公司以其所拥有的专利权作为出资，双方协议约定的价值为10 000 000元，按照市场情况估计其公允价值为8 000 000元，双方已办妥相关手续。则甲公司该项专利权的入账价值为(　　)元。

A. 10 000 000　　B. 8 000 000

C. 9 000 000　　D. 2 000 000

3. 甲公司从乙公司购入一项专利权，需支付2 000万元，另支付相关税费20万元。按照双方协议约定，2 000万元专利权在5年内支付，每年年末支付款项的20%。假定银行同期贷款利率为5%，5年期年金现值系数为4.3295。则甲公司购入该项无形资产的成本为(　　)万元。

A. 2 000　　B. 1 731.8

C. 1 751.8　　D. 2 020

4. 甲公司预计使用乙公司专利后可使其未来利润增长20%。为此，甲公司与乙公司协议商定，乙公司以其专利权投资于甲公司，双方协议价格为900万元，且等于公允价值。公司另支付印花税等相关税费2万元、专业服务费用1万元，款项已通过银行转账支付。则甲公司该项无形资产的入账价值为(　　)万元。

A. 900　　B. 960

C. 902　　D. 903

5. 甲公司某项所拥有商标权的成本为1 000万元，已摊销金额为600万元，已计提的减值准备为100万元。该公司于当期出售该商标权的所有权，取得出售收入400万元，应交营业税等相关税费为24万元。则甲公司处置该项无形资产应计入营业外收入的金额为(　　)万元。

A. 400　　B. 376

C. 76　　D. 76

6. 下列各项中，不属于甲企业的投资性房地产的是(　　)。

A. 甲企业在不违反国家规定的情况下，将其竞拍取得的一块土地的使用权，随即经营出租给乙企业，为期3年，以赚取租金。

B. 乙企业将其持有使用权的一块土地出租给甲企业，为期5年，甲企业又将这块土地转租给丙企业，以赚取租金差价。

C. 甲企业在一栋写字楼购买了5间办公用房，经营出租给丁企业，为期3年，以赚取租金。

D. 甲企业按照合同规定在其通过竞拍取得的一块土地上，建造了一栋商铺，并已整体经营出租给戊企业，为期3年，以赚取租金。

7. 2006年5月，甲企业购入一栋6层写字楼，将其中4层出租给乙企业，能够单独计量和出售；其余2层用于本企业办公。5月16日，甲企业与乙企业签订了经营租赁合同，约定自写字楼购买日起将这栋写字楼的4层出租给乙企业，为期5年。6月5日，甲企业实际购入写字楼，支付价款共计1 200万元，其中，土地使用权的成本300万元，建筑物的成本为900万元(用于出租的4层成本为600万元，自用的2层成本为300万元)。甲企业所在城区没有活跃的房地产交易市场。作为甲企业投资性房地产入账的金额为(　　)万元。

A. 1 200　　B. 600

C. 800　　D. 400

8. 投资性房地产更新改造完成后，继续用于投资的，应当(　　)。

A. 借记“在建工程”账户，贷记“投资性房地产”账户。

B. 借记“在建工程”账户，贷记“工程物资”等账户。

C. 借记“投资性房地产”账户，贷记“工程物资”等账户。

D. 借记“投资性房地产”账户，贷记“在建工程”等账户。

9. 2006 年 10 月 15 日，甲企业因租赁期满，将出租的写字楼收回，准备作为办公楼用于本企业的行政管理。2006 年 12 月 1 日，该写字楼正式开始自用，相应由投资性房地产转换为自用房地产，当日的公允价值为 6 800 万元。该项房地产在转换前采用公允价值模式计量，原账面价值为 6 720 万元，公允价值变动为增值 220 万元。转换时公允价值变动损益为(　　)万元。

A. 220　　B. 300

C. 6 720　　D. 80

10. 投资性房地产由成本模式转为公允价值模式时，应当将计量模式变更时公允价值与账面价值的差额，调整期初(　　)。

A. 投资收益　　B. 盈余公积

C. 未分配利润　　D. 资本公积

二、多项选择题

1. 下列各项中，不应计入采购的无形资产初始成本的是(　　)。

A. 购买价款

B. 使该项资产达到预定用途所发生的其他支出

C. 无形资产已经达到预定用途以后发生的费用

D. 为引入新产品进行宣传发生的广告费

2. 企业内部研究开发项目开发阶段的支出确认为无形资产应同时满足的条件有(　　)。

A. 完成该无形资产以使其能够使用或出售在技术上具有可行性

B. 具有完成该无形资产并使用或出售的意图

C. 无形资产产生经济利益的方式能够得到证明

D. 归属于该无形资产开发阶段的支出能够可靠地计量

3. 关于企业合并中取得的无形资产的成本的计量，下列做法中，正确的有(　　)。

A. 同一控制下的吸收合并，应按被合并方无形资产的账面价值确认

B. 同一控制下的控股合并，应按被合并方无形资产的账面价值作为合并基础

C. 非同一控制下的企业合并，购买方取得的无形资产应以其在购买日的公允价值计量

D. 非同一控制下的企业合并，购买方取得的无形资产应被合并方无形资产的账面价值计量

4. 某公司将拥有的一项非专利技术出售，取得收入 1 600 000 元，应交的营业税为 80 000 元。该非专利技术的账面余额为1 400 000元，累计摊销额为700 000 元，已计提的减值准备为400 000元。则该公司下列账务处理中，正确的有（　　）。

A. 借记“无形资产减值准备”40 000 元

B. 借记“累计摊销”700 000 元

C. 贷记“无形资产”1 400 000 元

D. 贷记“营业外收入——处置非流动资产利得”1 220 000元

5. 下列各项中，会引起无形资产账面价值发生增减变动的有（　　）。

A. 对无形资产计提减值准备

B. 发生无形资产研究支出

C. 摊销无形资产成本

D. 转让无形资产所有权

6. 下列关于无形资产使用寿命的确定的说法中，正确的有（　　）。

A. 源自合同性权利取得的无形资产，其使用寿命不应超过合同性权利的期限

B. 源自法定权利取得的无形资产，其使用寿命不应超过该法定权利的期限

C. 合同规定了受益年限，法律也规定了有效年限的，摊销年限不应超过受益年限和有效年限两者之中较短者

D. 若合同没有规定受益年限，法律也没有规定有效年限的，摊销年限不应超过 10 年

7. 下列各项中，属于甲企业的投资性房地产的有（　　）。

A. 甲企业持有的已出租给乙企业的土地使用权

B. 甲企业持有的自用办公楼

C. 甲企业持有的已经营出租给丙企业的建筑物

D. 甲企业在企业附近购买了一栋商品房，改造成职工宿舍，出租给本企业单身职工，收取一定的租金

8. 下列各项中，计入外购的投资性房地产实际成本的有（　　）。

A. 购买价格　　　　　　　　　　B. 契税
C. 印花税　　　　　　　　　　　D. 装修费

9. 下列各项中，计入自行建造的投资性房地产实际成本的有(　　)。
A. 土地开发费
B. 建造成本
C. 应予以资本化的借款费用
D. 分摊的间接费用

10. 企业采用成本模式进行后续计量的，应当披露的信息包括(　　)。
A. 房屋、建筑物的原价
B. 房屋、建筑物的累计折旧
C. 房屋、建筑物的减值准备
D. 房屋、建筑物公允价值的确定依据及公允价值金额的增减变动情况

三、判断题

1. 当企业作为无形资产确认的土地使用权改变用途，用于出租等目的，则不应作为无形资产，而应作为投资性房地产确认。(　　)

2. 企业合并中产生的商誉不在无形资产准则中进行规范，因此不属于无形资产的范畴。(　　)

3. 无形资产的确认条件之一是与该无形资产有关的经济利益很可能流入企业，这一点在某种程度上需要会计人员的职业判断。(　　)

4. 购入无形资产超过正常信用条件延期支付价款，实质上具有融资性质的，该项无形资产的计量应以购买价款的现值为基础。(　　)

5. 一般情况下，当土地使用权用于自行开发建造厂房等地上建筑物时，相关的土地使用权账面价值应转入在建工程成本。(　　)

6. 企业无形资产开发阶段的支出平时在研发支出中归集，期末结转为管理费用。(　　)

7. 对于使用寿命不确定的无形资产，如果有证据表明其使用寿命是有限的，则应作为会计估计变更，按照使用寿命有限无形资产的处理原则进行处理。(　　)

8. 甲企业依法取得土地使用权后，未经原批准用地的人民政府同意，自国有土地有偿使用合同生效之日起满1年未动工开发建设，打算在地价上涨时再抛出，以赚取买卖差价。这项土地使用权属于甲企业的投资性房地产。(　　)

9. 甲房地产开发企业，通过在房地产交易中心竞拍取得一块土地的使用权后，开发了一栋商住两用的楼盘。这栋楼盘共12层，底层为商铺，分别出租

给一家大型超市和一家平价药房，已签订经营租赁合同；其余楼层均为普通住宅，正在公开销售中。该楼盘应作为甲企业的存货。（　）

10. 外购的投资性房地产，应当按取得时的实际成本进行初始计量，其成本包括购买价款、相关税费和可直接归属于该资产的其他支出。（　）

11. 采用公允价值模式计量的投资性房地产，存在减值迹象的，应当适用资产减值的有关规定。经估值测试后确定发生减值的，应当计提减值准备。（　）

12. 企业对投资性房地产进行日常维护所发生的支出也应当计入投资性房地产成本。（　）

13. 对投资性房地产采用公允价值模式计量的，企业应按期对投资性房地产计提折旧或摊销。（　）

14. 已采用公允价值模式计量的投资性房地产，不得从公允价值模式转为成本模式。（　）

15. 采用成本模式进行后续计量的投资性房地产，应当按照固定资产或无形资产的有关规定，按期计提折旧或摊销。（　）

四、名词解释

1. 无形资产
2. 商标权
3. 专利权
4. 非专科技术
5. 著作权
6. 投资性房地产

五、简答题

1. 无形资产通常包括哪些项目？企业将某个项目确认为无形资产应当满足哪些条件？

2. 开发阶段发生的支出是否应全部资本化？

3. 对于使用寿命不确定的无形资产，应如何对其进行后续计量？

4. 投资性房地产的初始计量应遵循什么原则？

5. 投资性房地产采用公允价值计量的条件是什么？

六、计算分析题

习题一　练习无形资产核算

资料

2006 年 1 月 1 日，甲股份有限公司购入一块土地的使用权，以银行存款转账支付 45 000 000 元，并在该土地上自行建造厂房等工程，发生材料支出 50 000 000元，工资费用 25 000 000 元，其他相关费用 50 000 000 元等。该工程已经完工并达到预定可使用状态。假定土地使用权的使用年限为 50 年，该固定资产的使用年限为 25 年。假定固定资产和无形资产没有残值，且都采用直线法进行摊销和计提折旧。

要求

作出甲企业上述业务的账务处理。

习题二　练习无形资产核算

资料

某企业购入一项专利权，支付 300 000 元，该专利权的摊销年限为 10 年，买入 2 年后，将其使用权转让给另一企业，转让期 2 年，一次性收费 120 000 元；买入 4 年后，又将其所有权转让给第三个企业，收取价值 220 000 元，转让无形资产应交营业税的税率为 5%。

要求

根据以上经济业务，编制购入专利权、按月摊销无形资产价值、转让使用权、转让所有权的账务处理。

习题三　练习投资性房地产核算

资料

甲房地产开发公司对投资性房地产按照公允价值模式计价，该类业务属于甲公司的主营业务。该公司有以下业务：

(1) 2007 年 7 月 1 日，将部分已经开发完成作为存货的房产转换为经营性出租，承租人为乙公司。该项房产总价值 80 000 000 元，其中用于出租部分价值 25 000 000 元，2007 年 7 月 1 日，公允价值 28 000 000 元；12 月 31 日，收到半年度租金 1 000 000 元，当日该房产的公允价值为 27 000 000 元。

(2) 2008 年 12 月 31 日，收到 2 000 000 元租金存入银行，同日该房产公允价值 27 200 000 元。

(3) 2009 年 12 月 31 日，收到 2 000 000 元租金存入银行，同日该房产公允价值 26 500 000 元。

(4) 2010 年 6 月 30 日，甲公司收到 100 000 元后停止该项房产租用，且与原承租人乙公司签订协议将这部分房产出售给乙公司，协议规定，甲公司以分期收款方式出售，乙公司需要在 2011 年至 2013 年每年 6 月 30 日支付

9 800 000元款项，假设实际利率为6.41%，当日公允价值为26 000 000元。

假设不考虑其他相关税费。

要求

作出该公司的账务处理。

习题四　练习投资性房地产核算

资料

甲公司以成本模式对投资性房地产进行后续计价，与投资性房地产相关的业务如下：

(1) 甲公司拥有一项自用房产原值52 000 000元，预计使用20年，预计净残值2 000 000元，采用直线法计提折旧，该项资产在2005年6月达到可使用状态。

(2) 2006年12月31日，甲公司由于业务调整停止自用该房产转换为投资性房地产，租赁期3年，每年可以获得租金收入6 000 000元，3年后出售收入预计为38 000 000元，假设实际利率为5%，2006年12月31日，经测算公允价值减去处置费用后的净额为46 000 000元。

(3) 2007年至2009年每年12月31日收到该年租金6 000 000元存入银行。

(4) 2010年3月，甲公司以38 000 000元将该项房产出售，假设不考虑相关税费。

要求

(1) 计算该房产2006年12月31日账面价值。

(2) 计算该房产2010年3月出售损益。

(3) 作出2006年12月31日转换、2007年12月31日取得租金和2010年3月出售时的账务处理。

第八章　金融资产的核算

第一节　金融资产概述

金融资产主要包括库存现金、银行存款、应收账款、应收票据、其他应收款、股权投资、债权投资、衍生金融资产等。

企业应当结合自身业务特点、投资策略和风险管理要求，将取得的金融资产在初始确认时作如下分类：

(1) 以公允价值计量且其变动计入当期损益的金融资产。

(2) 持有至到期投资。

(3) 贷款和应收款项。

(4) 可供出售金融资产。

金融资产分类与金融资产计量密切相关，不同分类的金融资产，初始计量与后续计量采用方法不完全相同，因此，上述分类一经确定，不应随意变更。具体来说企业在初始确认时将某金融资产划分为以公允价值计量且其变动计入当期损益的金融资产后，不能重分类为其他三类金融资产；其他三类金融资产也不能重分类为以公允价值计量且其变动计入当期损益的金融资产。

持有至到期投资、贷款和应收款项、可供出售金融资产三类金融资产之间，也不得随意分类。

第二节　交易性金融资产的核算

一、以公允价值计量且其变动计入当期损益的金融资产概述

以公允价值计量且其变动计入当期损益的金融资产，可以进一步分为交易性金融资产和直接指定以公允价值计量且其变动计入当期损益的金融资产。

交易性金融资产一般应满足下列条件之一：

(1) 取得该金融资产的目的，主要是为了近期出售。例如，企业以赚取差

价为目的从二级市场购入的股票、债券、基金等。

(2) 属于进行集中管理的可辨认金融工具组合的一部分，且有客观证据表明企业近期采用短期获利方式对该组合进行管理。

(3) 属于衍生工具，比如国债期货、远期合同、股指期货等。但衍生工具作为有效套期工具的除外。

直接指定以公允价值计量且其变动计入当期损益的金融资产，主要是企业基于风险管理、战略投资等需要而将其直接指定为以公允价值计量且其变动计入当期损益的金融资产。

二、交易性金融资产的账户设置

为了核算交易性金融资产取得、处置、公允价值变动和投资收益发生等业务，企业应当设置“交易性金融资产”、“变动损益”等账户。

1. “交易性金融资产”账户

这是资产类账户，核算企业以交易为目的所持有的债券投资、股票投资、基金投资等交易性金融资产的公允价值，企业持有的直接指定为以公允价值计量且其变动计入当期损益的金融资产也在本账户核算。借方登记企业取得交易性金融资产的公允价值和资产负债表日公允价值高于账面公允价值的差额；贷方登记资产负债表日公允价值低于账面公允价值的差额和出售交易性金融资产而转出的公允价值；期末借方余额反映企业持有的交易性金融资产的公允价值。本账户可按交易性金融资产的类别和品种，分别“成本”、“公允价值变动”等进行明细分类核算。

2. “公允价值变动损益”账户

这是损益类账户，核算交易性金融资产、交易性金融负债等公允价值变动形成的应计入当期损益的利得或损失。借方登记企业在资产负债表日确认的交易性金融资产公允价值低于其账面公允价值的差额和确认的交易性金融负债公允价值高于其账面公允价值的差额；贷方登记企业在资产负债表日确认的按交易性金融资产的公允价值高于其账面公允价值余额的差额和确认的金融负债公允价值低于其账面公允价值的差额；期末将余额转入“本年利润”账户，结转后本账户无余额。在出售交易性金融资产或处置交易性金融负债时，将原记入本账户的公允价值变动差额转出，记入当期的“投资收益”账户。

三、交易性金融资产核算

交易性金融资产相关账务处理如下：

(1) 企业取得交易性金融资产，按其公允价值，借记“交易性金融资产——成本”账户，按发生的交易费用，借记“投资收益”账户，对支付价款中所包含的已宣告但尚未发放的现金股利或已到付息期但尚未领取的债券利息，应当单独确认为应收账户，借记“应收股利”或“应收利息”账户，按实际支付的金额，贷记“银行存款”等账户。

(2) 交易性金融资产持有期间取得的利息或现金股利，应确认为投资收益。借记“应收股利”或“应收利息”账户，贷记“投资收益”账户。

(3) 资产负债表日，交易性金融资产应按公允价值计量，公允价值与原账面余额之间的差额记入当期损益。公允价值高于原账面余额，借记“交易性金融资产——公允价值变动”账户，贷记“公允价值变动损益”账户；公允价值低于原账面余额，作相反会计分录。

(4) 出售交易性金融资产，公允价值与该金融资产账面余额之间的差额确认为投资收益，借记“银行存款”等账户，贷记“交易性金融资产”账户，差额贷记或借记“投资收益”账户。同时调整公允价值变动损益，借记或贷记“公允价值变动损益”账户，贷记或借记“投资收益”账户。

【例 8-1】 2007 年 1 月 1 日，甲公司以 530 万元(含已宣告但尚未领取的现金股利 30 万元)购入某公司 200 万股股票，另支付交易费用 5 万元，甲公司将持有的股权划分为交易性金融资产，且持有该股权后对其无重大影响。

甲公司其他相关资料如下：

(1) 5 月 30 日，收到该公司发放的现金股利。

(2) 12 月 31 日，甲公司仍持有该公司股票，其每股市价为 2.8 元。

(3) 2008 年 1 月 3 日，以 600 万元出售该交易性金融资产。

假定不考虑其他因素，甲公司账务处理如下(金额单位：万元)。

(1) 2007 年 1 月 1 日，购入该股票：

借：交易性金融资产——成本	500	
应收股利	30	
投资收益	5	
贷：银行存款		535

(2) 5 月 30 日，收到该公司发放的现金股利：

借：银行存款	30	
贷：应收股利		30

(3) 12 月 31 日，确认股票价格变动：

借：交易性金融资产——公允价值变动	60	
贷：公允价值变动损益		60

(4) 2008年1月3日,出售该股票:

借:银行存款　　600
　　公允价值变动损益　　60
　贷:交易性金融资产——成本　　500
　　　交易性金融资产——公允价值变动　　60
　　　投资收益　　100

第三节　持有至到期投资的核算

一、持有至到期投资概述

持有至到期投资,是指到期日固定、回收金额固定或可确定,且企业有明确意图和能力持有至到期的非衍生金融资产。初始确认时已被划分为金融资产其他三类的非衍生金融资产不能划分为持有至到期投资。通常情况下,企业持有的在活跃市场上有公开报价的国债、企业债券、金融债券等,可以划分为持有至到期投资,而股权投资因为没有固定的到期日,所以不在此范围内核算。

二、持有至到期投资的账户设置

"持有至到期投资"是资产类账户,核算企业持有至到期投资的摊余成本。借方登记取得持有至到期投资的成本,以及计提的一次还本付息债券利息和债券折价摊销额;贷方登记处置或转出持有至到期投资的成本,以及债券的溢价摊销额;期末借方余额反映企业持有至到期投资的摊余成本。本账户按持有至到期投资的类别和品种,分别"成本"、"利息调整"和"应计利息"等进行明细分类核算。

三、持有至到期投资的核算

基于持有者在投资未到期情况下,通常不会将其出售或重分类,因此对持有至到期投资的会计处理,主要应解决该金融资产实际利率的计算、摊余成本的确定、持有期间的收益确认以及将其处置时损益的确定等问题。

相关账务处理如下:

(1) 企业取得持有至到期投资时,应按投资面值,借记"持有至到期投资——成本"账户,按支付的价款包含的已到付息期但尚未领取的利息,借记"应收利息"账户,按实际支付的金额,贷记"银行存款"等账户,按其差额,借记或贷记"持有至到期投资——利息调整"账户。

(2) 资产负债表日,持有至到期投资为分期付息、一次还本债券投资的,按票面利率计算确定的应收未收利息，借记“应收利息”账户，按持有至到期投资摊余成本和实际利率计算确定的利息收入，贷记“投资收益”账户，按其差额，借记或贷记“持有至到期投资——利息调整”账户。

持有至到期投资为一次还本付息债券投资的，应于资产负债表日按票面利率计算确定的应收未收利息，借记“持有至到期投资——应计利息”账户，按持有至到期投资摊余成本和实际利率计算确定的利息收入，贷记“投资收益”账户，按其差额，借记或贷记“持有至到期投资——利息调整”账户。

(3) 出售持有至到期投资，应按实际收到的金额，借记“银行存款”等账户，按其账面余额，贷记“持有至到期投资——成本、利息调整、应计利息”等账户，按其差额，贷记或借记“投资收益”账户。已计提减值准备的，还应同时结转减值准备。

【例 8-2】 20×0 年 1 月 1 日，甲公司支付价款 1 000 元(含交易费用)从活跃市场上购入某公司 5 年期债券，面值 1 250 元，票面利率 4.72%，按年支付利息(即每年 59 元)，本金最后一次支付。甲公司在购买该债券时，预计发行方不会提前赎回。不考虑所得税、减值损失等因素。计算实际利率 r：

$59\times(1+r)^{-1}+59\times(1+r)^{-2}+59\times(1+r)^{-3}+59\times(1+r)^{-4}+(59+1\,250)\times(1+r)^{-5}=1\,000$(元)，由此得出 $r=10\%$。

相关计算见表 8-1。

表 8-1　　　　单位：元

年　份	期初摊余成本 (a)	实际利息 (b) (按 10%计算)	现金流入 (c)	期末摊余成本 $(d)=(a)+(b)-(c)$
20×0	1 000	100	59	1 041
20×1	1 041	104	59	1 086
20×2	1 086	109	59	1 136
20×3	1 136	114	59	1 191
20×4	1 191	118	1 309	0

根据上述数据，甲公司的有关账务处理如下。

(1) 20×0 年 1 月 1 日，购入债券：

借：持有至到期投资——成本　　1 250
　贷：银行存款　　1 000
　　持有至到期投资——利息调整　　250

(2) 20×0 年 12 月 31 日，确认实际利息收入、收到票面利息等：

借：应收利息　　59
　持有至到期投资——利息调整　　41
　贷：投资收益　　100
借：银行存款　　59
　贷：应收利息　　59

(3) 20×1 年 12 月 31 日，确认实际利息收入、收到票面利息等：

借：应收利息　　59
　持有至到期投资——利息调整　　45
　贷：投资收益　　104
借：银行存款　　59
　贷：应收利息　　59

(4) 20×2 年 12 月 31 日，确认实际利息收入、收到票面利息等：

借：应收利息　　59
　持有至到期投资——利息调整　　50
　贷：投资收益　　109
借：银行存款　　59
　贷：应收利息　　59

(5) 20×3 年 12 月 31 日，确认实际利息收入、收到票面利息等：

借：应收利息　　59
　持有至到期投资——利息调整　　55
　贷：投资收益　　114
借：银行存款　　59
　贷：应收利息　　59

(6) 20×4 年 12 月 31 日，确认实际利息收入、收到票面利息和本金等：

借：应收利息　　59
　持有至到期投资——利息调整　　59
　贷：投资收益　　118
借：银行存款　　59
　贷：应收利息　　59
借：银行存款等　　1 250
　贷：持有至到期投资——成本　　1 250

第四节　可供出售金融资产的核算

一、可供出售金融资产概述

可供出售金融资产是指初始确认时即被指定为可供出售的非衍生金融资产，以及没有划分为以公允价值计量且其变动计入当期损益的金融资产、持有至到期投资、贷款和应收款项的金融资产。例如，企业购入的在活跃市场上有报价的股票、债券和基金等，没有划分为以公允价值计量且其变动计入当期损益的金融资产或持有至到期投资等金融资产的，可归于此类。

二、可供出售金融资产的账户设置

"可供出售金融资产"是资产类账户，核算企业持有的可供出售金融资产的公允价值。借方登记取得可供出售金融资产的公允价值及交易费用、公允价值变动增值、到期一次还本付息可供出售债券计提的利息、债券折价摊销额和已确认减值的恢复；贷方登记出售后结转的可供出售金融资产成本、债券溢价摊销额和公允价值变动减值；期末借方余额反映企业可供出售金融资产的公允价值。本账户按可供出售金融资产的类别和品种，分别"成本"、"利息调整"、"应计利息"和"公允价值变动"等进行明细分类核算。

三、可供出售金融资产核算

相关账务处理如下：

(1) 企业取得可供出售金融资产为债券投资的，应按债券面值，借记"可供出售金融资产——成本"账户，按支付的价款包含的已到付息期但尚未领取的利息，借记"应收利息"账户，按实际支付的金额，贷记"银行存款"等账户，按其差额，借记或贷记"可供出售金融资产——利息调整"账户。

企业取得可供出售金融资产为股权投资的，应按其公允价值与交易费用之和，借记"可供出售金融资产——成本"账户，按支付的价款包含的已到付息期但尚未领取的利息，借记"应收利息"账户，按实际支付的金额，贷记"银行存款"等账户。

(2) 资产负债表日，可供出售债券为分期付息、一次还本债券投资的，按票面利率计算确定的应收未收利息，借记"应收利息"账户(可供出售债券为一次还本付息的，则借记"可供出售金融资产——应计利息"账户)，按可供出售债券的摊余成本和实际利率计算确定的利息收入，贷记"投资收益"账户，按其差额，借记或贷记"可供出售金融资产——利息调整"账户。

(3) 资产负债表日，可供出售金融资产公允价值高于其账面余额的差额，借记"可供出售金融资产——公允价值变动"账户，贷记"资本公积——其他资本公积"账户；公允价值低于其账面余额的差额做相反的会计分录。

确定可供出售金融资产发生减值的，按应减记的金额，借记"资产减值损失"账户，按应从所有者权益转出原记入资本公积的累计损失金额，贷记"资本公积——其他资本公积"账户，按其差额，贷记"可供出售金融资产——公允价值变动"账户。

对于已确认减值损失的可供出售金融资产，在随后会计期间内公允价值上升且客观上与确认原减值损失事项有关的，应按原确认的减值损失，借记"可供出售金融资产——公允价值变动"账户，贷记"资产减值损失"账户；但可供出售金融资产为股票等权益工具投资的，借记"可供出售金融资产——公允价值变动"账户，贷记"资本公积——其他资本公积"账户。

(4) 出售可供出售金融资产，应按实际收到的金额，借记"银行存款"等账户，按其账面余额，贷记"可供出售金融资产——成本、公允价值变动、利息调整、应计利息"等账户，按应从所有者权益中转出的公允价值累计变动额，借记或贷记"资本公积——其他资本公积"账户，按其差额，贷记或借记"投资收益"账户。

【例 8-3】 2007 年 5 月，甲公司以 480 万元购入乙公司股票 60 万股作为可供出售金融资产，另支付手续费 10 万元。2007 年 6 月 30 日，该股票每股市价为 7.5 元，2007 年 8 月 10 日，乙公司宣布分派现金股利，每股 0.20 元，8 月 20 日，甲公司收到分派的现金股利。至 12 月 31 日，甲公司仍持有该可供出售金融资产，期末每股市价为 8.5 元，2008 年 1 月 3 日，以 515 万元出售该可供出售金融资产。假定甲公司每年 6 月 30 日和 12 月 31 日对外提供财务报告。

账务处理如下(金额单位：万元)。

(1) 2007 年 5 月购入时：

借：可供出售金融资产——成本	490	
贷：银行存款		490

(2) 2007 年 6 月 30 日：

借：资本公积——其他资本公积(490－60×7.5)	40	
贷：可供出售金融资产——公允价值变动		40

(3) 2007 年 8 月 10 日，宣布分派现金股利：

借：应收股利(0.20×60)	12	
贷：投资收益		12

(4) 2007 年 8 月 20 日,收到股利时:

借:银行存款　　12
　贷:应收股利　　12

(5) 2007 年 12 月 31 日:

借:可供出售金融资产——公允价值变动(60×8.5－450)　　60
　贷:资本公积——其他资本公积　　60

(6) 2008 年 1 月 3 日,处置时:

借:银行存款　　515
　资本公积——其他资本公积　　20
　贷:可供出售金融资产——成本　　490
　　可供出售金融资产——公允价值变动　　20
　　投资收益　　25

本例中,可供出售金融资产的累计损益为 37 万元(12＋25)。

第五节　金融资产减值的核算

一、金融资产减值损失的确认

企业应当在资产负债表日对以公允价值计量且其变动计入当期损益的金融资产以外的金融资产的账面价值进行检查,有客观证据表明该金融资产发生减值的,应当计提减值准备。

二、金融资产减值损失的计量

(一) 持有至到期投资

(1) 持有至到期投资发生减值时,应当将该金融资产的账面价值减记至预计未来现金流量(不包括尚未发生的未来信用损失)现值,减记的金额确认为资产减值损失,计入当期损益。

(2) 对持有至到期投资确认减值损失后,如有客观证据表明该金融资产价值已恢复,且客观上与确认该损失后发生的事项有关(如债务人信用评级已提高等),原确认的减值损失应当予以转回,计入当期损益。但是,该转回后的账面价值不应当超过假定不计提减值准备情况下该金融资产在转回日的摊余成本。

(二) 可供出售金融资产

(1) 可供出售金融资产发生减值时,即使该金融资产没有终止确认,原直接计入所有者权益的因公允价值下降形成的累计损失，也应当予以转出，计入当期损益。该转出的累计损失，为可供出售金融资产的初始取得成本扣除已收回本金和已摊销金额、当前公允价值和原已计入损益的减值损失后的余额。

(2) 对于已确认减值损失的可供出售金融债务工具(如债券等)，在随后的会计期间公允价值上升且客观上与原减值损失确认后发生的事项有关的，原确认的减值损失应当予以转回，计入当期损益(资产减值损失)。

可供出售权益工具(如股票等)投资发生的减值损失，在随后的会计期间，如果公允价值上升，原确认的减值损失应当予以转回，计入资本公积，不得通过损益转回。但是，在活跃市场中没有报价且其公允价值不能可靠计量的权益工具投资，或与该权益工具挂钩并须通过交付权益工具结算的衍生金融资产发生的减值损失，不得转回。

【例 8-4】 2007 年 1 月 1 日，甲公司从证券市场上购入乙公司于 2006 年 1 月 1 日发行的债券作为可供出售金融资产，该债券 5 年期、票面利率为 5%，每年 1 月 5 日支付上一年度的利息，到期日为 2011 年 1 月 1 日，到期日一次归还本金和最后一次利息。购入债券时的实际利率为 4%。甲公司购入债券面值为 1 000 万元，实际支付价款为 1076.3 万元，另支付相关费用 10 万元。假定按年计提利息。2007 年 12 月 31 日，该债券的公允价值为 1 020 万元。2008 年 12 月 31 日，该债券的预计未来现金流量现值为1 000万元，并将继续下降。2009 年 1 月 20 日，甲公司将该债券全部出售，收到款项 995 万元存入银行。

账务处理如下(金额单位:万元)。

(1) 2007 年 1 月 1 日:

借: 可供出售金融资产——成本	1 000.00	
应收利息(1 000×5%)	50.00	
可供出售金融资产——利息调整	36.30	
贷: 银行存款		1 086.30

(2) 2007 年 1 月 5 日:

借: 银行存款	50	
贷: 应收利息		50

(3) 2007 年 12 月 31 日:

应确认的投资收益为 41.45 万元[(1 000+36.30)×4%]，可供出售金融资产——利息调整为 8.55 万元(1 000×5%—41.45)。

借：应收利息　　50.00
　贷：投资收益　　41.45
　　可供出售金融资产——利息调整　　8.55

可供出售金融资产账面价值为 1 027.75 万元(1 000+36.30—8.55)，公允价值为1 000万元，应确认公允价值变动损失为 7.75 万元(1 027.75—1 020)。

借：资本公积——其他资本公积　　7.75
　贷：可供出售金融资产——公允价值变动　　7.75

(4) 2008 年 1 月 5 日：

借：银行存款　　50
　贷：应收利息　　50

(5) 2008 年 12 月 31 日：

应确认的投资收益为 41.11 万元[(1 000+36.30—8.55)×4%]，可供出售金融资产——利息调整为 8.89 万元(1 000×5%—41.11)。

借：应收利息　　50.00
　贷：投资收益　　41.11
　　可供出售金融资产——利息调整　　8.89

可供出售金融资产账面价值为 1 011.11 万元(1 020—8.89)，公允价值为 1 000 万元，应确认公允价值变动损失为 11.11 万元(1 011.11—1 000)。

借：资产减值损失　　18.86
　贷：可供出售金融资产——公允价值变动　　11.11
　　资本公积——其他资本公积　　7.75

(6) 2009 年 1 月 5 日：

借：银行存款　　50
　贷：应收利息　　50

(7) 2009 年 1 月 20 日：

借：银行存款　　995.00
　可供出售金融资产——公允价值变动(7.75+11.11)　　18.86
　投资收益　　5.00
　贷：可供出售金融资产——成本　　1 000.00
　　可供出售金融资产——利息调整(36.3—8.55—8.89)　　18.86

复习思考题

一、单项选择题

1. 企业持有金融资产期间取得的现金股利，应当在现金股利宣告发放日确认并记入(　　)账户。

A. “交易性金融资产”　　　　B. “投资收益”

C. “公允价值变动损益”　　　　D. “资本公积”

2. 持有至到期投资以(　　)进行后续计量。

A. 历史成本　　　　B. 成本与市价孰低

C. 摊余成本　　　　D. 现值

3. 交易性金融资产应当以公允价值进行后续计量，公允价值变动记入(　　)账户。

A. “营业外支出”　　　　B. “投资收益”

C. “公允价值变动损益”　　　　D. “资本公积”

4. 可供出售金融资产以公允价值进行后续计量。公允价值变动形成的利得或损失，除减值损失和外币货币性资产形成的汇兑差额外，应当直接记入(　　)账户。

A. “营业外支出”

B. “投资收益”

C. “公允价值变动损益”

D. “资本公积”

5. 持有至到期投资、贷款和应收款项等金融资产发生减值时，应当将该金融资产的账面价值减记至(　　)，减记的金额确认为资产减值损失，计入当期损益。

A. 可变现净值

B. 预计未来现金流量现值

C. 公允价值

D. 可收回金额

6. 下列说法中，不正确的是(　　)。

A. 交易性金融资产主要是指企业为了近期内出售而持有的金融资产

B. 以公允价值计量且其变动计入当期损益的金融资产包括交易性金

融资产

C. 以公允价值计量且其变动计入当期损益的金融资产和交易性金融资产是同一概念

D. 直接指定为以公允价值计量且其变动计入当期损益的金融资产，主要是企业基于风险管理、战略投资需要而作的指定

7. 下列说法中，正确的是（　　）。

A. 取得交易性金融资产时所支付的交易费用计入交易性金融资产成本

B. 以公允价值计量且其变动计入当期损益的金融资产在资产负债表日应考虑减值问题

C. 取得可供出售金融资产时应按公允价值与相关交易费用之和作为初始确认金额

D. 持有至到期投资在持有期间所取得利息或现金股利，应当冲减投资成本

8. 下列说法中，正确的是（　　）。

A. 金融资产的分类一经确定，可以随意变更

B. 金融资产的分类与金融资产的计量无密切关系

C. 交易性金融资产在持有期间所取得的利息或现金股利，应当确认为投资收益

D. 取得持有至到期投资时所支付的交易费用不计入成本

9. 甲公司于 2007 年 1 月 1 日从证券市场购入乙公司发行在外的股票 100 万股作为可供出售金融资产，每股支付价款 5 元（含已宣告但尚未发放的现金股利 1 元），另支付相关费用 8 万元，则可供出售金融资产取得时的入账价值为（　　）万元。

A. 408　　　　B. 400

C. 500　　　　D. 508

10. 甲公司 2007 年 5 月以 240 万元购入公司股票 20 万股作为交易性金融资产，2007 年 6 月 30 日，该股票每股市价为 8 元，假定公司每年 6 月 30 日和 12 月 31 日对外提供财务报告，则该公司于 6 月 30 日应计提的公允价值变动为（　　）万元。

A. 80（借方）　　　　B. 70（贷方）

C. 40（借方）　　　　D. 80（贷方）

二、多项选择题

1. 下列项目中，属于金融资产的有（　　）。

A. 现金

B. 持有至到期投资

C. 应收款项

D. 应付款项

2. 根据《企业会计准则》,以公允价值计量且其变动计入当期损益的金融资产包括(　　)。

A. 交易性金融资产

B. 直接指定为以公允价值计量且其变动计入当期损益的金融资产

C. 持有至到期投资

D. 可供出售金融资产

E. 贷款和应收款项

3. 下列各项中,属于交易性金融资产的有(　　)。

A. 以赚取差价为目的从二级市场购入的股票

B. 以赚取差价为目的从二级市场购入的债券

C. 以赚取差价为目的从二级市场购入的基金

D. 作为有效套期工具的衍生工具

4. 关于金融资产之间的重分类的叙述中,正确的有(　　)。

A. 交易性金融资产可以重分类为可供出售金融资产

B. 交易性金融资产可以重分类为持有至到期投资

C. 持有至到期投资可以重分类为可供出售金融资产

D. 可供出售金融资产可以重分类为持有至到期投资

E. 可供出售金融资产可以重分类为交易性金融资产

5. 在金融资产的初始计量中,关于交易费用处理的叙述正确的有(　　)。

A. 交易性金融资产发生的相关交易费用直接计入当期损益

B. 可供出售金融资产发生的相关交易费用应当计入初始确认金额

C. 持有至到期投资发生的相关交易费用应当计入初始确认金额

D. 交易性金融资产发生的相关交易费用应当计入初始确认金额

E. 发生的相关交易费用直接计入当期损益

6. 金融资产的摊余成本指该金融资产的初始确认金额是(　　)调整后的结果。

A. 扣除已收回的本金

B. 减去采用实际利率法将该初始确认金额大于到期日金额之间的差额进行摊销形成的累计摊销额

C. 扣除已发生的减值损失公允价值
D. 加上采用实际利率法将该初始确认金额小于到期日金额之间的差额进行摊销形成的累计摊销额
E. 加上已收回的本金

7. 下列金融资产中,应当以摊余成本进行后续计量的有(　　)。
A. 交易性金融资产
B. 持有至到期投资
C. 可供出售金融资产
D. 直接指定为以公允价值计量且其变动计入当期损益的金融资产
E. 贷款和应收款项

8. 下列金融资产中,应当以公允价值进行后续计量的有(　　)。
A. 交易性金融资产
B. 持有至到期投资
C. 可供出售金融资产
D. 直接指定为以公允价值计量且其变动计入当期损益的金融资产
E. 贷款和应收款项

三、判断题

1. 取得交易性金融资产时所支付的交易费用应计入资产成本。(　　)
2. 金融资产的四个分类之间可以互相重分类。(　　)
3. 交易性金融资产随其公允价值的变动而相应调增或调减其账面价值。(　　)
4. 交易性金融资产期末应考虑减值问题。(　　)
5. 取得持有至到期投资时所支付的交易费用计入成本。(　　)
6. 处置持有至到期投资时,应将所取得的价款与该投资账面价值之间的差额计入资本公积。(　　)
7. 购入的股权投资因其没有固定到期日,不能划分为持有至到期投资。(　　)
8. 以公允价值计量且其变动计入当期损益的金融资产包括交易性金融资产和可供出售金融资产。(　　)
9. 可供出售金融资产在持有期间应当按照公允价值计量,公允价值与账面价值之间的差额计入当期损益。(　　)
10. 可供出售金融资产发生减值的,在确认减值损失时,应当将原来直接

计入所有者权益的因公允价值下降形成的累计损失一并转出，计入减值损失。（ ）

四、名词解释

1. 交易性金融资产
2. 可供出售金融资产
3. 持有至到期投资
4. 公允价值变动损益

五、简答题

1. 交易性金融资产的初始入账成本怎么确认？
2. 可供出售金融资产为债权类时在持有期间如何确定投资收益？
3. 可供出售金融资产期末计提减值准备时有何注意事项？
4. 持有至到期投资在初始确认金额、期间确认投资收益、公允价值变动、计提减值准备时有何注意事项？

六、计算分析题

习题一　练习交易性金融资产的会计处理

资料

2007 年 3 月，甲公司以 320 万元购入乙公司股票 50 万股作为交易性金融资产，另支付手续费 12 万元，2007 年 6 月 30 日，该股票每股市价为 7.5 万元。2007 年 8 月 12 日，乙公司宣布分派现金股利，每股 0.3 元，9 月 3 日，甲公司收到分派的现金股利。至 12 月 31 日，甲公司仍持有该交易性金融资产。期末每股市价为 6.0 元，2008 年 3 月 2 日，以 342 万元出售该交易性金融资产。假定甲公司每年 6 月 30 日和 12 月 31 日对外提供财务报告。

要求

(1) 编制上述经济业务的会计分录。
(2) 计算该交易性金融资产的累计损益。

习题二　练习可供出售金融资产的会计处理

资料

甲公司 2007 年 3 月 2 日购入乙上市公司的股票 200 万股作为可供出售金融资产，每股 9 元(含已宣告但尚未发放的现金股利 1 元)，另支付相关费用

5 万元。5 月 12 日，收到现金股利 200 万元。6 月 30 日，每股公允价值为 8.3 元。12 月 31 日，每股公允价值为 9.4 元。2008 年 1 月 4 日，对外出售，每股售价 9.6 元。甲公司每半年提供一次财务报告。

要求

根据上述资料，编制甲公司有关会计分录。

习题三　练习持有至到期投资的会计处理

资料

甲公司 2007 年 1 月 2 日购入乙上市公司于 2007 年 1 月 1 日发行的债券，该债券 3 年期、票面利率为 5%、到期日为 2010 年 1 月 1 日，每年 1 月 5 日支付上年度利息，到期日一次归还本金和最后一次利息。甲公司购入的债券面值为 1 000 万元，实际支付款项为 947.50 万元，另支付相关费用 20 万元。甲公司将其划分为持有至到期投资。购入的实际利率为 6%。

要求

编制甲公司持有该投资至到期的有关会计分录。

习题四　练习计提资产减值准备的会计处理

资料

甲公司 2007 年 3 月 2 日购入乙上市公司的股票 100 万股作为可供出售金融资产，每股 3 元，另支付相关费用 4 万元。6 月 30 日，每股公允价值为2.8 元，9 月 30 日，每股公允价值为 3.2 元，12 月 31 日，由于乙公司发生严重财务危机，每股公允价值 2 元，甲公司对该股票投资计提减值准备。2008 年 2 月 1 日，甲公司将上述股票对外出售，每股售价 2.3 元。甲公司对外提供季度财务报告。

要求

根据上述资料，编制相关会计分录。

第九章 负债的核算

第一节 负 债 概 述

负债是指企业过去的交易或者事项形成，预期会导致经济利益流出企业的现时义务。负债又称债权人权益，它表示企业对债权人所承担的债务。

负债产生于企业的经济活动，它可以有不同的分类：

(1) 负债按偿付期限的长短，可以分为流动负债和长期负债。流动负债是指将在1年或者超过1年的一个营业周期内偿还的债务，如短期借款、应付票据等。长期负债是指偿还期在1年或超过一个营业周期以上的债务，如企业的长期借款、应付债券、长期应付款等。

(2) 负债按企业偿还债务的不同手段，可以分为以货币偿还的债务、以物品和劳务偿还的债务。以货币偿还的债务有应付票据、应付账款、应付债券等。以物品和劳务偿还的债务有预收账款、应付引进设备款等。

(3) 负债按企业债务金额的可确定性，可以分为金额肯定的债务和金额取决于企业经营成果的债务。金额肯定的债务是指企业在到期偿还日必须偿还有肯定金额的负债，如应付账款、应付票据等；金额取决于企业经营成果的债务是指根据企业在某一会计期间的经营成果才能决定负债的金额，如应付股利、应付职工薪酬等。

(4) 负债按产生的原因可分为商业性负债、融通性负债及其他性质的负债。

商业性负债是指企业在正常的生产经营过程中与其他单位或个人发生货款应付未付而形成的债务，如应付账款、预收账款等。

融通性负债是指因资金融通要求而发生的负债，如短期借款等。

其他性质的负债是指不属于以上两项负债的债务，如应交税费、应付职工薪酬等。

第二节　流动负债的核算

一、流动负债的概念及其特点

流动负债是指将在1年内或超过1年的一个营业周期内偿还的债务。它包括短期借款、应付票据、应付账款、应付职工薪酬、应交税费、预收账款、应付股利和其他应付款等。

它除具有负债的基本特征外，流动负债还有自身的特点：

(1) 偿还期限短。只有那些在1年内或者一个营业周期内偿还的债务才能算是流动负债。

(2) 一般以企业的流动资产来清偿。通过流动资产和流动负债的比例，可以了解企业的短期偿债能力。

二、短期借款的核算

(一) 短期借款的概念

短期借款是指企业借入的期限在1年以下的各种借款。短期借款一般是企业为了维持正常的生产经营所需的资金而借入的或者为抵偿某项债务而借入的。

短期借款的债权人一般为银行和其他金融机构等。

企业向金融机构办理借款，均要提出借款申请书，并根据所需借款的具体情况，提供相应的证明材料；金融机构对企业的借款申请书及证明材料进行审查评估，经审核同意之后，双方要签订借款合同。各种类型的借款都规定有期限和利率，企业必须按期如数归还本金，并及时足额地支付利息。

短期借款的利息，企业应作为一项财务费用，计入当期损益。

(二) 设置账户

短期借款核算的基本要求是，反映和监督借款的借入、借款利息的结算和借款本息的归还情况，促使企业遵守信贷纪律，发挥信贷资金使用的效益。

为了总括地反映和监督短期借款的取得和归还情况，应设置“短期借款”账户。企业借入的各种短期借款，记入该账户的贷方；归还借款时，记入该账户的借方；其余额一般在贷方，表示尚未归还的短期借款。该账户按债权人设置明细账户，并按借款种类进行明细分类核算。

(三) 账务处理

企业借入的各种短期借款，应借记“银行存款”账户，贷记“短期借款”账户；归还借款时，借记“短期借款”账户，贷记“银行存款”账户。

发生的短期借款利息，借记“财务费用”账户，贷记“应付利息”账户。

【例 9-1】 某企业 7 月 1 日向银行借入短期借款 300 000 元，期限 3 个月，年利率 9%，借款到期如数归还。

(1) 7 月 1 日，借入款项。作会计分录如下：

借：银行存款　　300 000
　贷：短期借款　　300 000

(2) 7 月和 8 月份每月预提银行借款利息2 250元(300 000×9%×1/12)。作会计分录如下：

借：财务费用　　2 250
　贷：应付利息　　2 250

(3) 9 月末还本付息。作会计分录如下：

借：财务费用　　2 250
　贷：应付利息　　2 250

同时，作会计分录如下：

借：短期借款　　300 000
　　应付利息　　6 750
　贷：银行存款　　306 750

三、应付账款的核算

(一) 应付账款的概念

应付账款是指企业因购买材料、物资或接受劳务供应等业务应支付给供应单位的款项。这是买卖双方在购销活动中，由于取得物资与支付货款在时间上不一致而产生的负债。

(二) 设置账户

应付账款是通过“应付账款”账户进行核算的。该账户的贷方登记企业购买材料、物资，接受劳务供应的应付未付款项；借方登记偿还的应付账款或以商业汇票抵付的应付账款，以及冲销的无法支付的应付账款；期末贷方余额为应付账款的实际数额。该账户应按供应单位设置明细账，进行明细分类核算。

(三) 账务处理

企业购入材料、物资等验收入库，但货款尚未支付时，为简化核算手续，平时可不进行账务处理，待收到结算凭证付款时，借记“在途物资”等账户，贷记“银行存款”账户；如果月末仍未付款的材料、物资，则应先暂估入账，借记“原材料”等账户，贷记“应付账款”账户；下月初，用红字分录予以冲回，以便下月付款时，按正常程序核算。

【例 9-2】 某企业向外地某公司购进材料一批，共 1 000 千克，每千克计划成本为 80 元。材料运到并已验收入库，但至月终托收凭证仍未到达，货款未付。月末作会计分录如下：

借：原材料 80 000
　贷：应付账款 80 000

下月初用红字分录冲回，作会计分录如下：

借：原材料 80 000
　贷：应付账款 80 000

企业接受供应单位供应的劳务而发生的应付未付款项，应根据供应单位的发票账单，借记有关成本费用账户，贷记本账户；偿还时，借记本账户，贷记“银行存款”等账户。

【例 9-3】 某企业管理部门接受外单位提供的修理劳务，应付劳务费 4 000元，款项尚未支付。作会计分录如下：

借：管理费用 4 000
　贷：应付账款 4 000

偿还劳务费时，作会计分录如下：

借：应付账款 4 000
　贷：银行存款 4 000

企业开出承兑汇票抵付货款时，作会计分录如下：

借：应付账款 4 000
　贷：应付票据 4 000

企业应付账款确实无法支付，经确认作为资本公积时，应作会计分录如下：

借：应付账款 4 000
　贷：资本公积 4 000

四、预收账款的核算

（一）预收账款的概念

预收账款是指企业按照合同规定向购货单位预收的部分货款或购货定

金。企业预收的账款是企业的一项负债，这项负债要待实际出售产品或提供劳务时再行冲减。

（二）设置账户

企业应设置“预收账款”账户，用来核算预收账款的收取和结算情况。该账户的贷方登记企业按照合同规定向购货单位预收的货款或定金；借方登记实际出售产品或提供劳务而冲销的预收账款数额；余额在贷方，表示尚未发出产品的预收货款。

如果企业的预收货款业务不多，也可以不设置“预收账款”账户，而是将预收的货款直接记入“应收账款”账户的贷方。

（三）账务处理

企业按照规定向购货方预收货款时，应借记“银行存款”账户，贷记“预收账款”账户；产品销售实现时，应按产品售价借记“预收账款”账户，贷记“主营业务收入”、“应交税费”等账户；退回多付的货款，借记“预收账款”账户，贷记“银行存款”账户；购货单位补付的货款，借记“银行存款”账户，贷记“预收账款”账户。

【例 9-4】 某企业向一购货单位预收货款 70 000 元存入银行，按合同规定 3 个月后向对方提供甲产品一批，按售价计价60 000元，增值税销项税额10 200 元，购货单位补付货款 200 元。

- 企业预收货款。作会计分录如下：

借：银行存款	70 000	
贷：预收账款		70 000

- 产品销售实现。作会计分录如下：

借：预收账款	70 200	
贷：主营业务收入		60 000
应交税费——应交增值税（销项税额）		10 200

- 购货单位开出支票，补付货款 200 元。作会计分录如下：

借：银行存款	200	
贷：预收账款		200

五、应付票据的核算

（一）应付票据的概念

应付票据是指企业采用商业汇票结算方式，根据合同签发的承诺在 1 年内某一指定时期支付一定款项的书面凭证。应付票据包括银行承兑汇票和商业承兑汇票。

应付票据分带息和不带息两种。带息票据是指在票面上注明利息率，票据到期时，承兑方除支付票面金额外，还要按面额的年利息率支付利息。不带息票据是指汇票不计利息，票据到期，只需按票面金额偿付。

商业汇票的承兑期最长不超过 6 个月，如果分期付款，应该一次签发若干张不同期限的汇票。

（二）设置账户

为了总括地反映和监督企业商业汇票开出或承兑以及支付情况，企业应设置“应付票据”账户。该账户贷方登记企业开出承兑的商业汇票或以承兑汇票抵付货款的数额；借方登记企业开出的商业汇票的偿还数额；贷方余额，表示期末企业开出的商业汇票尚未支付的数额。为了加强应付票据的管理，企业应设置“应付票据备查簿”，并指定专人负责登记每一应付票据的种类、号数、签发日期、票面金额、合同交易号、收款单位名称及付款日期和金额等详细资料。应付票据结清时，在备查簿中逐笔注销。

（三）账务处理

企业开出、承兑商业汇票或以承兑票据抵付货款时，借记“在途物资”、“应付账款”等账户，贷记“应付票据”账户；如果开出、承兑银行承兑汇票还须按票面金额的一定比例支付手续费，借记“财务费用”账户，贷记“银行存款”账户。

1. 不带息应付票据

【例 9-5】 某企业购进材料一批，按合同规定开出不带息的银行承兑汇票 1 张，票面金额 80 000 元（其中材料价款 68 376.07 元，增值税额 11 623.93 元），期限 4 个月，并支付银行承兑手续费 80 元。

- 支付银行承兑手续费 80 元。作会计分录如下：

借：财务费用	80	
贷：银行存款		80

- 企业购买材料。作会计分录如下：

借：在途物资	68 376.07	
应交税费——应交增值税（进项税额）	11 623.93	
贷：应付票据		80 000.00

- 商业汇票到期，接到银行支付到期票款的通知。作会计分录如下：

借：应付票据　　80 000
　贷：银行存款　　80 000

如果应付票据到期，银行存款不足支付，若采用的是银行承兑汇票，则银行应无条件地垫付票款，并向申请银行承兑的企业执行扣款。对尚未扣回的承兑金额，按逾期贷款处理。企业对未能支付的票面金额，转为贷款。作会计分录如下：

借：应付票据　　×××
　贷：短期借款　　×××

对加罚利息时，作会计分录如下：

借：财务费用　　×××
　贷：银行存款　　×××

如果应付票据到期，付款人账户存款不足，若采用的是商业承兑汇票，则银行不代付票款，而是将商业汇票退给收款人，由双方自行处理，并对付款人处以罚款。

付款单位收到银行通知时，将应付票据转为应付账款。作会计分录如下：

借：应付票据　　×××
　贷：应付账款　　×××

收款单位收到银行通知时，将应收票据转为应收账款。作会计分录如下：

借：应收账款　　×××
　贷：应收票据　　×××

2. 带息应付票据

【例 9-6】 某企业购进材料一批，开出半年期商业承兑汇票 1 张，票据年利率 10%，票面金额 50 000 元（其中材料成本 42 735.04 元，增值税额 7 264.96元）。

(1) 企业购入材料。作会计分录如下：

借：在途物资　　42 735.04
　　应交税费——应交增值税（进项税额）　　7 264.96
　贷：应付票据　　50 000.00

(2) 每月月末预提利息费用为416.07元（50 000×10%÷12）。作会计分录如下：

借：财务费用　　416.67
　贷：应付票据　　416.67

(3) 票据到期清偿。作会计分录如下：

借：应付票据　　52 500
　贷：银行存款　　52 500

六、应交税费的核算

(一) 税金的概念

应交税费是指企业根据国家法律、法规规定，从事一定经济活动向国家交纳的各种税收。税金是国家为实现其职能，凭借政治权力，运用法律手段对一部分社会产品进行再分配，以无偿取得财政收入的一种形式。税金是我国财政收入的一项主要来源，每一个企业都有纳税的义务，都要严格按照国家法律、法规规定向国家税务机关申报交纳税金，严禁偷税漏税。

企业的税金，按照征收对象，可以划分为：

(1) 流转税类指对从事商品生产、销售以及提供劳务的企业，按营业收入计算征收的一种税收种类，包括增值税、营业税和消费税等。

(2) 所得税类指按纳税人的所得计算征收的一种税收种类，包括企业所得税等。

(3) 财产税类指对财产所有人、占用人和使用人所拥有或支配的应税财产，就其数量或价值依法征收的一种税收种类，包括房产税、土地使用税、土地增值税等。

(4) 资源税类指以各种自然资源及其级差收入为对象征收的一种税收种类，包括资源税等。

(5) 行为税类指以法人和自然人的经济行为为对象征收的税收种类，包括印花税、车船税等。

(二) 设置账户

企业应设置"应交税费"账户，核算各种税金的应交和交纳的情况。该账户贷方登记应交的税金数；借方登记已交的税金数；月末贷方余额为未交的税金，借方余额则为多交的税金。该账户应按具体税种设置明细账，进行明细分类核算。但是，企业交纳的印花税及其他不需预计应交的税金，不在"应交税费"账户核算。

(三) 应交增值税的核算

1. 增值税的概念

增值税是价外税是指对销售收入中的增值额部分进行征税的一种流转

税。增值额是指企业销售收入减去相应的外购材料、商品等成本的差额，它是生产经营过程中投入的有形动产增加的价值。

增值税的纳税人为：在中华人民共和国境内销售货物或提供加工、修理修配劳务以及进口货物的单位和个人。

根据纳税人的生产经营规模及财会核算健全程度，增值税的纳税人分为一般纳税企业和小规模纳税企业。

2. 一般纳税企业增值税的核算

(1) 增值税的征收范围。它包括销售货物、进口货物和提供加工、修理修配等劳务。销售货物是指纳税人销售的有形动产，如钢材、木材、汽车、粮食等各种工农业有形产品(包括电力、热力、气体在内)以及视同销售的货物，如自产、委托加工或购买的货物作为对外投资，或无偿赠送他人，或将自产、委托加工货物用于集体福利、个人消费或用于非应税项目等行为，但不包括销售不动产和转让无形资产等。

(2) 增值税的税率。一般纳税企业增值税的税率分为三档：销售或进口货物以及加工、修理修配劳务的税率为17%，这是增值税的基本税率；销售或者进口粮食、食用植物油、自来水、暖气、煤气、民用煤炭制品、图书、报纸、饲料、化肥、农机农药等必需品的税率为13%；出口货物税率为零。

(3) 应纳增值税的计算。一般纳税企业应纳税额的计算为当期销项税额减去当期进项税额后的余额。

其计算公式如下：

$$\text{应纳增值税额}=\text{当期销项税额}-\text{当期进项税额}$$

其中

$$\text{当期销项税额}=\text{当期销售额}\times\text{增值税税率}$$

$$\text{当期进项税额}=\text{当期购进货物支付的价款}\times\text{增值税税率}$$

上述计算公式中，当期销项税额是指纳税期限内纳税人销售货物或提供应税劳务，按照销售额和规定的税率计算并向买方收取的增值税额。增值税是价外税，如果企业销售货物或提供劳务采用销售额和销项税额合并定价方法，应按公式还原为不含税销售额。销售货物如发生退货，销售方必须取得购货方当地税务机关有关证明，才能开具红字专用发票，作为购、销双方扣减当期进项税额或销项税额的凭证。

上述计算公式中，当期进项税额，指纳税期限内，纳税人购进货物或接受应税劳务所支付或负担的，准予从销项税额中抵扣的增值税额。其数额由三部分组成：一是从销售方取得的增值税专用发票上注明的增值税；二是从海关取得的完税凭证上注明的增值税额；三是收购废旧物资或购进免税农产品，按照凭证上注明的买价和13%的扣除率计算进项税额，进项税额＝买价×扣除率。企业购进货物（除固定资产外），所支付的运输费用，根据运输结算单据（普通发票）所列运输金额依7%的扣除率计算进项税额准予扣除。但随同运输费支付的装卸费、保险费等其他杂费不得计算扣除进项税额。

企业购进货物未能形成计税的销售额，其进项税额不得从销项税额中抵扣。它们包括购进固定资产；购进货物或者应税劳务用于非应税项目、用于免税项目、用于集体福利和个人消费；购进货物发生的非正常损失；非正常损失的在产品、产成品所耗用的购进货物或者应税劳务等。如果购进这些货物时已明确用途，其已纳税额直接计入有关成本，而不计入“进项税额”。如果购入时用途不明确或者购入后改变原定用途，购入时已计入“进项税额”，已纳税额应当转出，均不能用来抵扣“销项税额”。

增值税应纳税额举例如下：

【例9-7】 某企业为一般纳税人，适用增值税税率为17%，当期购进材料支付价款60 000元，增值税进项税额为10 200元；当期购进材料中，有10 000元用于非应税项目；当期销售产品取得的计税销售收入80 000元。则该企业当期应纳增值税额50 100元[80 000×17%－(60 000×17%－10 000×17%)]。

(4) 增值税的交纳。增值税的纳税期限分别为1日、3日、5日、10日、15日或1个月。具体纳税期限，由主管税务机关核定。进口货物，应自海关填发税款交纳凭证的次日起至7日内交纳税款。

(5) 设置账户。一般纳税企业计算交纳的增值税，通过“应交税费——应交增值税”账户进行核算。该账户的借方登记企业购进货物或接受应税劳务的进项税额和实际已交纳的增值税额；贷方登记销售货物或提供应税劳务应交纳的增值税额、出口退税、转出的支付或应分担的增值税；期末借方余额反映企业多交或尚未抵扣的增值税；期末贷方余额反映企业尚未交纳的增值税。

“应交税费——应交增值税”账户分别设置“进项税额”、“已交税金”、“减免税款”、“出口抵减内销产品应纳税额”、“转出未交增值税”、“销项税额”、“出口退税”、“进项税额转出”、“转出多交增值税”等专栏。其账户格式，见表9-1。

表 9-1

应交税费——应交增值税

单位：元

日期	借方				
	进项税额	已交税金	减免税款	出口抵减内销产品应纳税额	转出未交增值税

日期	贷方				借或贷	余额
	销项税额	出口退税	进项税额转出	转出多交增值税		

“进项税额”专栏，记录企业购进货物或接受应税劳务支付的、准予从销项税额中抵扣的进项税额。企业购入货物或接受应税劳务支付的进项税额，用蓝字登记；退回应税货物应冲销的进项税额，用红字登记。

“已交税金”专栏，记录企业已交纳的增值税额。企业已交纳的增值税额用蓝字登记，退回多交的增值税额用红字登记。

“销项税额”专栏，记录企业销售货物或提供应税劳务应收取的增值税额。企业销售货物或提供应税劳务应收取的销项税额，用蓝字登记；退回销售货物应冲销销项税额，用红字登记。

“出口退税”专栏，记录企业出口适用零税率的货物，向海关办理出口手续后，凭出口报关单等有关凭证，向税务机关申报办理出口退税而收到退回的税额。出口货物退回的增值税额，用蓝字登记；出口货物办理退税后发生退货或者退关的补交已退的税额，用红字登记。

“进项税额转出”专栏记录企业的购进货物、在产品、产成品等发生非正常损失以及其他原因而不应在销项税额中抵扣，按规定转出的进项税额。

(6) 账务处理如下：

其一，国内采购应税货物。实行增值税的一般纳税企业，购入货物取得的增值税专用发票上注明的增值税额和价款，属于价款部分计入购入货物的成本，属于增值税额部分，计入进项税额。

【例 9-8】 某企业购入原材料一批，增值税专用发票注明的原材料价款为 30 000 元，增值税额为 5 100 元。进货运费为 2 000 元，按规定应计算增值税额为 140(2 000×7%)元。款项均已通过银行存款支付。作会计分录如下：

借：在途物资	31 860	
应交税费——应交增值税(进项税额)	5 240	
贷：银行存款		37 100

其二，进口货物。企业进口货物，按照海关提供的完税凭证上注明的增值税额和货物价款进行账务处理。进口货物的进项税额的计算公式如下：

进项税额＝组成计税价格×税率

＝(关税完税价格＋关税＋消费税)×税率

【例 9-9】 企业进口材料一批，关税完税价格 500 000 元，关税 57 500 元，消费税 42 500 元，适用的进口增值税率为 17%。其进项税额为 102 000 元[(500 000＋57 500＋42 500)×17%]。作会计分录如下：

借：在途物资	600 000	
应交税费——应交增值税(进项税额)	102 000	
贷：银行存款		702 000

其三，接受货物投资。企业接受投资转入的货物，按照确认的投资货物价值(不含增值税)借记“原材料”等账户；按照专用发票上注明的增值税额，借记“应交税费——应交增值税(进项税额)”账户；按照货物价值与增值税额的合计数，贷记“实收资本”账户。

【例 9-10】 某企业投资转入一批原材料，增值税专用发票中注明双方商定以该批材料成本 600 000 元作为投资价值，该批材料市场价格为700 000元，增值税额为119 000元(700 000×17%)。作会计分录如下：

借：原材料	600 000	
应交税费——应交增值税(进项税额)	119 000	
贷：实收资本		719 000

企业接受捐赠转入的货物与接受投资的账务处理基本相同，区别在于接受捐赠应当记入“营业外收入——捐赠利得”账户。

其四，进项税额转出。企业购进的货物以及在产品和产成品因发生非正常损失，或者购进货物改变用途等原因，其购进时发生的进项税额应当转出，由企业自己承担这部分税额。

【例 9-11】 某企业购进材料发生非正常损失，根据增值税专用发票上确认的成本为 20 000 元，进项税额为 3 400 元。作会计分录如下：

借：待处理财产损溢　　23 400
　贷：在途物资或原材料　　20 000
　　应交税费——应交增值税（进项税额转出）　　3 400

【例 9-12】 某企业生产车间发生在产品非常损失 120 000 元，经确认其中投入原材料成本等应分摊的增值税额为 16 000 元。作会计分录如下：

借：待处理财产损溢　　136 000
　贷：生产成本　　120 000
　　应交税费——应交增值税（进项税额转出）　　16 000

【例 9-13】 企业在建厂房领用生产用原材料 51 000 元，应负担的增值税为 8 670 元。作会计分录如下：

借：在建工程　　59 670
　贷：原材料　　51 000
　　应交税费——应交增值税（进项税额转出）　　8 670

企业购入货物或接受应税劳务直接用于非应税项目、免税项目、集体福利和个人消费的，其专用发票上注明的增值税额不作进项税额转出，应直接计入购入货物及接受应税劳务的成本。

【例 9-14】 企业以自营方式建造厂房 1 幢，以银行存款购入建造厂房所需的物资一批，增值税专用发票上注明的价款为 300 000 元，增值税为 51 000 元。作会计分录如下：

借：工程物资　　351 000
　贷：银行存款　　351 000

其五，销售货物或提供应税劳务。企业销售货物或提供应税劳务，按照实现的销售收入和收取的增值税额，借记“银行存款”、“应收账款”等账户；按照实现的销售收入，贷记“主营业务收入”账户；按照收取的增值税额，贷记“应交税费——应交增值税（销项税额）”账户。发生的销售退回，作相反的会计分录。

【例 9-15】 企业销售一批产品，销售收入 40 000 元，增值税税率 17%。开出增值税专用发票，并收妥款项存入银行。作会计分录如下：

借：银行存款　　46 800
　贷：主营业务收入　　40 000
　　应交税费——应交增值税（销项税额）　　6 800

其六，自产自用货物。企业将自产或委托加工的货物用于非应税项目，应按照货物成本转账，在税收上应视同销售货物计算应交增值税。

【例 9-16】 企业建造厂房，领用本企业生产的产品，成本为 150 000 元。该产品售价为 170 000 元，增值税税率为 17%。销项税额为 28 900 元（170 000×17%）。作会计分录如下：

借：在建工程	178 900
贷：库存商品	150 000
应交税费——应交增值税（销项税额）	28 900

其七，对外投资。企业将自产、委托加工或购买的货物作为投资，投资方视同销售，吸收投资方视同购入处理，分别计算货物的销项税额和进项税额。

【例 9-17】 企业用原材料对外投资。该批原材料的成本为 600 000 元，双方商定以该批原材料的成本 600 000 元作为投资价值，增值税税率 17%。该批材料的市场价格为 680 000 元，对外投资转出原材料应交纳的增值税为 115 600元（680 000×17%）。作会计分录如下：

借：长期股权投资	715 600
贷：原材料	600 000
应交税费——应交增值税（销项税额）	115 600

若企业对外捐赠货物，应按捐出货物的成本和应计的增值税销项税额作为营业外支出处理。

其八，出口退税。企业出口的货物适用零税率，不计算销售收入应交纳的增值税，但应办理该项出口货物进项税额的退税手续。企业收到退回的税额时，借记“银行存款”账户，贷记“应交税费——应交增值税（出口退税）”账户。

其九，增值税的交纳。纳税人纳税期满后，应汇总本期所发生的销项税额和进项税额，按照“应纳税额＝当期销项税额－当期进项税额”的公式计算本期应交纳的增值税税额。如果当期销项税额小于当期进项税额，不足抵扣时，其不足部分可以结转下期继续抵扣。

【例 9-18】 某企业月初“应交增值税”账户借方余额为 60 000 元，本月发生销项税额合计为 2 000 000 元，本月进项税额合计为 1 100 000 元，进项税额转出 120 000 元，本月累计应交增值税为 960 000 元（－60 000＋2 000 000＋120 000－1 100 000）。本月交纳的增值税为 900 000 元。作会计分录如下：

借：应交税费——应交增值税（已交税金）	900 000
贷：银行存款	900 000

该企业“应交税费——应交增值税”账户期末贷方余额的60 000元，反映月

末欠交数。

按照增值税会计处理规定，“应交税费——应交增值税”账户的期末贷方余额反映企业期末应交未交的增值税额，期末借方余额反映企业期末多交或尚未抵扣的增值税额，这样处理，从不同的月份来看，企业在以前月份有欠交增值税的情况下，可能会把应由以后月份抵扣的增值税抵扣以前月份欠交的增值税，这是不合理的。另外，从不同的企业来看，一些企业某一月份可能是欠交增值税，而另外一些企业可能是未抵扣增值税，如果把若干个企业的“应交增值税明细表”加总起来后，就不好直观地反映某一期间企业是欠交增值税还是尚未抵扣的增值税。

为了分别反映增值税一般纳税企业欠交增值税和待抵扣增值税的情况，确保企业及时足额上缴增值税，会计制度规定：在“应交税费”账户下增设“未交增值税”明细账户，核算一般纳税企业月终时转入的应交未交增值税和多交的增值税。在“应交税费——应交增值税”账户下增设“转出多交增值税”和“转出未交增值税”两个专栏，分别记录一般纳税企业月终转出未交或多交的增值税。

【例 9-19】 远华企业 1 月份购进商品等支付的增值税进项税额为 34 000 元，本月销售商品等发生的销项税额为 51 000 元。假定 1 月份初没有未抵扣以及欠交或多交的增值税，也没有其他涉及增值税的业务，1 月份上缴增值税为 10 000 元。该企业 2 月份购进商品等支付进项税额 25 000 元，销售商品等发生的销项税额为 20 000 元，除此以外，2 月份该企业没有发生其他涉及增值税的业务。

1 月份应交增值税＝51 000－34 000＝17 000(元)

1 月份上交增值税，作会计分录如下：

借：应交税费——应交增值税(已交税金)	10 000	
贷：银行存款		10 000

转出 1 月份未交的增值税 7 000 元。作会计分录如下：

借：应交税费——应交增值税(转出未交增值税)	7 000	
贷：应交税费——未交增值税		7 000

2 月份未抵扣的增值税为 5 000 元，留待以后月份抵扣，即“应交税费——应交增值税”账户借方余额为 5 000 元。

如果 2 月份该企业交纳了 1 月份欠交的增值税 7 000 元，企业应作会计分录如下：

借：应交税费——未交增值税　　7 000
　贷：银行存款　　7 000

从上述例子可以看出，企业当月交纳的增值税，仍然通过“应交税费——应交增值税（已交税金）”账户，当月交纳以前各期未交纳的增值税，通过“应交税费——未交增值税”账户。

3. 小规模纳税企业增值税的核算

（1）小规模纳税企业的标准。按增值税的有关规定，小规模纳税企业的划分标准为：从事货物生产或提供增值税应税劳务的纳税人，在1个公历年度内，年应纳增值税项目的销售额在1 000 000元以下的；从事货物批发、零售的纳税人，在1个公历年度内，年应纳增值税项目的销售额在1 800 000元以下的；以生产货物或提供增值税应税劳务为主，并兼营货物批发或零售的纳税人，在1个公历年度内，年应纳增值税项目的销售额在1 000 000元以下的；会计核算不健全，不能够提供准确税务资料的，经主管税务机关批准为小规模的纳税企业。

（2）小规模纳税企业应纳税额的计算。小规模纳税人销售货物或提供应税劳务，实行简易办法计算应纳税额，即按照销售额和规定的6%的征收率计算应纳税额，并不得抵扣进项税额。应纳税额计算公式如下：

$$\text{应纳税额}=\text{销售额}\times\text{征收率}$$

小规模纳税企业的销售额也不包括其应纳增值税额。一般情况下，小规模纳税人销售货物或者提供应税劳务，不得开具增值税专用发票，只能开具普通发票，也不能在发票上注明税款。因此，纳税人应根据向购买者取得的收入，按下列公式计算销售额，并根据销售额和规定征收率计算应纳税额：

$$\text{销售额}=\frac{\text{含税销售额}}{1+\text{征收率}}$$

【例 9-20】 某小规模纳税企业销售产品取得价款20 000元，则销售额为18 867.93元［20 000 ÷（1 + 6%）］，应纳增值税额为1 132.07元（18 867.93×6%）。

（3）账务处理。小规模纳税企业征税时不得抵扣“进项税额”，因此不需要单独核算“进项税额”、“进项税额转出”、“销项税额”等内容，只要核算增值税的应交数、已交数及欠交、多交数即可。这就是说，小规模纳税企业只需在

"应交税费"账户下设置"应交增值税"明细账户进行核算。

小规模纳税企业购入货物或接受应税劳务支付的增值税额直接计入有关货物及劳务的成本。所取得的增值税专用发票，只能作为商事凭证，不具有扣税凭证的作用。相应地，其他企业从小规模纳税企业购入货物或接受劳务支付的增值税额，如果不能取得增值税专用发票，也不能作为进项税额抵扣，而应计入货物或应税劳务的成本。

【例 9-21】 某小规模纳税企业购入一批原材料，增值税专用发票上注明的原材料价款为 50 000 元，增值税额为 8 500 元，货款已从银行支付。作会计分录如下：

借：在途物资	58 500	
贷：银行存款		58 500

【例 9-22】 某小规模纳税企业销售货物一批，全部货款为80 000元，适用增值税税率为 6%，货款尚未收到。

计算应纳增值税额：

$$应纳税额=80\,000\div(1+6\%)\times6\%=4\,528.30(元)$$

作会计分录如下：

借：应收账款	80 000.00	
贷：应交税费——应交增值税		4 528.30
主营业务收入		75 471.70

【例 9-23】 某一般纳税企业向一小规模纳税企业购进原材料一批，货款(包括增值税)共计 20 000 元，收到对方开出的普通发票，货款已付讫。作会计分录如下：

借：在途物资	20 000	
贷：银行存款		20 000

(四) 应交消费税的核算

1. 消费税概述

消费税是国家对某些特定的消费品和消费行为在普遍征收增值税的基础上再征收的一种流转税，如烟、酒、化妆品、贵重首饰、摩托车、小汽车等。

消费税的纳税义务人为在我国境内生产、委托加工和进口应税消费品的单位和个人。

根据消费税暂行条例规定，消费税在生产环节征收，即纳税企业生产的应税消费品，在销售时纳税，进入流通领域不需要再纳消费税。委托加工的应税消费品，由受托方在委托方交货时代收代交税款。进口的应税消费品于报关进口时纳税。出口应税消费品原则上免征消费税。

消费税实行价内征收，消费税的征收实行从价定率和从量定额征收两种方法。其计算公式如下：

从价定率应纳税额＝销售额×税率

从量定额应纳税额＝销售数量×单位税额

公式中的“销售额”是指：

(1) 对外销售的应税消费品，其销售额为向对方收取的全部价款和价外费用，但不包括收取的增值税。

(2) 委托加工的应税消费品，按照组成计税价格计税：

组成计税价格＝(材料成本＋加工费)÷(1－消费税税率)

(3) 进口应税消费品，按照组成计税价格计税：

组成计税价格＝(关税完税价格＋关税)÷(1－消费税税率)

2. 设置账户

企业按规定应交纳的消费税，在“应交税费”账户下设置“应交消费税”明细账户进行核算。该账户的借方登记企业实际交纳的消费税和待扣的消费税；贷方登记按规定应交纳的消费税。期末贷方余额，反映尚未交纳的消费税；期末借方余额，反映多交的消费税。企业交纳的消费税记入“营业税金及附加”等账户。

3. 账务处理

【例 9-24】　某企业生产的 200 辆摩托车售出，取得的销售收入为 2 000 000元(不含增值税)，摩托车消费税税率为 10%，应纳消费税额为 200 000元(2 000 000×10%)。

- 计算应交消费税税金时，作会计分录如下：

借：营业税金及附加　　200 000

　　贷：应交税费——应交消费税　　200 000

- 实际交纳消费税时，作会计分录如下：

借：应交税费——应交消费税　　200 000

　　贷：银行存款　　200 000

【例 9-25】 甲企业委托乙企业加工应税消费品，甲企业提供原材料成本为 6 000 元，加工费为 2 000 元（不含增值税），消费税税率 5%。甲企业为一般纳税人，增值税税率 17%。乙企业为小规模纳税企业，增值税征收率为 6%。

应税消费品组成计税价格＝(6 000＋2 000)÷(1－5%)
＝8 421.05(元)

乙企业代扣代交消费税额＝8 421.05×5%＝421.05(元)

乙企业应纳增值税＝2 000×6%＝120(元)

乙企业作会计分录如下：

借：应收账款	2 541.05	
贷：应交税费——应交消费税		421.05
主营业务收入		2 000.00
应交税费——应交增值税		120.00

甲企业收回货物，如果直接用于销售，将代扣的消费税计入委托加工的应税消费品的成本。作会计分录如下：

借：委托加工物资	2 541.05	
贷：应付账款		2 541.05

甲企业收回的货物，如果用于连续生产应税消费品，则代交的消费税按规定准予抵扣，不计入委托加工物资成本，而先记入“应交税费——应交消费税”账户的借方，留待最终应税消费品交纳消费税时予以抵扣。作会计分录如下：

借：委托加工物资	2 120.00	
应交税费——应交消费税	421.05	
贷：应付账款		2 541.05

【例 9-26】 某公司进口汽车 1 辆自用，关税完税价格 8 000 美元，应交关税 24 000 元人民币，该汽车适用消费税税率为 8%，增值税税率为 17%，当月 1 日的美元的汇率为 8 元人民币，货款及税金已全部付清。

消费税组成计税价格＝(8 000×8＋24 000)÷(1－8%)
＝95 652.17(元)

应纳消费税＝95 652.17×8%＝7 652.17(元)

增值税组成计税价格＝8 000×8＋24 000＋7 652.17
＝95 652.17(元)

应纳增值税＝95 652.17×17%＝16 260.87(元)

$$进口汽车成本=8\,000\times8+24\,000+7\,652.17+16\,260.87$$
$$=111\,913.04(元)$$

作会计分录如下：

借：固定资产　　111 913.04
　贷：银行存款　　111 913.04

（五）应交营业税的核算

1. 营业税概述

营业税是对纳税人就其营业服务等收入额征收的一种流转税。

营业税的征收范围包括：

(1) 交通运输业、建筑业、金融保险业、邮电通信、文化体育业、娱乐业、服务业提供的应税劳务。

(2) 转让无形资产的所有权或使用权。

(3) 销售不动产，即有偿转让不动产所有权的行为。转让不动产有限产权或永久使用权，以及单位将不动产无偿赠与他人，视同销售不动产。不动产包括建筑物、构筑物、其他土地附着物等。

营业税的应纳税额，按照营业额和规定的税率计算。其计算公式如下：

$$应纳税额=营业额\times税率$$

上述公式中的营业额是指纳税人提供应税劳务、转让无形资产或者销售不动产向对方收取的全部价款和价外费用。

2. 设置账户

企业按规定应交的营业税，在“应交税费”账户下设置“应交营业税”明细账户进行核算。该账户的贷方反映应交的营业税；借方反映企业已交纳的营业税。期末贷方余额，反映尚未交纳的营业税；借方余额，反映多交的营业税。

3. 账务处理

企业销售不动产，按销售额计算营业税记入“固定资产清理”账户的借方，企业转让无形资产使用权，按使用费计算的营业税，记入“其他业务支出”账户的借方；邮电等企业计算应交纳的营业税，记入“营业税金及附加”账户的借方。

【例 9-27】 企业出售建筑物 1 幢，账面原值 1 200 000 元，已使用 10 年，已提折旧 360 000 元，出售价格为 950 000 元，销售不动产的营业税税率为 5%。

- 结转固定资产净值。作会计分录如下：

借：固定资产清理　　840 000
　累计折旧　　360 000
　贷：固定资产　　1 200 000

- 取得价款 950 000 元。作会计分录如下：

借：银行存款　　950 000
　贷：固定资产清理　　950 000

- 计算应交纳的营业税 47 500 元(950 000×5%)。作会计分录如下：

借：固定资产清理　　47 500
　贷：应交税费——应交营业税　　47 500

- 销售不动产的净收入转入营业外收入。作会计分录如下：

借：固定资产清理　　62 500
　贷：营业外收入　　62 500

财政部于 2013 年 12 月发出财税〔2013〕106 号通知，要求自 2014 年 1 月 1 日起在全国开展交通运输业和部分现代服务业(包括铁路运输和邮政业)营业税改征增值税试点税收政策。

营业税改征增值税试点实施办法如下。

(1)“营改增”范围。

① 交通运输业，包括陆路运输服务、水路运输服务、航空运输服务、管道运输服务。

② 邮政业，包括邮政普通服务、特殊服务、其他服务。

③ 部分现代服务业，包括研发和技术服务、信息技术服务、文化创意服务、物流辅助服务、有形动产租赁服务、鉴证咨询服务、广播影视服务。

(2)“营改增”适用税率

① 提供有形动产租赁服务，税率为 17%。

② 提供交通运输业、邮政业服务，税率为 11%。

③ 提供现代服务业(有形动产租赁服务除外)，税率为 6%。

上述税率适用于增值税一般纳税人，小规模纳税人(含个体工商户)实行简易计税方法，统一适用 3%增值税征收率。

(六) 应交资源税的核算

资源税是国家向开发、开采自然资源的企业征收的一种税收。

征收资源税的矿产产品指开发原油、盐、天然气、煤炭、其他非金属矿原矿、黑色金属矿原矿、有色金属矿原矿等。

资源税的应纳税额，按照应税产品的课税数量和规定的单位税额计算。其计算公式如下：

应纳税额＝课税数量×单位税额

企业交纳的资源税通过“营业税金及附加”或“生产成本”等账户和“应交税费——应交资源税”账户进行核算。

（七）应交土地增值税的核算

土地增值税是国家向转让国有土地使用权、地上建筑物及其附着物（即转让房地产）取得收入的单位或个人征收的一种税种。

应纳土地增值税的企业应在“应交税费”账户下设置“应交土地增值税”明细账户进行核算。企业转让国有土地使用权连同地上建筑物，转让时应交纳的土地增值税，应借记“固定资产清理”、“在建工程”等账户，贷记“应交税费——应交土地增值税”账户。

（八）房产税、土地使用税、车船使用税和印花税的核算

房产税是国家对在城市、县城、建制镇和工矿区征收的由产权所有人交纳的税种。房产税依照房产原值一次减除10％～30％后的余额计算交纳。

土地使用税是国家为了合理利用城镇土地，调节土地级差收入，提高土地使用效益，加强土地管理而开征的一种税种。土地使用税以纳税人实际占用的土地面积为计税依据，依照规定税额计算征收。

车船税由拥有并且使用车船的单位或个人交纳并按适用税率计算。

印花税是对书立、领受购销合同等凭证行为征收的税款，实行由纳税人根据规定自行计算应纳税额，购买并一次贴足印花税票的交纳办法。

企业按规定计算应交纳的房产税、土地使用税、车船税，借记“管理费用”账户，贷记“应交税费——应交房产税、土地使用税、车船税”明细账户。企业应交纳的印花税，借记“管理费用”账户，贷记“银行存款”等账户。

（九）城市维护建设税的核算

城市维护建设税作为分税制下地方财政收入的一项来源，属于地方税。城市维护建设税按流转税的一定比例进行计算。

企业计算应交纳的城市维护建设税，应借记“营业税金及附加”、“其他业务支出”等账户，贷记“应交税费——应交城市维护建设税”账户。

（十）应交所得税的核算

1. 所得税概述

企业的生产、经营所得和其他所得，应依法交纳所得税。

所得税的应纳税额按照应纳税所得额计算，每一纳税年度的收入总额减去准予扣除项目后的余额为应纳税所得额。纳税人的收入总额包括：生产经营收入、财产转让收入、利息收入、租赁收入、特许权使用费收入、股息收入和其他收入。计算应纳税所得额时准予扣除的项目是指与纳税人取得收入有关的成本、费用和损失。

2. 设置账户

为了核算企业应交纳的所得税以及所得税支出情况，应设置“所得税”账户。该账户属损益类账户，核算企业从当期损益中扣除的所得税。其借方反映企业计入本期损益的所得税额；贷方反映转入“本年利润”账户的所得税额；期末结转本年利润后，本账户无余额。

企业应交的所得税，应通过“应交税费——应交所得税”账户核算。具体内容参考第十一章第三节。

七、应付职工薪酬的核算

（一）职工薪酬的内容

职工薪酬是指企业为获得职工提供的服务而给予各种形式的报酬以及其他相关支出。主要包括以下内容：一是职工工资、奖金、津贴和补贴；二是职工福利费；三是医疗保险费、养老保险费、失业保险费、工伤保险费和生育保险费等社会保险费；四是住房公积金；五是工会经费和职工教育经费；六是非货币性福利；七是因解除与职工的劳动关系给予的补偿；八是其他与获得职工提供的服务相关的支出。

（二）职工薪酬的确认和计量

企业应当在职工为其提供服务的会计期间，将应付的职工薪酬确认为负债，除因解除与职工的劳动关系给予的补偿外，应当根据职工提供服务的受益对象，分别下面情况处理：

(1) 应由生产产品、提供劳务负担的职工薪酬，计入有关产品或劳务成本。

(2) 应由在建工程、无形资产负担的职工薪酬，计入建造固定资产或无形资产成本。

(3) 上述(1)、(2)两项之外的其他职工薪酬，计入当期损益。

【例 9-28】 20×8 年 6 月，A 公司当月应发工资 1 000 万元，其中：生产部门直接生产人员工资 500 万元；生产部门管理人员工资 100 万元；公司管理部门人员工资 180 万元；公司专设产品销售机构人员工资 50 万元；建造厂房人员工资 110 万元；内部开发存货管理系统人员工资 60 万元。

根据所在地政府规定，公司分别按照职工工资总额的10%、12%、2%和10.5%计提医疗保险费、养老保险费、失业保险费和住房公积金，交纳给当地社会保险经办机构和住房公积金管理机构。公司内设医务室，根据20×7年实际发生的职工福利费情况，公司预计20×8年应承担的职工福利费义务金额为职工工资总额的2%，职工福利的受益对象为上述所有的人员。公司分别按照职工工资总额的2%和1.5%计提工会经费和职工教育经费。假定公司存货管理系统已处于开发阶段，并符合《企业会计准则第6号——无形资产》资本化为无形资产的条件。

应计入生产成本的职工薪酬金额＝500＋500×(10%＋12%＋2%＋10.5%＋2%＋2%＋1.5%)

＝700(万元)

应计入制造费用的职工薪酬金额＝100＋100×(10%＋12%＋2%＋10.5%＋2%＋2%＋1.5%)

＝140(万元)

应计入管理费用的职工薪酬金额＝180＋180×(10%＋12%＋2%＋10.5%＋2%＋2%＋1.5%)

＝252(万元)

应计入销售费用的职工薪酬金额＝50＋50×(10%＋12%＋2%＋10.5%＋2%＋2%＋1.5%)

＝70(万元)

应计入在建工程成本的职工薪酬金额＝110＋110×(10%＋12%＋2%＋10.5%＋2%＋2%＋1.5%)

＝154(万元)

应计入无形资产成本的职工薪酬金额＝60＋60×(10%＋12%＋2%＋10.5%＋2%＋2%＋1.5%)

＝84(万元)

公司在分配工资、职工福利费、各种社会保险费、住房公积金、工会经费和职工教育经费等职工薪酬时，应当作如下账务处理：

借：生产成本　　7 000 000
　　制造费用　　1 400 000
　　管理费用　　2 520 000
　　销售费用　　700 000
　　在建工程　　1 540 000
　　研发支出——资本化支出　　840 000
　贷：应付职工薪酬——工资　　10 000 000
　　　　　　　　——职工福利　　200 000
　　　　　　　　——社会保险费　　2 400 000
　　　　　　　　——住房公积金　　1 050 000
　　　　　　　　——工会经费　　200 000
　　　　　　　　——职工教育经费　　150 000

八、应付股利的核算

股份有限公司经股东大会决议同意，可将公司留存收益以股利形式发放给股东，以示对股东投资的回报。目前，根据我国公司法规定，股利支付的形式可有两种：现金股利和股票股利。其中，股票股利是公司用增发股票的方法向股东派发股利，因为它只是公司用未分配利润来转增股本，是公司权益内部的一种变化，所以并不引起负债(其核算将在下一章列示)。而现金股利是公司以现金形式向股东发放的股利，公司股东大会自宣布发放现金股利方案之时，即构成一项流动负债。此时，借记"利润分配——应付股利"账户，贷记"应付股利"账户；然后，在公司实际支付这笔现金股利时，借记"应付股利"账户，贷记"现金"或"银行存款"账户。

【例 9-29】 某股份有限公司股东大会宣告 20××年度的分配方案为每股派发 0.1 元现金股利，共计 100 000 元。

- 宣告发放现金股利时，作会计分录如下：

借：利润分配——应付股利　　100 000
　贷：应付股利　　100 000

- 支付现金股利时，作会计分录如下：

借：应付股利　　100 000
　贷：银行存款　　100 000

九、其他应付款

其他应付款，是指企业除应付票据、应付账款、预收账款、应付职工薪酬、应付利息、应付股利、应交税费、长期应付款等以外的其他各项应付、暂收的款项。

企业采用售后回购方式融入资金的，应按实际收到的金额，借记“银行存款”账户，贷记“其他应付款”账户。回购价格与原销售价格之间的差额，应在售后回购期间内按期计提利息费用，借记“财务费用”账户，贷记“其他应付款”账户。按照合同约定购回该项商品时，应按实际支付的金额，借记“其他应付款”账户，贷记“银行存款”账户。

企业发生的其他各种应付、暂收款项，借记“管理费用”等账户，贷记“其他应付款”账户；支付的其他各种应付、暂收款项，借记“其他应付款”账户，贷记“银行存款”等账户。

第三节　长期负债的核算

一、长期负债的概念及其特点

长期负债是指偿还期在 1 年或者超过 1 年的一个营业周期以上的债务，包括长期借款、应付债券、长期应付款等。

与流动负债相比，长期负债的特点是：偿还期限较长，只有偿还期超过 1 年的债务才是长期负债，如果低于这一界限的负债则是流动负债。企业举借长期债务的目的是为了增添大型设备，购置地产、房产，扩展企业经营规模。由于长期负债主要用于购建固定资产，因此数额一般较大。

企业需要的长期资本，不外乎两个来源：一是增加投资人投资规模；二是举借长期债务。从投资人角度看，举借长期债务则更为有利，这是因为：

(1) 举借长期债务，利率多被固定在一定数额上，一旦企业扩大经营带来的利润率高于长期债款所确定的固定利率，只有原投资人才能分享，债权人则无权分享。

(2) 有利于投资人保持原有控制企业的权力，不会因为企业筹措长期资金而影响投资者本身的利益。

(3) 举借长期债务的利息支出，非资本化的费用开支，是企业税前营业收入的减项，从而可以使企业少交所得税。

但是，应该看到，长期债务的利息是企业必须根据合同的规定承担的一种长期性的固定支出，从而会加重企业的负担。并且企业在偿还期到达之前，必须筹备一大笔金额的货币资金来偿付。另外，长期债务所形成的资产，基本上都是固定资产，变现能力差。如果企业经营管理不善，或者市场形势逆转，长期负债的还本付息就要成为企业一个沉重的包袱。因此，要求企业在举借长期债务的时候，要综合考虑企业的经营状况，全面分析经济发展趋势，慎重进行长期负债的决策。

二、长期借款及其借款费用的核算

长期借款是指企业借入的期限在1年以上的各种借款。而企业因借款而发生的利息、折价或溢价的摊销和辅助费用，以及因外币借款而发生的汇兑差额称为借款费用。这里必须注意的是并非所有的借款费用都计为当期费用处理。其中，企业为购建固定资产借入的款项所发生的利息、折价或溢价的摊销和汇兑差额在同时满足下列条件时应开始资本化，计入固定资产的成本：一是资本支出已经发生；二是借款费用已经发生；三是为资产达到预定可使用状态所必要的构建活动已经开始。在固定资产达到预定可使用状态后发生的，按规定计入当期损益。

借款利息资本化金额的确定方法如下：

(1) 为构建或生产符合资本化条件的资产而占用了一般借款的，企业应当根据累计资产支出超过专门借款部分的资产支出加权平均数乘以所占用一般借款的资本化率，计算确定一般借款应予资本化的利息金额。资本化率应当根据一般借款加权平均利率计算确定。

$$\text{一般借款利息费用资本化金额}=\text{累计资产支出超过专门借款部分的资产支出加权平均数}\times\text{所占用一般借款的资本化率}$$

$$\text{所占用一般借款的资本化率}=\text{所占用一般借款加权平均利率}$$

$$=\text{所占用一般借款当期实际发生的利息之和}\div\text{所占用一般借款本金加权平均数}$$

$$\text{所占用一般借款本金加权平均数}=\sum\left(\text{所占用每笔一般借款本金}\times\text{每笔一般借款在当期所占用的天数}\div\text{当期天数}\right)$$

公式说明：一是为购建固定资产只借入一笔一般借款，资本化率为该项借款的利率。二是为购建固定资产借入一笔以上的一般借款，资本化率为这些借款的加权平均利率。三是为简化计算，也可以以月数作为计算一般借款本金加权平均数的权数。

(2) 为构建或生产符合资本化条件的资产而借入专门借款的，应当以专门借款当期实际发生的利息费用，减去将尚未动用的借款资金存入银行取得的利息收入或进行暂时性投资取得的投资收益后的金额确定。

(3) 每一会计期间的利息资本化金额，不应当超过当期相关借款实际发生的利息金额。

为了反映企业取得的各种长期借款，企业应设置“长期借款”账户。“长期借款”是负债类账户，核算企业向银行或其他金融机构借入的各种长期借款。贷方登记借入的本金、转销的利息差额，借方登记偿还的本金及取得借款时实收金额和借款本金的差额。期末贷方余额表示小企业期末尚未偿还的各种长期借款。该账户按贷款单位、贷款种类，分别“本金”、“利息调整”等进行明细核算。

企业借入各种长期借款时，按实际收到的款项，借记“银行存款”账户，贷记“长期借款——本金”账户；按借贷双方之间的差额，借记“长期借款——利息调整”账户。

在资产负债表日，企业应按长期借款的摊余成本和实际利率计算确定的长期借款的利息费用，借记“在建工程”、“财务费用”、“制造费用”等账户，按借款本金和合同利率计算确定的应付未付利息，贷记“应付利息”账户，按其差额，贷记“长期借款——利息调整”账户。

企业归还长期借款，按归还的长期借款本金，借记“长期借款——本金”账户，按转销的利息调整金额，贷记“长期借款——利息调整”账户，按实际归还的款项，贷记“银行存款”账户，按借贷双方之间的差额，借记“在建工程”、“财务费用”、“制造费用”等账户。

【例 9-30】 A 企业为增值税一般纳税企业。2007 年 1 月 1 日，开始建造一项固定资产，并为建造该项资产从银行借 800 万元的 5 年期一般借款，年利率为 6%。资产于 2007 年 4 月 1 日建造完工。为简化计算，假设每月均为 30 天。

企业在 2007 年 1～3 月间发生的资产支出如下：

1 月 1 日，支付工程用物资 292.5 万元，其中增值税进项税额为 42.5 万元。

2 月 20 日，支付建造资产的职工工资 12 万元。

3 月 15 日，领用本企业产品用于建造固定资产。该产品的成本为 90 万元，其中，材料成本为 60 万元，增值税进项税额为 10.2 万元。该产品的计税价格为 150 万元，增值税销项税额为 25.5 万元，为生产这些产品所耗用的材料及增值税进项税额已支付。

1 月份累计支出加权平均数＝292.5×30÷30＝292.5(万元)

1 月份应予资本化的利息金额＝292.5×6%÷12＝1.4625(万元)

账务处理如下：

借：在建工程——借款费用　　14 625

　　财务费用　　25 375

　贷：应付利息　　40 000

2 月份累计支出加权平均数＝292.5×30÷30＋12×10÷30＝296.5(万元)

2月份应予资本化的利息金额＝296.5×6%÷12＝1.4825(万元)

账务处理如下：

借：在建工程——借款费用　　14 825

　财务费用　　25 175

　贷：应付利息　　40 000

3月份累计支出加权平均数＝292.5×30÷30＋12×30÷30＋100.2×15÷30

＝354.6(万元)

3月份应予资本化的利息金额＝354.6×6%÷12＝1.773(万元)

账务处理如下：

借：在建工程——借款费用　　17 730

　财务费用　　22 270

　贷：应付利息　　40 000

三、应付债券的核算

(一) 债券的概念及特点

债券是指债权人到期向债务人取得本息的债权证书，属于有价证券。企业发行债券是筹集长期资金的重要方式。

1. 债券的特点

(1) 收益性。债券认购者转让自己资金的使用权后，有权在规定的期限内向债券发行单位领取利息，获得收益。

(2) 安全性。集资发行者在发行债券时，必须具有相应的物资或信用保证，并且无论债券发行者的经济状况和经营成果如何，必须在规定期限内归还所借债务；当企业破产或关、停、并、转时，债权人有权索取抵押品抵偿本金，债权人不承担投资风险。

(3) 不分权性。由于债权人不承担债券发行企业的经营风险，因此也就不能参与企业的经营管理，企业的经营管理权不因发行债券而分散。

(4) 返还性。发行债券的企业必须按期偿还债务；债权人有权到期收回本金。

(5) 可交易性。债券是一种有价证券，债券持有者可凭债券向金融机构申请抵押或办理贴现，有时也可将债券直接让与他人，进行合理的债券交易。

2. 债券与股票的区别

(1) 企业债券表现为企业的负债，代表债券持有人的债权；股票不表现为企业的负债，表现为股东对企业资产的所有权。

（2）企业债券持有人无权参与企业的经营管理；股东（即股票持有人）可在一定程度上有权参与企业的经营管理。

（3）企业债券持有人得到的收益是定率利息，无论企业是盈是亏，到期均能获取定额本息；而股票持有人其收益状况随企业经营活动状况的好坏而增减。

（4）企业债券有固定的偿还期，到期必须还本付息；股票没有固定的还本期限，原则上在企业经营期内不存在还本现象，除非企业破产清算。

（5）当企业破产时，其偿付债券的顺序依次是，先偿还企业的债券负债，后偿还股金。当企业清算时，其清算资金只够支付债券负债，而不够偿还股金，持股人便无法收回股金。

（二）债券的面值与发行价格

1. 债券的面值

债券的面值又叫债券票面价值，是指企业在发行债券时，在票面上注明的价值，即债券到期日所支付的本金额。

在债券上，不仅要注明债券的面值，还要注明债券的票面利率、债券期限、利息的支付方式等。

2. 债券的发行价格

企业债券发行时，如票面利率与市场利率一致，债券可按面值发行；如果票面利率高于市场利率，则企业债券可溢价发行，溢价部分是对它以后逐期多付利息费用而预先得到的补偿；如果票面利率低于市场利率，则企业债券可折价发行，折价部分是债券发行人给债券购买者以后少得利息而弥补的利息差额。

因此，债券的发行价格有三种：平价发行、折价发行和溢价发行。三种发行价格的确定方法如下：

（1）平价发行的债券价格。企业债券的发行价格可应用复利现值表和年金现值表计算。即应用复利现值表按市场利率计算到期应支付债券面值的现值；应用年金现值表按市场利率计算债券各期应按票面利率支付的利息的年金现值，两者现值之和即为债券的价格。债券的现值公式如下：

债券现值＝债券面值现值＋债券利息的年金现值

【例 9-31】　某公司 1 月 1 日发行利率为 10％、3 年期的公司债券 100 000 元，发行时市场利率为 10％，债券利息每年 7 月 1 日和 1 月 1 日各支付一次。

其发行价格计算如下。

到期偿还债券面值的现值：由于半年支付一次利息，3 年共支付 6 次，所以计算期为 6 期，每期市场利率为 5%（10%×1/2）。6 期复利的现值$\left[\text{现值}=\text{终值}\times\frac{1}{(1+\text{利率})^{n}}\right]$，为 74 600 元（查复利现值表）。

债券利息的年金现值：年金是指在相等的间隔期间连续地收入和支出相等款项，如 5 年中每年收入 100 元，这 100 元就是每年的年金。年金现值是指在一定时期内每期年金现值之和。其计算公式如下：

$$\text{年金现值}=\text{年金}\times\left[\frac{1-(1+\text{利率})^{-n}}{\text{利率}}\right]$$

为了计算方便，可查年金现值表求得。

债券各期利息的现值，相当于半年存入5 000元（100 000×0.10×1/2），共存 6 次的一笔年金，按市场利率 5%，查 1 元年金现值表，5%栏中第六期系数为 5.08，则：

债券利息的年金现值＝5 000×5.08＝25 400（元）

债券发行价格＝74 600＋25 400＝100 000（元）

（2）折价发行的债券价格：

【例 9-32】 ［例 9-31］中公司发行债券时的市场利率为 12%，高于票面利率的 10%，则债券的发行价格计算如下：

到期偿还债券面值的现值：债券面值 100 000 元，其现值为 70 500 元（查复利现值表 6%栏中第六期系数为 0.705，现值为 100 000×0.705）。

债券利息的年金现值：按市场利率 6%，查 1 元年金现值表 6%栏中第六期系数为 4.917，则：

债券利息年金现值＝5 000×4.917＝24 585（元）

债券发行价格＝70 500＋24 585＝95 085（元）

债券折价＝100 000－95 085＝4 915（元）

（3）溢价发行的债券：

【例 9-33】 ［例 9-31］中公司债券发行时的市场利率为 8%，低于票面利率的 10%，则债券发行价格计算如下。

到期偿还债券面值的现值：债券面值 100 000 元，其现值为 79 000 元（查复利现值表 4%栏中第六期系数为 0.790，现值为 100 000×0.790）。

债券利息的年金现值：按市场利率 4%，查 1 元年金现值表 4%栏中第六

期系数为5.242,则:

债券利息年金现值=5 000×5.242=26 210(元)

债券发行价格=79 000+26 210=105 210(元)

债券溢价=105 210-100 000=5 210(元)

(三) 设置账户

为了反映企业长期债券发行及偿还情况,应设置“应付债券”账户。该账户贷方核算企业发行债券收到款项及提取应付债券利息折价发行时应摊销的折价金额及债券溢价发行的溢价金额;借方核算债券到期支付债券的本息、溢价发行应摊销的溢价金额及折价发行的折价金额;期末余额反映尚未偿还的本息。该账户应设置下列三个明细账户:面值、利息调整和应计利息。

企业如发行1年期以下短期债券,应单设“交易性金融负债”账户进行核算。

(四) 账务处理

1. 债券平价发行的核算

【例9-34】 (1) 某企业20×7年1月1日发行债券的面值为500 000元,年利率为10%,每半年付息1次,期限2年,当时的市场利率也为10%,因此,债券按平价发行。发行时,作会计分录如下:

借:银行存款　　500 000

　贷:应付债券——面值　　500 000

(2) 企业支付委托银行发行债券手续费用4 000元,作会计分录如下:

借:财务费用　　4 000

　贷:银行存款　　4 000

(3) 逐期计提利息费用25 000元(500 000×10%×1/2),作会计分录如下:

借:财务费用　　25 000

　贷:应付利息　　25 000

(4) 实际支付利息时,作会计分录如下:

借:应付利息　　25 000

　贷:银行存款　　25 000

(5) 债券到期偿付本金时,作会计分录如下:

借:应付债券——面值　500 000
　贷:银行存款　500 000

2. 债券折价发行及其摊销的核算

【例 9-35】 (1) 假如[例 9-34]企业发行债券时市场利率为 12%,票面利率为 10%,债券应折价发行,经计算发行价格为482 625元,折价 17 375 元。20×7 年 1 月 1 日发行时,作会计分录如下:

借:银行存款　482 625
　应付债券——利息调整　17 375
　贷:应付债券——面值　500 000

(2) 支付委托银行发行债券手续费 4 000 元,作会计分录如下:

借:财务费用　4 000
　贷:银行存款　4 000

债券折价实际上是整个债券归还期内企业利息费用的一项调整,即低于票面金额少收入的折价部分要在整个偿还期内逐期转为利息费用支出。这种逐期调整利息费用的方法称为"摊销"。摊销的方法一般用实际利率法。

(3) 逐期计提债券的利息及债券折价摊销,采用实际利率法和摊余成本计算确定的利息费用,见表 9-2。

表 9-2

利息费用一览表

单位:元

付息日期	支付利息	利息费用	摊销的利息调整	应付债券摊余成本
20×7 年 1 月 1 日				482 625
20×7 年 7 月 1 日	25 000	28 957.50	3 957.50	486 582.5
20×8 年 1 月 1 日	25 000	29 194.95	4 194.95	490 777.45
20×8 年 7 月 1 日	25 000	29 446.65	4 446.65	495 224.10
20×9 年 1 月 1 日	25 000	29 775.90 *	4 775.90	500 000

* 尾数调整。

根据计算结果，作会计分录如下：

20×7 年 7 月 1 日，债券折价摊销时：

借：财务费用	28 957.50	
贷：应付利息		25 000.00
应付债券——利息调整		3 957.50

实际支付利息时：

借：应付利息	25 000	
贷：银行存款		25 000

20×8 年 1 月 1 日、20×8 年 7 月 1 日，折价摊销和支付利息费用同上。

(4) 20×9 年 1 月 1 日，债券到期偿付本金和最后一期利息，作会计分录如下：

借：财务费用	29 775.90	
应付债券——债券面值	500 000.00	
贷：银行存款		525 000.00
应付债券——利息调整		4 775.90

3. 债券溢价发行及其摊销的核算

【例 9-36】 (1) 假如[例 9-34]企业发行债券时市场利率为 8%，票面利率为 10%，债券应溢价发行，经计算债券发行价格为 518 250 元，溢价 18 250 元。债券发行时，作会计分录如下：

借：银行存款	518 250	
贷：应付债券——面值		500 000
——利息调整		18 250

(2) 支付委托银行发行债券的手续费4 000元，作会计分录如下：

借：财务费用	4 000	
贷：银行存款		4 000

由于溢价实际是利息费用的调整，债券的溢价应逐期在利息费用支出中扣除，所以债券溢价应逐期摊销，摊销方法也用实际利率法。

(3) 逐期计提债券的利息及对债券溢价的摊销。

(4) 逐期计提债券的利息及债券溢价摊销，采用实际利率法和摊余成本计算确定的利息费用，见表 9-3。

表 9-3

利息费用一览表

单位：元

付息日期	支付利息	利息费用	摊销的利息调整	应付债券摊余成本
20×7 年 1 月 1 日				518 250.00
20×7 年 7 月 1 日	25 000.00	20 730.00	4 270.00	513 980.00
20×8 年 1 月 1 日	25 000.00	20 559.20	4 440.80	509 539.20
20×8 年 7 月 1 日	25 000.00	20 381.57	4 618.43	504 920.77
20×9 年 1 月 1 日	25 000.00	20 079.23 *	4 920.77	500 000.00

* 尾数调整。

根据计算结果，作会计分录如下：

20×7 年 7 月 1 日，债券溢价摊销时：

借：财务费用　20 730
　　应付债券——利息调整　4 270
　贷：应付利息　25 000

实际支付利息时：

借：应付利息　25 000
　贷：银行存款　25 000

20×8 年 1 月 1 日、20×8 年 7 月 1 日，溢价摊销和支付利息费用同上。

(4) 20×9 年 1 月 1 日，债券到期偿付本金和最后一期利息，作会计分录如下：

借：财务费用　20 079.23
　　应付债券——利息调整　4 920.77
　　　　　　——债券面值　500 000.00
　贷：银行存款　525 000.00

复习思考题

一、单项选择题

1. 流动负债中，需支付利息的是(　　)。

A. 应付账款　B. 预收货款　C. 短期借款　D. 应付股利

2. 对企业确实无法支付的应付账款，经上级主管部门批准后，可作为(　　)处理。

A. 主营业务收入　　B. 资本公积
C. 营业外收入　　D. 营业外支出

3. 企业短期借款的利息支出，应计入(　　)。

A. 财务费用　　B. 管理费用
C. 营业外支出　　D. 其他业务成本

4. 委托加工应纳消费税的产品收回后，如用于继续加工生产应纳消费税产品的，其由受托方代扣代交的消费税，应计入(　　)。

A. 生产成本　　B. “应交税费”账户的借方
C. 委托加工产品的成本　　D. 主营业务成本

5. 因国家法律规定而产生的负债是(　　)。

A. 长期借款　　B. 短期借款　　C. 应交税费　　D. 应付债券

6. 小规模纳税企业增值税的适用税率为(　　)。

A. 8%　　B. 10%　　C. 7%　　D. 6%

7. 债券发行折价摊销的实质是(　　)。

A. 债券本金的调整　　B. 财务费用的调整
C. 预收利息的调整　　D. 预付利息的调整

8. 举借长期借款的利息支出，对企业具有(　　)的好处。

A. 减少所得税　　B. 延迟交纳所得税
C. 减少增值税　　D. 减少营业税

9. 当债券发行时，其发行价格主要取决于(　　)。

A. 筹资数量　　B. 债券发行张数
C. 同期市场利率　　D. 投资者对债券的好恶

10. 某企业收购农产品，实际支付的价款为 200 000 元，按规定准予抵扣的进项税额为(　　)元。

A. 20 000　　B. 34 000　　C. 29 060　　D. 18 182

11. 增值税，是对销售收入中(　　)部分进行征税的一种流转税。

A. 原材料成本　　B. 增值额
C. 人工成本　　D. 辅助生产成本

12. 短期借款的期限通常为(　　)个月以内。

A. 12　　B. 18　　C. 24　　D. 30

13. 企业购入固定资产所负担的增值税额应当计入(　　)账户。

A. “应交税费——应交增值税(销项税额)”

B. “应交税费——应交增值税(进项税额)”

C. “固定资产”或“在建工程”

D. “营业税金及附加”

14. 印花税属于(　　)税类。

A. 流转税　　B. 财产税　　C. 行为税　　D. 资源税

15. 租入包装物的租金应在(　　)账户核算。

A. “营业外支出”　　B. “其他应付款”

C. “管理费用”　　D. “财务费用”

16. 增值税的基本税率是(　　)。

A. 零税率　　B. 13%　　C. 17%　　D. 20%

17. 某企业采用销售额和销项税额合并制定销售价格的方法,如果其销售总价为93 600元,增值税适用税率为17%,则其不含税的销售额是(　　)元。

A. 60 000　　B. 80 000　　C. 78 000　　D. 70 000

18. 企业对外捐赠货物,其应计的增值税销项税额应记入(　　)账户处理。

A. “资本公积”　　B. “营业外收入”

C. “营业外支出”　　D. “待处理财产损溢”

19. 企业交纳的房产税,土地使用税,车船税等应通过(　　)账户核算。

A. “其他业务支出”　　B. “营业外支出”

C. “管理费用”　　D. “固定资产清理”

二、多项选择题

1. 企业需以物品和劳务偿还的负债有(　　)。

A. 应付票据　　B. 预收账款

C. 应付账款　　D. 应付引进国外设备款

E. 应交税费

2. 金额取决于生产经营成果大小的负债是(　　)。

A. 应付账款　　B. 应付股利　　C. 应交税费　　D. 应付职工薪酬

E. 长期应付款

3. 企业发行债券,其票面上一般应注明的内容有(　　)。

A. 面值　　B. 票面利率　　C. 债券期限　　D. 市场利率

E. 利息支付方式

4. "应付债券"账户贷方核算的内容有(　　)。
   A. 债券折价摊销　　B. 债券本金
   C. 债券溢价　　D. 债券折价
   E. 债券溢价摊销
5. (　　)是发行债券企业在债券存续期内对利息费用的调整。
   A. 应计利息　　B. 证券公司发行费
   C. 债券印刷费　　D. 利息调整
   E. 债券面值
6. 长期负债的内容有(　　)。
   A. 长期借款　　B. 应付债券
   C. 应付引进国外设备款　　D. 应付融资租入固定资产租赁费
   E. 其他长期负债
7. 以法人和自然人的经济行为为征税对象的税收种类有(　　)。
   A. 房产税　　B. 印花税　　C. 车船税　　D. 土地使用税
   E. 所得税
8. 流转税的种类包括(　　)。
   A. 增值税　　B. 营业税　　C. 资源税　　D. 消费税
   E. 城市维护建设税　　F. 教育费附加
9. 增值税的主要征收范围是:(　　)。
   A. 销售货物　　B. 转让无形资产使用权
   C. 销售不动产　　D. 进口货物
   E. 提供加工修理修配业务
10. 通过"营业税金及附加"账户核算的税种有(　　)。
   A. 资源税　　B. 城市维护建设税
   C. 教育费附加　　D. 消费税
   E. 土地使用税
11. 增值税的非应税项目有(　　)。
   A. 购买自用汽车　　B. 购买职工福利用品
   C. 建造不动产　　D. 购买钢材
   E. 销售货物
12. 征收增值税的应税销售货物有(　　)。
   A. 房地产　　B. 汽车　　C. 钢材　　D. 电力、热力
   E. 粮食　　F. 专利

13. 在“应交税费”账户核算的税种有( )。

A. 消费税　B. 增值税　C. 营业税　D. 印花税

E. 耕地占用税

14. 征收增值税的应税劳务有( )。

A. 加工　B. 修理修配　C. 服务业　D. 交通运输业

E. 旅游业

三、判断题

1. 企业因购建固定资产而举借长期借款,其利息支出和有关费用在办理竣工决算以后发生的应计入当期损益。 ( )

2. 企业发行债券的溢价,是其发行获取的收益。 ( )

3. 折价发行债券的企业,按票面利率计算的应计利息小于真正利息支出。 ( )

4. 鉴于债券溢价和折价的真实性质,在进行会计核算时,每期债券应计利息中应扣除债券溢价,而债券折价则应转为利息支出。 ( )

5. 企业开出商业承兑汇票到期,无力支付时,银行可垫付,并算作对企业的短期贷款。 ( )

6. 委托加工的应税消费品,提回后直接销售的,不再征收消费税。 ( )

7. 小规模纳税企业计算的应税销售额中,不含增值税。 ( )

8. 流动负债均须支付利息,其利息费用计入财务费用账户核算。 ( )

9. 出口零税率的货物,不计算销售收入应纳的增值税。 ( )

10. 当期销项税额小于当期进项税额,不足抵扣部分可转入下期抵扣。 ( )

11. 在我国境内,所有企业(包括外资),均适用33%的所得税税率。( )

12. 如果购进货物未能形成计算销项税额的销售额,则其进项税额也不得从销项税额中抵扣。 ( )

13. 应交纳营业税的营业额,不包括价外费用。 ( )

14. 企业应交纳的各种税金,都应按具体税种,在“应交税费”账户下,分别设置明细账进行核算。 ( )

15. 销售货物发生退货时,销售方必须取得购货方当地税务机关有关凭证后,才能开具红字发票,作为购销双方扣减当期销项税额和进项税额的凭证。 ( )

16. 凡企业购进业务,其支付的运输费,照规定可按7%扣除率,计算进项

税额,准予在销项税额中扣除。 ( )

17. 所有增值税应税企业,每月应交增值税额,应按照销项税额扣减进项税额后的差额交纳。 ( )

四、名词解释

1. 负债
2. 流动负债
3. 长期负债
4. 流转税
5. 增值税
6. 营业税
7. 消费税
8. 资源税
9. 行为税
10. 短期借款
11. 长期借款
12. 应付债券
13. 应付票据
14. 应付账款
15. 预收账款
16. 应付职工薪酬
17. 债券溢价
18. 债券折价
19. 所得税
20. 财产税
21. 借款费用

五、简答题

1. 应税销售额和会计销售额有何区别?
2. 应付账款和应付票据有何不同?
3. 简述增值税的征收范围及适用税率。
4. 简述营业税的征收范围及适用税率。
5. 简述消费税的征收范围及适用税率。
6. 应付债券与长期借款有何不同?
7. 简述债券溢价、折价的会计处理。
8. 长期借款有几种还本付息方式?
9. 借款费用中哪些应予以资本化? 哪些应计为当期费用?

六、计算与分析题

习题一 练习短期借款的核算

资料

1. 某企业当月1日向银行借入期限为8个月、年利率为9%的生产周转借款40 000元，所借款项已转入银行存款账户。该借款每月预提利息，到期一次还本付息。

2. 该企业2月1日购进商品一批，其价款为25 641元，增值税进项税额为4 359元，该企业出具一张面值为30 000元，期限为3个月，利率为6%的常息商业承兑汇票。商品已验收入库。

3. 该企业开出的1张面额为60 000元的银行承兑汇票到期，企业无力支付。银行代企业付款后，将承兑金额转为企业的短期借款，并对企业处以200元的罚款，该罚款已用银行存款支付。

要求

根据上述资料，编制会计分录。

习题二　练习应付票据的核算

资料

某企业有关应付票据业务如下：

1. 购进甲材料一批，增值税专用发票上注明的买价为95 000元，增值税额为16 150元。按合同规定，企业开出2个月到期、不带息的商业承兑汇票1张，抵付给销货方，材料已运达企业。

2. 企业上月购进乙材料的一笔购货款为117 000元，因无力支付，经销货方同意，现开出1张面额为117 000元、期限为6个月的银行承兑汇票给销货方，抵付购货欠款，并以银行存款支付银行承兑手续费120元。

3. 购进甲材料的应付票据到期，企业无力支付，银行将票据退给企业。

4. 购进丁材料一批，增值税专用发票上注明的买价为9 000元，增值税额为1 530元。货款未付，开出1张年利率8%、期限3个月的商业承兑汇票抵付给销货方，材料已验收入库。

5. 购入乙材料的银行承兑汇票到期，企业无力支付。银行代付欠款后，将其转为企业的短期借款，并对企业处以450元的罚息，企业以银行存款支付。

6. 企业购进丙材料一批，买价为150 000元，增值税额为25 500元，共计175 500元，按双方协议，企业开出1张为期6个月、年利率6%的银行承兑汇票，抵付给销货方，并以存款支付银行承兑手续费170元。

7. 购买丁材料汇票到期，以银行存款支付。

8. 每月末预提购进丙材料应付票据利息费用。

9. 购买丙材料票据到期，接银行通知，票据本息已支付。

要求

根据上述资料作必要的会计分录。

习题三　练习应付职工薪酬的核算

资料

20×7年6月，A公司当月应发工资2 000万元，其中：生产部门直接生产人员工资1 000万元；生产部门管理人员工资200万元；公司管理部门人员工资360万元；公司专设产品销售机构人员工资100万元；建造厂房人员工资220万元；内部开发存货管理系统人员工资120万元。

根据所在地政府规定，公司分别按照职工工资总额的10%、12%、2%和10.5%计提医疗保险费、养老保险费、失业保险费和住房公积金，交纳给当地社会保险经办机构和住房公积金管理机构。公司内设医务室，根据20×6年实际发生的职工福利费情况，公司预计20×7应承担的职工福利费义务金额为职工工资总额的2%，职工福利的受益对象为上述所有的人员。公司分别按照职工工资总额的2%和1.5%计提工会经费和职工教育经费。假定公司存货管理系统已处于开发阶段，并符合《企业会计准则第6号——无形资产》资本化为无形资产的条件。

要求

根据上述资料作必要的会计分录。

习题四　练习增值税的核算

资料

1. 某企业为一般纳税企业，其材料按计划成本核算，12月份"应交税费——应交增值税"账户借方期初余额为12 000元。12月份发生有关增值税业务如下：

(1) 12月1日，购进甲材料一批，增值税专用发票上注明的原材料售价为25 000元，增值税额4 250元，应负担的运输费1 500元，装卸费及保险费300元，款项均以银行存款支付。

(2) 12月2日，企业销售S产品1 000件，每件售价为230元，开出增值税发票上注明增值税额为39 100元，货款尚未收到。

(3) 12月2日，购进需安装设备1台，设备已运达企业并投入安装。取得的增值税专用发票上注明的买价为180 000元，增值税额为30 600元，供货方垫付运杂费及保险费3 400元，款项未付，开出1张2个月到期的票据给供货方。

(4) 12 月 3 日，安装以上设备，领用本企业生产的 C 产品 500 件，C 产品单位成本为 200 元/件，单位售价为 260 元/件，适用增值税率为 17%。

(5) 12 月 4 日，企业生产的 S 产品 5 000 件，出口新加坡，售价 100 000 美元，当日外汇牌价为 USD＄1＝RMB8.00，款项尚未收到。该批产品耗用乙材料成本 550 000 元，原负担的增值税额为 93 500 元，现根据有关凭证，办理出口退税，退还税款已存入银行。

(6) 12 月 4 日，购进丙材料一批，增值税专用发票上注明的买价为 40 000 元，增值税额为 6 800 元，材料运回企业后，发生非常损失。

(7) 12 月 5 日，东鸿公司投资转入甲材料一批，增值税发票上注明双方商定的材料成本为 370 000 元(并以成本作为投资价值)。市场售价为 500 000 元，增值税额为 85 000 元。

(8) 12 月 6 日，企业从美国进口丁材料一批，适用增值税税率 17%，关税完税价格为700 000元，已付关税63 000元，消费税50 000元，货款尚未支付，有关税金以银行存款支付。

(9) 12 月 7 日，企业在建工程领用甲材料 70 000 元，应负担的增值税额为 11 900 元。

(10) 12 月 7 日，企业销售 D 产品给光明厂，共 2 000 件，单位售价 450 元/件，适用增值税税率为 17%，垫付运输费 7 000 元，款项已全部收存银行。

(11) 12 月 9 日，企业收到同行某企业捐赠乙材料一批，这批材料市场售价为 131 000 元(不含税)，适用增值税税率为 17%。

(12) 12 月 10 日，收到出口新加坡 S 产品货款 100 000 美元，存入银行，当日外汇牌价 USD＄1＝RMB7.90。

(13) 12 月 14 日，销售给光明厂的 D 产品，其中 200 件因质量问题，已退还本企业，200 件 D 产品货款已用银行存款退付光明厂。

(14) 12 月 15 日，企业用自已生产的 D 产品 1 200 件，向 B 公司投资，D 产品单位生产成本 400 元/件，市场单位售价为 450 元/件，双方商定的投资价值为 D 产品生产成本，适用增值税税率为 17%。

(15) 12 月 16 日，购入侨友公司乙材料一批，增值税专用发票上注明的买价为 300 000 元，增值税额 51 000 元，材料已运达企业，货款未付。

(16) 12 月 19 日，从太星厂购入丙材料一批(太星厂为小规模纳税企业)。对方开具的普通供货发票上注明的售价为 16 000 元，货款用银行存款支付。

(17) 12 月 21 日，企业第二生产车间发生产品非常损失80 000元。经确认，该产品已耗用乙材料成本75 000元，应负担增值税额为12 750元。产品非常损失由企业自行负担。

(18) 12月22日，企业购进丁材料一批，用于集体福利，增值税专用发票上注明的买价为91 000元，增值税税额为15 470元，发生运输费1 100元，材料已运达企业，货款未付。

(19) 12月23日，购入侨友公司的乙材料，因质量、规格均与购销合同规定不符，全部退还给侨友公司，并按合同规定，向对方索赔15 000元，款项尚未收到。

(20) 12月24日，出口新加坡的S产品5 000件，因规格不符，外商退还全部产品，根据有关规定，企业应重新补付原出口退税款。同时，退还全部货款100 000美元，均以银行存款支付，当日外汇价为USD$1=RMB 8.20。

(21) 计算并交纳本月增值税。

2. 某企业为小规模纳税企业，适用增值税税率为6%，其材料按实际成本核算。该企业9月份有关增值税业务如下：

(1) ×日，企业向某一般纳税企业购入材料一批，增值税专用发票上注明的材料价款为110 000元，增值税税额为18 700元，货款已用银行存款支付。

(2) ×日，企业向另一小规模纳税企业购进F材料一批，取得普通供货发票1张，上面注明的货款为74 000元，款项未付，发生运杂费350元，以银行存款付讫。

(3) ×日，开出应付票据1张，抵付F材料购货款。

(4) ×日，企业销售A产品一批，全部货款为53 000元，货款已收存银行。

(5) ×日，销售B产品一批，全部货款为95 400元，货款尚未收到。

(6) ×日，上述B产品50%因质量问题发生退货，产品已运回企业。

(7) ×日，销售的B产品另50%的货款已收到，存入银行存款户。

要求

根据上述资料，编制会计分录，并登记“应交税费——应交增值税”明细分类账户。

习题五　练习消费税金的核算

资料

1. A企业生产化妆品出售，开出的增值税专用发票上注明的售价为150 000元，增值税额为25 500元，货款已全部收讫，存入银行存款户。

2. A企业生产的化妆品，适用消费税税率为30%，计算A企业应交消费税税金。

3. A企业以银行存款支付消费税税金。

4. A企业向D企业投资应税消费品一批，该消费品成本为300 000元，计税价格为300 000元，该消费品适用增值税税率为17%，消费税税率为10%。

5. B企业接受C企业委托，加工摩托车零部件，C企业提供材料成本9 000元，B企业应收的加工费用共9 360元(含增值税，B企业适用增值税税率为17%)，适用消费税税率为10%。B企业应收加工费用及代扣消费税金已收讫，存入银行存款户。

6. B企业用银行存款，缴付以上代扣消费税。

7. C企业收回委托B企业加工的摩托车零部件，全部零部件将用于生产摩托车出售。用银行存款向B企业支付所有费用。

8. D企业委托B公司加工材料一批，材料成本为18 000元，B公司收取加工费用2 925元(含税，B公司适用增值税税率为17%)并代扣消费税金，该材料适用消费税税率10%。现在，D企业已收回该批加工材料(将直接售出)，并以银行存款向B公司支付所有费用。

9. D企业进口轿车1辆自用，关税完税价格为12 000美元，货款未付。已交关税300 000元人民币，该汽车适用的消费税税率为8%，增值税税率为17%。当日外汇牌价USD＄1＝RMB 8.00。

10. D企业用银行存款，支付购进轿车货款12 000美元。当日外汇牌价USD＄1＝RMB 8.20。

要求

根据上述资料，编制会计分录。

习题六　练习营业税的核算

资料

某生产企业有关营业税业务如下：

1. 企业对外提供运输服务，收入60 000元，已存入银行，适用的营业税税率为3%。

2. 企业出售临街房屋1幢，账面原值500 000元，已提折旧250 000元，售出价400 000元。适用的营业税税率为5%。

3. 企业转让1项专利技术，账面成本为1 000 000元，双方商定的销售额为1 200 000元。适用的营业税税率为5%。

4. 企业售出厂房1幢，账面原价220 000元，已提折旧22 000元，用银行存款支付清理费 3 000 元，售出价 150 000 元。适用的营业税税率为 5%。

要求

根据上述资料编制会计分录。

习题七　练习流动负债的核算

资料

某企业 9 月份业务如下：

1. 9 月 1 日，企业因生产资金短缺，向银行借入生产周转借款 240 000 元，期限 6 个月，年利率 10%，6 个月后一次性还本付息。现借款已转入银行存款户。

2. 9 月 3 日，向光华厂购入甲材料一批，买价为 90 000 元，增值税额为 15 300 元，材料已到达并验收入库，货款尚未支付。

3. 9 月 3 日，厂部 1 辆汽车送金杯汽修厂修理，修理费为 3 100 元，增值税额为 527 元，款项未付。

4. 9 月 5 日，开出转账支票支付光华厂甲材料购货款项。

5. 9 月 6 日，以银行存款支付金杯汽修厂修理费用。

6. 9 月 7 日，向红星厂购入乙材料一批，买价为 250 000 元，增值税额为 42 500 元，对方代垫运杂费 2 000 元，材料已到达并已入库，货款未付。

7. 9 月 7 日，预提 9 月 1 日生产周转借款本月应负担的利息费用。

8. 9 月 8 日，收到购货单位光明厂购买 A 产品的预付货款 120 000 元，存入银行。

9. 9 月 8 日，经上级主管部门批准，一笔无法支付的应付账款 13 000 元，现予以结转。

10. 9 月 10 日，向红星厂购买乙材料的应付款项，因企业暂时资金短缺，经对方同意，开出 1 张 2 个月到期的应付票据抵付。

11. 9 月 10 日，2 个月前借入的一笔年利率为 8%，金额为 60 000 元的银行短期借款到期，以银行存款归还全部本息。

12. 9 月 11 日，向光明厂销售 A 产品 10 000 件，销售额为 110 000 元，增值税销项税额为 18 700 元，购货单位以支票补付余款。

13. 9 月 12 日，企业向耀华厂售出 B 产品，销售额为 970 000 元，增值税额 164 900 元，货款已收讫，存入银行存款。

14. 9 月 12 日，5 个月前开出的 1 张面额为 40 000 元不带息商业承兑汇票到期，以银行存款支付。

15. 9 月 13 日，企业向培进厂购进丙材料一批，买价 300 000 元，增值税额

51 000 元，开出银行承兑期限 6 个月、年利息 10%的票据 1 张，并以银行存款向银行支付手续费 300 元。

16. 9 月 14 日，计提以上票据本月应负担的利息。

17. 9 月 25 日，企业 9 月份“工资结算汇总表”中列示的工资总额为 560 000元，从银行提取现金备发工资。其中，生产工人工资为 410 000 元，车间管理人员工资为 20 000 元，企业管理人员工资为 93 000 元，销售人员工资为 20 000 元，建造厂房人员工资为 17 000 元。

18. 按工资总额的 10%、12%、2%和 10.5%计提医疗保险费、养老保险费、失业保险费和住房公积金，交纳给当地社会保险经办机构和住房公积金管理机构。职工福利费义务金额为职工工资总额的 2%，公司分别按照职工工资总额的 2%和 1.5%计提工会经费和职工教育经费。

19. 9 月 30 日，发放 9 月份工资。

20. 月末，企业 9 个月前开出的 1 张银行承兑汇票到期，金额为 125 000 元，企业只付掉 80 000 元，其余部分由银行转为短期借款，并对企业处以 225 元的罚款。

21. 月末，向五星工厂购入丙材料 1 000 件，材料已到达入库，结算凭证未到。丙材料合同单价为 42 元/件。

22. 月末，4 个月前开具的 1 张商业承兑汇票到期，金额为90 000元，企业无力支付。

23. 月末，计算交纳本月增值税。

24. 月末，按 7%、3%的税率分别计算并交纳本月城市维护建设税及教育费附加。

要求

根据上述资料，编制会计分录。

习题八　练习长期借款的核算

资料

某企业 1992 年 1 月 1 日，向银行借入资金 1 500 000 元，借款年利率为 6%，借款期限为 2 年。还本付息方式有三种：第一，每年末付息一次到期还本；第二，每年末计息，到期一次还本付息；第三，分 2 年平均还本付息(即借款第一年年末归还一半本金和第一年利息，第二年年末归还另一半本金及利息)。

要求

根据以上三种还本付息方式，分别编制借款取得、计息、付息及还本的相应会计分录。

习题九 练习债券发行的核算

资料

某企业 1994 年 7 月 1 日发行 2 年期、面值为 1 000 000 元的债券。债券票面利率为 8%。

要求

请分别计算市场利率为 6%、8%、10%时的债券发行价格，并编制三种发行价格下债券发行、每月计提利息费用及摊销折价或溢价（实际利率法下），每年 7 月 1 日及 1 月 1 日付息、到期还本的会计分录。

习题十 练习长期借款的核算

资料

××企业建造一大型基础设施，向银行借入 3 年期人民币长期借款 500 000 元，年利率为 10%，复利计算，每年末计息一次。预计该基础设施 2 年后完工，企业应于投产使用后第一年年末一次性归还全部本息。

1. 接银行通知，以上借款已转入银行存款户。

2. 以银行存款支付购买工程用材料买价 450 000 元，增值税额 76 500 元，及材料运杂费、保险费 1 500 元。材料已运达企业，验收入库。

3. 工程领用材料 445 000 元。

4. 第一年年末，计算应付借款利息。

5. 第二年年末，计算应付借款利息。

6. 经计算工程应负担的人工费用总额为 40 000 元，其他费用为 10 000 元，均以银行存款支付。

7. 第二年年末，该基础设施工程完工达到预定可使用状态，办理竣工决算。

8. 该基础设施投产使用后第一年年末，企业一次性以银行存款归还全部本息。

要求

根据上述资料，编制必要的会计分录。

习题十一 练习债券发行的核算

资料

1. 某企业为了满足生产经营需要，决定发行 2 年期债券1 000 000元，债券面值100元，共10 000份，票面利率8%，规定每年付息2次，该债券委托证券公司发行，手续费率4%。

(1) 20×7年1月1日，企业债券发行，接银行通知款项已全部收存银行。发行时，同期银行存款利率为10%(期数为4，利率为5%的复利现值系数为0.8227，年金现值系数为3.54595)。

(2) 以银行存款向证券公司支付手续费用。

(3) 逐期计提债券利息，并摊销折价(实际利率法)。

(4) 逐期支付利息费用。

(5) 20×9年1月1日，以银行存款归还全部本金。

2. 某企业20×7年1月1日发行3年期面值为100 000元的债券用于购建甲设备。票面利率为14%，每年末付息1次，委托银行发行，手续费率为4%，预计工程1年完工，企业应于投产后第二年年末偿还本金。

(1) 20×7年1月1日，债券发行，接银行通知，款项已收存银行。债券发行时同期市场利率为12%(利率12%、期数为3的复利现值系数为0.71178，年金现值系数为2.40183)。

(2) 以银行存款支付工程价款95 000元。

(3) 以银行存款支付手续费。

(4) 开出转账支票，支付××印刷厂印刷费3 000元。

(5) 分摊并用银行存款支付工程人工费用5 000元。

(6) 计提20×7年债券利息，并摊销溢价(直线法)。

(7) 以银行存款支付20×7年应付利息。

(8) 20×7年12月31日，该工程完工，交付使用。

(9) 计提20×8年债券应计利息，并摊销溢价。

(10) 用银行存款支付20×8年债券利息。

(11) 计提20×9年债券利息，并摊销溢价。

(12) 用银行存款支付20×9年债券利息。

(13) 20×9年12月3日，用银行存款偿还全部本金。

要求

根据上述资料，编制相应会计分录。

第十章　所有者权益的核算

第一节　所有者权益概述

一、所有者权益的概念

所有者权益又称净权益，它是指所有者在企业资产中享有的经济利益，在数量上表现为企业的全部资产减去全部负债后的净额。

权益是区别于债权人权益的一个会计要素。债权人能凭借其债权按固定的比率向企业收取利息，并到期收回本金，但是，债权人不能参与企业的经营决策以及收益的分配。而投资者投入的资本可供企业长期周转和使用，在经营期内不需归还，并承担了企业债务、经营亏损和破产的风险责任。因此，所有者能凭借其资本拥有法定的管理企业和委托他人管理企业的权利，还可以按规定分享企业的税后利润。

二、所有者权益的分类

企业的所有者权益可以按以下的标准进行分类。

(一) 按来源渠道划分

按来源渠道划分，可以将所有者权益分为原始投入和经营中形成两大部分。

原始投入的所有者权益是指国家、其他法人单位、个人及外商投入的资本金以及投入的资本或股本超过注册资本形成的溢价等。经营中形成的所有者权益主要是指企业从税后利润中提取的盈余公积、未分配的利润以及直接计入所有者权益的利得或损失，如可供出售金融资产因公允价值变动而计入资本公积——其他资本公积部分。

(二) 按经济内容划分

按经济内容划分，可以将所有者权益分为投入资本、资本公积、盈余公积和未分配利润四大部分。

投入资本是指投资者实际投入企业经营活动的各种财产物资，包括货币资金、实物资产及无形资产等。资本公积是指投资者投入企业的资本或股本超过注册资本的溢价，以及直接计入所有者权益的利得或损失等。盈余公积是指按照国家有关规定或股东决议从税后利润中提取的法定盈余公积、任意盈余公积。未分配利润是指企业留于以后年度分配的利润或待分配的利润。

第二节 投入资本的核算

一、各类公司投入资本的特点

公司的组织形式不同，所有者投入资本的特点也不相同。根据我国公司法规定，目前我国公司的组织形式主要有有限责任公司（包括国有独资公司）和股份有限公司两种。

（一）有限责任公司

有限责任公司是指由两个以上股东共同出资，每个股东以其认缴的出资额对公司承担有限责任，公司以其全部资产对其债务承担责任的企业法人。有限责任公司的投入资本有如下特点：

（1）成立有限责任公司注册资本的最低限额为：

① 以生产经营为主的公司，人民币 50 万元。

② 以商品批发为主的公司，人民币 50 万元。

③ 以零售为主的公司，人民币 30 万元。

④ 科技开发、咨询、服务性公司，人民币 10 万元。

（2）有限责任公司属于合资公司，实行资本金制度，投资者按出资比例对公司负责。

（3）一般情况下，公司的投资者在 2 人以上，50 人以下。

（4）公司不能公开募股，不能发行股票，公司向投资者签发出资证明。

（5）投资者之间可以相互转让出资，但如向其他人转让出资，需经超过半数的投资者同意。

（6）公司增资扩股时，新加入投资者交纳的出资额大于其在资本总额中所占份额的部分，应作为资本公积处理。

（7）公司的财务不必公开，但编制的会计报表须按期报送各投资者。

（二）国有独资公司

国有独资公司是指国家授权投资的机构或者国家授权的部门单独投资设立的有限责任公司。

国有独资公司与一般有限责任公司的区别在于：

（1）国有独资公司是一人公司，其投资者对公司的债务以出资额承担有限责任。

(2) 国有独资公司的投资者只能是国家授权投资的机构或者国家授权的部门，而不能是其他的机构或部门。

(3) 国有独资公司的所有者单一，其投入资本全部作为实收资本入账，追加投资时也不会为维持一定的投资比例而产生资本公积。

(三) 股份有限公司

股份有限公司是指全部资本由等额股份构成，并通过发行股票予以筹集，投资者以其所认购的股份对公司承担责任，公司以全部资产对公司债务承担责任的企业法人。

我国股份有限公司的主要特点是：

(1) 股份有限公司注册资本的最低限额为人民币 1 000 万元。

(2) 资本划分为等额股份，每股金额与股份数的乘积即为资本总额。

(3) 通过发行股票来筹集资本。

(4) 股票可以按面值发行，也可以溢价发行，但不可以折价发行。

(5) 公司的发起人最少可以是 1 人，一般情况下为 5 人以上，多则不限。

(6) 股票可以交易或转让。

(7) 财务须公开，以供股东查阅。

股份有限公司的设立方式，分为发起设立和募集设立两种。

发起设立是指由公司发起人自己认购公司发行的全部股份，其筹集费用一般很低，主要包括股权证明的印刷费用，可以直接计入开办费或管理费用。

募集设立是指公司发起人只认购公司发行股份的 35%以上，其余部分向社会公开募集。采用募集设立方式，由于发行的股票数量大，其印刷费用就比较高。另外，大量股票的发行需委托证券机构进行承销，因此，募集设立方式的筹资费用比较大。这些筹资费用可以根据具体发行情况分别处理，即如果采用溢价发行股票，可以从溢价收入中支付；如采用面值发行股票，则应列作待摊费用。

根据股东权利和义务的不同，公司的股份可以分为普通股和优先股两种。

普通股的股利一般不固定，在支付优先股股利之后分配，分配股利的金额取决于企业经营情况的好坏。而优先股是一种具有优先权的股份，它有约定的股利率，并不受公司经营利润大小的影响。例如，当年可供分配股利的利润不足以按约定股利率支付优先股股利，可以由以后年度的可供分配股利进行补足，而且在公司清算时，优先股股东可先于普通股股东取得公司的剩余财产。

二、投入资本的分类

投入资本是投资者实际投入企业的法定资本额，这部分法定资本就是企业在工商行政管理部门登记的注册资本。

(一) 投入资本按投资主体不同划分

投入资本按投资主体不同划分，可以分为国家资本、法人资本、个人资本及外商资本等。

(1) 国家资本是指有权代表国家投资的政府部门或机构以国有资产投入企业而形成的资本。

(2) 法人资本是指企业法人以其依法可支配的资产投入企业形成的资本。

(3) 个人资本是指社会个人或本企业内部职工以个人合法财产投入企业形成的资本。

(4) 外商资本是指外国和我国香港、澳门、台湾地区投资者投入企业形成的资本。

(二) 投入资本按投资形式不同划分

投入资本按投资形式不同划分，可以分为货币资产投资、实物资产投资和无形资产投资等。

(1) 货币资产投资可以是人民币，也可以是外币。一般按实际收到或者存入企业开户银行的时间和金额作为投入资本的记账依据。

(2) 实物资产投资包括房屋及建筑物、机器设备及其他物料。企业应该以实际收到实物的日期，验收无误的实物数量，以及合同、协议或企业申请书和验收清单中所列金额作为投入资本的记账依据。

(3) 无形资产投资包括工业产权(指专利权和商标权)、非专利技术或土地使用权等。投资者以无形资产出资的，必须进行评估作价，并依法办理财产转移手续。根据国家规定，我国有限责任公司的投资者和股份有限公司的发起人以工业产权、非专利技术作价出资的金额不得超过注册资本的 20%，如因情况特殊需要超过 20%，应当经工商行政管理机关审查批准，但最高不得超过注册资本的 30%。国家对采用高新技术成果有特别规定的除外。

三、投入资本的账务处理

企业对投入资本进行核算，应设置“实收资本”账户(股份有限公司设置“股本”账户)。该账户的贷方登记企业收到的各种资本额；借方登记依法批准减少的资本额；期末贷方余额反映投资者实际投入企业的资本额。对企业的投入资本应按投资主体设置明细账进行明细分类核算，并设置备查簿详细记录企业的注册资本总额，以及各投资者的出资比例或认缴的股份。

企业收到投资者投入的各种投资时，应分别不同情况进行账务处理。

【例 10-1】 (1) 某企业收到国家投入的资本共计 1 000 000 元，其中人民币 300 000 元，原材料 450 000 元(内含增值税 65 385 元)，不需要安装的全新设备 1 台，价值 250 000 元，作会计分录如下：

借：银行存款	300 000	
原材料	384 615	
应交税费——应交增值税(进项税额)	65 385	
固定资产	250 000	
贷：实收资本——国家投资		1 000 000

(2) 某外商投入企业一项专利权，经双方确认作价为 150 000 元。作会计分录如下：

借：无形资产——专利权	150 000	
贷：实收资本——外商投资		150 000

(3) 其他单位投入企业 1 台旧机器，账面原价为 650 000 元，已提折旧 200 000元，该机器的确认价为 500 000 元。另外，还用土地使用权 350 000 元作价投资。

- 固定资产投资。作会计分录如下：

借：固定资产	500 000	
贷：实收资本——其他单位投资		500 000

- 土地使用权投资。作会计分录如下：

借：无形资产——土地使用权	350 000	
贷：实收资本——其他单位投资		350 000

第三节　资本公积的核算

资本公积是指企业收到投资者的超过其在企业注册资本(或股本)中所占份额的投资，以及直接计入所有者权益的利得和损失等。资本公积包括资本溢价(或股本溢价)和直接计入所有者权益的利得和损失。

资本溢价(或股本溢价)是企业收到投资者的超过其在企业注册资本(或股本)中所占份额的投资。形成资本溢价(或股本溢价)的原因有溢价发行股票、投资者超额缴入资本等。

直接计入所有者权益的利得和损失是指不应计入当期损益、会导致所有者权益发生增减变动的、与所有者投入资本或向所有者分配利润无关的利得和损失。

企业应设置“资本公积”账户进行核算。该账户贷方登记增加数，借方登记减少数。期末贷方余额，表示企业实有的资本公积数。同时下设“资本溢价(或股本溢价)”、“其他资本公积”明细账户。

一、资本溢价或股本溢价的核算

(一) 资本溢价

在有限责任公司这类由两个以上投资者合资经营的企业，投资者按出资比例共同承担责任和享受权利。当企业初创经营若干年后，如有新的投资者对企业进行追加投资时，为了维护原有投资者的权益，新加入的投资者实际投入企业的资本额往往必须超出它在企业资本总额中所占的份额。这是因为，追加的投资额无论从质量还是从数量方面都与初创时的投资额有区别。首先，从质量上来说，初创时的投资额具有风险性，具体表现为初创阶段的资本利润率一般低于企业进入正常经营后的资本利润率，投资者为此付出了代价，因此，新加入的投资者只有实际投入超过资本比例的数额，才能取得所占份额的权利。其次，从数量上来说，初创阶段实现的利润并未全部分光，留在企业作为留存收益，新加入的投资者也能按出资比例共享，这也要求其实际的出资额要大于在资本总额中所占比例的数额。这部分超出所占出资比例的金额就称为资本溢价，记入“资本公积”账户。

【例 10-2】 某有限责任公司由 A、B、C、D 四位投资者各出资 25%合资经营，资本总额为 4 000 000 元。经营 4 年后，该公司的盈余公积和未分配利润为 1 000 000 元。这时，又有新投资者要求加入该公司，并投入人民币 1 500 000元取得 20%的份额。

对这笔追加投资的经济业务，应将 1 000 000 元记入“实收资本”账户，500 000元记入“资本公积”账户。作会计分录如下：

借：银行存款	1 500 000	
贷：实收资本		1 000 000
资本公积——资本溢价		500 000

(二) 股本溢价

在股份有限公司，其股本总额是以发行股票来筹集的。股票的发行价格，有按面值发行、溢价发行和折价发行三种。但目前，我国规定只允许采用前两种价格发行。在会计处理上，股票的面值记入“股本”账户，溢价部分记入“资本公积”账户。为发行股票而发生的筹资费用，根据发行情况分别进行处理：如为面值发行的，记入“长期待摊费用”账户；如为溢价发行的，则从溢价收入中扣除。

【例 10-3】 某股份有限公司委托××证券机构代理发行普通股 2 000 000 股，每股面值 1 元，发行价 2.50 元，代理发行的手续费按发行收入 3%从发行收入中扣除。

(1) 采用溢价发行：

代理发行的手续费＝2.50×2 000 000×3%＝150 000(元)

实际收到的发行收入＝2.50×2 000 000－150 000

＝4 850 000(元)

作会计分录如下：

借：银行存款	4 850 000
贷：股本	2 000 000
资本公积——股本溢价	2 850 000

(2) 采用按面值发行：

代理发行的手续费＝1×2 000 000×3%＝60 000(元)

实际收到的发行收入＝1×2 000 000－60 000

＝1 940 000(元)

作会计分录如下：

借：银行存款	1 940 000
长期待摊费用	60 000
贷：股本	2 000 000

二、其他资本公积的核算

其他资本公积，是指除资本溢价(或股本溢价)项目以外所形成的资本公积，其中主要包括直接计入所有者权益的利得和损失。

直接计入所有者权益的利得和损失主要由以下交易或事项形成。

1. 采用权益法核算的长期股权投资

长期股权投资采用权益法核算的，在持股比例不变的情况下，被投资单位除净损益以外所有者权益的其他变动，企业按持股比例计算应享有的份额，如果是利得，应增加长期股权投资的账面价值，同时增加资本公积——其他资本公积；如果是损失，应当作相反会计分录。当处置采用权益法核算的长期股权投资时，应当将原计入资本公积相关金额转入投资收益。

2. 存货或自用房地产转为采用公允价值模式计量的投资性房地产

存货或自用房地产转为采用公允价值模式计量的投资性房地产时，投资性房地产应当按照转换当日的公允价值计量。转换当日的公允价值小于原账面价值的，其差额计入当期损益(公允价值变动损益)；转换当日的公允价值大于原账面价值的，其差额作为资本公积——其他资本公积，计入所有者权益。处置该项投资性房地产时，原计入所有者权益的部分应当转入处置当期损益(其他业务收入)。

3. 可供出售金融资产公允价值的变动

可供出售金融资产公允价值的变动形成的利得，除减值损失和外币货币性金融资产形成的汇兑差额外，借记“公允价值变动损益”账户，贷记“资本公积——其他资本公积”账户；公允价值变动形成的损失，作相反会计分录。

除以上列举事项外，还有以权益结算的股份支付、金融资产的重分类等需要纳入资本公积——其他资本公积核算。

【例 10-4】 甲企业拥有 1 栋办公楼，用于本企业总部办公。2007 年 4 月 15 日，甲与乙企业签订经营租赁协议，将这栋办公楼出租给乙企业，租赁期开始日为 2007 年 5 月 4 日，为期 1 年。假设转换后采用公允价值计量，5 月 4 日，该办公楼账面价值为450 000 000元，其中，账面原价500 000 000元，已提累计折旧50 000 000元，当日公允价值为 470 000 000 元。2007 年 12 月 31 日，该项投资性房地产公允价值不变，2008 年 4 月，租赁期届满，甲企业收回该项投资性房地产，并于 2008 年 6 月以 510 000 000 元出售，出售款项已收讫。

甲企业账务处理如下。

(1) 2007 年 5 月 4 日：

借：投资性房地产——办公楼(成本)	470 000 000	
累计折旧	50 000 000	
贷：固定资产		500 000 000
资本公积——其他资本公积		20 000 000

(2) 2007 年 12 月 31 日，不作账务处理。

(3) 2008 年 6 月出售时：

借：银行存款　　510 000 000
　贷：其他业务收入　　510 000 000
借：其他业务成本　　470 000 000
　贷：投资性房地产——办公楼(成本)　　470 000 000

同时，将转换时原计入资本公积部分转入其他业务收入：

借：资本公积——其他资本公积　　20 000 000
　贷：其他业务收入　　20 000 000

三、资本公积转增资本的核算

按照《公司法》的规定，法定公积金(资本公积和盈余公积)转为资本时，所留存的该项公积金不得少于转增前公司注册资本的25%。经股东大会或类似机构决议，用资本公积转增资本时，应冲减资本公积，同时按照转增前的实收资本(或股本)的结构或比例，将转增的金额记入“实收资本”(或“股本”)账户下各所有者的明细分类账。

其会计分录如下：

借：资本公积　　×××
　贷：实收资本　　×××

股份有限公司以资本公积转增资本时，其会计分录如下：

借：资本公积　　×××
　贷：股本　　×××

第四节　留存收益的核算

一、留存收益的组成及用途

(一) 留存收益的组成

留存收益是指企业从历年实现的利润中提取或形成的留存于企业的内部积累。留存收益来源于企业在生产经营活动中所实现的净利润。它与实收资本和资本公积的区别在于，实收资本和资本公积主要来源于企业的资本收入，而留存收益则来源于企业的资本增值。

留存收益按是否指定用途，分为盈余公积和未分配利润两大类。

1. 盈余公积

盈余公积是指按规定从税后利润中提取的积累资金，公司制企业的盈余公积分为法定盈余公积和任意盈余公积，两者区别在于各自计提依据不同。

法定盈余公积以国家的法律或行政规章为依据，按税后利润的10%提取，但此项公积金达到注册资本50%时可以不再提取；任意盈余公积由企业自行决定，一般在股份有限公司按股东会决议提取。

2. 未分配利润

未分配利润是指留于以后年度分配或待分配的利润，它是企业尚未指定用途的留存收益。

（二）留存收益的用途

在留存收益中，具有指定用途的是盈余公积。

其主要用途是：

(1) 弥补亏损。企业发生亏损，可以用以下三种来源进行弥补。

① 用以后年度所得税前利润弥补，但弥补期不超过5年。

② 超过所得税前利润弥补期的亏损，可用以后年度所得税后利润弥补。

③ 所得税后利润弥补不了的亏损，可用盈余公积进行弥补。

(2) 转增资本。根据股东会决议，企业可以将盈余公积转作资本金。但转增资本时要注意以下问题：

① 先要办理增资手续。

② 要按原有资本或股份比例进行结转。

③ 转增资本后留存的盈余公积不得少于注册资本的25%。

(3) 分配股利。在股份有限公司，如企业无利润，原则上不分配股利，但为了维护企业股票信誉，经股东会特别会议，也可用盈余公积分配股利。其分配原则是：

① 企业如有未弥补亏损，应该先用盈余公积弥补，弥补亏损后盈余公积仍有结余，才可分配股利。

② 分配股利后，法定盈余公积不得低于注册资本的25%。

二、留存收益的核算

（一）盈余公积的核算

1. 盈余公积的核算特点

盈余公积属于所有者权益，受法律保护，任何单位或个人不得侵占或非法干涉。它的核算特点是：

(1) 用盈余公积弥补亏损或转增资本，都只是在同属所有者权益的不同分类项目中相互划转，并不影响所有者权益总额的增减。

(2) 盈余公积的结余数可由企业自由占用，或用于购置固定资产，或用于流动资金周转，或用于对外投资等等，均无须转账。

2. 盈余公积的账务处理

企业进行盈余公积的账务处理,须设置"盈余公积"账户。其贷方登记提取的盈余公积,借方登记按规定使用的盈余公积;期末贷方余额为盈余公积的结余数。在盈余公积总分类账户下还应设置"法定盈余公积"、"任意盈余公积"明细分类账户。

【例 10-5】 (1)某企业当年实现的税后利润为 1 200 000 元,按规定分别按 10%的比例提取法定盈余公积 120 000 元。作会计分录如下:

借:利润分配——提取法定盈余公积	120 000	
贷:盈余公积——法定盈余公积		120 000

(2) 上述企业连年盈利,经董事会决议,将盈余公积 200 000 元转增资本。作会计分录如下:

借:盈余公积——法定盈余公积	200 000	
贷:实收资本		200 000

(3) 某股份有限公司注册资本为 10 000 000 元,本年度发生亏损 1 000 000 元,董事会决议用以前年度提存的盈余公积弥补亏损。经查,盈余公积结余为 3 900 000 元,用盈余公积弥补亏损后,公司盈余公积还有结余 2 900 000 元,按规定扣除留存注册资本 25%的盈余公积 2 500 000 元(10 000 000×25%)后,公司仍可用盈余公积 400 000 元发放股利。作会计分录如下:

借:盈余公积	1 000 000	
贷:利润分配——其他转入		1 000 000

同时,作会计分录如下:

借:盈余公积	400 000	
贷:应付股利		400 000

(二) 未分配利润的核算

为了反映企业未分配利润情况,在"利润分配"账户中,设置"未分配利润"明细账户。企业在会计年度终了时,应将全年实现的利润总额自"本年利润"账户借方转入"利润分配——未分配利润"账户的贷方(亏损时作相反分录)。同时,将全年已分配的利润从利润分配各明细账户转入"未分配利润"明细账户,结转后"利润分配——未分配利润"账户的贷方余额为未分配的利润,如为借方余额,为未弥补的亏损。

第五节　实收资本增减变动的核算

在一般情况下，实收资本应保持相对固定，不得随意增减，但在某些特定情况下，也可能发生增减变动。企业增资或减资后，均需向原登记机关办理变更登记手续。

一、实收资本的增加

（一）实收资本增加的途径

(1) 将资本公积、盈余公积转为实收资本。

(2) 所有者追加投资。

(3) 股份有限公司采用发放股票股利的方法增资。

（二）实收资本增加的条件

(1) 有限责任公司增加注册资本的条件：有限责任公司的股东会作出增加注册资本的决议，必须经代表2/3以上表决权的股东通过，并修改公司章程。

(2) 股份有限公司发行新股应符合下列条件：

① 前一次发行的股份已募足，并间隔1年以上。

② 公司在最近3年内连续盈利，并可向股东支付股利。

③ 公司在最近3年内财务会计文件无虚假记载。

④ 公司预期利润率可达同期银行存款利率。

⑤ 经股东大会作出决议，同意并修改公司章程。

⑥ 报经国务院授权部门或省级人民政府申请批准，属于向社会公开募集的，须经国务院证券管理部门批准。

（三）实收资本增加的账务处理

企业对增加的实收资本进行账务处理时，应根据不同的增加途径，借记“资本公积”、“盈余公积”账户以及有关的资产账户；贷记“实收资本”或“股本”账户。然而，对于股份有限公司采用发放股票股利的方法把一部分税后利润转为股本时，会遇到面值发行或溢价发行的处理问题，还会引起股东权益结构的变化。

【例10-6】 某股份有限公司原股东权益的结构为：

股本（普通股10 000 000股，每股面值1元）	10 000 000
资本公积	5 000 000
盈余公积	6 500 000
未分配利润	2 000 000
股东权益合计	23 500 000

假如该公司经股东会决议通过，按10%的比例发放股票股利，每股的发行价为1.80元，则按可分配的股票股利增发新股票1 000 000股(10 000 000×10%)，发行总额为1 800 000元(1 000 000×1.80)。作会计分录如下：

借：利润分配——转作股本的股利　　1 800 000
　贷：股本　　1 000 000
　　资本公积——股本溢价　　800 000

分配后，该公司的股东权益总额不变，但结构发生变化如下：

股本(普通股11 000 000股，每股面值1元)	11 000 000
资本公积	5 800 000
盈余公积	6 500 000
未分配利润	200 000
股东权益合计	23 500 000

二、实收资本的减少

(一) 实收资本减少的原因

(1) 资本过剩。企业的资本总额如超过经营规模的需要，可依法相应减少注册资本。

(2) 发生重大亏损。企业因特殊原因而发生重大亏损，不能在短期内用利润、盈余公积进行弥补，而且，又因有尚未弥补亏损而长期不能发放股利时，如不减少注册资本就会影响企业信誉，动摇投资者的投资信心。所以，经股东会决议，办理减资手续后，企业可以放下包袱，转入正常经营。

(二) 实收资本减少的要求

(1) 需要减少注册资本时，须编制资产负债表及财产清单。

(2) 股东会作出减少注册资本决议后，须通知债权人(债权人有权要求企业清偿债务或提供相应的担保)。

(3) 减少资本后的注册资本不得低于法定的最低限额。

(三) 实收资本减少的账务处理

1. 因资本过剩而减少注册资本的账务处理

有限责任公司因减少注册资本发还股款时，作会计分录如下：

借：实收资本　　×××
　贷：银行存款　　×××

股份有限公司发还股款时，需收购原发行的股票。具体做法是：

(1) 按面值注销股本。

(2) 超出面值的收购价格应区分不同情况进行处理：凡属原面值发行的，应先直接冲销盈余公积，如不足再冲销未分配利润；凡属原溢价发行的，则应首先冲销溢价收入，其次冲销盈余公积，如再不足，最后冲销未分配利润。

【例 10-7】 某股份有限公司因资本过剩，经批准采用收购本公司股票的方式减少注册资本 2 000 000 元。该公司原发行股票 12 500 000 股，每股面值 1 元，发行价格 2 元。另外，公司提取的盈余公积有 500 000 元，未分配利润有 1 000 000 元。

(1) 收购股票的价格与原发行股票的价格相同：假如该公司仍以每股 2 元的价格收购本公司的股票。作会计分录如下：

借：股本　　2 000 000
　　资本公积　　2 000 000
　贷：银行存款　　4 000 000

(2) 收购股票的价格超过发行股票的价格：假如该公司以每股 2.30 元的价格收购本公司的股票。作会计分录如下：

借：股本　　2 000 000
　　资本公积　　2 000 000
　　盈余公积　　500 000
　　利润分配——未分配利润　　100 000
　贷：银行存款　　4 600 000

2. 因亏损严重而减少注册资本的账务处理

企业因亏损严重而减少注册资本，这实际上是用企业的资本或股本来弥补亏损，一般可采取消除每股部分金额或注销股份面值的办法进行处理。企业可按其合计数作会计分录如下：

借：实收资本(股本)　　×××
　贷：利润分配——未分配利润　　×××

复习思考题

一、单项选择题

1. 所有者权益在数量上表现为(　　)的净额。

A. 资产总额减去负债总额

B. 流动资产总额减去流动负债总额

C. 资产总额减去流动负债总额

D. 非流动资产总额减去非流动负债总额

2. 成立以生产经营为主的有限责任公司的法定注册资本最低限额为(　　)万元。

A. 30　　B. 10　　C. 50　　D. 不少于1 000

3. 投资者投入的无形资产,按照(　　)计价。

A. 原账面价值　　B. 重置价值

C. 现行市价　　D. 投资各方确认价值

4. 盈余公积是企业从(　　)中提取的公积金。

A. 营业利润　　B. 本年利润

C. 税后利润　　D. 销售利润

5. 企业以盈余公积转增资本时,转增资本后留存的盈余公积不得少于注册资本的(　　)。

A. 20%　　B. 15%　　C. 25%　　D. 50%

6. 企业股票按溢价发行,实得数超出面值的部分,应记入(　　)账户。

A. "本年利润"　　B. "盈余公积"

C. "资本公积"　　D. "营业外收入"

7. 法定盈余公积金通常按税后利润的10%提取,当其已达注册资本的(　　)时可不再提取。

A. 25%　　B. 6%　　C. 10%　　D. 50%

8. 某企业××年度发生亏损,按规定可以用盈余公积弥补,应作会计分录如下(　　)。

A. 借记"利润分配——弥补以前年度亏损"账户,贷记"应弥补亏损"账户

B. 借记"利润分配——弥补以前年度亏损"账户,贷记"利润分配——未分配利润"账户

C. 借记"盈余公积"账户,贷记"利润分配——其他转入"账户

D. 不作账务处理

9. 某有限责任公司甲、乙、丙3位股东各出资50万元。设立时的实收资本为150万元,3年后盈利,该企业留存收益为40万元。若此时丁投资者有意加入该企业,并想取得与原投资者相同的投资比例,其出资65万元。在接受丁的投资时,应作会计分录如下:(　　)。

A. 借：银行存款　　650 000
　　贷：实收资本　　650 000

B. 借：银行存款　　650 000
　　贷：实收资本　　600 000
　　　　资本公积　　50 000

C. 借：银行存款　　650 000
　　贷：实收资本　　500 000
　　　　资本公积　　150 000

D. 借：银行存款　　650 000
　　贷：实收资本　　400 000
　　　　资本公积　　250 000

10. 股份公司注销库存股时，如果原为溢价发行，则收购价高于面值的部分，应冲减的顺序是(　　)。

A. 资本公积，盈余公积，未分配利润

B. 未分配利润，盈余公积，资本公积

C. 盈余公积，资本公积，未分配利润

D. 盈余公积，未分配利润，资本公积

二、多项选择题

1. 投入资本和借入资本之间主要的区别是(　　)。

A. 对资产求偿权不同　　B. 收益率确定不同

C. 会计处理方法不同　　D. 资本偿还期不同

E. 享受权利不同

2. 投入资本按投资形式可分为(　　)。

A. 现金　　B. 银行存款

C. 实物资产　　D. 长期借款

E. 无形资产

3. 资本公积的来源有(　　)。

A. 股本溢价

B. 交易性资产公允价值变动

C. 可供出售金融资产公允价值变动

D. 资本溢价

E. 采用权益法核算的长期股权投资由被投资单位除净损益外而增加

的所有者权益按其份额所作的相应调整

4. 法定盈余公积的用途是( )。

A. 用于发展生产　　B. 弥补亏损
C. 转增资本　　D. 对外投资
E. 分配股利

5. 在对投入资本进行会计核算时,应设置“实收资本”账户的企业有( )。

A. 生产经营性公司　　B. 咨询公司
C. 商业批发性公司　　D. 股份有限公司
E. 国有独资公司

6. 企业弥补亏损的途径有( )。

A. 用以后年度所得税前利润弥补
B. 用以后年度所得税后利润弥补
C. 用以后年度所得税前利润弥补,但弥补期不超过 5 年
D. 超过所得税前利润弥补期的亏损,可用以后年度所得税后利润弥补
E. 所得税后利润弥补不了的亏损,可用盈余公积进行弥补

7. 实收资本增加的途径有( )。

A. 用盈余公积转增资本
B. 用资本公积转增资本
C. 投资者追加资本
D. 发放股票股利
E. 向投资者分配利润

8. 实收资本在( )的情况下,可能会出现借方发生额。

A. 资本过剩　　B. 弥补亏损
C. 分派股利　　D. 发生重大亏损
E. 对外投资

9. 可引起所有者权益增加的事项有( )。

A. 投资者追加投资　　B. 以盈余公积转增资本
C. 发放现金股利　　D. 发放股票股利
E. 发生亏损

10. 属于优先股具备的特征是( )。

A. 有约定的股利率
B. 不受公司经营利润大小的影响

C. 支付优先股股利在分配普通股股利之前

D. 在公司清算时，优先股股东最先取得公司的剩余资产

三、判断题

1. 国有独资企业是一人公司，投资者只能是国家授权投资的机构或授权投资的部门。（　）

2. 发起设立的筹建费用可以从溢价收入中支付或列作待摊费用。（　）

3. 在公司清算时，优先股股东可先于普通股股东取得公司的剩余财产。（　）

4. 投资者以无形资产投资的金额不得超过注册资本的20%，特殊情况最高不得超过30%。（　）

5. 企业重组时新投资者投入的全部资本均列入“实收资本”核算。（　）

6. 用盈余公积分配股利的股利率，一般不得超过股票面值的6%。（　）

7. 用盈余公积弥补亏损或转增资本，都将影响所有者权益总额。（　）

8. 有限责任公司在增加注册资本时，应通过股东会议，必须经代表2/3以上有表决权的股东通过，并修改公司章程。（　）

9. 用利润弥补亏损时，应编制会计分录。（　）

四、名词解释

1. 所有者权益
2. 资本公积
3. 实收资本
4. 留存收益
5. 盈余公积
6. 未分配利润
7. 有限责任公司
8. 国有独资公司
9. 股份有限公司
10. 资本溢价
11. 注册资本

五、简答题

1. 债权人资本和投资人资本有何区别？
2. 简述有限责任公司的投入资本特点。
3. 试述股份有限公司的特点。
4. 股份有限公司设立方式有几种？这些方式有何不同？
5. 用盈余公积分配股利的原则是什么？
6. 简述股份有限公司发行新股的条件。

六、计算与分析题

习题一　练习投入资本的会计处理

资料

某公司20××年5月份发生如下经济业务：

1. 5月2日，收到国家投入资金人民币500 000元存入银行。

2. 5月4日，收到A法人单位投入材料351 000元（内含增值税），又收到其以土地使用权进行的投资，经确认作价为3 600 000元。

3. 5月6日，收到B法人单位投入设备1台。该设备账面原值为200 000元，已提折旧60 000元，经确认，该设备价值为150 000元。

4. 5月8日，收到外商投入的1项专利权，其确认价为180 000元。

要求

编制上述业务的会计分录。

习题二　练习资本公积的核算

资料

1. 某有限责任公司创立时由甲、乙、丙3人各投资100 000元，总资本共为300 000元，3年后取得留存收益100 000元，现有丁投资者出资120 000元，以银行存款支付出资额，取得与甲、乙、丙相同的投资比例。

2. 某股份公司持有的可供出售金融资产原账面价值为100 000元，期末，该金融资产公允价值为101 000元。

3. 某有限责任公司用资本公积50 000转增资本。

4. 某股份有限公司发行股票，委托证券公司代理发行普通股500万股，每股面值2元，若溢价发行每股发行价2.50元，按发行收入3%向证券公司支付手续费。

要求

1. 根据1～3的资料编制有关的会计分录。

2. 根据资料4分别编制按溢价发行和按面值发行的会计分录。

习题三　练习盈余公积的核算

资料

1. 某企业本年度实现税后利润6 000 000元，按税后利润的10%提取法定盈余公积金。

2. 某股份有限公司注册资本为15 000 000元，本年度发生亏损1 200 000元，经董事会决议用以前年度提存的5 000 000元盈余公积弥补亏损。

3. 上述公司经董事会决议，将盈余公积300 000元转增资本。

要求

编制有关的会计分录。

习题四　了解股东权益结构的变化

资料

凯华公司原发行在外的普通股为1 000 000股，每股面值为10元，20×3年12月31日资产负债表中的股东权益项目的构成：

股本(普通股1 000 000股，每股面值10元)	10 000 000
资本公积	85 000
盈余公积	6 000 000
未分配利润	2 000 000
股东权益合计	18 085 000

20×4年1月12日，股东大会决定并宣告于2月15日按原股数的10%发放股票股利，每股的发行价为11元。

要求

1. 编制有关会计分录。

2. 列示发放股票股利后的股东权益构成。

习题五　练习实收资本减少的核算

资料

上广股份有限公司因资本过剩，股东会作出减少注册资本决议后，采用收购本公司股票的方式减少注册资本800 000元。该公司原发行每股面值1元的股票10 000 000股，按2.50元发行。公司提取的盈余公积有200 000元，未分配利润有300 000元。

要求

1. 按股票收购价与原发行价相同方法进行账务处理。

2. 若该公司以每股3.00元收购本公司股票，又该如何核算？请编制有关分录。

3. 若该公司原以面值发行股票，现以每股1.50元收购，怎么进行账务处理？

习题六　练习所有者权益的核算

资料

1. 某公司收到A公司投入的设备1台，原价为167 000元，投资各方确认价值为206 000元。

2. 某单位接收联营单位投入机器1台，账面原价为200 000元，已提折旧120 000元，双方协议价86 000元，该机器已投入使用。

3. 某企业收到外单位投入实物资产一批，其中原材料实际成本为70 200元(内含增值税)，专用工具实际成本为26 000元，进项税额为4 420元，均已入库。

4. 某企业年初累计未弥补亏损为300 000元，现决定用以前年度提取的盈余公积来弥补亏损。

5. 某单位20××年税前利润为350 000元，所得税税率为33%，本年度支付各种税收滞纳金和罚款8 000元，弥补上年度亏损200 000元，之后提取10%的法定盈余公积。

要求

根据所给资料，编制有关的会计分录。

第十一章　收入、费用和利润的核算

第一节　收入的核算

一、收入的概念和分类

（一）收入的概念和特点

关于“收入”一词，其含义有广义和狭义两种观点。广义的收入是将所有经营和非经营活动的所得都看作是收入，通常包括三类：一是与企业的生产经营活动有关的收入，即营业收入，如销售商品、提供劳务等取得的收入；二是与企业的生产经营活动没有直接关系的收入，即利得或营业外收入，如罚款收入、无法支付的应付款项、捐赠收入等；三是投资收入，如股利收入、投资分得的利润等。而狭义的收入，仅指来自生产经营活动的收入即营业收入。我国《企业会计准则第14号——收入》对收入的定义采用了狭义的概念，并指出：“收入是指企业在日常活动中形成的、会导致所有者权益增加的、与所有者投入资本无关的经济利益的总流入。”收入包括商品销售收入、提供劳务收入和让渡资产使用权收入。收入有以下特点：

(1) 收入是从企业的日常活动中产生，而不是从偶发的交易和事项中产生，如工商企业销售商品、提供劳务的收入等。有些交易或事项虽然也能为企业带来经济利益，但不属于企业的日常活动，如出售固定资产所取得的收益，就不应该作为收入核算。

(2) 收入可能表现为企业资产的增加，如通过销售增加银行存款、应收账款等，也可能表现为企业负债的减少，如以商品或劳务抵偿债务；或者两者兼而有之。

(3) 收入能导致企业所有者权益的增加。根据“资产－负债＝所有者权益”的公式，企业获取收入，或增加资产或减少负债或两者兼而有之，都能增加所有者权益。

(4) 收入只包括企业经济利益的流入，不包括为第三方或客户代收的款项，如代收利息、增值税等。

（二）收入的分类

收入可以有以下两种不同的分类：

（1）收入按性质分类，可以分为商品销售收入、提供劳务收入、让渡资产使用权收入等。

商品销售收入是指企业通过销售商品实现的收入。如工业企业制造并销售产品等。

提供劳务收入是指企业提供运输、服务、咨询、代理、培训、安装等劳务所取得的收入。

让渡资产使用权收入是指企业通过让渡资产使用权所取得的收入，如出租固定资产取得租金收入、转让无形资产使用权而取得的使用费收入以及出借资金取得的利息收入等。

（2）收入按经营业务的主次分类，可以分为主营业务收入和其他业务收入两类。

企业的主营业务活动所取得的收入，称为主营业务收入，或称基本业务收入。对于不同行业的企业，由于其主营业务活动有所不同，因而主营业务收入就有差别。工业企业的主营业务收入是指主营业务收入，包括销售产成品、自制半成品、代制品、代修品以及提供工业性劳务等取得的收入。商品流通企业的收入是指主营业务收入，包括视同买断商品的销售收入、接受其他单位委托代销商品的销售收入以及代购代销商品手续费收入等等。

企业除主营业务活动以外的附营业务、其他业务所取得的收入，称为其他业务收入，或称附营业务收入，如材料销售收入、包装物和固定资产出租收入、无形资产转让使用权收入等等。其他业务收入一般有以下特点：每笔业务收入较少，业务发生不太稳定，服务对象不太固定，在全部营业收入中所占比重较低。

主营业务收入和其他业务收入的划分标准，一般按照营业执照上注明的主营业务和兼营业务予以确定。营业执照上注明的主营业务所取得的收入一般作为主营业务收入；营业执照上注明的兼营业务所取得的收入一般作为其他业务收入。但在实际工作中，如果营业执照上注明的兼营业务量较大，而且是经常发生的收入，也可归为主营业务收入。

二、收入的确认和计量

（一）销售商品收入的确认和计量

企业在销售商品时，如同时满足以下四个条件，就能确认收入：

（1）企业已将商品所有权上的主要风险和报酬转移给买方。这里的风险主要指商品由于贬值、损坏、报废等造成的损失;这里的报酬则指商品中包含的未来经济利益,包括商品因升值等给企业带来的经济利益。因此,如果当业务发生后,发生的经济损失不需企业承担,带来的经济利益也不归企业所有时,则意味着该商品所有权上的风险和报酬已转移出企业。在一般情况下,所有权上风险和报酬的转移,是伴随着所有权凭证的转移或实物的交付而转移。

(2) 企业既没有保留通常与所有权相联系的继续管理权,也没有对已售出的商品实施控制。如果企业将商品所有权上的主要风险和报酬转移给买方后,但仍然保留通常与所有权相联系的继续管理权,或仍然对售出的商品实施控制,这时此项销售不能成立,也不能确认相应的销售收入。

(3) 与交易相关的经济利益能够流入企业。在销售商品的交易中,与交易相关的经济利益即为销售商品的价款。一般情况下,企业售出的商品符合合同规定的要求,并且将发票账单交给买方,买方也承诺付款,即表明销售商品的价款能够收回,但如果估计价款收回的可能性不大,即使收入确认的其他条件均已满足,也不应当确认收入。

(4) 相关的收入和成本能够可靠的计量。收入能否可靠计量,是确认收入的基本前提,企业在销售商品时,售价通常已经确定,但如果说出现售价变动的情况,在新的售价未确定前,则不应确认收入;反之,根据收入和费用配比原则,如果成本不能可靠计量,则相关的收入也就不能确认。

(二) 提供劳务收入的确认和计量

企业根据劳务完成的时间,分别不同情况确认和计量劳务收入:

(1) 对于在同一会计年度内开始并完成的劳务,应在完成劳务时确认收入。确认的金额为合同或协议总金额,确认方法可参照主营业务收入的确认原则。

(2) 如劳务的开始和完成分属不同的会计年度,在提供劳务交易的结果能够可靠估计的情况下,企业应在资产负债表日按完工百分比例确认相关的劳务收入。

提供劳务的交易结果能否可靠估计,应当以同时满足以下条件作为判断标准:

(1) 劳务的总收入和总成本能够可靠地计量。通常,提供一项劳务取得的是收入,一般按照企业与接受劳务方签订的合同或协议的金额确定,如有现金折扣的,应在实际发生时,计入财务费用。而劳务的总成本,一般包括在资产负债表日止已经发生的成本和完成劳务将要发生的成本。

(2) 与交易相关的经济利益能够流入企业。企业可以根据接受劳务方的信誉、以往的经验以及双方达成的协议等方面作出判断，只有在与交易相关的经济利益能够流入企业时，企业才能确认收入。

（3）劳务的完成程度能够可靠地确定，其具体的确定方法是：

① 已完工作的测量。这需要由专业人员对已完成的工作进行测量，并按一定方法计算完工程序。

② 已经提供的劳务占应提供劳务总量的比例。

③ 已经发生的成本占总成本的比例。

在提供劳务交易的结果不能可靠估计的情况下，企业应当在资产负债表日按已经发生并预计能够补偿的劳务成本金额确认收入，并按相同金额结转成本。例如，预计已经发生的劳务成本不能得到补偿，则不应确认收入，但应将已经发生的成本确认为当期费用。

（三）让渡资产使用权收入的确认和计量

让渡资产使用权的收入，应当按下列原则进行确认：

（1）与交易相关的经济利益能够流入企业。如果企业估计收入收回的可能性不大，就不应该确认收入。

（2）收入的金额能够可靠地计量。一般根据企业与其资产使用者签订的合同或协议确定。例如，利息收入应在每个会计期末，按未收回的本金、存续期间和适当的利率计算并确认收入；使用费收入应按有关合同或协议的收费时间和方法确认收入。只有当收入的金额能够可靠地计量时，才能确认收入。

三、主营业务的核算

（一）一般主营业务的核算

核算企业的主营业务，应设置“主营业务收入”和“主营业务成本”等账户。企业确认销售收入时，应记入“主营业务收入”账户的贷方；结转销售成本时，应记入“主营业务成本”账户的借方；期末两账户的余额分别转入“本年利润”账户，结转后应无余额。“主营业务收入”和“主营业务成本”应按主营业务的品种、规格或类别设置明细分类账户。

【例 11-1】 某企业本期销售甲产品 500 件，每件销售额 20 元，核定的增值税税率为 17%，该产品实际成本为 18 元。

（1）确认销售实现时，根据不同的结算方式，作会计分录如下。

● 采用直接收款和交款提货结算方式：

借：银行存款	11 700	
贷：主营业务收入		10 000
应交税费——应交增值税（销项税额）		1 700

- 采用托收承付和委托收款结算方式：

借：应收账款　　11 700
　贷：主营业务收入　　10 000
　　　应交税费——应交增值税(销项税额)　　1 700

- 采用预收货款方式销售：

预收货款时(假定预收 5 000 元)：

借：银行存款　　5 000
　贷：预收账款　　5 000

发出产品时：

借：预收账款　　11 700
　贷：主营业务收入　　10 000
　　　应交税费——应交增值税(销项税额)　　1 700

收到其余货款时：

借：银行存款　　6 700
　贷：预收账款　　6 700

如该企业不设“预收账款”账户，这笔业务应作会计分录如下。

预收货款时：

借：银行存款　　5 000
　贷：应收账款　　5 000

发出产品时：

借：应收账款　　11 700
　贷：主营业务收入　　10 000
　　　应交税费——应交增值税(销项税额)　　1 700

收到其余货款时：

借：银行存款　　6 700
　贷：应收账款　　6 700

(2) 期末，结转实际销售成本时，作会计分录如下：

借：主营业务成本　　9 000
　贷：库存商品　　9 000

（二）委托代销、受托代销商品的核算

企业可以委托其他单位代销本企业的商品、产品，也可以接受其他单位的委托代销商品、产品。委托其他单位销售本企业的商品、产品时，本企业为委托代销企业；接受其他单位委托代销商品、产品时，本企业为受托代销企业。

1. 委托代销商品的核算

企业委托其他单位代销企业的商品、产品，在委托时商品、产品的所有权不变。因此，按规定可以设置“委托代销商品”账户进行核算，视同企业的库存商品存放地点的转移，待收到代销单位的销售清单时，才确认销售收入的实现，并根据代销清单开具的增值税专用发票确定增值税的销项税额。委托代销商品、产品的受托方可以采用收取手续费方式进行代销，也可以采用视同买断方式进行代销，代销方式不同，其会计处理也不相同。

采用收取手续费方式委托代销商品，其手续费在委托方应作为销售费用处理；而采取视同买断方式委托代销商品，则通过商品售价调整进行处理，其结果委托方的销售收入往往小于收取手续费方式下的销售收入。

(1) 采用收取手续费方式委托代销商品的核算：

在这种方式下，委托方在发出商品时不应确认商品销售收入，而应在收到受托方开出的代销清单时确认销售收入。

【例 11-2】 某批发企业委托某零售商店代销一批商品，代销商品进价为 40 000 元，合同规定其销售额为 50 000 元，增值税税率为 17%，代销手续费 5%从销售货款中扣除。本月份收到代销单位的代销清单，商品已全部出售。

- 发出代销商品时，作会计分录如下：

借：委托代销商品	40 000	
贷：库存商品		40 000

- 收到代销清单，确认销售实现并开出增值税专用发票时，作会计分录如下：

借：应收账款	58 500	
贷：主营业务收入		50 000
应交税费——应交增值税(销项税额)		8 500

同时，结转主营业务成本并确认手续费时，作会计分录如下：

借：主营业务成本	40 000	
贷：委托代销商品		40 000
借：销售费用	2 500	
贷：应收账款		2 500

• 收到代销商品货款时，作会计分录如下：

借：银行存款　　56 000
　贷：应收账款　　56 000

（2）采用视同买断方式委托代销商品的核算：

视同买断方式代销商品，是指委托方和受托方签订合同或协议，委托方按合同或协议收取代销的货款，实际售价由受托方自定，实际售价与合同或协议价之间的差额归受托方所有。如果委托方和受托方之间的协议明确标明，受托方在取得代销商品后，无论是否能够卖出、是否获利，均与委托方无关，那么，委托方和受托方之间的代销商品交易，与委托方直接销售商品给受托方没有实质区别，在符合销售商品收入确认条件时，委托方应确认相关销售商品收入。如果委托方和受托方之间的协议明确标明，将来受托方没有将商品售出时可以将商品退回给委托方，或受托方因代销商品出现亏损时可以要求委托方补偿，那么，委托方在交付商品时不确认收入，受托方也不作购进商品处理，受托方将商品销售后，按实际售价确认销售收入，并向委托方开具代销清单，委托方收到代销清单时，再确认本企业的销售收入。

【例 11-3】 如上述委托代销商品采用视同买断方式，合同规定销售额为 45 000 元。

• 发出代销商品时，作会计分录如下：

借：委托代销商品　　40 000
　贷：库存商品　　40 000

• 收到代销清单，确认销售实现并开出增值税专用发票时，作会计分录如下：

借：应收账款　　52 650
　贷：主营业务收入　　45 000
　　　应交税费——应交增值税（销项税额）　　7 650

结转主营业务成本时，作会计分录如下：

借：主营业务成本　　40 000
　贷：委托代销商品　　40 000

• 收到代销单位货款时，作会计分录如下：

借：银行存款　　52 650
　贷：应收账款　　52 650

2. 受托代销商品的核算

企业受托代销的商品,应设置"受托代销商品"和"代销商品款"账户进行核算,并分别不同的代销方式进行处理。

(1) 采用收取手续费方式代销商品。企业接受代销商品的销售,如采用收取手续费方式代销,现行制度规定,不核算其商品的销售收入,而须将代销的手续费收入,记入企业的"主营业务收入"或"其他业务收入"账户进行核算。

【例 11-4】 某批发企业接受代销商品一批,合同规定售价为 25 000 元,代销手续费为 5%,该商品的增值税税率为 17%。假定本月份全部售出,这笔代销商品业务应作账务处理如下。

- 收到代销商品时,作会计分录如下:

借:受托代销商品	25 000	
贷:代销商品款		25 000

- 售出商品,并开出代销清单时,作会计分录如下:

借:银行存款(或应收账款)	29 250	
贷:应付账款		25 000
应交税费——应交增值税(销项税额)		4 250

同时,作会计分录如下:

借:代销商品款	25 000	
贷:受托代销商品		25 000

- 收到委托单位开出的增值税专用发票时,作会计分录如下:

借:应交税费——应交增值税(进项税额)	4 250	
贷:应付账款		4 250

- 计算代销手续费收入时:

代销手续费收入=25 000×5%=1 250(元)

借:应付账款	1 250	
贷:主营业务收入或其他业务收入		1 250

- 支付代销商品款 28 000 元(29 250-1 250)时,作会计分录如下:

借:应付账款	28 000	
贷:银行存款		28 000

(2) 采用视同买断方式代销商品。企业接受的代销商品,如采用视同买断方式代销,其销售收入和销售成本核算要通过“主营业务收入”和“主营业务成本”账户核算。

【例 11-5】 如上述的受托代销商品,合同规定受托代销的接受价为 25 000元,销售价为 30 000 元。

- 收到代销商品时,作会计分录如下:

借:受托代销商品	25 000	
贷:代销商品款		25 000

- 售出商品,并开出代销清单时,作会计分录如下:

借:银行存款(或应收账款)	35 100	
贷:主营业务收入		30 000
应交税费——应交增值税(销项税额)		5 100

同时,结转主营业务成本,作会计分录如下:

借:主营业务成本	25 000	
贷:受托代销商品		25 000

- 收到委托单位开出的增值税专用发票时[增值税额 4 250 元(25 000×17%)],作会计分录如下:

借:应交税费——应交增值税(进项税额)	4 250	
代销商品款	25 000	
贷:应付账款		29 250

- 支付代销商品款时,作会计分录如下:

借:应付账款	29 250	
贷:银行存款		29 250

(三) 分期收款销售的核算

企业销售商品采用递延方式,实质上具有融资性质的,应当按照应收的合同或协议价款的公允价值(通常为合同或协议价款的现值)确定销售商品收入金额。应收的合同或协议价款与其公允价值之间的差额,应当在合同或协议期间内采用实际利率法进行摊销,计入当期损益(冲减财务费用)。会计实务中,基于重要性原则,应收的合同或协议价款与其公允价值之间的差额,若采用实际利率法进行摊销与采用直线法进行摊销结果相差不大的,也可以采用直线法进行摊销。

对于采用递延方式分期收款、具有融资性质的销售商品满足收入确认条件的，企业按应收的合同或协议价款，借记“长期应收款”账户，按应收合同或协议价款的公允价值（折现值），贷记“主营业务收入”账户，按其差额，贷记“未实现融资收益”账户。

【例 11-6】 2006 年 1 月 1 日，甲公司采用分期收款方式向乙公司销售一套大型设备，合同约定的销售价格为 4 000 万元，分 5 次于每年 12 月 31 日等额收取。该大型设备成本为 3 120 万元。在现销方式下，该大型设备的销售价格为 3 200 万元。假定甲公司发出商品时开出增值税专用发票，注明的增值税额为 680 万元，并于当天收到增值税额 680 万元。不考虑其他因素。

本例中，甲公司应当确认的销售商品收入金额为 3 200 万元；计算得出的现值为 3 200 万元、年金为 800 万元、期数为 5 年的折现率为 7.93%；每期计入财务费用的金额见表 11-1。

表 11-1

财务费用和已收本金计算表

单位：万元

年　　份	未收本金 A=A−D	财务费用 B=A×7.93%	收现总额 C	已收本金 D=800−B
2006 年 1 月 1 日	3 200			
2006 年 12 月 31 日	3 200	253.76	800	546.24
2007 年 12 月 31 日	2 653.76	210.44	800	589.56
2008 年 12 月 31 日	2 064.2	163.70	800	636.30
2009 年 12 月 31 日	1 427.9	113.24	800	686.76
2010 年 12 月 31 日	741.14	58.86 *	800	741.14
总　　额		800	4 000	3 200

* 尾数调整。

根据表 11-1 的计算结果，甲公司各期的会计分录如下。

（1）2006 年 1 月 1 日，销售实现时：

借：长期应收款	40 000 000	
银行存款	6 800 000	
贷：主营业务收入		32 000 000
应交税费——应交增值税		6 800 000
未实现融资收益		8 000 000

借：主营业务成本　　31 200 000
　贷：库存商品　　31 200 000

(2) 2006 年 12 月 31 日，收取货款时：

借：银行存款　　8 000 000
　贷：长期应收款　　8 000 000

借：未实现融资收益　　2 537 600
　贷：财务费用　　2 537 600

(3) 2007 年 12 月 31 日，收取货款时：

借：银行存款　　8 000 000
　贷：长期应收款　　8 000 000

借：未实现融资收益　　2 104 400
　贷：财务费用　　2 104 400

(4) 2008 年 12 月 31 日，收取货款时：

借：银行存款　　8 000 000
　贷：长期应收款　　8 000 000

借：未实现融资收益　　1 637 000
　贷：财务费用　　1 637 000

(5) 2009 年 12 月 31 日，收取货款时：

借：银行存款　　8 000 000
　贷：长期应收款　　8 000 000

借：未实现融资收益　　1 132 400
　贷：财务费用　　1 132 400

(6) 2010 年 12 月 31 日，收取货款时：

借：银行存款　　8 000 000
　贷：长期应收款　　8 000 000

借：未实现融资收益　　588 600
　贷：财务费用　　588 600

（四）销售退回、折扣与折让的核算

1. 销售退回

企业销售的商品、产品在确认销售实现后，有时会因发出商品、产品的品

种、规格与合同不符，或因质量不符合标准，而发生购买方要求部分或全部退货。这时，经购销双方协商同意，如确定为销售退回的，为了便于核算，《企业会计准则》规定：不管退回的商品、产品是本年销售，还是以前年度销售的，只要是在12月31日前退回的，一律冲减退回当月的销售收入。例如，已经结转销售成本的销售退回，还应冲减退回当月的销售成本，如该项销售已经发生现金折扣，还应在退回当月一并调整，以正确计算销售利润。冲减当月销售收入时，应按退回商品、产品的销售额，借记"主营业务收入"账户；按退回商品、产品的销售额计算的增值税额，借记"应交税费——应交增值税(销项税额)"账户；销售额与增值税额的合计数，贷记"银行存款"或"应收账款"账户。同时，按退回商品、产品的成本，借记"库存商品"账户，贷记"主营业务成本"账户。

【例11-7】 2008年12月，某工业企业销售给某批发企业的一批产品，应收账款为7 500元(含增值税1 090元)。现因产品品种不符被退回，产品已验收入库，成本为5 800元。作会计分录如下：

借：主营业务收入	6 410	
应交税费——应交增值税(销项税额)	1 090	
贷：应收账款		7 500

同时，还需冲减退回产品的销售成本。作会计分录如下：

借：库存商品	5 800	
贷：主营业务成本		5 800

如果上述销售退回是在1999年财务报告批准报出前发生的，该项销售退回应在1999年账上作如下调整：

借：以前年度损益调整	6 410	
应交税费——应交增值税(销项税额)	1 090	
贷：应收账款		7 500
借：库存商品	5 800	
贷：以前年度损益调整		5 800
借：应交税费——应交所得税	201.30	
贷：以前年度损益调整[(6 410－5 800)×33%]		201.30
借：利润分配——未分配利润	408.70	
贷：以前年度损益调整(6 410－5 800－201.30)		408.70

同时在2008年度报表中作如下调整。

(1) 资产负债表:

应收账款调减 7 500 元;

库存商品调增 5 800 元;

应交税费调减 1 291.30 元;

未分配利润调减 408.70 元。

(2) 利润表:

主营业务收入调减 6 410 元;

主营业务成本调减 5 800 元;

所得税调减 201.30 元;

净利润调减 408.70 元。

(3) 利润分配表:

未分配利润调减 408.70 元。

2. 销售折扣与折让

企业在商品、产品的销售业务中,常常会发生销售折扣,它主要有两种形式,即商业折扣与现金折扣。商业折扣是指实际售价低于标准定价的差价。在一般情况下,企业可根据客户购货量的多少来决定折扣的大小,其目的是为了避免因不同顾客或不同销售时间而随时更改定价。因此,商业折扣通常无需入账而只需以定价扣除商业折扣的净额作为销售价的金额。现金折扣与商业折扣不同,它是为了鼓励买方提早付款,以便早日回笼资金及避免发生坏账,而给予客户的付现折扣。这种折扣通常是按这样的方式写明付款条件:"2/10,1/10,n/30"(即10天内付款可扣成2%的货款,20天内付款可扣成1%的货款,30天则要付全部货款)。另外,企业售出的商品、产品有时可能由于品种、质量不符合规定等原因,而经协商同意给一定的销售折让,即在原销售价的基础上给予一定百分比的折扣。

按照现行企业会计准则规定:当销售折让实际发生时,直接冲减发生当期的销售收入;发生销售折让时如按规定允许扣减当期销项税额的,要同时用红字冲减相应税额。

现金折扣在会计上可采用总价法和净价法进行处理。所谓总价法是指主营业务收入按未扣除折扣的发票金额记账,现金折扣只有当购货方在折扣期内支付货款时才能确认记入"财务费用"账户。而净价法则指主营业务收入按扣除现金折扣后的净额记账,如购货方在折扣期限内付款企业按实际收到的款项入账,没有差额;如购货方在折扣期限以后付款,企业实际收到的金额大于原记金额的差额冲减"财务费用"处理。目前,对现金折扣的会计处理我国采用的是总价法。销售折让由于是在商品发出后产生的,所以也应按总价法进行会计处理。

【例 11-8】 某商品流通企业销售商品一批，销售额为 100 000 元，增值税税率为 17%，合同规定付款条件为“2/10、1/20、n/30”，应作会计处理如下。

（1）总价法。

销售实现时，作会计分录如下：

借：应收账款　　117 000
　贷：主营业务收入　　100 000
　　　应交税费——应交增值税（销项税额）　　17 000

购货方在 10 天内支付货款，作会计分录如下：

借：银行存款　　115 000
　　财务费用　　2 000
　贷：应收账款　　117 000

如购货方在 20 天内支付货款，作会计分录如下：

借：银行存款　　116 000
　　财务费用　　1 000
　贷：应收账款　　117 000

如购货方在 20 天以后支付货款，作会计分录如下：

借：银行存款　　117 000
　贷：应收账款　　117 000

（2）净价法。

销售实现时，作会计分录如下：

借：应收账款　　114 660
　贷：主营业务收入　　98 000
　　　应交税费——应交增值税（销项税额）　　16 660

如购货方在 10 天内支付货款，作会计分录如下：

借：银行存款　　114 660
　贷：应收账款　　114 660

如购货方在 20 天内支付货款，作会计分录如下：

借：银行存款　　115 830
　贷：应收账款　　114 660
　　　财务费用　　1 170

如购货方在20天以后支付货款，作会计分录如下：

借：银行存款　　117 000
　贷：应收账款　　114 660
　　　财务费用　　2 340

（五）提供劳务的核算

1. 不跨年度劳务收入的核算

在同一年度内开始并完工的劳务，如果一次就能完成，企业应在提供劳务完成时按确认的收入金额，借记"应收账款"、"银行存款"等账户，贷记"主营业务收入"等账户；对相应发生的有关支出，借记"主营业务成本"等账户，贷记"银行存款"等账户。如果提供的劳务需持续一段时间才能完成，对于发生的有关支出在确认为费用之前，可以增设"劳务成本"账户予以归集，待确认为费用时，再结转到"主营业务成本"等账户。

【例11-9】 某企业于2008年5月7日接受一批安装劳务，按合同规定该劳务收入为15 000元，实际发生成本为8 000元，劳务于2008年5月20日完成。

该劳务在完成时，应作如下会计处理。

(1) 确认劳务收入时，作会计分录如下：

借：应收账款(或银行存款)　　15 000
　贷：主营业务收入　　15 000

(2) 确认有关成本费用时，作会计分录如下：

借：主营业务成本　　8 000
　贷：银行存款等　　8 000

假如上述安装劳务于2008年6月25日完成，其实际发生的成本5月份为4 800元，6月份为3 200元。则应在5月份和6月份分别归集有关成本费用。作会计分录如下：

借：劳务成本　　4 800
　贷：银行存款等　　4 800

借：劳务成本　　3 200
　贷：银行存款等　　3 200

待安装完毕，结转劳务总成本时，作会计分录如下：

借：主营业务成本　　8 000
　贷：劳务成本　　8 000

2. 跨年度劳务收入的核算

对于跨年度完工的劳务，只要在资产负债表日能够对交易的结果可靠估计的，就应该按完工百分比法确认收入和相关的成本费用。对于预收的款项，应借记“银行存款”账户，贷记“预收账款”账户；对于实际发生的成本费用，先在“劳务成本”账户中进行归集；对于本期确认的收入，借记“预收账款”账户，贷记“主营业务收入”账户；而对于本期确认的成本费用，则借记“主营业务成本”账户，贷记“劳务成本”账户。

【例 11-10】 某企业于 2008 年 9 月 1 日为客户提供一项装潢业务，合同总收入为 100 000 元，预计总成本为 60 000 元。合同规定，先预收 50 000 元，等完成时再收 50 000 元，至 2008 年 12 月 31 日，已发生劳务成本为 35 000 元。测算劳务已完成 55%。

对该项劳务在 2008 年应作会计处理如下。

(1) 预收款项时，作会计分录如下：

借：银行存款　　50 000
　贷：预收账款　　50 000

(2) 归集发生劳务成本时，作会计分录如下：

借：劳务成本　　35 000
　贷：银行存款等　　35 000

(3) 确认收入时，作会计分录如下：

借：预收账款　　55 000
　贷：主营业务收入　　55 000

(4) 确认成本费用时，作会计分录如下：

借：主营业务成本　　33 000
　贷：劳务成本　　33 000

四、其他业务的核算

工商企业在生产经营活动中除销售商品、产品以外的其他经营活动称为其他业务，如材料及包装物的销售、技术转让、出租无形资产使用权等等。企业发生的其他业务活动，应设置“其他业务收入”和“其他业务支出”账户进行核算。其他业务取得的收入，借记“银行存款”、“应收账款”等账户，贷记“其他业务收入”账户；其他业务产生的支出，包括相关的成本、费用、税金及附加等，借记“其他业务支出”账户，贷记“银行存款”等账户；期末应将“其他业务收入”

和“其他业务支出”账户的余额转入“本年利润”账户，结转后两账户应均无余额。

如果企业的其他业务经营规模较大，收入较多，也可以增设有关资产、收入、成本、费用、税金等账户单独核算。

【例 11-11】 某企业销售一批库存积压的材料，这批材料的销售额为 45 000元，货款尚未收到，成本为 40 000 元，增值税税率为 17%，城建税税率为 7%，教育费附加为 3%。

(1) 材料售出，取得价款。作会计分录如下：

借：应收账款　　52 650
　贷：其他业务收入　　45 000
　　应交税费——应交增值税(销项税额)　　7 650

(2) 结转售出材料的成本。作会计分录如下：

借：其他业务支出　　40 000
　贷：原材料　　40 000

(3) 计算应交城建税、教育费附加：

应交城建税＝[7 650－(40 000×17%)]×7%＝59.50(元)

应交教育费附加＝[7 650－(40 000×17%)]×3%＝25.50(元)

作会计分录如下：

借：其他业务支出　　85.00
　贷：应交税费——应交城建税　　59.50
　　其他应交款　　25.50

【例 11-12】 某企业出租一批 1 年以上应税消费品的包装物，逾期未退回，没收其押金 2 000 元。该包装物的增值税税率为 17%，消费税税率为 10%。

计算应交增值税和消费税：

应交增值税＝2 000÷(1＋17%)×17%＝290.60(元)

应交消费税＝2 000÷(1＋17%)×10%＝170.94(元)

作会计分录如下：

借：其他应付款　　2 000.00
　贷：其他业务收入　　1 709.40
　　应交税费——应交增值税(销项税额)　　290.60

借：其他业务支出　　170.94
　贷：应交税费——应交消费税　　170.94

五、营业外收支的核算

（一）营业外收入的核算

营业外收入是指企业发生的与企业日常活动无直接关系的各项利得，包括固定资产盘盈利得、处理固定资产利得、出售无形资产利得、非货币性交易利得、罚款收入、债务重组利得、捐赠利得等。

（1）固定资产盘盈利得是指企业在进行财产清查盘点中发生的固定资产的实存数量超过账面数量而出现的盈余。对于清查盘点中盘盈的固定资产应及时进行处理；对于确定属于盘盈的固定资产应当按照同类资产的市场价值扣除估计折旧后的净值入账转销时作为营业外收入处理。

（2）处理固定资产利得是指企业处置固定资产所取得的收入扣除处置费用及固定资产净值后的余额，转入营业外收入的金额。

（3）出售无形资产利得是指企业出售无形资产所取得的收入减去出售无形资产的账面价值及发生的相关税费后的净收益。

（4）非货币性交易利得是指企业在进行非货币性交易时按规定应确定的收益。

（5）罚款收入是指企业取得的滞纳金和各种形式的罚款收入，在弥补由于对方违反合同或协议而造成的经济损失后的罚款净收入。

（6）债务重组利得是指重组债务的账面价值超过清偿债务的现金、非现金资产等公允价值之间的差额。

（7）捐赠利得，指企业接受捐赠产生的利得。

企业营业外收入，应设置“营业外收入”账户核算。发生各项营业外收入时登记在贷方，期末余额从借方转入“本年利润”账户，结转后应无余额。

【例 11-13】 企业处理报废机器 1 台，其变价收入大于账面净值和发生的清理费用 800 元。作会计分录如下：

借：固定资产清理　　800
　贷：营业外收入　　800

【例 11-14】 企业取得一项某单位违反合同的罚款收 1 200 元。作会计分录如下：

借：银行存款　　1 200
　贷：营业外收入　　1 200

（二）营业外支出的核算

营业外支出是指企业发生的与企业生产经营活动无直接关系的各项支出，包括固定资产盘亏、处理固定资产净损失、非常损失、罚款支出、捐赠支出、出售无形资产损失、债务重组损失等。

(1) 固定资产盘亏是指企业在财产清查盘点中，实际固定资产数量和价值低于固定资产账面数量和价值而发生的固定资产损失。对于固定资产盘亏，企业应当进行调查，查明原因后及时处理，其损失计入营业外支出。

(2) 处置固定资产净损失是指企业固定资产获得的收入不足以抵补处置费用和固定资产净值所发生的损失，而应计入营业外支出的金额。

(3) 出售无形资产损失是指企业出售无形资产所取得的收入减去出售无形资产的账面价值及发生的相关税费后的净损失。

(4) 非常损失是指企业由于客观原因造成的损失，在扣除保险公司赔偿后应计入营业外支出的净损失，如自然灾害所造成的资产损失。

(5) 罚款支出是指企业由于违反经营合同、税收法规等规定而支付的各种罚款。

(6) 债务重组损失是指按照债务重组会计处理规定应计入营业外支出的债务重组损失。

(7) 捐赠支出是指企业对外捐赠的各种资产的价值。

企业的营业外支出，应设置“营业外支出”账户进行核算。发生各项营业外支出时登记在借方；期末余额从贷方转入“本年利润”账户；结转后应无余额。

【例 11-15】 企业因发生火灾烧毁部分存货，扣除保险公司赔偿和残值后净损失 4 000 元，经批准转销。作会计分录如下：

借：营业外支出	4 000	
贷：待处理财产损溢		4 000

【例 11-16】 企业以银行存款 20 000 元给希望工程捐款。作会计分录如下：

借：营业外支出	20 000	
贷：银行存款		20 000

第二节　期间费用的核算

期间费用是指发生的不能直接或间接归入特定核算对象的成本，而应计入发生当期损益的费用，包括管理费用、销售费用和财务费用。

期间费用作为企业当期费用中的重要组成部分，它的发生虽与企业的经营有关，但与具体的产品项目无直接关系，不能对象化为产品成本，因此，其费用不计入产品成本，而是直接计入当期损益。

一、管理费用的核算

（一）管理费用的核算内容

管理费用是指企业行政管理部门为管理和组织生产经营活动而发生的各项费用。属于管理费用的核算内容，具体包括：公司经费、工会费用、董事会费、咨询费、聘请中介机构费、诉讼费、业务招待费、税金、技术转让费、矿产资源补偿费、技术转让费、土地使用费、土地损失补偿费、研究费用、排污费、绿化费等等。

(1) 公司经费，包括总部管理人员工资、职工福利费、差旅费、办公费、折旧费、修理费、物料消耗、低值易耗品摊销以及其他公司经费。

(2) 董事会费是指企业最高权力机构及其成员为执行职能而发生的各项费用，包括差旅费、会议费等。

(3) 咨询费是指企业向有关咨询机构进行科学技术、经营管理咨询所支付的费用，包括聘请经济技术顾问、法律顾问等支付的费用。

(4) 审计费是指企业聘请中国注册会计师进行查账、验资，以及进行资产评估等发生的费用。

(5) 诉讼费是指企业因起诉或者应诉而发生的各项费用。

(6) 排污费是指企业按规定交纳的排污费用。

(7) 绿化费是指企业对厂区、矿区进行绿化而发生的零星绿化费用。

(8) 税金，是指企业按照规定支付的房产税、车船税、土地使用税、印花税等。

(11) 土地使用费是指企业使用土地而支付的费用。

(12) 土地损失补偿费是指企业在生产经营过程中破坏的国家不征用的土地所支付的土地损失补偿费。

(13) 技术转让费是指企业使用非专利技术而支付的费用。

(14) 技术开发费是指企业研究开发新产品、新技术、新工艺所产生不纳入无形资产核算的各项费用。

(15) 业务招待费是指企业为业务经营的合理需要而支付的费用，在下列限额内据实列支：全年销售净额在1 500万元(不含1 500万元)以下的，按年销售净额的5‰；全年销售净额超过1 500万元(含1 500万元)，按超过部分销售净额3‰。

（二）管理费用的账务处理

企业发生的各项管理费用，应设置“管理费用”账户进行核算，并按费用类别设置明细账户，进行明细分类核算。发生各项管理费用时登记在借方；期末将借方登记的管理费用全部从贷方转入“本年利润”账户的借方；结转后该账户应无余额。

二、财务费用的核算

（一）财务费用的核算内容

财务费用是指企业为筹集资金而发生的各项费用。属于财务费用的核算内容，具体包括：企业生产经营期间发生的利息净支出（减利息收入后的支出）、汇兑净损失（减汇兑收益后的损失）、金融机构手续费以及为筹集资金发生的其他费用。

（1）利息净支出是指企业支付流动负债和经营期间长期负债应计的利息，其中流动负债利息包括短期银行借款利息、其他借款利息、应付票据贴现利息、应付债券利息等。

（2）汇兑净损失是指企业因外币业务发生的折合记账本位币的差额。

（3）金融机构手续费，是指企业与金融机构往来过程中发生的有关费用，主要包括企业通过金融机构以银行汇票、商业汇票、汇兑、银行本票、支票、定额支票、委托收款、托收承付等方式结算以及为保证所需资金委托银行或其他金融机构代理发行债券时，按国家规定向银行或受托负责制债券的银行和其他金融机构支付的有关费用。

（二）财务费用的账务处理

企业发生的财务费用，应设置“财务费用”账户进行核算，并按费用类别设置明细账户，进行明细分类核算。企业发生各项财务费用时登记在借方；期末将借方登记的财务费用全部从贷方转入“本年利润”账户的借方；结转后该账户应无余额。

【例 11-17】 接银行通知，本季发生的短期借款利息支出为3 500 元（其中2 400 元已预提计入前 2 个月的费用），企业开出支票付清。作会计分录如下：

借：财务费用	1 100	
预提费用	2 400	
贷：银行存款		3 500

【例 11-18】 企业因签发了 1 张为期 3 个月的银行承兑汇票，以银行存款 100 元支付银行承兑手续费。作会计分录如下：

借：财务费用	100	
贷：银行存款		100

三、销售费用的核算

（一）销售费用的核算内容

销售费用是指企业在销售产品、自制半成品和提供劳务过程中发生的各项费用，以及专设销售机构的各项经费。属于销售费用的核算内容，具体包括：企业负担的运输费、装卸费、包装费、保险费、委托代销手续费、广告费、展览费、租赁费（不包括融资租赁费）以及专设销售机构的经费，其中专设销售机构的经费包括：职工薪酬、差旅费、办公费、折旧费、修理费、物料消耗、低值易耗品摊销以及其他经费。

（二）销售费用的账务处理

企业发生的销售费用，应设置“销售费用”账户，并按费用类别设置明细账户，进行明细分类核算。发生各项销售费用应登记在借方；期末将借方登记的销售费用全部从贷方转入“本年利润”账户的借方，结转后该账户应无余额。

【例 11-19】 企业为销售产品本月以银行存款支付广告费5 000 元，运输费 3 200 元，保险费 300 元。作会计分录如下：

借：销售费用	8 500	
贷：银行存款		8 500

【例 11-20】 本月销售门市部发生的各项经费共 6 236 元，其中，门市部人员工职工薪酬 3 876 元，固定资产折旧费 600 元，领用修理用材料 560 元，以银行存款支付其他费用 1 200 元。作会计分录如下：

借：销售费用	6 236	
贷：应付职工薪酬		3 876
累计折旧		600
原材料		560
银行存款		1 200

第三节　利润的核算

利润是指企业在一定会计期间的经营成果。利润包括收入减去费用后的净额、直接计入当期利润的利得和损失等。

一、利润相关计算公式

（一）营业利润

$$营业利润=营业收入-营业成本-营业税金及附加-管理费用-销售费用-财务费用+投资收益+公允价值变动损益-资产减值损失$$

其中,营业收入是指企业经营业务所确定的收入总额,包括主营业务收入和其他业务收入。营业成本是企业经营业务所发生的实际的成本总额,包括主营业务成本、其他业务支出。公允价值变动损益是指企业交易性金融资产等因公允价值变动而形成的应计入当期损益的利得或损失。资产减值损失是指企业计提各项资产减值准备所形成的损失。投资收益是指企业以各种方式对外投资所取得的收益或损失。

(二) 利润总额

利润总额=营业利润+营业外收入-营业外支出

其中,营业外收入(或支出)是指企业发生的与日常活动无直接关系的各项利得或损失。

(三) 净利润

净利润=利润总额-所得税费用

其中,所得税费用是指企业确认的应从当期利润总额中扣除的所得税。

二、所得税的核算

所得税是企业取得纳税所得额后,按照税法规定向国家交纳的税金。

(一) 应纳税所得额与税前会计利润的差异

应纳税所得额是计算所得税的依据。在经济领域中,由于会计和税收是两个不同的分支,它们分别遵循不同的原则、规范及不同的对象。因此,企业按照会计核算规定计算的税前会计利润(即利润总额)与按税法规定计算的应纳税所得额之间可能存在和出现差异。

(1) 永久性差异是指企业一定时期的税前会计利润与应纳税所得额因计算口径不同而产生差异。这种差异在本期发生,在以后各会计期间也可能发生,而且这种差异在本期发生后,不能够在以后会计期间转回。例如,按税法规定,企业违法经营的罚款和被没收财物的损失,在计算应纳税所得额时不得从中扣除。但从会计核算角度看,这些支出应属于企业发生的费用支出的范畴,应计入当期的经营损益,在计算税前会计利润时应予以扣除。这样,会计上计算的税前会计利润与税收上计算的应纳税所得额之间就会产生差异。又如,在会计核算上,企业购买的各种债券等取得的利息收入应属于企业的一种收益,构成税前会计利润的组成内容。但税收上规定,企业购买的国库券或特种国债所取得的利息收入,可以从应纳税所得额中扣除。因此,根据不同规定计算的税前会计利润和应纳税所得额之间又会产生差异。

(2) 暂时性差异,是指资产或负债的账面价值与其计税基础之间的差额。

其中，资产的计税基础，是指企业收回资产账面价值过程中，计算应纳税所得额时按照税法规定可以自应税经济利益中抵扣的金额。负债的计税基础，是指负债的账面价值减去未来期间计算应纳税所得额时按照税法规定可予抵扣的金额。暂时性差异可以在以后期间转回，即差异只是暂时性的。

按照暂时性差异对未来期间应税金额的影响，暂时性差异分为应纳税暂时性差异和可抵扣暂时性差异。应纳税暂时性差异，是指在确定未来收回资产或清偿负债期间的应纳税所得额时，将导致产生应税金额的暂时性差异。其产生是由于某项资产的账面价值大于其计税基础或是负债的账面价值小于其计税基础；可抵扣暂时性差异，是指在确定未来收回资产或清偿负债期间的应纳税所得额时，将导致产生可抵扣金额的暂时性差异。其产生是由于某项资产的账面价值小于其计税基础或是负债的账面价值大于其计税基础。

存在应纳税暂时性差异或可抵扣暂时性差异时，应确认递延所得税负债或递延所得税资产。

【例 11-21】　假设购置一台固定资产，原值为 5 000 万元，预计使用年限为 5 年，会计上采用直线法计提折旧，期末无残值。税法允许采用双倍余额递减法计提折旧，所得税税率为 30%。则各年末该资产的账面价值和计税基础形成的暂时性差异与递延所得税费用计算见表 11-2。

表 11-2

各年末该资产账面价值和计税基础
形成的暂时性差异与递延所得税费用计算表

单位：万元

期　间	0	1	2	3	4	5
会计折旧	0	1 000	1 000	1 000	1 000	1 000
税法折旧	0	2 000	1 200	720	540	540
账面价值	5 000	4 000	3 000	2 000	1 000	0
计税基础	5 000	3 000	1 800	1 080	540	0
应纳税暂时性差异	0	1 000	1 200	920	460	0
递延所得税负债余额	0	300 (1 000×30%)	360 (1 200×30%)	276 (920×30%)	138 (460×30%)	0 (0×30%)
递延所得税费用	0	300 (300−0)	60 (360−300)	−84 (276−360)	−138 (138−276)	−138 (0−138)

注：账面价值＝账面原值－会计累计折旧，计税基础＝账面原值－税法累计折旧，递延所得税费用即为递延所得税负债当期发生额。

由表 11-2 可知，由于税法与会计在计提折旧方法不同，使资产账面价值大于其计税基础，形成了应纳税暂时差异。应纳税暂时性差异和递延所得税负债在以后年度中随资产计提折旧中逐步转回，前两年产生的递延所得税费用也在后 3 年得到抵补。从整个 5 年看，在不考虑货币时间价值与税率不变的前提下，暂时性差异对企业所得税费用影响为 0(0＋300＋60－84－138－138)，即差异只是暂时性的。

在资产负债表债务法下，所得税费用(收益)＝应交所得税±递延所得税费用(收益)。

(二) 所得税会计核算的一般程序

在采用资产负债表债务法核算所得税的情况下，企业一般应于每一资产负债表日进行所得税核算。企业进行所得税核算一般应遵循以下程序：

(1) 按照相关企业会计准则规定，确定资产负债表中除递延所得税资产和递延所得税负债以外的其他资产和负债项目的账面价值。

(2) 按照企业会计准则中对于资产和负债计税基础的确定方法，以适用的税收法规为基础，确定资产负债表中有关资产、负债项目的计税基础。

(3) 比较资产、负债的账面价值与其计税基础，对于两者之间存在的差异，分析其性质，除企业会计准则中规定的特殊情况外，分为应纳税暂时性差异与可抵扣暂时性差异，确定该资产负债表日递延所得税负债和递延所得税资产的应有金额，并与期初递延所得税负债和递延所得税资产的余额相比，确定当期应打算能够确认的递延所得税负债和递延所得税资产或应予转销的金额，作为构成利润表中所得税费用的递延所得税。

(4) 按照适用的税法规定计算确定当期应纳税所得额，将应纳税所得额与适用的税率计算的结果确认为当期应交所得税(即当期所得税)，同时结合当期确认的递延所得税资产和递延所得税负债(即递延所得税)，作为利润表中应予确认的当期所得税费用。

(三) 所得税账务处理

1. 账户设置

“所得税”账户，它属于损益类账户，用以核算企业按规定从当期损益中扣除的所得税费用。其借方反映当期所得税费用，贷方反映当期结转的所得税费用，结转后期末无余额。

“应交税费——应交所得税”账户，它属于负债类账户，用以核算企业按税法规定的应交所得税。其贷方登记实际应交所得税，借方登记实际已交所得税，期末余额如在贷方反映未交所得税。

“递延所得税资产”账户，它属于资产类账户，用以核算企业由于可抵扣暂时性差异而确认的递延所得税资产。其借方反映确认的各类递延所得税资产，贷方反映当期已确认递延所得税资产的可抵扣暂时性差异发生转回时，转回的所得税影响额以及税率变动或开征新税调整的递延所得税资产。余额反映尚未转回的递延所得税资产。

“递延所得税负债”账户，它属于负债类账户，核算企业由于应税暂时性差异确认的递延所得税负债。贷方反映确认的所得税负债；借方反映当企业确认递延所得税负债的应税暂时性差异发生转回时的所得税影响额以及税率变动或开征新税调整的递延所得税负债。余额反映尚未转回的递延所得税负债。

2. 所得税资产负债表法核算实例

【例 11-22】　承[例 11-21]，企业购买了一台价值 5 000 万元的设备，预计使用期为 5 年，无残值。会计采用直线法计提折旧，税法采用双倍余额递减法计提折旧。所得税税率为 30%。假定按税法经事项调整后，应纳税所得额各年均为 3 000 万元，则每年应交所得税为 900 万元。确定本期所得税费用（收益）结果如表 11-3 所示。

表 11-3

本期所得税费用计算表

单位：万元

期间	本期应交所得税 ①	递延所得税负债本期发生额 （即递延所得税费用或收益）②	本期所得税费用 ③=①+②
1	900	300	1 200
2	900	60	960
3	900	−84	816
4	900	−138	762
5	900	−138	762

各期间会计分录如下：

年份 1

借：所得税费用　　1 200
　贷：递延所得税负债　　300
　　　应交税费——应交所得税　　900

年份 2

借：所得税费用　　960
　贷：递延所得税负债　　60
　　应交税费——应交所得税　　900

年份 3

借：所得税费用　　816
　　递延所得税负债　　84
　贷：应交税费——应交所得税　　900

年份 4

借：所得税费用　　762
　　递延所得税负债　　138
　贷：应交税费——应交所得税　　900

年份 5

借：所得税费用　　762
　　递延所得税负债　　138
　贷：应交税费——应交所得税　　900

三、利润的结转

为了进行本年利润总额的核算，企业应设置“本年利润”账户，核算企业本年度实现的利润(或亏损)。该账户的贷方登记从收入账户余额转入数；借方登记从支出账户余额转入数。结转以后，“本年利润”账户余额如在借方，则表示企业发生的亏损总额；余额如在贷方，则反映企业本年度累计实现的利润总额。

企业应按月度、年度计算利润总额。会计实务中，利润总额形成的方法有“账结法”和“表结法”，每月月末，企业可根据其实际情况自行选择；年终，应采用“账结法”。

(一) 利润总额形成的账结法

账结法，是通过编制记账凭证来完成损益结转工作的方法。采用账结法确定本年利润，应在期末将该期间各损益类账户的余额转入“本年利润”账户，通过“本年利润”账户算出本期的利润总额或亏损总额。

结转收入类账户时，借记“主营业务收入”、“其他业务收入”、“投资收益”、“公允价值变动损益”、“营业外收入”等账户，贷记“本年利润”账户。

结转费用类账户时，借记“本年利润”账户，贷记“主营业务成本”、“营业税金及附加”、“其他业务成本”、“销售费用”、“管理费用”、“财务费用”、“资产减值损失”、“投资收益”、“公允价值变动损益”、“营业外支出”、“所得税费用”等账户。结转后，期末各损益类账户应无余额，“本年利润”账户如为贷方余额，反映企业自年初至期末累计实现的净利润；如为借方余额，反映企业自年初至期末累计发生的净亏损。

账结法的优点是各月均可通过“本年利润”账户提供其利润额，记账业务程序完整。但从实用角度讲，采用账结法编制结转损益分录的工作量较大。

【例 11-23】 W 公司利润每月采用账结法核算。20×8 年 12 月 31 日，该公司转账前各损益类账户余额如表 11-4 所示。

表 11-4

转账前各损益类账户余额

单位：元

账　　户	贷方余额	借方余额
主营业务收入	30 000 000	
其他业务收入	500 000	
投资收益	80 000	
营业外收入	20 000	
主营业务成本		22 000 000
营业税金及附加		800 000
其他业务成本		200 000
管理费用		1 200 000
销售费用		200 000
财务费用		350 000
资产减值损失		150 000
营业外支出		100 000

根据表 11－4 资料，企业月终应编制会计分录如下。

(1) 结转收入类账户：

借：主营业务收入　　30 000 000
　　其他业务收入　　500 000
　　投资收益　　80 000
　　营业外收入　　20 000
　贷：本年利润　　30 600 000

(2) 结转支出账户：

借：本年利润　　25 000 000
　贷：主营业务成本　　22 000 000
　　营业税金及附加　　800 000
　　其他业务成本　　200 000
　　管理费用　　1 200 000
　　销售费用　　200 000
　　财务费用　　350 000
　　资产减值损失　　150 000
　　营业外支出　　100 000

经过以上结转后，该公司12月份"本年利润"账户增加贷方余额5 600 000元(30 600 000—25 000 000)，即12月份实现的利润总额。

（二）利润总额形成的表结法

表结法，是通过"利润表"来完成损益结转工作的方法。采用表结法，月末结账时各损益类账户的本期发生额不转入"本年利润"账户，通过"利润表"计算出从年初到本月止的本年累计利润，然后减去上月止本表中的本年累计利润，就是本月份的利润或亏损。年终将各损益类账户的全年累计余额一次转入"本年利润"账户，同时结平各损益类账户。

需要说明的是，即使企业平时采用"表结法"确定其利润或亏损，但年终时仍需采用"账结法"，将损益类各账户的全年累计余额转入"本年利润"账户，在"本年利润"账户集中反映本年的全年利润及其构成情况。

四、以前年度损益调整的核算

企业在年度会计报表报出后发现的以前年度记账差错，如果涉及以前年度损益的，即以前年度多计收益、少计费用或少计收益、多计费用的事项，应在损益类账户中单独增设"以前年度损益调整"账户，用以核算企业本年度发生的调整以前年度损益的事项。该账户的借方登记以前年度多计收益、少计费用而调整损益的数额，贷方登记以前年度少计收益、多计费用而调整损益的数额；其余额转入"利润分配——未分配利润"账户；结转后该账户应无余额。

【例11-24】 (1) 企业上年度决算报告，经审核发现企业将未批准转销的应付账款5 000元列作营业外收入处理。作调整会计分录如下：

借：以前年度损益调整　　5 000
　贷：应付账款　　5 000

(2) 另外，企业上年度决算报告，经审批又发现企业多计固定资产累计折旧2 100元。作调整会计分录如下：

借：累计折旧　　2 100
　贷：以前年度损益调整　　2 100

（3）因调整损益而调整所得税金额957元[（5 000－2 100）×33%]。作会计分录如下：

借：应交税费——应交所得税　　957
　贷：以前年度损益调整　　957

（4）将“以前年度损益调整”账户的借方余额1 943元（5 000－2 100－957）结转到“利润分配——未分配利润”账户。作会计分录如下：

借：利润分配——未分配利润　　1 943
　贷：以前年度损益调整　　1 943

企业由于调整以前年度损益而影响企业提取的盈余公积金数额，也应作出相应的调整。但不再调整以前年度会计报表，仅调整本年度会计报表相关项目的年初数，在对外提供比较会计报表时，还应当调整会计报表相关项目的数字。

五、弥补亏损的核算

企业发生的年度亏损应从“本年利润”账户的贷方转入“利润分配——未分配利润”账户的借方。亏损的弥补，应视亏损的性质采用不同办法。政策性亏损，一般由财政部门实行定额补给或亏损包干的办法，但随着经济体制改革的深化将逐步取消。经营性亏损，原则上由企业自行解决。

（一）政策性亏损的核算

企业发生的政策性亏损，由国家财政予以补贴，应增设“应收补贴款”账户，用来核算企业应收取的补贴和其他补贴；并增设“补贴收入”账户，用来核算企业应收取的补贴收入。企业按规定计算应收的补贴时，借记“应收补贴款”账户，贷记“补贴收入”账户；收到补贴款时，借记“银行存款”账户，贷记“应收补贴款”账户；期末，“补贴收入”账户的金额应全部转入“本年利润”账户的贷方，结转后“补贴收入”账户应无余额。

【例11-25】 某企业本年度发生亏损100 000元，属于政策性亏损，应由财政部门拨补。该笔亏损业务应作会计处理如下。

（1）计算出应收补贴时，作会计分录如下：

借：应收补贴款　　100 000
　贷：补贴收入　　100 000

(2) 收到财政拨入的补贴时,作会计分录如下:

借:银行存款　　100 000
　贷:应收补贴款　　100 000

(3) 将补贴收入结转时,作会计分录如下:

借:补贴收入　　100 000
　贷:本年利润　　100 000

(二) 经营性亏损的核算

企业发生的年度经营性亏损,可以用下一年度的税前会计利润弥补;下一年度利润不足弥补的,可以在 5 年内弥补;连续 5 年未弥补的,用税后利润弥补。

【例 11-26】 某企业上年度发生亏损 120 000 元,当年实现税前利润 320 000元,所得税税率为 33%。当年应作会计处理如下:

(1) 当年应纳税所得税额=320 000−120 000=200 000(元)

(2) 当年应交所得税=200 000×33%=66 000(元)

作会计分录如下:

借:所得税费用　　66 000
　贷:应交税费——应交所得税　　66 000

(3) 当年的税后利润=320 000−66 000=254 000(元)

作会计分录如下:

借:本年利润　　254 000
　贷:利润分配——未分配利润　　254 000

(4) 当年"利润分配——未分配利润"账户的余额=254 000−120 000=134 000(元)

【例 11-27】 某企业 1997 年发生亏损 200 000 元,1998~2002 年 5 年内实现税前利润共 120 000 元,2003 年实现税前利润 100 000 元,该企业所得税税率为 33%。2003 年作会计处理如下:

(1) 2003 年应交所得税=100 000×33%=33 000(元)

作会计分录如下:

借:所得税费用　　33 000
　贷:应交税费——应交所得税　　33 000

（2）2003年税后利润＝100 000－33 000＝67 000（元）

作会计分录如下：

借：本年利润　　67 000
　贷：利润分配——未分配利润　　67 000

（3）2003年“利润分配——未分配利润”账户的余额＝－200 000＋120 000＋67 000
＝－13 000（元）

六、利润分配的核算

（一）利润分配的顺序

企业实现的税后净利润，应按照下列顺序进行分配：

（1）被没收财物损失，支付违反税法的滞纳金和罚款。

（2）弥补在税前利润弥补亏损之后仍存在的亏损。

（3）提取盈余公积金。

（4）分配投资者利润。

在上述利润分配顺序中，需要说明的情况有：一是，企业以前年度亏损未弥补完，不得提取盈余公积；在提取盈余公积以前不得向投资者分配利润；企业以前年度有未分配的利润，可以并入本年度进行利润分配。二是，企业必须按照当年税后利润（或弥补亏损后）的10％提取法定盈余公积金，当法定盈余公积金已达到注册资本的50％时可不再提取；股份有限公司还可按股东会决议，提取任意盈余公积金。

（二）利润分配的账务处理

企业进行利润分配的核算，应设置“利润分配”总分类账户，用来核算企业利润分配（或亏损的弥补）和历年分配（或弥补）后的结存余额。其借方登记各项利润分配数或结转年度的亏损额；贷方登记从“本年利润”账户的转入数或亏损的弥补数。

“利润分配”账户一般应设置“其他转入”、“提取盈余公积”、“应付利润”、“未分配利润”等明细账户进行明细分类核算。

1. 盈余公积的账务处理

企业提取的法定盈余公积金可用于弥补亏损或转增资本。但转增资本后，企业的法定盈余公积一般不得低于注册资本的25％。

企业提取法定盈余公积时，应借记“利润分配——提取盈余公积”账户，贷记“盈余公积——法定盈余公积”账户。用盈余公积弥补亏损或转增资本时，应借记“盈余公积”账户，贷记“利润分配——其他转入”账户或“实收资本”账户。

【例 11-28】 某企业本年度实现的税后利润为 250 000 元，企业按 10%的比例提取法定盈余公积，按 5%的比例提取任意盈余公积。作会计分录如下：

借：利润分配——提取法定盈余公积	25 000	
利润分配——提取任意盈余公积	12 500	
贷：盈余公积——法定盈余公积		25 000
——任意盈余公积		12 500

上述企业经批准，将提取的盈余公积 5 000 元弥补亏损，10 000 元转增资本。作会计分录如下：

借：盈余公积	15 000	
贷：利润分配——其他转入		5 000
实收资本		10 000

2. 应付利润的账务处理

企业实现的税后利润，在弥补亏损和提取盈余公积金后剩余的部分，再加上年初未分配利润，可用于向投资者分配利润。

企业计算出应支付的投资者利润时，应借记“利润分配——应付股利”账户，贷记“应付股利”账户；实际支付投资者利润时，应借记“应付股利”账户，贷记“银行存款”账户。

【例 11-29】 (1) 某国有企业本年度实现的税后利润按规定提取盈余公积金后，决定向投资者分配现金股利 120 000 元。作会计分录如下：

借：利润分配——应付股利	120 000	
贷：应付股利		120 000

(2) 上述企业开出支票 120 000 元，支付投资者股利。作会计分录如下：

借：应付股利	120 000	
贷：银行存款		120 000

3. 利润分配各明细账户的年终结转

年度终了，企业应将全年实现的累计净利润(或净亏损)，自“本年利润”账户转入“利润分配”账户下的“未分配利润”明细账户；同时，将“利润分配”下的其他明细账户的余额转入“未分配利润”明细账户；结账后，除“未分配利润”明细账户外，其他明细账户应无余额。“未分配利润”明细账户的余额如在借方，表示未弥补的亏损;如在贷方,表示未分配的利润。

【例 11-30】 某企业本年度实现的净利润 600 000 元,本年度利润分配 375 000 元,其中提取盈余公积 115 000 元,分配投资者 260 000 元。年度终了应作会计账务处理如下:

(1) 结转本年净利润。作会计分录如下:

借:本年利润	600 000	
贷:利润分配——未分配利润		600 000

(2) 利润分配各明细账户转入"未分配利润"明细账户。作会计分录如下:

借:利润分配——未分配利润	375 000	
贷:利润分配——提取盈余公积		115 000
——应付股利		260 000

经过结转,"利润分配——未分配利润"账户贷方余额为 225 000 元(600 000－375 000),即为可留待以后年度分配的利润。

如果企业在亏损的情况下,应将亏损额自"本年利润"账户贷方,转入"利润分配——未分配利润"账户的借方,留待以后年度进行弥补。

复习思考题

一、单项选择题

1. 出租固定资产收入确认为(　　)。
   A. 营业外收入　　B. 其他业务收入
   C. 主营业务收入　　D. 投资收益
2. 在采用预收货款方式销售的情况下,以(　　)确认营业收入的实现。
   A. 合同约定的收款日　　B. 实际收到的价款日
   C. 有关账单交给买方时　　D. 在商品、产品发出时
3. 下列收入项目中,与企业生产经营没有直接关系的收入是(　　)。
   A. 固定资产出租收入
   B. 运输单位提供的运输劳务收入
   C. 出售原材料收入
   D. 转让无形资产所有权取得的收入

4. 全年销售净额超过 1 亿元，业务招待费可按不超过年销售净额的(　　)计入管理费用。

A. 5‰　　B. 3‰　　C. 1‰　　D. 2‰

5. 企业的净利润为(　　)。

A. 利润总额——利润分配总额

B. “利润分配”期末余额

C. “本年利润”期末余额

D. 营业利润——所得税

6. 根据权责发生制和配比原则的要求，列入当期利润表的应交所得税，应(　　)。

A. 根据本期应纳税所得额计算

B. 根据会计税前利润计算

C. 等于“应交税费——应交所得税”账户的贷方余额

D. 等于实际交纳的税款

7. 企业年终进行利润结转后，一般有余额的账户是(　　)。

A. “利润分配——应付股利”

B. “利润分配——未分配利润”

C. “利润分配——提取盈余公积”

D. “利润分配——盈余公积补亏”

8. 甲公司 2006 年 12 月 31 日购入价值 20 万元的设备，预计使用期 5 年，无残值。会计采用直线法计提折旧，税法允许采用双倍余额法计提折旧。适用的所得税税率为 33%，则 2008 年 12 月 31 日应纳税暂时性差异余额为(　　)万元。

A. 4.8　　B. 3.2　　C. 2.12　　D. 4.6

9. 下列各项中，不属于营业外收入的是(　　)。

A. 出售材料收入　　B. 无法支付的应付款

C. 罚款收入　　D. 固定资产盘盈

10. 下列各项中，不属于营业外支出的是(　　)。

A. 非常损失　　B. 罚息支出

C. 罚款支出　　D. 固定资产盘亏

11. 收入是指企业在销售商品、提供劳务及他人使用本企业资产等(　　)。

A. 日常经营活动中所形成的经济利益的总流入

B. 主要经营活动中所形成的经济利益的总流入

C. 日常经营活动中所形成的经济利益的净流入

D. 主要经营活动中所形成的经济利益的净流入

12. 按完工百分比法确认收入的方法主要适用于(　　)。

A. 销售商品收入的确认

B. 劳务收入的确认

C. 他人使用本企业资产所取得收入的确认

D. 出售原材料收入的确认

二、多项选择题

1. 下列收入中,属于制造业主营业务收入的是:(　　)。

A. 技术转让收入　　B. 销售材料收入

C. 代修品收入　　D. 代制品收入

E. 提供工业性劳务收入　　F. 外购半成品收入

2. “其他业务收入”账户,核算企业不独立核算的其他业务收入和附营业务收入,包括(　　)等。

A. 赔偿金收入

B. 向其他单位或个人提供某项劳务取得的收入

C. 技术转让收入

D. 出租固定资产收入

E. 销售材料收入

3. 下列各项中,不应计入产品成本的费用是:(　　)。

A. 工会经费　　B. 财产保险费

C. 为销售产品发生的包装费　　D. 车间日常修理费

E. 离退休人员的退休金

4. 财务费用包括(　　)。

A. 委托金融机构代理发行债券支付的费用

B. 汇兑净损失

C. 股票发行费用

D. 利息净支出

E. 委托银行收款支付的手续费

5. 下列各项中,属于销售费用的有(　　)。

A. 委托代销手续费　　B. 融资租赁费

C. 专设销售机构人员工资　　D. 随主营业务单独计价的包装物成本

E. 产品的保险费

6. 下列各项中，属于营业外收入的是：(　　)。

A. 教育费附加返还款　　B. 确定无法支付的应付款

C. 罚款收入　　D. 出租包装物收入

E. 固定资产盘盈收入

7. 企业利润分配的去向有(　　)。

A. 弥补以前年度亏损　　B. 提取法定盈余公积

C. 应付投资者利润　　D. 应交所得税

E. 提取任意盈余公积

8. 下列各项中，应在纳税所得计算中进行调整的有(　　)。

A. 违法经营的罚款　　B. 购买企业债券利息收入

C. 罚款收入　　D. 被没收财产损失

E. 购买国债利息收入

9. 下列各项中，能形成应纳税暂时性差异的情形有(　　)。

A. 资产账面价值大于资产计税基础

B. 资产账面价值小于资产计税基础

C. 负债账面价值大于负债计税基础

D. 负债账面价值小于负债计税基础

10. 收入可以表现为(　　)。

A. 资产的增加　　B. 费用的减少

C. 负债的减少　　D. 代收款的增加

11. 下列各项中，不应该确认收入的交易或事项有(　　)。

A. 罚款收入

B. 出售固定资产收入

C. 转让无形资产使用权收入

D. 为客户购买火车票收到的款项

12. 商品所有权上的风险有(　　)。

A. 商品价值升值　　B. 商品价值贬值

C. 商品被损坏　　D. 商品报废损失

三、判断题

1. 在采用托收承付和委托收款结算方式销售情况下，应在商品、产品已经发出时，确认营业收入的实现。　　(　　)

2. 在交款提货情况下，货款已收到，以账单和提货单已交给买方为标准确认为营业收入的实现。（　）

3. 退回的商品或产品不管是本年度销售还是以前年度销售的，一律冲减退回当月的销售收入。（　）

4. 企业发生现金折扣或销售折让时，须设置“销售折让”账户进行处理。（　）

5. 商业折扣不需入账，只需以定价扣除商业折扣后的净额作为销售价的金额。（　）

6. 在总价法下，现金折扣只有在购买方于折扣期内支付货款时才能确认。（　）

7. 费用是构成产品成本的基础。（　）

8. 所得税是企业的一项费用支出。（　）

9. 在资产负债表债务法下，可抵扣暂时性差异是指在确定未来收回资产或清偿负债期间的应纳税所得额时，将导致产生应税金额的暂时性差异。（　）

10. 盈余公积金可以被用来弥补亏损，且对弥补后盈余公积金余额无限制。（　）

11. 用利润弥补亏损时，应作相应的会计分录。（　）

12. 投资者用无形资产投资，出资比例需符合国家规定。（　）

13. 如果劳务的开始和完成分属不同的会计年度，则应按完工的百分比法确认收入。（　）

14. 收入能否可靠地计量，是确认收入的基本前提之一。（　）

15. 如果能保留商品所有权相联系的继续管理权，可根据不同情况来确认收入。（　）

四、名词解释

1. 营业收入
2. 现金折扣
3. 商业折扣
4. 总价法
5. 净价法
6. 期间费用
7. 管理费用
8. 财务费用
9. 销售费用
10. 营业利润
11. 投资净收益
12. 国家补贴收入
13. 以前年度损益调整
14. 所得税
15. 计税基础
16. 暂时性差异
17. 资产负债表债务法
18. 应纳税暂时性差异

19. 可抵扣暂时性差异

五、简答题

1. 简述商品、主营业务实现的标志及在不同结算方式下如何确认销售收入的实现。
2. 期间费用包括哪些？各自包含的内容是什么？
3. 在什么情况下会分别产生应纳税暂时性差异和可抵扣暂时性差异？

六、计算与分析题

习题一　练习企业一般主营业务的核算

资料

某企业本期销售产品 800 件，每件售价为 25 元，销项税额为 3 400 元，开出增值税专用发票。该产品成本为每件 20 元。假定企业根据合同规定已预收货款 10 000 元。

要求

1. 通过“预收账款”账户核算，编制企业预收货款、发出产品和收到余额的会计分录。
2. 不通过“预收账款”账户核算，编制相应的会计分录。
3. 期末结转销售成本。

习题二　练习企业分期收款销售的核算

资料

某企业 200×年 2 月 3 日采用分期收款销售产品 500 件，每件售价 800 元，单位成本 500 元，增值税税率为 17%，并于当天收到增值税。此产品在现销方式下售价为 320 000 元。按合同规定，平均分 5 个月并于每月 3 日收款，已知现值 320 000 元、年金 80 000 元、期数 5 期的折现率为 7.93%。

要求

根据上述资料，编制有关的会计分录。

习题三　练习委托代销商品的核算

资料

某纺织品批发公司于 200×年 3 月 10 日委托一家零售商店代销一批商

品，代销商品实际成本为 20 000 元，合同规定其实现的销售收入为 40 000 元，增值税税率为 17%，代销手续费率为 5%，3 月 25 日收到代销单位的代销清单，商品已全部出售。4 月 1 日收到代销单位货款。

要求

编制以收取手续费方式代销的会计分录。

习题四　练习委托代销商品的核算

资料

根据习题三的资料，若合同规定销售收入为 35 000 元，其他内容不变。

要求

编制以视同买断方式代销的会计分录。

习题五　练习受托代销商品的核算

资料

某实业公司受托代销商品一批，合同规定销售额为 35 100 元，增值税税率为 17%，代销手续费率为 5%（手续费收入按 5% 营业税率计征营业税，城建税、教育费附加分别按 7% 和 3% 计收）。本月份商品全部出售，款项已收到。

要求

在采用收取手续费方式代销商品下，编制从收到代销商品到支付代销商品款为止的有关会计分录。

习题六　练习受托代销商品的核算

资料

根据习题五的资料，若合同规定受托代销的接受价为 30 000 元，销售价为 35 000 元。其他资料不变。

要求

在采用视同买断方式代销商品下，编制有关的会计分录。

习题七　练习销售退回的核算

资料

1. 上海搪瓷厂 200×年 4 月 24 日采用托收承付结算方式向外地某单位销售搪瓷锅 500 只，每只售价 80 元，单位销售成本 50 元，增值税税率为 17%，产品已全部发出。该厂已将发票账单提交银行办妥托收手续。

2. 5月8日,上述产品有40只因质量问题被退回,产品已收回入库。

要求

根据上述业务,编制有关的会计分录。

习题八　掌握现金折扣在会计上的处理

资料

某商业单位销售商品一批,销售额为20 000元,增值税税率为17%,给客户付款条件为“2/10、1/20、n/30”,客户在第8天付款。

要求

按总价法编制有关会计分录。

习题九　练习其他业务的核算

资料

1. 企业销售剩余材料一批,销售额为50 000元,成本为45 000元,增值税税率为17%,城建税为7%,教育费附加为3%,货款已存入银行。

2. 企业出租的包装物逾期未退回,没收其押金1 500元。该包装物的增值税税率为17%,消费税税率为10%。

3. 运输队为甲单位运输商品一批,收取运输费5 000元,款项已存入银行。经核算,为该项运输所耗材料成本2 000元(增值税税率为17%),人工费800元。该业务应交纳的营业税税率为5%,城建税税率为7%,教育费附加为3%。

要求

编制有关的会计分录。

习题十　练习所得税的核算

资料

某企业全年实现税前利润2 800 000元,发生非公益性捐赠支出和支付各项税收的滞纳金和罚款共为600 000元,无其他调整事项。该企业的所得税税率为33%。

要求

1. 计算本期应交所得税,并编制会计分录。

2. 计算净利润。

习题十一　练习所得税的核算

资料

某企业的某台设备，按照税法规定按4年提取折旧，按照会计规定按6年提取折旧（采用直线法）。该设备原值2 400 000元（不考虑净残值的因素）。假设，企业每年实现税前利润3 000 000元。该企业的所得税税率为33%。

要求

计算第一年至第六年的应交所得税，并编制会计分录。

习题十二　练习利润和利润分配的核算

资料

星海公司20×7年度取得主营业务收入6 000万元，其他业务收入1 500万元，投资收益1 800万元，营业外收入300万元；发生主营业务成本4 000万元，其他业务成本1 000万元，营业税金及附加200万元，销售费用750万元，管理费用450万元，财务费用100万元，资产减值损失600万元，公允价值变动净损失400万元，营业外支出500万元，所得税费用520万元。星海公司按净利润的10%提取法定盈余公积，20×7年度向股东分配现金股利300万元，分配每股面值1元的股票股利400万股。

星海公司采用表结法结转本年利润。

要求

根据上述资料，作出星海公司有关利润结转与分配的下列会计处理：

(1) 计算营业利润、利润总额、净利润。

(2) 将20×7年度各收入类项目的金额转入"本年利润"账户。

(3) 将20×7年度各支出类项目的金额转入"本年利润"账户。

(4) 将净利润转入"利润分配——未分配利润"账户。

(5) 提取法定盈余公积。

(6) 分配现金股利。

(7) 分配股票股利。

(8) 结平"利润分配"所属其他明细账户余额。

习题十三　练习利润总额的核算

资料

A企业于20××年12月发生如下经济业务：

1. 本期销售一批产品实现收入 380 000 元，增值税税率为 17%，款项已存入银行。结转主营业务成本 240 000 元。

2. 企业将价值 450 000 元的一项专利在购买后的第四年转让给其他单位，取得转让收入 420 000 元，营业税税率为 5%。按规定摊销期限为 15 年。

3. 以银行存款向希望工程捐款 5 000 元。

4. 以银行存款支付展览费用 400 元，违反合同罚款 800 元，各种税收的罚款及滞纳金 500 元，借款利息支出 12 000 元(其中用于工程建设的长期借款利息支出 9 000 元)。

5. 本月领用原材料计划成本 4 000 元，其中生产领料 3 200 元，销售机构领料 500 元，行政管理部门领用 300 元。本月材料成本差异率为 2%。

6. 盘亏机床 1 台，账面原价 12 000 元，累计折旧 8 000 元，经批准转作营业外支出。

7. 企业一座半成品仓库遭到自然灾害侵袭，共计损失 3 800 元，保险公司同意赔偿 1 200 元，其余经批准转作营业外支出。

8. 企业按规定应取得政策性亏损弥补 18 000 元。

9. 企业年终结账前，发现上年度少计销售收入 8 000 元，而将其计入“其他应付款账户”，上年度还少摊销无形资产价值20 000 元。

要求

1. 根据上述资料编制有关的会计分录。

2. 按账结法将损益类账户的余额转入“本年利润”账户。

3. 计算 12 月份的利润总额。

第十二章　外币业务的核算

第一节　外币业务概述

越来越多的企业在生产经营活动中除进行国内交易等各种结算发生的人民币业务之外，还要进行国际经济技术交流合作、开展进出口贸易、吸收外资等对外经济活动，这就必然要涉及大量的外币业务。

一、外币与外汇

外币一般指本国货币以外的其他国家或地区的货币，包括各种纸币、铸币等。广义的外币则指以外国货币表示的能用于国际结算的支付手段，除了外国纸币、铸币外，还包括企业拥有的外国有价证券、外国货币表示的票据等外币支付凭证。

外汇是国际汇兑(foreign exchange)的简称，是指某国与外国进行货币交换、兑换的通货。例如，以人民币与美元兑换等。通常也指以外国货币表示的用于国际结算的支付手段。国际间发生的各种债权债务，必须按照约定的条件予以清偿。由于不同国家的货币制度不同，不同的国家货币不能随便在其他国家流通使用，因此，外汇就成为清偿国际间债权债务的手段。作为用于国际结算支付手段的外汇必须具备两个条件：一是以外币表示的资产；二是可以兑汇成其他形式的资产或以外币表示的支付手段。显而易见，凡不能兑换成其他国家货币及支付手段的外国货币不能视为外汇。换句话讲，作为外汇必须是国际间可流通使用的外币。我国颁布的《中华人民共和国外汇管理条例》规定了外汇的具体内容，主要有：

(1) 可兑换的外国货币，包括纸币、铸币等。所适用的外国货币主要是：美元 US＄、英镑￡、欧元、日元 J ￥、俄罗斯卢布 R、加拿大元 Can＄、港元 HK＄等。

(2) 外币有价证券，如以外币表示的政府公债、国库券、股票和息票等。

(3) 外币支付凭证，如以外币表示的票据、银行存款凭证、邮政储蓄凭证等。

(4) 其他外汇资金,如各种外币汇款、进出口贸易的外币性货款等。

外币业务会计中的外币与外汇可以自由兑换这一特征有着明显的区别。外币业务会计中的外币是以其作为会计记账本位币以外的货币为唯一的识别标志。如果企业以人民币为记账本位币,那么各种外国货币均为外币,以外币计价的业务均为外币业务;如果企业以人民币之外的某国货币为记账本位币,那么作为记账本位币的某国货币之外的各种货币,包括人民币在内均是外币。

二、外汇汇率

外汇汇率是指一个国家的货币换算成另一个国家货币的比率或比价,也就是用同一种货币单位表示另一种货币单位的价格,也称汇率或兑换率。外汇汇率一般是由国家外汇管理当局公布并在银行挂牌予以公告,故外汇汇率又称外汇牌价。

国家与国家之间,由于经济文化等往来所引起的货币收支和债权债务,都需要在有关国家之间办理国际结算。这种结算一般就是通过经常大量的外汇买卖来进行的,进行外汇买卖必须有一个兑换比率作为买卖兑换的价格标准。因此,各国都规定了本国货币对其他国家货币的汇率。外汇汇率不仅仅是外汇买卖兑换的价格标准,也是会计上对涉及外币计价的经济业务进行会计记录和账务处理的基本依据。

(一) 汇率的标价方法

一个国家的外汇汇率可以用外国货币来表示本国货币的价格,也可以用本国货币来表示外国货币的价格,于是形成了两种不同的汇率标价法:直接标价法和间接标价法。

1. 直接标价法

直接标价法是以一定单位(如 1、100、1 万)的外国货币为标准,折算为一定数额的本国货币来表示其汇率的方法。在直接标价法下,假设外国货币的数额固定不变,汇率的升降涨跌以相应的本国货币数额变化来表示,即汇率的变化是由于本国货币的币值变动引起的。例如,××××年×月×日 1 美元兑换 7.65 元人民币(＄1＝￥7.65)。一定单位外币折算本国货币越多,则表示外币汇率上升;反之,一定单位外币折算本国货币越少,则表明外币汇率下降。国际上绝大多数的国家采用直接标价法,我国外汇管理局公布的外汇牌价就采用直接标价法。

2. 间接标价法

间接标价法是以一定单位(如 1、100、1 万)的本国货币为标准,折算为一定数额外国货币来表示其汇率的方法。在间接标价法下,假设本国货币的数额固定不变，汇率的升降涨跌以相应的外国货币数额变化表示，即汇率的变化是由于外国货币价值变动引起的。长期以来英国一直实行间接标价法。例如，××××年×月×日，英国外汇管局公布的汇率是1英镑兑换2.00美元(￡1=＄2.00)。一定单位本国货币折算外国货币越多，则本国货币汇率上升；反之，一定单位本国货币折算外国货币越少，则本国货币汇率下降。

（二）汇率的种类

随着汇率制度的演变和外汇管理的要求等形成不同的汇率。

(1) 按照国际汇率制的不同，分为固定汇率和浮动汇率。所谓固定汇率是指某国货币与别国货币进行兑换的比率是被限制在一定幅度内进行波动而表现为基本稳定不变的汇率。在金本位制下，铸造金币按国家规定含有一定重量和成色的黄金。实行金本位制的国家间货币含金量的对比是形成固定汇率的基础。在纸币流动制下，各国政府通过管理措施规定货币汇率在一定的幅度内波动形成固定汇率。第二次世界大战后到20世纪60年代末，国际货币基金组织的会员国将本国货币与美元建立固定比价，而美元则固定按35美元等于一盎司黄金的汇价同黄金建立联系，并将汇率波动的法定上下限定为黄金平价的1%。19世纪中叶，由于美元一再贬值，固定汇价趋于崩溃。随后，各国相继实行浮动汇率制。所谓浮动汇率就是不规定汇率波动幅度的上下限，而由外汇市场的供求情况决定的汇率。这种汇率是随着市场外币供求情况的变化而上下波动、自由涨落。

(2) 按照汇率管理政策的不同，分为贸易汇率和金融汇率。所谓贸易汇率是指由官方制定且维持相对稳定、主要用于进出口贸易结算的汇率。实行这种汇率是为了推动本国出口贸易的发展，改善国际收支。所谓金融汇率是指按外汇市场供求情况浮动，主要用于非贸易收支的汇率。

(3) 按照银行买入或卖出外汇的不同，分为买入汇率和卖出汇率。买入汇率是银行向客户买入外汇时使用的折合汇率，也称买入汇价。从企业角度讲，银行的买入汇率就是企业外币的卖出价格。卖出汇率是银行向客户卖出外汇时使用的折合汇率，也称卖出汇价。从企业角度讲，银行的卖出汇率就是企业外币的买入价格。

通常，在“直接标价法”下，银行卖出外币价高于银行买入外币价；在“间接标价法”下则相反，其银行买入外币价高于银行卖出外币价。

买入汇率与卖出汇率是外汇交易中由银行公布的两个并列的外汇牌价。在我国外汇管理之下，由中国人民银行公布买入汇率和卖出汇率，也由各外汇指定银行以中国人民银行公布的外汇牌价为依据，并按规定的浮动幅度自行确定挂牌汇价。那么,企业进行外币业务会计处理时应选择哪种汇率呢?为了方便核算,企业外币业务发生时,应选择中国人民银行公布的汇率,并按银行买入汇率与卖出汇率之间的平均汇率即中间汇率作为入账的折合汇率。中间汇率也称中间汇价,是将银行买入汇率加上银行卖出汇率之和再除以2所得的平均数。

(4) 按照外币买卖成交后交割期期间的不同,分为即期汇率和远期汇率。即期汇率又称现汇汇率,是指外币买卖双方成交后立即交割外汇时所使用的汇率,也就是人们通常所说的买入现汇或卖出现汇时所使用的汇率。会计准则中企业用于记账的即期汇率一般指当日中国人民银行公布的人民币汇率的中间价。但是,在企业发生单纯的货币兑换交易或涉及货币兑换的交易时,仅用中间价不能反映货币买卖的损益,需要使用买入或卖出价折算。远期汇率是指外币买卖双方成交后约定在以后的一定期限内交割外汇时所使用的约定汇率。远期汇率也就是人们通常所说的远期外汇或期货外汇买卖时所使用的预期汇率。

(5) 按照时间的不同,分为现行汇率和历史汇率。现行汇率是指企业发生涉及外币经济业务时的市场汇率。历史汇率是指企业以前涉及外币经济业务发生时的市场汇率。

(6) 按照在账务处理中的不同,分为记账汇率和账面汇率。记账汇率是指企业发生外币经济业务进行会计账务处理所采用的汇率。账面汇率是指企业以往发生外币业务登记入账时所采用的汇率,即过去的记账汇率。

三、外币业务的内容

1. 外币业务的含义

企业的外币业务是指企业以记账本位币以外的货币进行款项收付、往来结算和计价等业务。

在企业外币业务会计中,由于外币种类繁多,如美元、英镑、港元等多种货币的收支,就产生了如何以统一的会计计量基本尺度来反映多种国家货币的收支与结存,并以此作为编制各类会计报表的依据的问题,也就是说选用哪种货币作为记账本位币的问题。在企业外币业务会计中所选取的某种作为会计计量基本尺度的记账货币称为记账本位币。企业确定一种货币为记账本位币后,才能以其为计量基本尺度,将各种货币折算成记账本位币并进行汇总反映,以便完整、全面和系统地计量企业的资产、负债、所有者权益以及营业收入、费用和利润。我国境内的企业一般应以人民币为记账本位币。因此,企业在生产经营活动中发生的各项以非人民币的国外货币进行收付、结算和计价的经济业务，都是企业的外币业务。

2. 外币业务的内容

外币业务主要包括两方面的内容：一是外币业务的会计处理；二是外币会计报表的折算。

外币业务的会计处理主要内容是企业外币业务发生时如何进行外币折算，包括以外币计价的经济业务折算为以企业记账本位币计价的经济业务，从而进行会计记录；也包括由于外币业务引起的外币债权债务，因市场汇率变动承受汇率风险而产生的外币折算差额的处理。

外币会计报表折算是指将以外币表示的会计报表换算为某一特定货币表示的会计报表。

首先，在母公司拥有境外子公司的情况下，为了综合反映跨国企业集团综合的财务状况和经营成果，需要编制整个企业集团的合并会计报表。境外子公司通常是采用所在国家和地区的货币作为记账本位币，采用当地的货币编制会计报表。由于其编制会计报表的货币单位与母公司编制会计报表所采用的本位币不同，因此在编制合并会计报表前必须对纳入合并范围的子公司以外币表示的会计报表进行折算，折算为母公司记账本位币表示的会计报表。

其次，为了向外国股东和其他使用者提供本企业的会计报表，需要将本国文字表示的会计报表，翻译为外国文字表示的会计报表，也需要将本国货币表示的会计报表折算为以某一外国货币单位表示的会计报表，以便国外的股东、投资者和其他使用者阅读和适用。此外，为在外国证券市场上发行股票和债券而提供的财务报告，也需要在文字翻译的同时，按照一定的汇率将本国货币表示的会计报表折算为相应的外国货币表示的会计报表。

再次，外币会计报表折算主要涉及两大问题：其一是采用何种汇率对外币会计报表项目的数据进行折算；其二是对因会计报表各个项目所使用的折算汇率不同所产生的外币会计报表折算差额如何处理。

第二节　外币业务的管理和核算

一、外币业务的管理

为了保障我国经济发展、稳定货币金融秩序、保持国际收支平衡，我国外汇管理日益走向规范化、法制化。我国根据国民经济发展的需要，建立了适合我国国情的严格的外汇管理法律制度，以法令的形式对外汇的收支、买卖、转移、国际间结算、外汇汇率和外汇市场等进行一定的干预和限制。国家对外汇管理实行由国家集中管理统一经营的方针，坚持收支两条线的原则。所谓集中管理，是指全国的外汇结汇、付汇的计划、经营、汇价以及管理规章制度等，均由国家授权的管汇机关主管，统一掌握与调度外汇资金、监督外汇计划执行情况，确定与公布人民币汇价并负责制定各项外汇管理规章制度。所谓统一经营，是指外汇业务包括国际结算业务应统一由国家外汇指定银行，即中国银行或经中国人民银行批准的可以经营外汇业务的银行经营办理。非经授权或批准的其他金融机构均不得经营外汇业务。所谓收支两条线原则，是指中国境内的机构取得的外汇收入必须及时向外汇指定银行结汇。一切外汇支出必须持有与支付方式相适应的有关票据或有效凭证的外汇指定银行兑付。禁止以外汇收入直接抵支外汇支出。

我国外汇管理的机构是国家外汇管理总局及其分局。中国人民银行总行是国家外汇管理总局的主管机关。中国银行是中国经营外汇业务的专业银行。多年来，我国一系列外汇管理法规的制定与实施，为我国外汇管理提供了法律依据和保障。它不仅是国家外汇管理行为的规范，也是国家对我国境内企事业单位、机关和社会团体进行外币业务所作出的各种规定。

企业对外币业务进行处理时应遵照下述原则：

(1) 企业发生的各种外币业务，应将外币金额折合为人民币记账，并登记外国货币金额和折合汇率。外币金额折合为人民币记账时，采用全国统一的市场汇率为折合汇率。企业发生外币业务时，与外币联系相关的账户采用业务交易日的即期汇率或其近似汇率作为折合汇率。

企业应根据外币业务设置相应的外币账户。企业的外币账户包括外币现金、外币银行存款，以及外币结算的债权(如应收账款、应收票据、预付账款等)和债务(如短期借款、长期借款、应付账款、应付票据、应付职工薪酬、应付股利、预收账款等)。不允许开立现汇账户的企业，应设置除外币现金、外币银行存款以外的其他外币账户，用以核算企业发生的外币业务。

经营多种货币信贷或者融资租赁业务的企业，也可以根据实际需要，在经济业务发生时直接按原币种记账，在期末再将各种外币账户的余额和发生额折合为人民币。

(2) 企业因向银行结售或购入外汇而产生的买入、卖出价与市场汇价之间的差额，应作为汇兑损益，记入“财务费用”等账户。企业在期末(月末、季末或年末)时，应区分货币性项目和非货币性项目进行不同的处理。

企业的外币业务管理是企业经济业务管理的重要内容之一，企业应设立专人负责。有外币现金的企业，应按外币现金种类分别设置外币现金日记账进行明细核算。每日业务终了时，应结出现金日记账的余额，并与实存外币进行核对，保证账实一致；有外币存款的企业应按开户银行，并按外币存款种类分别设置外币银行存款日记账进行明细核算，定期与银行对账单进行核对，保证账单相符。为加强对企业外币业务管理，还应根据外币业务的具体情况，设置必要的备查账簿。对于出口企业，如按规定在外汇指定银行设立台账的，应在备查账簿中进行登记。此外，企业应了解和掌握日常外币业务情况，对于各种应收款项应按期予以收回。为保证款项的及时收回，企业应谨慎地选择结算方式。对于各种应付款项应按期予以偿付，在债务到期前，企业应调度好资金，做好偿付准备。

二、外币业务核算中的汇兑损益

汇兑损益是指企业外币业务在会计处理中，因采用的汇率不同而产生的折合记账本位币金额的差额。具体指企业在发生外币性的购销和兑换业务、会计期末对外币性账户进行调整和对外币性会计报表进行换算时，由于核算是采用不同比价的汇率而产生的折合记账本位币金额的差额。

在国际上，关于何时对汇兑损益进行确认，有两种不同的观点：一是“一笔业务观点”，认为汇兑损益应以其实现为准，因为这样确认的汇兑损益比较符合企业的实际；二是“两笔业务观点”，认为凡是由于汇率变化引起的外币与记账本位币的折合差额均为汇兑损益，因为这样确认的汇兑损益符合会计上的权责发生制。这两种做法，在不同的国家中均有应用，我国会计处理中是采用后一种观点。简言之，汇兑损益是由外汇汇率变动所引起，表现为外币汇率之差乘上外币金额后的乘积。

企业发生的汇兑损益，按《企业会计准则》和《企业财务通则》的规定：筹建期发生的计入开办费，生产经营期发生的计入财务费用，清算期发生的计入清算损益，但凡与购建固定资产或无形资产有关的，在资产未完工或尚未交付使用之前发生的应计入购建资产的价值。

【例 12-1】 某企业以人民币为记账本位币，以业务发生日的市场汇率作为折合率。企业于 6 月 6 日出口价格为 5 000 美元的商品，当天的市场汇率为 $1＝¥8。6 月 18 日收到外汇并卖给银行，当天市场汇率为 $1＝¥8.3，银行收购外汇的买入汇率为 $1＝¥8.2，企业实际收到人民币 41 000 元。

6 月 6 日，企业出口商品 5 000 元，以业务发生日的市场汇率 $1＝¥8 为折合汇率。作会计分录如下：

借：应收账款（$5 000×8）	40 000
贷：主营业务收入	40 000

6月18日，企业收到外汇并按规定将外汇结售给银行，企业以业务当日的市场汇率＄1＝￥8.3为折合汇率。作会计分录如下：

借：银行存款（人民币户）	41 000
财务费用——汇兑损益	500
贷：应收账款（＄5 000×8.3）	41 500

这样，按汇率8.3入账折合人民币41 500元与银行按汇率8.2计算的人民币41 000元之间存在一个差额500元。这个差额实际上是因入账汇率不同引起的：＄5 000×（8.2－8.3）＝－500元人民币。汇兑损益在会计处理上归入“财务费用”账户。

月末时，“应收账款”账户借方发生额为人民币40 000元，贷方发生额为人民币41 500元，两者相差1 500元。该账户借方与贷方的美元发生额均为5 000美元，并无差额。差额1 500元实际上是因入账比率不同引起的：＄5 000×（8.3－8）＝1 500元人民币。在月末时应作会计分录如下：

借：应收账款	1 500
贷：财务费用——汇兑损益	1 500

经上述调整后，期末“应收账款”账户的余额为零。可以看出：上述汇兑损益是企业外币业务发生时及会计期末对外币账户进行调整时，由于采用不同的汇率核算而产生的折合记账本位币金额上的差额。

三、外币业务的记账方法与核算

（一）外币业务的记账方法

外币业务的记账方法是指采用什么货币种类记账的方法。记账方法的确定与会计记账本位币的使用有着密切关系。在实务中，记账本位币的使用分为统一货币记账制和分币记账制。

1. 统一货币记账制

统一货币记账制简称为统账制。统账制是指经营外汇业务的企业在外汇交易中所发生的多种货币业务按照一定的比价折算成某一国货币记账的方法。由于统账制与记账本位币有直接关系，故也称作本位币记账法。

按照《企业会计准则》规定：企业对所发生的经济业务一般均以人民币计价，如果企业平时发生的经济业务大量以外币计价的，为了核算方便，也可采用某种国外货币为记账本位币。我国企业的外汇业务核算，除有外币业务的金融企业外，一般采用外汇统账制，并以我国人民币为记账本位币，外币在账上只作辅助记录。

根据外币业务的核算原则，企业对发生的外币业务按一定的市场汇率折合为人民币，并在有关账户中登记。月末、季末或年末，应按期末汇率对外币账户的余额进行调整。

2. 分币记账制

分币记账制简称为分账制。分账制是指经营外汇业务的企业，在外汇交易发生时直接按原币记账的方法。

由于分账制是直接按外汇交易时的原币记账，记账时不必按任何汇价折合成人民币，如果涉及两种货币的交易，则可用“外币兑换”账户作为两种货币账务之间的联系进行核算处理。实行分账制的企业应按各种币种分别设置外币账户。

不论企业采用统账制还是分账制，记账本位币是本国货币还是某一特定外币，在期末编制会计报表时，都应根据《企业会计准则》规定，一律折合成人民币予以反映，它也包括境外企业向国内有关部门编报的会计报表。

（二）外币业务核算

外币是企业记账本位币以外的货币。外币交易是指企业发生以外币计价或者结算的交易，包括买入或者卖出以外币计价的商品或者劳务；借入或者借出外币资金；其他以外币计价或者结算的交易等。

1. 初始确认

企业发生外币交易的，应在初始确认时采用交易日的即期汇率或其近似汇率将外币金额折算为记账本位币金额。即期汇率可以是外汇牌价的买入价或卖出价，也可以是中间价(在与银行不进行货币兑换时使用中间价)。

【例 12-2】 A 公司属于增值税一般纳税企业，记账本位币为人民币，外币交易采用交易日即期汇率折算。20×7 年 3 月 12 日，从美国 B 公司购入原料 250 吨(4 000 美元每吨)，当日的即期汇率为 1 美元＝7.6 元人民币，进口关税为 760 000 元人民币，支付进口增值税 1 421 200 元人民币，货款尚未支付，进口关税及增值税由银行存款支付。

会计分录如下：

借：原材料(250×4 000×7.6＋760 000)	8 360 000	
应交税费——应交增值税(进项税额)	1 421 200	
贷：应付账款——B 公司(美元)		7 600 000
银行存款		2 181 200

【例 12-3】 20×7 年 4 月 3 日，A 公司向 C 公司出口销售商品 6 000 件，销售合同规定的销售价格为每件 250 美元，当日的即期汇率为 1 美元＝7.65

人民币。假设不考虑相关税费，货款尚未收到。相关会计分录如下：

借：应收账款——C公司(美元)　　11 475 000

　贷：主营业务收入(6 000×250×7.65)　　11 475 000

【例12-4】 20×7年3月3日，A公司从境外D公司购入不需安装的设备一台，设备价款为200 000美元，购入设备当日即期汇率为1美元＝7.6元人民币，款项尚未支付。相关会计分录如下：

借：固定资产——机器设备(200 000×7.6)　　1 520 000

　贷：应付账款——D公司(美元)　　1 520 000

【例12-5】 A公司与外商签订了投资合同，外商将分两次投入外币资本，投资合同约定的汇率是1美元＝8.00元人民币。20×7年1月1日，A公司第一次收到外商投入资本150 000美元，当日即期汇率1美元＝7.8元人民币；20×7年7月1日，第二次收到外商投入资本150 000美元，当日即期汇率为1美元＝7.6人民币。相关会计分录如下：

20×7年1月1日，第一次收到外币资本时：

借：银行存款——美元(150 000×7.8)　　1 170 000

　贷：股本　　1 170 000

20×7年7月1日，第二次收到外币投入资本时：

借：银行存款——美元(150 000×7.6)　　1 140 000

　贷：股本　　1 140 000

根据《关于外商投资的公司审批登记管理法律适用若干问题的执行意见》(工商外企字[2006]81号)，外商投资公司的注册资本只能采用收到出资当日的即期汇率，不再使用合同汇率，也不使用与即期汇率近似的汇率。与其相对应的资产类科目也不使用与即期汇率近似的汇率，这样，外币投入资本不会产生汇兑差额，资产类科目在期末仍分别货币性项目与非货币性项目处理。

虽然“股本(或实收资本)”账户的金额不能反映股权比例，但并不改变企业分配和清算的约定比例，这一约定比例通常已经包括在合同中。

【例12-6】 20×7年4月1日，A公司从中国银行借入1 000 000港元，期限为6个月，借入的港元暂存银行。借入当日的即期汇率为1港元＝1.10元人民币。相关的会计分录如下：

借：银行存款——港元(1 000 000×1.10)　　1 100 000

　贷：短期借款——港元　　1 100 000

【例 12-7】 20×7 年 6 月 1 日，A 公司将 25 000 美元到银行兑换为人民币，银行当日的美元买入价为 1 美元=7.55 元人民币，中间价为 1 美元=7.60 元人民币。

分析：企业与银行发生货币兑换，兑换所用汇率为银行的买入价或卖出价，而通常记账所用的即期汇率为中间价，由于汇率变动而产生的汇兑差额计入当期财务费用。相关的会计分录如下：

借：银行存款——人民币(25 000×7.55)　　188 750
　　财务费用　　1 250
　贷：银行存款——美元(25 000×7.6)　　190 000

【例 12-8】 20×7 年 6 月 1 日，A 公司因外币支付需要，从银行购入 20 000 欧元，银行当日的欧元卖出价为 1 欧元=11 元人民币，当日的中间价为 1 欧元=10.7 元人民币。相关的会计分录如下：

借：银行存款——欧元(20 000×10.7)　　214 000
　　财务费用　　6 000
　贷：银行存款——人民币(20 000×11)　　220 000

2. 期末调整或结算

期末，企业应当分别外币货币性项目和外币非货币性项目进行处理。

(1) 货币性项目。货币性项目是企业持有的货币和将以固定或可确定金额的货币收取的资产或者偿付的负债。货币性项目分为货币性资产和货币性负债，货币性资产包括现金、银行存款、应收账款、其他应收款、长期应收款等，货币性负债包括应付账款、其他应付款、短期借款、应付债券、长期借款、长期应付款等。

期末或结算货币性项目时，应以当日即期汇率折算外币货币性项目，该项目因当日即期汇率不同于该项目初始入账时或前一期末即期汇率而产生的汇率差额计入当期损益。

【例 12-9】 沿用[例 12-2]，20×7 年 3 月 31 日，A 公司尚未向 B 公司支付所欠款项。当日即期汇率为 1 美元=7.55 元人民币。应付 B 公司货款按期末即期汇率折算为 7 550 000 元人民币(250×4 000×7.55)，与该货款原记账本位币之差 50 000 元人民币冲减当期损益。相关会计分录如下：

借：应付账款——B 公司(美元)　　50 000
　贷：财务费用——汇兑差额　　50 000

【例 12-10】 沿用[例 12-3]，20×7 年 4 月 30 日，A 公司仍未收到 C 公司

发来的销售货款。当日的即期汇率为1美元=7.6元人民币。C公司所欠销售货款按当日即期汇率折算为11 400 000元人民币(6 000×250×7.6),与该货款原记账本位币之差额为75 000元人民币(11 475 000-11 400 000)。相关会计分录如下:

借:财务费用——汇兑差额 75 000
　贷:应收账款——C公司(美元) 75 000

假定20×7年5月20日收到上述货款,兑换成人民币后直接存入银行,当日银行的美元买入价为1美元=7.62元人民币,相应的会计分录如下:

借:银行存款——人民币(6 000×250×7.62) 11 430 000
　贷:应收账款——美元 11 400 000
　　财务费用 30 000

【例12-11】 沿用[例12-6],6个月后,A公司按期向中国银行归还借入的1 000 000港元。归还借款时即期汇率为1港元=1.08元人民币。相关的会计分录如下:

借:短期借款——港元(1 000 000×1.08) 1 080 000
　贷:银行存款——港元 1 080 000

(2) 非货币性项目。非货币性项目是货币性项目以外的项目,如:存货、预付账款、长期股权投资、交易性金融资产(股票、基金)、固定资产、无形资产等。

① 对于以历史成本计量的外币非货币性项目,已在交易发生日按当日即期汇率折算,资产负债表日不应改变其原记账本位币金额,不产生汇兑差额。

【例12-12】 沿用[例12-5],外商投入A公司的外币资本300 000美元已按当日即期汇率折算为人民币并记入“股本”账户。“股本”属于非货币性项目,因此,期末不需要按照当日即期汇率进行调整。

② 对于以成本与可变现净值孰低计量的存货,如果其可变现净值以外币确定,则在确定存货的期末价值时,应先将可变现净值折算为记账本位币,再和以记账本位币反映的存货成本进行比较。

③ 对于以公允价值计量的股票、基金等非货币性项目,如果期末的公允价值以外币反映,则应当先将该外币按照公允价值确定当日的即期汇率折算为记账本位币金额,再与原记账本位币金额进行比较,其差额作为公允价值变动损益,计入当期损益。

第三节　外币会计报表折算

一、外币会计报表折算方法

外币会计报表折算有多种目的。外币会计报表折算目的不同，其折算方法也各不相同。这里所介绍的外币会计报表折算，仅限于编制合并会计报表时对子公司外币会计报表折算这一特定的问题，而不涉及其他目的的外币会计报表折算。外币会计报表折算方法至今尚未形成统一的国际惯例，从目前世界各国外币会计报表折算的情况来看，各国所采用的外币会计报表折算方法，基本上可以划分单一汇率法和多种汇率法两大类。单一汇率法主要是现行汇率法；多种汇率法主要包括流动性与非流动性项目法、货币性与非货币性项目法和时态法等三种折算方法。

（一）现行汇率法

现行汇率法也称期末汇率法，是各种折算方法中最为简便的一种方法，也是最早使用的一种折算方法。这一折算方法是采用资产负债表日（会计期期末）的现行汇率，将外币会计报表中所有的资产和负债项目、所有的收入和费用项目全部统一按照期末的现行汇率进行折算，只有对子公司会计报表中的所有者权益项目采用历史汇率进行折算。在采用现行汇率法下，收入和费用项目也可以采用会计报表当期的平均汇率（简单平均汇率或加权平均汇率）进行折算。

（二）流动性与非流动性项目法

流动性与非流动性项目法是将资产负债表的项目按照其流动性质，划分为流动性项目和非流动性项目两大类，按照各项目流动性与非流动性分别采用不同的汇率进行折算。对于流动项目类的资产和负债项目，按照资产负债表日的现行汇率折算；对于非流动项目类的资产和负债项目，则按照原来入账的历史汇率折算；对于子公司所有者权益项目，其中的实收资本、资本公积等项目按照历史汇率进行折算；对于利润表中各项目，除固定资产折旧和摊销费用等按照相关资产入账时的历史汇率折算外，其他的收益和费用项目均按照当期的平均汇率进行折算。

（三）货币性与非货币性项目法

货币性与非货币性项目法是将资产负债表项目划分为货币性项目和非货币性项目，分别货币性项目和非货币性项目采用不同的汇率进行折算的方法。货币性项目包括货币性资产和货币性负债。货币性资产指以货币形态存在的各项资产，包括现金、银行存款、应收账款和应收票据等金额固定的长短期债权。货币性负债是指以货币形态存在的各项负债，包括应付账款、应付票据、长期借款等金额固定的各项负债。除货币性项目以外的其他项目都作为非货币性项目。采用这一折算方法进行外币会计报表折算时，对于资产负债表上的货币性项目，按照资产负债表日的现行汇率折算；对于非货币性项目和所有者权益项目，则按照原入账时的历史汇率折算；对于利润表项目，除折旧费用及摊销费用按照取得有关固定资产或无形资产时的历史汇率折算外，所有的收入和费用项目均按当期的平均汇率折算；至于销售成本项目，则根据“期初存货＋本期购货－期末存货＝本期销货”的等式对存货和购货分别折算后计算确定。这是因为期初和期末存货项目是按照不同时点的历史汇率折算的，本期购货则是按当期平均汇率进行折算。从总体上来说，利润表项目的折算与流动性与非流动性项目法基本相同。

（四）时态法

时态法，也称为时间度量法。时态法是针对货币性与非货币性项目法的缺点提出来的。时态法的理论依据在于，外币会计报表折算只是一种计量变更程序，是对既定价值的重新表述，会计报表折算只能改变计量单位，不能用来改变计量项目的属性。时态法的实质在于，折算后的会计报表各项目应当保持该资产和负债项目在子公司原外币会计报表中的计量基础，也就是说折算后的子公司会计报表的计量基础不应发生变化。

根据时态法的基本原则，在外币会计报表折算中，对于货币资金、应收项目和应付项目，统一按照现行汇率进行折算；对于按历史成本反映的非货币性资产，必须按照历史汇率折算；对于按现行成本反映的非货币性资产，必须按照现行汇率折算；对于子公司所有者权益，其实收资本按照股份发行时的历史汇率折算，所有者权益中的其他项目除未分配利润项目外也都按照历史汇率折算，未分配利润项目则为折算的平衡数；对于收入和费用项目则按照交易发生时的实际汇率折算，如果收入和费用有关的交易发生比较频繁，则可以采用当期加权平均汇率进行折算；对于折旧费用和摊销费用，则要求按照取得有关固定资产或无形资产时的历史汇率折算；对于销售成本，则要求在对期初存货、本期购货和期末存货按照不同的使用汇率折算后计算得出。

时态法与流动性与非流动性项目法、货币性与非货币性项目法的理论依据不同，它不是以资产、负债项目的流动性或货币性作为选择折算汇率的依据，而是以资产、负债项目的计量基础作为选择汇率的依据。在做法上，其不同点在于对现行价格计价的资产项目（如存货、投资等）采用的折算汇率是现行汇率，而不是历史汇率。

二、我国外币会计报表折算方法

我国原来外币会计报表折算的目的，主要是为了满足有关主管部门或总公司了解境外子公司或分公司经营情况、财务状况和经营成果的需要，所采用的外币会计报表折算方法也比较简单，外币会计报表折算采用基本的都是单一汇率法。我国制定发布合并会计报表有关规定后，外币会计报表折算目的就不仅仅是满足有关主管部门了解境外子公司或分公司经营情况的需要，而更重要的目的就是满足我国境内的母公司编制合并会计报表的需要。

我国外币会计报表的折算，包括境外子公司以外币表示的会计报表的折算，也包括境内子公司采用与母公司记账本位币以外的货币作为计账本位币编报的会计报表的折算。为了满足编制合并会计报表的需要，我国在《合并会计报表暂行规定》中，对外币会计报表的折算方法做出了具体规定。其主要内容如下。

（一）资产负债表

（1）所有资产、负债类项目均按照合并会计报表决算日的市场汇率折算为母公司记账本位币。

（2）所有者权益类项目除“未分配利润”项目外，均按照发生时的市场汇率折算为母公司记账本位币。

（3）“未分配利润”项目以折算后的利润分配表中该项目的数额作为其数额列示。

（4）折算后资产类项目与负债类项目和所有者权益类项目合计数的差额，作为报表折算差额在“未分配利润”项目后单独列示。

（5）年初数按照上年折算后的资产负债表的数额列示。

（二）利润表和利润分配表

（1）利润表所有项目和利润分配表中有关反映发生额的项目应当按照合并会计报表的会计期间的平均汇率折算为母公司记账本位币，也可以采用合并会计报表决算日的市场汇率折算为母公司记账本位币。在采用以合并会计报表决算日市场汇率折算为母公司记账本位币时，应当在合并会计报表附注中说明。

平均汇率根据当期期初、期末市场汇率计算确定，也可以采用其他的方法计算确定。平均汇率计算方法一经采用，前后各期必须连续使用，不得随意变更。如果确需变更，应当在会计报表附注中说明变更理由及变更对会计报表的影响。

(2) 利润分配表中“净利润”项目，按折算后利润表该项目的数额列示。

(3) 利润分配表中“年初未分配利润”项目，以上一年折算后的期末“未分配利润”项目的数额列示。

(4) 利润分配表中“未分配利润”项目，按折算后的利润分配表中的其他各项目的数额计算列示。

(5) 上年实际数按照上期折算后的利润表和利润分配表的数额列示。

【例 12-13】 某母公司有一境外子公司，其会计报表编报货币为美元，期初汇率为 1 美元＝7.7 元人民币，期末汇率为 1 美元＝7.5 元人民币，本期平均汇率为 1 美元＝7.6 元人民币。子公司收到投入资本时的历史汇率 1 美元＝8.4 元人民币。该子公司上年外币会计报表中实收资本的数额为 400 万美元，折算为人民币后的数额为 3 360 万元；盈余公积的数额为 40 万美元，折算为人民币后的数额为 312 万元；未分配利润的数额为 100 万美元，折算为人民币的数额为 780 万元。根据上述资料，该子公司的会计报表及折算后的会计报表如表 12-1、12-2。

表 12-1

利润表及折算后利润表

（按平均汇率折算）　　单位：万元

项　　目	美元金额	折算汇率	人民币金额
一、营业收入	1 600	7.6	12 160
减：营业成本	1 200	7.6	9 120
营业税金及附加	32	7.6	243.2
销售费用	40	7.6	304
管理费用	40	7.6	304
财务费用(收益以“－”号填列)	6	7.6	45.6
加：公允价值变动净收益(净损失以“－”号填列)	0	—	0
投资净收益(净损失以“－”号填列)	24	7.6	182.4
二、营业利润(亏损以“－”号填列)	306	—	2 325.6
加：营业外收入	32	7.6	243.2
减：营业外支出	16	7.6	121.6
三、利润总额(亏损以“－”号填列)	322	—	2 447.2
减：所得税	102	7.6	775.2

（续表）

项　　目	美元金额	折算汇率	人民币金额
四、净利润(净亏损以“－”号填列)	220	—	1 672
加：年初未分配利润	100	—	780
五、可供分配的利润	320	—	2 452
减：提取盈余公积	60	7.6	456
应付利润	160	7.6	1 216
六、未分配利润	100	—	780

表 12-2

资产负债表及折算后资产负债表

单位：万元

资　　产	美元	折算汇率	人民币	负债及所有者权益	美元	折算汇率	人民币
流动资产：				流动负债：			
货币资金	80	7.5	600	短期借款	42	7.5	315
应收账款	180	7.5	1 350	应付账款	250	7.5	1 875
存货	220	7.5	1 650	其他流动负债	100	7.5	750
其他流动资产	120	7.5	900	长期负债：			
长期投资：				长期借款	150	7.5	1 125
长期股权投资	100	7.5	750	应付债券	80	7.5	600
固定资产：				其他长期负债	90	7.5	675
固定资产原价	600	7.5	4 500	所有者权益：			
减：累计折旧	90	7.5	675	实收资本	400	8.4	3 360
固定资产净值	510	7.5	3 825	资本公积	0		
在建工程	60	7.5	450	盈余公积	100	—	768
无形资产及其他资产：				未分配利润	100	—	780
无形资产	40	7.5	300	外币报表折算差额		—	－408
其他资产	2	7.5	15				
合　　计	1 312	—	9 840	合　　计	1 312	—	9 840

注 1：“盈余公积”人民币数额系上年外币会计报表中折算数额 312 万元，加上本年利润表及利润分配表中“提取盈余公积 60 万美元”(折算为人民币 456 万元)。

注 2：“未分配利润”人民币数额系本年利润表及利润分配表中“未分配利润”的折算数额。

注 3：“报表折算差额”系折算后的资产总额减去折算后的负债总额与折算后的所有者权益总额之和后的差额。

复习思考题

一、单项选择题

1. 采用现行汇率法进行外币资产负债表折算时，下列报表项目中，应采用历史汇率折算的是(　　)。

A. 长期股权投资　　B. 实收资本

C. 应付债券　　D. 存货

2. 按照《合并会计报表暂行规定》，外币会计报表折算时产生的差额，在折算后报表中的列示方法是(　　)。

A. 在利润表中以“折算损益”项目反映

B. 在利润表中以“报表折算差额”项目反映

C. 在资产负债表中以“报表折算差额”项目反映

D. 在资产负债表中以“递延损益”项目反映

3. 企业在采用外币业务发生时的市场汇率作为折算汇率的情况下，将人民币兑换成外币时所产生的汇兑损益，是指(　　)。

A. 银行买入价与当日市场汇率之差所引起的折算差额

B. 银行卖出价与当日市场汇率之差所引起的折算差额

C. 账面汇率与当日市场汇率之差所引起的折算差额

D. 账面汇率与当日银行卖出价之差所引起的折算差额

4. 按我国现行会计制度规定，销售商品所形成的外币应收账款由于市场汇率上涨引起的折算差额，在期末确认时，应(　　)。

A. 增加财务费用　　B. 冲减财务费用

C. 增加主营业务收入　　D. 冲减主营业务收入

5. 在几种外币会计报表折算方法中，始终用历史汇率进行折算的项目是(　　)。

A. 固定资产　　B. 存货

C. 未分配利润　　D. 实收资本

6. 在月份(或季度、年度)终了时，企业应当按照(　　)将各货币性账户的期末余额折算为记账本位币的金额。

A. 期末市场汇率　　B. 期初市场汇率

C. 平均汇率　　D. 历史汇率

7. 企业发生外币业务时，与外币相关的账户应采用(　　)作为折合汇率。
   A. 业务发生当时的即期汇率
   B. 业务发生当期期初的市场汇率
   C. 在两种汇率中选择一种
   D. 以上两种汇率以外的汇率
8. 期末编制会计报表时，应折合成人民币予以反映的是(　　)。
   A. 统一货币记账制　　B. 分币记账制
   C. 以上两种记账制都要　　D. 以上两种记账制都不必
9. 外汇的具体内容包括(　　)。
   A. 美元　　B. 加拿大国库券
   C. 日本银行存款凭证　　D. 以上都是
10. 银行买入价与银行卖出价比较，(　　)。
   A. 银行买入价高于银行卖出价
   B. 银行买入价低于银行卖出价
   C. 在"直接标价法"下，银行买入价低于银行卖出价
   D. 在"间接标价法"下，银行买入价低于银行卖出价

二、多项选择题

1. 涉及外币的经济业务主要有(　　)。
   A. 外币兑换业务　　B. 外币借贷业务
   C. 投入外币资本业务　　D. 外币交易业务
   E. 外币折算业务
2. 企业的外币账户包括(　　)。
   A. 外币现金
   B. 外币银行存款
   C. 以外币购买的流动资产和固定资产
   D. 以外币结算的债权和债券
   E. 以外币投入的资本
3. 某企业按规定开设有外币现汇账户，按照现行会计制度规定，该企业的下列外币业务中，应在业务发生时就确认汇兑损益的有(　　)。
   A. 从银行借入外币借款　　B. 将外币卖给银行
   C. 从银行买入外币　　D. 收回用外币结算的应收账款
   E. 还给银行外币借款

4. 按照我国现行会计制度规定的外币会计报表的折算方法，下列项目中，采用发生时的市场汇率折算的外币会计报表项目有（　　）。

A. 存货　B. 实收资本　C. 固定资产　D. 资本公积

E. 盈余公积

5. 按我国现行会计制度规定，在进行外币会计报表折算时，应按历史汇率折算的报表项目有（　　）。

A. 应收账款　B. 实收资本　C. 资本公积　D. 主营业务收入

E. 固定资产

6. 关于企业发生的汇兑损益的说法中，正确的是（　　）。

A. 筹建期发生的计入开办费

B. 生产经营期发生的计入财务费用

C. 清算期发生的计入清算损益

D. 凡与购建固定资产或无形资产有关的，在资产未完工或尚未交付使用之前发生的应计入购建资产的价值

E. 生产经营期发生的计入营业外损益

7. 汇率可分为（　　）。

A. 固定汇率和浮动汇率　B. 贸易汇率和金融汇率

C. 买入汇率和卖出汇率　D. 即期汇率和远期汇率

E. 现行汇率和历史汇率

8. 外币会计报表折算方法可分为（　　）。

A. 现行汇率法　B. 时态法

C. 平均汇率法　D. 流动性与非流动性项目法

E. 货币性与非货币性项目法

9. 外币业务具体包括（　　）。

A. 企业购买或销售以外币计价的商品

B. 企业借入或出借外币资金

C. 企业取得或处置外币计价的资产

D. 企业承担或清偿以外币计价的债务

E. 企业购买或提供以外币计价的劳务

10. 在货币性与非货币性项目法下，按照历史汇率进行会计报表折算的项目有（　　）。

A. 货币资金　B. 应收项目　C. 固定资产　D. 应付项目

E. 实收资本

三、判断题

1. 在外币业务中，不允许开立现汇账户的企业，无需设置外币账户。（ ）

2. 在外币业务中，记账本位币是可以选择的，可以采用人民币，业务收支以外币为主的企业可以选定某种外币作为记账本位币。（ ）

3. 我国外汇管理局公布的外汇牌价采用的是间接标价法。（ ）

4. 我国使用的汇率和大多数国家一样是浮动汇率。（ ）

5. 汇兑损益是由外汇汇率变动所引起的。（ ）

6. 中国银行是中国经营外汇业务的专业银行。（ ）

7. 所有企业都可以开设现汇账户。（ ）

8. 与购建固定资产等直接相关的汇兑损益，在固定资产交付使用后，应将其作为当期财务费用处理。（ ）

9. 时态法与流动性与非流动性项目法、货币性与非货币性项目法同属于多种汇率法，但它的理论依据不同。（ ）

10. 我国外币会计报表折算基本采用的是单一汇率法。（ ）

四、名词解释

1. 外汇
2. 外币业务
3. 汇率
4. 汇兑损益
5. 直接标价法
6. 固定汇率
7. 历史汇率
8. 分币记账制
9. 时态法
10. 现行汇率法

五、简答题

1. 试述汇率的标价方法。
2. 外币业务的汇兑损益是如何处理的？
3. 试述各种外币报表折算方法。

六、计算与分析题

习题一 练习外币业务的会计处理

资料

某企业在中国银行开立外汇现汇账户，采用业务发生时的即期汇率作为折合汇率，月终调整汇兑损益。上月末该企业有关资料如下：

1. 银行存款余额为 30 000 美元，汇率为 USD＄1＝RMB7.50（下同），折合人民币金额 225 000 元。

2. 应收账款：A 企业 15 000 美元，折合人民币 112 500 元；B 企业 10 000 美元，折合人民币 75 000 元。

3. 应付账款：C 企业 5 000 美元，折合人民币 37 500 元；D 企业 20 000 美元，折合人民币 150 000 元。

该企业当月发生外币收支业务如下：

1. 收回 A 企业应收账款 5 000 美元，当日汇率＄1＝RMB7.62。

2. 销售给 B 企业产品一批，价款 20 000 美元，货款尚未收到，当日汇率＄1＝RMB7.64。

3. 支付 D 企业应付账款 20 000 美元，当日汇率＄1＝RMB7.66。

4. 借入短期借款 30 000 美元，当日汇率＄1＝RMB7.68。

5. 从 C 企业进口原料 10 000 美元，已入库尚未付款，当日汇率＄1＝RMB7.70。

月份终了，将外币账户余额按照月末市场汇率为 1 美元兑换人民币 7.70 元，调整计算汇兑损益。

要求

编制必要的会计分录。

习题二　练习外币业务的会计处理

资料

某企业按规定允许开立外币现汇账户，对本月发生的外币业务使用发生时的即期汇率折合为人民币记账，200×年 3 月 1 日，国家公布的汇率为 1 美元＝7.4 元人民币。该企业 200×年 3 月 1 日有关账户余额如下：

1. 银行存款：444 000 元人民币（60 000 美元）。

2. 应收账款：170 200 元人民币（23 000 美元）。

3. 应付账款：66 600 元人民币（9 000 美元）。

4. 长期借款（未完工）：370 000 元人民币（50 000 美元）。

长期借款（已完工项目）：74 000 元人民币（10 000 美元）。

该企业 200×年 3 月份发生下列经济业务：

1. 以外币存款偿还长期借款（已完工项目）8 000 美元，当日汇率＄1＝RMB7.41。

2. 收到应收账款3 000美元，已存入银行，当日汇率＄1＝RMB7.42。

3. 用银行存款偿还应付账款5 000美元，当日汇率＄1＝RMB7.43。

4. 购买原材料4 000美元，未付款，当日汇率＄1＝RMB7.45。

200×年3月31日，国家公布的汇率为1美元＝7.46元人民币。

要求

1. 编制3月31日外币科目余额调整计算表。

2. 计算3月份的汇兑损益总额和计入3月份损益的汇总损益。

习题三 练习外币会计报表折算

资料

某公司有一境外子公司编报货币为美元，期初汇率为1美元＝8.4元人民币，期末汇率为1美元＝8.6元人民币，本期平均汇率为1美元＝8.5元人民币。实收资本的历史汇率1美元＝8.2元人民币。该子公司上年外币会计报表中实收资本的数额为600万美元，折算为人民币后的数额为4 920万元；盈余公积的数额为60万美元，折算为人民币后的数额为415万元；未分配利润的数额为120万美元，折算为人民币的数额为996万元。根据上述资料，该子公司的会计报表如表12-3、12-4。

表12-3

利 润 表

单位：万美元

项 目	美元金额
一、营业收入	2 000
减：营业成本	1 600
营业税金及附加	50
销售费用	0
管理费用	80
财务费用(收益以“－”号填列)	10
加：公允价值变动净收益(净损失以“－”号填列)	0
投资净收益(净损失以“－”号填列)	40
二、营业利润(亏损以“－”号填列)	300
加：营业外收入	30
减：营业外支出	20

（续表）

项　　目	美元金额
三、利润总额（亏损以"－"号填列）	310
减：所得税	93
四、净利润（净亏损以"－"号填列）	217
加：年初未分配利润	120
五、可供分配的利润	337
减：提取盈余公积	60
应付利润	180
六、未分配利润	97

表 12-4

资产负债表

单位：万美元

资　　产	美　元	负债及所有者权益	美　元
流动资产：		流动负债：	
货币资金	100	短期借款	45
应收账款	200	应付账款	108
存货	250	其他流动负债	70
其他流动资产	150	长期负债：	
长期投资：		长期借款	140
长期股权投资	100	应付债券	90
固定资产：		其他长期负债	80
固定资产原价	500	所有者权益：	
减：累计折旧	100	实收资本	600
固定资产净值	400	资本公积	0
在建工程	80	盈余公积	120
无形资产及其他资产：		未分配利润	97
无形资产	50		
其他资产	20		
合　　计	1 350	合　　计	1 350

要求：

根据以上资料，编制折算后的利润表及资产负债表。

第十三章　会 计 报 表

第一节　财务报表概述

会计报表是总括地反映会计主体在一定时间(期)的财务状况、经营成果和现金流量等会计信息的书面文件。会计报表包括下列组成部分：一是资产负债表；二是利润表；三是现金流量表；四是所有者权益变动表；五是附注等。

资产负债表是反映企业在某一特定日期财务状况的会计报表。它反映企业在某一特定日期所拥有或控制的经济资源、所承担的现实义务和所有者对净资产的要求权。

利润表是反映企业在一定会计期间经营成果的报表。

现金流量表是反映企业在一定会计期间的现金和现金等价物流入和流出情况的报表。

所有者权益变动表是反映构成所有者权益的各个组成部分当期增减变动情况的会计报表。

会计报表附注是指对会计报表中列示项目以及未能在报表中列示的项目所作的进一步说明。

按照现行会计制度规定，企业应当每月编制资产负债表和利润表，每年编制现金流量表和所有者权益变动表。

会计报表总括地反映企业经济活动的全貌。为了满足不同阅读者的需要，在编制会计报表时，必须符合一致性、相关性、可靠性、全面性和及时性要求，以便充分发挥会计报表的作用。

第二节　资 产 负 债 表

一、资产负债表的概念

资产负债表是反映企业在某一特定日期财务状况的会计报表。它反映企业在某一特定日期所拥有或控制的经济资源、所承担的现实义务和所有者对净资产的要求权。

二、资产负债表的结构和项目排列

一张完整的资产负债表包括表首、正表和附注三个部分。表首填列报表名称、编制单位、编报日期和计量单位。附注资料填列有关项目的备查记录或明细数据，必要时可用文字加以说明和解释。

资产负债表的正表采用账户式结构，根据“资产＝负债＋所有者权益”这一平衡原理，把资产、负债和所有者权益项目分别列示在表的左右两方。左方为资产方，按照流动性大小可分为流动资产和非流动资产。右方列示负债和所有者权益，其中负债是按债务的偿还先后进行分类，1 年内或长于 1 年的一个营业周期内偿还的流动负债排列在前，而将偿还期限在 1 年以上或长于一个营业周期的长期负债排列在后。所有者权益则按实收资本、资本公积、盈余公积和未分配利润项目顺序列示。编制的结果，要求左方的资产总计与右方负债和所有者权益总计相等。正表中每一项目均要填列年初数和期末数，以便使用者对比分析。

资产负债表的格式，见表 13-1。

表 13-1

资 产 负 债 表

编制单位：×××公司　　　　200×年 12 月 31 日　　　　单位：元

资　产	行次	期末余额	年初余额	负债及所有者权益	行次	期末余额	年初余额
流动资产：				流动负债：			
货币资金	1	12 600	3 210	短期借款	46	6 000	3 000
交易性金融资产	2	1 500	3 000	交易性金融负债	47		
应收票据	3	300	1 500	应付票据	48	1 500	1 200
应收账款	6	17 100	11 400	应付账款	49	3 450	2 700
预付账款	7	750	600	预收账款	50	300	
其他应收款	8	450	150	应付职工薪酬	51	3 350	2 300
存货	9	24 200	30 600	应交税费	52	2 350	2 050
待摊费用	11	2 200	450	应付利息	53		
一年内到期的非流动资产	12			应付股利	54		300

（续表）

资　　产	行次	期末余额	年初余额	负债及所有者权益	行次	期末余额	年初余额
其他流动资产	13			其他应付款	55	150	300
流动资产合计	20	59 100	50 910	预提费用	56	2 400	2 100
非流动资产：				预计负债	57		
可供出售金融资产	21			一年内到期的非流动负债	58	1 500	1 050
持有至到期投资	22			其他流动负债	59		
投资性房地产	23			流动负债合计	65	21 000	15 000
长期股权投资	24	15 000	3 000	非流动负债：			
长期应收款	25			长期借款	66	12 000	16 500
固定资产	26	19 500	25 200	应付债券	67	9 000	6 000
在建工程	27	1 200		长期应付款	68	1 500	1 500
工程物资	28			专项应付款	69		
固定资产清理	29	900		递延所得税负债	70		
生产性生物资产	30			其他非流动负债	71		
油气资产	31			非流动负债合计	72	22 500	24 000
无形资产	32	2 100	300	负债合计	73	43 500	39 000
开发支出	33			所有者权益：			
商誉	34			实收资本（股本）	78	30 000	30 000
长期待摊费用	35	600	900	资本公积	79	3 000	3 000
递延所得税资产	36			盈余公积	80	15 000	6 000
其他长期资产	40			未分配利润	81	6 900	2 310
其他非流动资产				减：库存股			
非流动资产合计	42	39 300	29 400	所有者权益合计	82	54 900	41 310
资 产 总 计	45	98 400	80 310	负债及所有者权益总计	83	98 400	80 310

三、资产负债表的编制方法

（一）资产负债表编制的基本要求

编制资产负债表时，应按期（月末、季末、年末）编制。资产负债表的表头应列示企业名称、资产负债表日、货币单位和报表编号。资产负债表各项目金额均以“元”为单位，元以下填至“分”。特别目的的报表可采取百元、千元、万元为整数单位。采用外币为记账本位币的企业，应将外币反映的资产负债表折合为以人民币为计量单位的资产负债表。最好编制至少两年期期末的比较资产负债表，以便报表使用者分析企业财务状况的变动情况。如果上期项目的名称和内容与本期不一致，应按本期要求对上期数据进行调整。

（二）资产负债表的编制方法

资产负债表各项目需填列年初数和期末数两个金额栏。年初数是根据上年资产负债表中各项目的年末数填列。期末数的填列方法如下：

(1) 根据总分类账户余额直接填列。该表大多数项目都可采用这种方法填列，如“交易性金融资产”、“固定资产清理”、“短期借款”、“应付票据”、“应交税金”、“实收资本”、“资本公积”、“盈余公积”等项目。

(2) 根据几个总账账户余额计算填列。例如，“货币资金”项目，应根据“库存现金”、“银行存款”，“其他货币资金”账户余额合计填列。

(3) 根据有关明细账户余额计算填列。例如“应付账款”项目，应根据“应付账款”、“预收账款”等账户所属明细账户期末贷方余额合计填列。

(4) 根据总账账户和明细账账户余额分析计算填列。例如“长期借款”项目，应根据“长期借款”总账账户余额扣除“长期借款”账户所属明细账户中将于1年内到期的部分填列。“长期待摊费用”项目，应根据“长期待摊费用”账户余额扣除“长期待摊费用”账户所属明细账户中于1年内摊销的数额后的余额填列等。

(5) 根据总账账户与其备抵账户抵销后的净额填列。例如“存货”项目，应当根据“原材料”、“库存商品”、“发出商品”、“周转材料”、“生产成本”等账户期末余额合计数，减去“存货跌价准备”等账户期末余额后的金额填列、“固定资产”项目，应当根据“固定资产”账户期末余额，减去“累计折旧”、“固定资产减值准备”等账户期末余额后填列等。

（三）资产负债表各项目的内容及填列方法如下

1. 资产项目列报说明

“货币资金”项目，反映企业库存现金、银行结算户存款、外埠存款、银行汇票存款、银行本票存款、信用卡存款、信用证保证金存款等的合计数。本项目应根据“库存现金”、“银行存款”、“其他货币资金”账户期末余额的合计数填列。

“交易性金融资产”项目，反映企业持有的以公允价值计量且其变动计入当期损益的为交易目的所持有的债券投资、股票投资、基金投资、权证投资等金融资产。本项目应根据“交易性金融资产”账户的期末余额填列。

“应收票据”项目，反映企业因销售商品、提供劳务等而收到的商业汇票，包括银行承兑汇票和商业承兑汇票。本项目应根据“应收票据”账户的期末余额，减去

“坏账准备”账户中有关应收票据计提的坏账准备期末余额后的金额填列。

“应收账款”项目，反映企业因销售商品、提供劳务等经营活动应收取的款项。本项目应根据“应收账款”和“预收账款”科目所属各明细账户的期末借方余额合计数，减去“坏账准备”账户中有关应收账款计提的坏账准备期末余额后的金额填列。如“应收账款”账户所属明细科目期末有贷方余额的，应在资产负债表“预收款项”项目内填列。

“预付款项”项目，反映企业按照购货合同规定预付给供应单位的款项等。本项目应根据“预付账款”和“应付账款”账户所属各明细科目的期末借方余额合计数，减去“坏账准备”账户中有关预付款项计提的坏账准备期末余额后的金额填列。如“预付账款”账户所属各明细账户期末有贷方余额的，应在资产负债表“应付账款”项目内填列。

“应收利息”项目，反映企业应收取的债券投资等的利息。本项目应根据“应收利息”账户的期末余额，减去“坏账准备”账户中有关应收利息计提的坏账准备期末余额后的金额填列。

“应收股利”项目，反映企业应收取的现金股利和应收取其他单位分配的利润。本项目应根据“应收股利”账户的期末余额，减去“坏账准备”账户中有关应收股利计提的坏账准备期末余额后的金额填列。

“其他应收款”项目，反映企业除应收票据、应收账款、预付账款、应收股利、应收利息等经营活动以外的其他各种应收、暂付的款项。本项目应根据“其他应收款”账户的期末余额，减去“坏账准备”账户中有关其他应收款计提的坏账准备期末余额后的金额填列。

“存货”项目，反映企业期末在库、在途和在加工中的各种存货的可变现净值。本项目应根据“材料采购”、“原材料”、“低值易耗品”、“库存商品”、“周转材料”、“委托加工物资”、“委托代销商品”、“生产成本”等账户的期末余额合计，减去“受托代销商品款”、“存货跌价准备”账户期末余额后的金额填列。材料采用计划成本核算，以及库存商品采用计划成本核算或售价核算的企业，还应按加或减材料成本差异、商品进销差价后的金额填列。

“一年内到期的非流动资产”项目，反映企业将于1年内到期的非流动资产项目金额。本项目应根据有关账户的期末余额填列。

“其他流动资产”项目，反映企业除货币资金、交易性金融资产、应收票据、应收账款、存货等流动资产以外的其他流动资产。本项目应根据有关账户的期末余额填列。

“可供出售金融资产”项目，反映企业持有的以公允价值计量的可供出售的股票投资、债券投资等金融资产。本项目应根据“可供出售金融资产”账户的期末余额，减去“可供出售金融资产减值准备”账户期末余额后的金额填列。

“持有至到期投资”项目，反映企业持有的以摊余成本计量的持有至到期投资。本项目应根据“持有至到期投资”账户的期末余额，减去“持有至到期投资减值准备”账户期末余额后的金额填列。

“长期应收款”项目，反映企业融资租赁产生的应收款项、采用递延方式具有融资性质的销售商品和提供劳务等产生的长期应收款项等。本项目应根据“长期应收款”账户的期末余额，减去相应的“未实现融资收益”账户和“坏账准备”科目所属相关明细科目期末余额后的金额填列。

“长期股权投资”项目，反映企业持有的对子公司、联营企业和合营企业的长期股权投资。本项目应根据“长期股权投资”账户的期末余额，减去“长期股权投资减值准备”账户期末余额后的金额填列。

“投资性房地产”项目，反映企业持有的投资性房地产。企业采用成本模式计量投资性房地产的，本项目应根据“投资性房地产”账户的期末余额，减去“投资性房地产累计折旧(摊销)”和“投资性房地产减值准备”账户期末余额后的金额填列；企业采用公允价值模式计量投资性房地产的，本项目应根据“投资性房地产”账户的期末余额填列。

“固定资产”项目，反映企业各种固定资产原价减去累计折旧和累计减值准备后的净额。本项目应根据“固定资产”账户的期末余额，减去“累计折旧”和“固定资产减值准备”账户期末余额后的金额填列。

“在建工程”项目，反映企业期末各项未完工程的实际支出，包括交付安装的设备价款、未完建筑安装工程已经耗用的材料、工资和费用支出、预付出包工程的价款等。本项目应根据“在建工程”账户的期末余额，减去“在建工程减值准备”账户期末余额后的金额填列。

“工程物资”项目，反映企业尚未使用的各项工程物资的实际成本。本项目应根据“工程物资”账户的期末余额填列。

“固定资产清理”项目，反映企业因出售、毁损、报废等原因转入清理但尚未清理完毕的固定资产的净值，以及固定资产清理过程中所发生的清理费用和变价收入等各项金额的差额。本项目应根据“固定资产清理”科目的期末借方余额填列，如“固定资产清理”账户期末为贷方余额，以“－”号填列。

“生产性生物资产”项目，反映企业持有的生产性生物资产。本项目应根据“生产性生物资产”账户的期末余额，减去“生产性生物资产累计折旧”和“生产性生物资产减值准备”账户期末余额后的金额填列。

“油气资产”项目，反映企业持有的矿区权益和油气井及相关设施的原价减去累计折耗和累计减值准备后的净额。本项目应根据“油气资产”账户的期末余额，减去“累计折耗”账户期末余额和相应减值准备后的金额填列。

“无形资产”项目，反映企业持有的无形资产，包括专利权、非专利技术、商标权、著作权、土地使用权等。本项目应根据“无形资产”账户的期末余额，减去“累计摊销”和“无形资产减值准备”账户期末余额后的金额填列。

“开发支出”项目，反映企业开发无形资产过程中能够资本化形成无形资产成本的支出部分。本项目应根据“研发支出”账户中所属的“资本化支出”明细账户期末余额填列。

“商誉”项目，反映企业合并中形成的商誉的价值。本项目应根据“商誉”账户的期末余额，减去相应减值准备后的金额填列。

“长期待摊费用”项目，反映企业已经发生但应由本期和以后各期负担的分摊期限在 1 年以上的各项费用。长期待摊费用中在 1 年内(含 1 年)摊销的部分，在资产负债表“一年内到期的非流动资产”项目填列。本项目应根据“长期待摊费用”账户的期末余额减去将于 1 年内(含 1 年)摊销的数额后的金额填列。

“递延所得税资产”项目，反映企业确认的可抵扣暂时性差异产生的递延所得税资产本项目应根据“递延所得税资产”账户的期末余额填列。“其他非流动资产”项目，反映企业除长期股权投资、固定资产、在建工程、工程物资、无形资产等资产以外的其他非流动资产。本项目应根据有关账户的期末余额填列。

2. 负债项目的列报说明

“短期借款”项目，反映企业向银行或其他金融机构等借入的期限在 1 年以下(含 1 年)种借款。本项目应根据“短期借款”账户的期末余额填列。

“交易性金融负债”项目，反映企业承担的以公允价值计量且其变动计入当期损益的为交易目的所持有的金融负债。本项目应根据“交易性金融负债”账户的期末余额填列。

“应付票据”项目，反映企业购原材料、商品和接受劳务供应等而开出、承兑的商业汇票，包括银行承兑汇票和商业承兑汇票。本项目应根据“应付票据”账户的期末余额填列。

“应付账款”项目，反映企业因购买材料、商品和接受劳务供应等经营活动应支付的款项。本项目应根据“应付账款”和“预付账款”账户所属各明细账户的期末贷方余额合计数填列；如“应付账款”科目所属明细账户期末有借方余额的，应在资产负债表“预付款项”项目内填列。

“预收款项”项目，反映企业按照购货合同规定预付给供应单位的款项。

本项目应根据“预收账款”和“应收账款”账户所属各明细账户的期末贷方余额合计数填列。如“预收账款”账户所属各明细账户期末有借方余额，应在资产负债表“应收账款”项目内填列。

“应付职工薪酬”项目，反映企业根据有关规定应付给职工的工资、职工福利、社会保险费、住房公积金、工会经费、职工教育经费、非货币性福利、辞退福利等各种薪酬。外商投资企业按规定从净利润中提取的职工奖励及福利基金，也在本项目列示。本项目根据“应付职工薪酬”账户期末余额填列。

“应交税费”项目，反映企业按照税法规定计算应交纳的各种税费，包括增值税、消费税、营业税、所得税、资源税、土地增值税、城市维护建设税、房产税、土地使用税、车船使用税、教育费附加、矿产资源补偿费等。企业代扣代缴的个人所得税，也通过本项目列示。企业所交纳的税金不需要预计应交数的，如印花税、耕地占用税等，不在本项目列示。本项目应根据“应交税费”账户的期末贷方余额填列；如“应交税费”账户期末为借方余额，应以“－”号填列。

“应付利息”项目，反映企业按照规定应当支付的利息，包括分期付息到期还本的长期借款应支付的利息、企业发行的企业债券应支付的利息等。本项目应当根据“应付利息”账户的期末余额填列。

“应付股利”项目，反映企业分配的现金股利或利润。企业分配的股票股利，不通过本项目列示。本项目应根据“应付股利”账户的期末余额填列。

“其他应付款”项目，反映企业除应付票据、应付账款、预收款项、应付职工薪酬、应付股利、应付利息、应交税费等经营活动以外的其他各项应付、暂收的款项。本项目应根据“其他应付款”账户的期末余额填列。

“一年内到期的非流动负债”项目，反映企业非流动负债中将于资产负债表日后1年内到期部分的金额，如将于1年内偿还的长期借款。本项目应根据有关账户的期末余额填列。

“其他流动负债”项目，反映企业除短期借款、交易性金融负债、应付票据、应付账款、应付职工薪酬、应交税费等流动负债以外的其他流动负债。本项目应根据有关账户的期末余额填列。

“长期借款”项目，反映企业向银行或其他金融机构借入的期限在1年以上(不含1年)的各项借款。本项目应根据“长期借款”账户的期末余额填列。

“应付债券”项目，反映企业为筹集长期资金而发行的债券本金和利息。本项目应根据“应付债券”账户的期末余额填列。

“长期应付款”项目，反映企业除长期借款利应付债券以外的其他各种长期应付款项。本项目应根据“长期应付款”账户的期末余额，减去相应的“未确认融资费用”账户期末余额后的金额填列。

“专项应付款”项目，反映企业取得政府作为企业所有者投入的具有专项或特定用途的款项。本项目应根据“专项应付款”账户的期末余额填列。

“预计负债”项目，反映企业确认的对外提供担保、未决诉讼、产品质量保证、重组义务、亏损性合同等预计负债。本项目应根据“预计负债”账户的期末余额填列。

“递延所得税负债”项目，反映企业确认的应纳税暂时性差异产生的所得税负债。本项目应根据“递延所得税负债”账户的期末余额填列。

“其他非流动负债”项目，反映企业除长期借款、应付债券等负债以外的其他非流动负债。本项目应根据有关账户的期末余额减去将于 1 年内(含 1 年)到期偿还数后的余额填列。非流动负债各项目中将于 1 年内(含 1 年)到期的非流动负债，应在“一年内到期的非流动负债”项目内单独反映。

3. 所有者权益项目的列报说明

“实收资本(或股本)”项目，反映企业各投资者实际投入的资本(或股本)总额。本项目应根据“实收资本”(或“股本”)账户的期末余额填列。

“资本公积”项目，反映企业资本公积的期末余额。本项目应根据“资本公积”账户期末余额填列。

“库存股”项目，反映企业持有尚未转让或注销的本公司股份金额。本项目应根据“库存股”账户的期末余额填列。

“盈余公积”项目，反映企业盈余公积的期末余额。本项目应根据“盈余公积”账户的期末余额填列。

“未分配利润”项目，反映企业尚未分配的利润。本项目应根据“本年利润”账户和“利润分配”账户的余额计算填列。未弥补的亏损在本项目内以“—”号填列。

第三节 利 润 表

一、利润表的概念

利润表是反映企业在一定时期(月份、季度、年度)内经营成果的报表。通过利润表，报表使用者可以了解企业在一定会计期间的收入实现情况、费用耗费情况、企业生产经营成果，并可以结合资产负债表所提供的会计信息，进行报表分析。

二、利润表的结构和内容

利润表一般采用多步式结构，将利润的计算分解为多个步骤，清晰地反映出各类收入、费用、支出项目之间的内在联系。利润表通常从主营业务收入开始，依次计算出营业利润、利润总额和净利润。其分步计算公式如下：

营业利润＝营业收入－营业成本－营业税金及附加－销售费用－管理费用－财务费用－资产减值损失＋公允价值变动净收益＋投资净收益

利润总额＝营业利润＋营业外收入－营业外支出

净利润＝利润总额－所得税

利润表需要填列的数据包括“本年金额”和“上年金额”两栏，利润表格式见表13-2。

表13-2

利 润 表

编制单位：××公司　　　200×年12月31日　　　单位：元

项　　目	行次	本年金额	上年金额
一、营业收入	1	276 000	
减：营业成本	2	150 000	
营业税金及附加	4	13 500	
销售费用	7	25 500	
管理费用	9	9 000	
财务费用(收益以“－”号填列)	10	3 000	
资产减值损失	11		
加：公允价值变动净收益(净损失以“－”号填列)	12		
投资净收益(净损失以“－”号填列)	13	4 500	
二、营业利润(亏损以“－”号填列)	14	79 500	
加：营业外收入	15	10 500	
减：营业外支出	17	5 400	
其中：非流动资产处置净损失(净收益以“－”号填列)	18		
三、利润总额(亏损以“－”号填列)	19	84 600	
减：所得税	25	30 000	
四、净利润(净亏损以“－”号填列)	26	54 600	
五、每股收益：	30		
(一)基本每股收益	31		
(二)稀释每股收益	32		

三、利润表的编制

利润表是动态报表，表中各项目根据有关收入和费用账户的本期发生额填列。具体来说，“本月数”栏反映各项目的本月实际发生额，“本年累计数”栏反映各项目自年初起至本月末止的累计实际发生额。编制年度利润表时，应将利润表项目的名称和内容与本年度不一致，应对上年报表项目的名称和数字按本年度规定进行调整后填列。

利润表项目的填列方法大致有以下几种：

(1) 根据有关总分类账户的本期发生额分析填列，如营业税金及附加、销售费用、管理费用、财务费用、营业外收入、营业外支出、所得税等项目。

(2) 根据两个总分类账户的本期发生额相加或相减后的金额填列。例如，营业收入项目，应根据主营业务收入和其他业务收入的本期发生额合计填列；营业成本项目则应根据主营业务成本和其他业务支出的本期发生额合计填列。

(3) 根据报表中有关项目的数字计算后填列，如营业利润、利润总额、净利润等项目。

利润表各项目的内容及其填列方法如下：

(1) “营业收入”项目，反映企业经营活动所取得的收入总额。本项目应根据“主营业务收入”、“其他业务收入”等科目的贷方发生额分析填列。

(2) “营业成本”项目，反映企业经营活动中发生的实际成本。本项目应根据“主营业务成本”、“其他业务成本”等科目的借方发生额分析填列。本项目应根据“主营业务成本”、“其他业务成本”等科目的借方发生额分析填列。

(3) “营业税金及附加”项目，反映企业经营业务应负担的营业税、消费税、城市维护建设税、资源税、土地增值税和教育费附加等。

(4) “销售费用”项目，反映企业在销售商品过程中发生的包装费、广告费等费用和为销售本企业商品而专设的销售机构的职工薪酬、业务费等经营费用。

(5) “管理费用”项目，反映企业为组织和管理生产经营发生的管理费用。

(6) “财务费用”项目，反映企业筹集生产经营所需资金等而发生的筹资费用。

企业发生勘探费用的，应在“管理费用”和“财务费用”项目之间，增设“勘探费用”项目反映。

(7) “资产减值损失”项目，反映企业各项资产发生的减值损失。

(8) “公允价值变动净收益”项目，反映企业按照相关准则规定应当计入当期损益的资产或负债公允价值变动净收益,如交易性金融资产当期公允价值的变动额。如为净损失,以“-”号填列。

(9)“投资收益”项目,反映企业以各种方式对外投资所取得的收益。如为净损失,以“-”号填列。企业持有的交易性金融资产处置时,处置收益部分应当自“公允价值变动损益”项目转出,列入本项目。

(10)“营业外收入”项目,反映企业发生的与其经营活动无直接关系的各项收入。

(11)“营业外支出”项目,反映企业发生的与其经营活动无直接关系的各项支出。其中,处置非流动资产净损失,应当单独列示。

(12)“利润总额”项目,反映企业实现的利润总额。如为亏损总额,以“-”号填列。

(13)“所得税费用”项目,反映企业根据所得税准则确认的应从当期利润总额中扣除的所得税费用。

(14)“净利润”项目,反映企业所实现的利润中属于本企业的部分。可以根据公式:“净利润=总利润-所得税”计算填列,也可以根据“本年利润”账户借贷方发生额计算填列。如果出现净亏损,以“-”号表示。

(15)“基本每股收益”和“稀释每股收益”项目,应当根据每股收益准则的规定计算的金额填列。

第四节　现金流量表

一、现金流量表的概念

现金流量表是反映企业一定时期内现金和现金等价物流入和流出的报表。通过现金流量表,报表使用者能够了解现金流量的影响因素,评价企业的支付能力、偿债能力和周转能力,预测企业未来现金流量,为其决策提供依据。

二、现金流量表的编制基础

现金流量表是以现金为基础编制的。这里的现金是广义的概念,指的是现金及现金等价物。具体包括:

(1)库存现金。它是指企业持有的可随时用于支付的现金,即出纳手里保管的现金限额。

(2)银行存款。它是指企业存在银行或其他金融机构随时可以用来支付的存款。但如果存在银行或其他金融机构不能随时用于支付的存款,不作为现金流量表中的现金,而提前通知银行或其他金融机构便可提取的定期存款,则包括在现金流量表的现金概念中。

(3) 其他货币资金。它是指企业存在银行有特定用途的资金,如外埠存款、银行汇票存款、信用证存款、信用卡、在途货币资金等。

(4) 现金等价物。它是指企业持有的期限短、流动性强、易于转换为已知金额的现金、价值变动风险很小的投资,通常指自购买日起3个月内到期的投资。

三、现金流量表的内容及结构

(一) 现金流量表的内容

现金流量表在内容上将企业一定时期内产生的现金流量分为三类:经营活动产生的现金流量、投资活动产生的现金流量和筹资活动产生的现金流量。具体项目列示如下。

1. 经营活动产生的现金流量

经营活动是指企业投资活动和筹资活动以外的所有交易和事项,包括销售商品或提供劳务、经营租赁、购买商品或接受劳务、制造产品、广告宣传、推销产品、缴纳税款等。

(1)“销售商品、提供劳务收到的现金”项目,反映企业本期销售商品、提供劳务收到的现金,以及前期销售商品、提供劳务本期收到的现金(包括销售收入和应向购买者收取的增值税销项税额)和本期预收的款项,减去本期销售本期退回的商品和前期销售本期退回的商品支付的现金。企业销售材料和代购代销业务收到的现金,也在本项目反映。

(2)“收到的税费返还”项目,反映企业收到返还的增值税、营业税、所得税、消费税、关税和教育费附加返还款等各种税费。

(3)“收到的其他与经营活动有关的现金”项目,反映企业收到的罚款收入、经营租赁收到的租金等其他与经营活动有关的现金流入,金额较大的应单独列示。

(4)“购买商品、接受劳务支付的现金”项目,反映企业本期购买商品、接受劳务实际支付的现金(包括增值税进项税额),以及本期支付前期购买商品、接受劳务的未付款项和本期预付款项,减去本期发生的购货退回收到的现金。

(5)“支付给职工以及为职工支付的现金”项目,反映企业本期实际支付给职工的工资、奖金、各种津贴和补贴等职工薪酬,但应由在建工程、无形资产负担的职工薪酬以及支付的离退休人员的职工薪酬除外。

(6)“支付的各项税费”项目,反映企业本期发生并支付的、本期支付以前各期发生的以及预交的教育费附加、矿产资源补偿费、印花税、房产税、土地增值税、车船使用税、预交的营业税等税费，计入固定资产价值、实际支付的耕地占用税、本期退回的增值税、所得税等除外。

(7)“支付的其他与经营活动有关的现金”项目，反映企业支付的罚款支出、支付的差旅费、业务招待费、保险费、经营租赁支付的现金等其他与经营活动有关的现金流出，金额较大的应单独列示。

2. 投资活动产生的现金流量

投资活动是指企业长期资产的购建和不包括在现金等价物范围内的投资及其处置活动，包括取得或收回权益性证券的投资，购买或收回债券投资，购建或处置固定资产、无形资产和其他长期资产等。

(1)“收回投资收到的现金”项目，反映企业出售、转让或到期收回出现金等价物以外的交易性金融资产、长期股权投资而收到的现金，以及收回长期债权资本金而收到的现金，但长期债权投资收回的利息除外。

(2)“取得投资收益收到的现金”项目，反映企业因股权性投资而分得的现金股利，从子公司、联营企业或合营企业分回利润而收到的现金，以及因债权性投资而取得的现金利息收入，但股票股利除外。

(3)“处置固定资产、无形资产和其他长期资产收回的现金净额”项目，反映企业出售、报废固定资产、无形资产和其他长期资产所取得的现金(包括因资产毁损而收到的保险赔偿收入)，减去为处置这些资产而支付的有关费用后的净额，但现金净额为负数的除外。

(4)“处置子公司及其他营业单位收到的现金净额”项目，反映企业处置子公司及其他营业单位所取得的现金减去相关处置费用后的净额。

(5)“购建固定资产、无形资产和其他长期资产支付的现金”项目，反映企业购买、建造固定资产、取得无形资产和其他长期资产所支付的现金及增值税款、支付的应由在建工程和无形资产负担的职工薪酬现金支出，但为购建固定资产而发生的借款利息资本化部分、融资租入固定资产所支付的租赁费除外。

(6)“投资性支付的现金”项目，反映企业取得的除现金等价物以外的权益性投资和债权性投资所支付的现金以及支付的佣金、手续费等附加费用。

(7)“取得子公司及其他营业单位支付的现金净额”项目，反映企业购买子公司及其他营业单位购买出价中以现金支付的部分，减去子公司或其他营业单位持有的现金和现金等价物后的净额。

(8)“收到其他与投资活动有关的现金”、“支付其他与投资活动有关的现金”项目反映企业除上述(1)至(7)各项目外收到或支付的其他与投资活动有关现金流入或流出。金额较大的应单独列示。

3. 筹资活动产生的现金流量

筹资活动是指导致企业所有者权益及借款规模和构成发生变化的活动，包括吸收权益投资、发行债券、借入资金、偿还债务、支付股利等。

(1)“吸收投资收到的现金”项目，反映企业以发行股票、债券等方式筹集的资金，是实际收到的款项减去直接支付给金融企业的佣金、手续费、宣传费、咨询费、印刷费等发行费用后的净额。

(2)“取得借款收到的现金”项目，反映企业举借各种短期、长期借款而收到的现金。

(3)“偿还债务支付的现金”项目，反映企业以现金偿还债务的本金。

(4)“分配股利、利润或偿付利息支付的现金”项目，反映企业实际支付的现金股利、支付给其他投资单位的利润或用现金支付的借款利息、债券利息。

(5)“收到其他与筹资活动有关的现金”、“支付其他与筹资活动有关的现金”项目，反映企业除上述(1)至(4)项目外，收到或支付的其他与筹资活动有关的现金流入或流出，包括以发行股票、债券等方式筹集资金而由企业直接支付的咨询等费用、为购建固定资产而发生的借款利息资本化部分、融资租入固定资产所支付的租赁费、以分期付款方式购建固定资产以后各期支付的现金等。

4.“汇率变动对现金的影响”项目

此项目反映下列项目的差额：

(1) 企业外币现金流量及境外子公司的现金流量折算为记账本位币时，所采用的现金流量发生日的即期汇率或按照系统合理的方法确定的、与现金流量发生日即期汇率近似的汇率折算的金额。

(2)“现金及现金等价物净增加额”中外币现金净增加额按期末汇率折算的金额。

(二) 现金流量表的结构

现金流量表的结构分为正表和补充资料两大部分：正表部分反映企业的经营活动、投资活动以及筹资活动产生的现金流入和流出情况；补充资料部分则反映不涉及现金收支的投资和筹资活动，将净利润调节为经营活动的现金流量，以及现金等价物净增加情况。现金流量表的格式，见表 13-7。

四、现金流量表的编制方法

(一) 直接法和间接法

编制现金流量表时，列报经营活动现金流量的方法有两种：一是直接法；二是间接法。在直接法下，一般是以利润表中的营业收入为起算点，调节与经营活动有关的项目的增减变动,计算出经营活动产生的现金流量。在间接法下,将净利润调节为经营活动现金流量,实际上是将按权责发生制原则确定的净利润调整为现金净流入,并剔除投资活动和筹资活动对现金流量的影响。

采用间接法将净利润调节为经营活动的现金流量时,需要调整的项目分为四大类:

(1) 实际没有支付现金的费用,如"计提的坏账准备或转销的坏账"、"固定资产折旧"、"无形资产摊销"等项目。这些费用应加入到净利润中去。

(2) 实际没有收到现金的收益,如"固定资产盘盈"等项目,这些收益应在净利润中减去。

(3) 不属于经营活动的损益,如"处置固定资产损益"、"投资损益"、"财务费用"等项目。这些损益应根据实际发生数增减净利润。

(4) 经营性应收应付项目的增减变动,对经营性应收项目的增加(减少)应冲减(增加)净利润,而对经营性应付项目的增加(减少)应增加(减少)净利润。

我国企业会计准则规定企业应当采用直接法编报现金流量表,同时要求在附注中提供以净利润为基础调节到经营活动现金流量的信息。

(二) 工作底稿法、T 形账户法和分析填列法

1. 工作底稿法

工作底稿法是以工作底稿为手段,以资产负债表和利润表数据为基础,对每一个项目进行分析调整,从而编制现金流量表的方法。

在直接法下,工作底稿纵向分为三段:第一段是资产负债表项目,第二段是利润表项目,第三段是现金流量表项目。横向分为五栏:第一栏是项目栏,填列报表各项目的名称;第二栏是期初数,填列资产负债表的期初余额,利润表和现金流量表部分空置不填;第三栏、第四栏分别填列调整分录的借方和贷方;第五栏填列资产负债表的期末数和利润表、现金流量表的本期数。具体编制程序如下:

(1) 将资产负债表的期初数和期末数过入工作底稿的期初数栏和期末数栏。

(2) 以利润表为基础,结合资产负债表项目的变化和有关资料,对当期业务进行分析,并编制调整分录。调整分录中,涉及现金和现金等价物的事项,分别借记或贷记经营活动产生的现金流量、投资活动产生的现金流量、筹资活动产生的现金流量中的有关项目,借记表示现金流入,贷记表示现金流出。

(3) 将调整分录过入工作底稿中的调整分录栏。

（4）对调整分录和资产负债表、利润表项目进行试算平衡，以检验工作底稿的编制是否正确。根据借贷平衡原理，工作底稿应存在三大平衡关系：一是调整分录的借方合计应等于贷方合计；二是资产负债表项目期初数加减调整分录中的借贷金额后，应等于期末数；三是利润表项目调整分录的借贷差额应等于利润表本期数。

（5）经上述检验正确后，根据工作底稿中的现金流量表项目的本期数，编制正式的现金流量表。

2. T形账户法

T形账户法，就是以T形账户为载体，以资产负债表和利润表数据为基础，对每一项目进行分析调整，从而编制出现金流量表的方法。其基本程序如下：

（1）为资产负债表和利润表中的所有项目分别开设T形账户，并将各项目的期初期末余额按原借贷方向过入各T形账户。

（2）开设一个大型的“现金现金等价物”T形账户，该账户左右两边分别分为经营活动、投资活动、筹资活动三部分，左边登记现金流入，右边登记现金流出，并过入期初期末余额。借方余额表示现金流量净增加额，贷方余额表示现金流量净减少额。如有外币业务，还可开设“汇率变动对现金的影响”账户。

（3）以利润表项目为基础，结合资产负债表项目的变动和有关账户的详细资料，编制调整分录。

（4）将调整分录过入各T形账户，并进行核对。过账时，应在新设的大T形账户中填写业务摘要，以便编制现金流量表。全部调整分录过账完毕后，各账户的借贷余额应保持平衡，即各账户过入的借贷发生额相抵后的差额应与最初过入的期末期初余额之差相等。

（5）将大T形账户“现金与现金等价物”的余额转入货币资金账户。

（6）根据大T形账户“现金与现金等价物”的借贷发生额，编制正式的现金流量表。

3. 分析填列法

分析填列法是直接根据资产负债表、利润表和有关会计科目明细账的记录，分析计算出现金流量表各项目的金额，并据以编制现金流量表的一种方法。

五、现金流量表编制示例

【例13-1】 某工业公司为一般纳税人。2006年12月31日资产负债表见表13-3。

表 13-3

资产负债表

编制单位：×××公司　　2006 年 12 月 31 日　　单位：元

资　　产	年初余额	负债及所有者权益	年初余额
流动资产：		流动负债：	
货币资金	2 662 680	短期借款	1 080 000
交易性金融资产	54 000	交易性金融负债	
应收票据	885 600	应付票据	720 000
应收账款	1 076 760	应付账款	1 033 680
预付账款	360 000	预收账款	
其他应收款	18 000	应付职工薪酬	396 000
存货	9 288 000	应交税费	131 760
待摊费用	360 000	应付利息	
一年内到期的非流动资产		应付股利	
其他流动资产		其他应付款	780 000
流动资产合计	14 705 040	预提费用	
		应付利息	3 600
非流动资产：		预计负债	
可供出售金融资产		一年内到期的非流动负债	3 000 000
持有至到期投资		其他流动负债	
投资性房地产		流动负债合计	7 145 040
长期股权投资	900 000	非流动负债：	
长期应收款		长期借款	2 160 000
固定资产	8 760 000	应付债券	
在建工程		长期应付款	
工程物资		专项应付款	
固定资产清理		递延所得税负债	
生产性生物资产		其他非流动负债	
油气资产		非流动负债合计	
无形资产	2 880 000	负债合计	9 305 040
开发支出		所有者权益：	
商誉		实收资本（股本）	17 400 000

（续表）

资　　产	年初余额	负债及所有者权益	年初余额
长期待摊费用		资本公积	540 000
递延所得税资产		盈余公积	
其他长期资产		未分配利润	
其他非流动资产		减：库存股	
非流动资产合计		所有者权益合计	17 940 000
资 产 总 计	27 245 040	负债及所有者权益总计	27 245 040

该工业公司2007年发生下列经济业务：

（1）购入原材料货款899 280元，增值税额152 877.60元，货款及增值税款已用银行存款支付，材料已验收入库。

（2）一张到期的商业承兑汇票360 000元，以银行存款付讫。

（3）销售一批产品，货款3 600 000元，增值税额为612 000元，收到货款及增值税款2 948 400元。

（4）出售短期股票投资，账面减少54 000元，出售收入为59 400元，存入银行。

（5）购入1台不需要安装的设备，价款及增值税共900 000元，包装费及运杂费3 600元。全部款项已用银行存款支付，设备已交付使用。

（6）某工程应负担的长期借款利息540 000元，应付固定资产投资方向调节税360 000元，款项未付。

（7）基本生产车间报废设备1台，账面原价720 000元，已提折旧648 000元，以银行存款支付清理费1 800元，残料收入2 880元存入银行，该设备已清理完毕。

（8）以银行存款偿还长期借款3 000 000元。

（9）1张到期的银行承兑汇票720 000元，已收到存入银行。

（10）收到现金股利180 000元，存入银行存款（该项投资采用成本法核算，对方所得税税率为33%）。

（11）出售1台不需用设备，账面原价1 440 000元，已提折旧540 000元，收到价款1 080 000元。

（12）提取短期借款利息41 400元，长期借款利息36 000元，均计入本期损益。

(13) 分配职工工资共 1 800 000 元，其中生产工人工资990 000元，车间管理人员工资 36 000 元，行政管理人员工资54 000元，在建工程人员工资 720 000 元。

(14) 按上述职工工资的 14％提取职工福利基金。

(15) 用银行存款支付工资 1 800 000 元。

(16) 以银行存款归还短期借款本息 945 000 元(其中利息45 000元，已预提)。

(17) 产品生产领用原材料 2 646 000 元，车间领用低值易耗品 189 000 元(采用一次摊销法摊销)。

(18) 计提固定资产折旧共 360 000 元，其中计入制造费用 288 000 元，记入管理费用 72 000 元。

(19) 摊销印花税 36 000 元，摊销车间固定资产修理费324 000元，摊销无形资产 216 000 元(前两项已列入待摊费用)。

(20) 收到应收账款 183 600 元，存入银行。

(21) 按应收账款年末余额的一定比例计提坏账准备金3 240元。

(22) 以银行存款支付广告费、展览费 252 000 元。

(23) 计算并结转本期完工产品成本 4 616 640 元。

(24) 销售产品一批，货款 900 000 元，增值税款为 153 000 元，收到一张面值为 1 053 000 元商业承兑汇票。

(25) 将上述商业承兑汇票办理贴现，贴现息 72 000 元。

(26) 本期主营业务应交纳的教育费附加 7200 元。

(27) 以银行存款交纳增值税 360 000 元，教育费附加7 200元。

(28) 结转本期销售产品成本 2 700 000 元。

(29) 将各损益账户结转本年利润。

(30) 计算并结转本期应交所得税 368 636.40 元(所得税税率为 33％)。

(31) 按本期实现利润，提取法定盈余公积 10％，任意盈余公积 5％。

(32) 结转本年净利润及利润分配各明细账户的余额。

(33) 从银行借入 5 年期借款 1 440 000 元，已存入银行账户。

(34) 用银行存款交纳所得税 162 840 元。

根据上述经济业务，作会计分录如下：

(1) 借：原材料	899 280.00	
应交税费——应交增值税(进项税额)	152 877.60	
贷：银行存款		1 052 157.60

(2) 借：应付票据	360 000	
贷：银行存款		360 000
(3) 借：银行存款	2 948 400	
应收账款	1 263 600	
贷：主营业务收入		3 600 000
应交税费——应交增值税(销项税额)		612 000
(4) 借：银行存款	59 400	
贷：交易性金融资产		54 000
投资收益		5 400
(5) 借：固定资产	903 600	
贷：银行存款		903 600
(6) 借：在建工程	900 000	
贷：应付利息		540 000
应交税费——应交固定资产投资方向调节税		360 000
(7) 借：固定资产清理	72 000	
累计折旧	648 000	
贷：固定资产		720 000
借：固定资产清理	1 800	
贷：银行存款		1 800
借：银行存款	2 880	
贷：固定资产清理		2 880
借：营业外支出——处理固定资产净损失	70 920	
贷：固定资产清理		70 920
(8) 借：长期借款	3 000 000	
贷：银行存款		3 000 000
(9) 借：银行存款	720 000	
贷：应收票据		720 000
(10) 借：银行存款	180 000	
贷：投资收益		180 000
(11) 借：固定资产清理	900 000	
累计折旧	540 000	
贷：固定资产		1 440 000

借：银行存款　1 080 000
　贷：固定资产清理　1 080 000

借：固定资产清理　180 000
　贷：营业外收入——处理固定资产净收益　180 000

(12) 借：财务费用　77 400
　贷：应付利息　77 400

(13) 借：生产成本　990 000
　制造费用　36 000
　管理费用　54 000
　在建工程　720 000
　贷：应付职工薪酬　1 800 000

(14) 借：生产成本　138 600
　制造费用　5 040
　管理费用　7 560
　在建工程　100 800
　贷：应付职工薪酬　252 000

(15) 借：应付职工薪酬　1 800 000
　贷：银行存款　1 800 000

(16) 借：短期借款　900 000
　应付利息　45 000
　贷：银行存款　945 000

(17) 借：生产成本　2 646 000
　贷：原材料　2 646 000
借：制造费用　189 000
　贷：周转材料　189 000

(18) 借：制造费用——折旧费　288 000
　管理费用——折旧费　72 000
　贷：累计折旧　360 000

(19) 借：管理费用——无形资产摊销　216 000
　贷：累计摊销　216 000

(20) 借：银行存款　183 600
　贷：应收账款　183 600

(21) 借：管理费用	3 240	
贷：坏账准备		3 240
(22) 借：销售费用	252 000	
贷：银行存款		252 000
(23) 借：生产成本	518 040	
贷：制造费用		518 040
借：库存商品	4 616 640	
贷：生产成本		4 616 640
(24) 借：应收票据	1 053 000	
贷：主营业务收入		900 000
应交税费——应交增值税(销项税额)		153 000
(25) 借：银行存款	981 000	
财务费用	72 000	
贷：应收票据		1 053 000
(26) 借：营业税金及附加	7 200	
贷：应交税费——应交教育费附加		7 200
(27) 借：应交税费——应交增值税(已交税金)	360 000	
——应交教育费附加	7 200	
贷：银行存款		367 200
(28) 借：主营业务成本	2 700 000	
贷：库存商品		2 700 000
(29) 借：主营业务收入	4 500 000	
营业外收入	180 000	
投资收益	185 400	
贷：本年利润		4 865 400
借：本年利润	3 568 320	
贷：主营业务成本		2 700 000
销售费用		252 000
营业税金及附加		7 200
管理费用		388 800
财务费用		149 400
营业外支出		70 920

(30) 本期应交所得税 $=(4\ 865\ 400-3\ 568\ 320-180\ 000)\times 33\%$

$=368\ 636.40$(元)

借：所得税　368 636.40

　贷：应交税费——应交所得税　368 636.40

借：本年利润　368 636.40

　贷：所得税　368 636.40

(31) 本期净利润 $=4\ 865\ 400-3\ 568\ 320-368\ 636.40=928\ 443.60$(元)

本期应提法定盈余公积 $=928\ 443.60\times 10\%=92\ 844.36$(元)

本期应提任意盈余公积 $=928\ 443.60\times 5\%=46\ 422.18$(元)

借：利润分配——提取盈余公积　139 266.54

　贷：盈余公积——法定盈余公积　92 844.36

　　　　　　——任意盈余公积　46 422.18

(32) 借：本年利润　928 443.60

　贷：利润分配——未分配利润　928 443.60

借：利润分配——未分配利润　139 266.54

　贷：利润分配——提取盈余公积　139 266.54

(33) 借：银行存款　1 440 000

　贷：长期借款　1 440 000

(34) 借：应交税费——应交所得税　162 840

　贷：银行存款　162 840

编制2007年度资产负债表和利润表，见表13-4和表13-5。

采用工作底稿法编制现金流量表。具体步骤如下：

第一步，将资产负债表的期初数和期末数过入工作底稿的期初数和期末数栏。

第二步，对本期经济业务进行分析并编制调整分录。编制调整分录时，要以利润表项目为基础，从“主营业务收入”开始，结合资产负债表项目逐一进行分析。本例调整分录如下。

(1) 分析调整主营业务收入：

借：经营活动现金流量——销售商品收到的现金　4 905 000

　　应收账款　1 080 000

　贷：主营业务收入　4 500 000

　　　应收票据　720 000

　　　应交税费　765 000

表 13-4

资产负债表

编制单位：×××公司　　　　2007 年 12 月 31 日　　　　单位：元

资　　产	行次	期末余额	年初余额	负债及所有者权益	行次	期末余额	年初余额
流动资产：				流动负债：			
货币资金	1	1 413 362.40	2 662 680	短期借款	46	180 000	1 080 000
交易性金融资产	2		54 000	交易性金融负债	47		
应收票据	3	165 600	885 600	应付票据	48	360 000	720 000
应收账款	6	2 153 520	1 076 760	应付账款	49	1 033 680	1 033 680
预付账款	7	360 000	360 000	预收账款	50		
其他应收款	8	18 000	18 000	应付职工薪酬	51	648 000	396 000
存货	9	9 268 920	9 288 000	应交税费	52	949 678.80	131 760
待摊费用	11		360 000	应付利息	53	576 000	3 600
一年内到期的非流动资产	12			应付股利	54		
其他流动资产	13			其他应付款	55	780 000	780 000
流动资产合计	20	13 379 402.40	14 705 040	预提费用	56		
				预计负债	57		
非流动资产：				一年内到期的非流动负债	58		3 000 000
可供出售金融资产	21			其他流动负债	58		
持有至到期投资	22			流动负债合计	65	3 951 358.80	7 145 040

（续表）

资　　产	行次	期末余额	年初余额	负债及所有者权益	行次	期末余额	年初余额
投资性房地产	23			非流动负债：			
长期股权投资	24	900 000	900 000	长期借款	66	3 600 000	2 160 000
长期应收款	25			应付债券	67		
固定资产	26	10 052 400	8 760 000	长期应付款	68		
在建工程	27			专项应付款	69		
工程物资	28			递延所得税负债	70		
固定资产清理	29			其他非流动负债	71		
生产性生物资产	30			非流动负债合计	72		
油气资产	31			负债合计	73	8 127 358.80	9 305 040
无形资产	32	2 664 000	2 880 000	所有者权益：			
开发支出	33			实收资本（股本）	78	17 400 000	17 400 000
商誉	34			资本公积	79		
长期待摊费用	35			盈余公积	80	679 266.54	540 000
递延所得税资产	36			未分配利润	81	789 177.06	
其他长期资产	40			减：库存股			
其他非流动资产				所有者权益合计	82	18 868 443.60	17 940 000
非流动资产合计							
资 产 总 计	45	26 995 802.40	27 245 040	负债及所有者权益总计	83	26 995 802.40	27 245 040

表 13-5

利　润　表

编制单位：××公司　　　　200×年 12 月　　　　单位：元

项　　　　目	行次	本年金额	上年金额
一、营业收入	1	4 500 000	
减：营业成本	2	2 700 000	
营业税费	4	7 200	
销售费用	7	252 000	
管理费用	9	388 800	
财务费用(收益以"－"号填列)	10	149 400	
资产减值损失	11		
加：公允价值变动净收益(净损失以"－"号填列)	12		
投资净收益(净损失以"－"号填列)	13	185 400	
二、营业利润(亏损以"－"号填列)	14	1 188 000	
加：营业外收入	15	180 000	
减：营业外支出	17	70 920	
其中：非流动资产处置净损失(净收益以"－"号填列)	18		
三、利润总额(亏损以"－"号填列)	19	1 297 080	
减：所得税	25	368 636.40	
四、净利润(净亏损以"－"号填列)	26	928 443.60	
五、每股收益：	30		
(一) 基本每股收益	31		
(二) 稀释每股收益	32		

(2) 分析调整主营业务成本：

借：主营业务成本　　2 700 000.00
　　应交税费　　152 877.60
　　应付票据　　360 000.00
　贷：经营活动现金流量——购买商品支付的现金　　3 193 797.60
　　　存货　　19 080.00

(3) 计算销售费用付现：

借：销售费用　　252 000

　贷：经营活动现金流量——支付的其他与经营活动有关的现金　　252 000

(4) 调整营业税金及附加：

借：营业税金及附加　　7 200

　贷：经营活动现金流量——支付的各项税费　　7 200

(5) 调整管理费用：

借：管理费用　　388 800

　贷：经营活动现金流量——支付的其他与经营活动关的现金　　388 800

(6) 分析调整财务费用：

借：财务费用　　149 400

　贷：经营活动现金流量——销售商品收到的现金　　72 000

　　应付利息　　77 400

(7) 分析调整投资收益：

借：投资活动现金流量——取得投资收益所收到的现金　　180 000

　　——收回投资所收到的现金　　59 400

　贷：投资收益　　185 400

　　交易性金融资产　　54 000

(8) 分析调整所得税：

借：所得税　　368 636.40

　贷：应交税费——应交所得税　　368 636.40

(9) 分析调整营业外收入：

借：投资活动现金流量——处置固定资产收到的现金　　1 080 000

　累计折旧　　540 000

　贷：营业外收入　　180 000

　　固定资产　　1 440 000

(10) 分析调整营业外支出：

借：营业外支出　　70 920

　投资活动现金流量——处置固定资产收到的现金　　1 080

　累计折旧　　648 000

　贷：固定资产　　720 000

(11) 分析调整坏账准备：

借：经营活动现金流量——支付的其他与经营活动有关的现金 3 240

贷：坏账准备 3 240

(12) 分析调整待摊费用：

借：经营活动现金流量——支付的其他与经营活动有关的现金 36 000

——购买商品支付的现金 324 000

贷：待摊费用 360 000

(13) 分析调整固定资产：

借：固定资产 903 600

贷：投资活动现金流量——购建固定资产支付的现金 903 600

(14) 分析调整累计折旧：

借：经营活动现金流量——支付的其他与经营活动有关的现金 72 000

——购买商品支付的现金 288 000

贷：累计折旧 360 000

(15) 分析调整在建工程：

借：在建工程 1 720 800

贷：投资活动现金流量——购建固定资产支付的现金 720 000

应付利息 540 000

应付职工薪酬 100 800

应交税费 360 000

(16) 分析调整无形资产：

借：经营活动现金流量——支付的其他与经营活动有关的现金 216 000

贷：无形资产 216 000

(17) 分析调整短期借款：

借：短期借款 900 000

贷：筹资活动现金流量——偿还债务支付的现金 900 000

(18) 分析调整应付工资：

借：应付职工薪酬　1 080 000
　贷：经营活动现金流量——支付给职工以及为职工支付的现金　1 080 000

借：经营活动现金流量——购买商品支付的现金　1 026 000
　　　　　　　　　　——支付的其他与经营活动有关的现金　54 000
　贷：应付职工薪酬　1 080 000

(19) 分析调整应付福利费：

借：经营活动现流量——购买商品支付的现金　143 640
　　　　　　　　——支付的其他与经营活动有关的现金　7 560
　贷：应付职工薪酬　151 200

(20) 分析调整应交税费：

借：应交税费　522 840
　贷：经营活动现金流量——支付的各项税费　522 840

(21) 分析调整预提费用：

借：预提费用　45 000
　贷：筹资活动现金流量——分配股利、利润或偿付利息支付的现金　45 000

(22) 分析调整长期借款：

借：长期借款　3 000 000
　贷：筹资活动现金流量——偿还债务支付的现金　3 000 000

借：筹资活动现金流量——借款收到的现金　1 440 000
　贷：长期借款　1 440 000

(23) 结转净利润：

借：净利润　928 443.60
　贷：未分配利润　928 443.60

(24) 提取盈余公积：

借：未分配利润　139 266.54
　贷：盈余公积　139 266.54

(25) 调整现金净变化额：

借：现金净减少额 1 249 317.60

贷：现金 1 249 317.60

第三步，将调整分录过入工作底稿的相应部分，见表13-6所示。

表13-6

工 作 底 稿

项 目	期初数	调 整 分 录		期末数
		借 方	贷 方	
一、资产负债表				
借方项目：				
货币资金	2 662 680		(25) 1 249 317.60	1 413 362.40
交易性金融资产	54 000		(7) 54 000	
应收票据	885 600		(1) 720 000	165 600
应收账款	1 080 000	(1) 1 080 000		2 160 000
预付账款	360 000			260 000
其他应收款	18 000			18 000
存货	9 288 000		(2) 19 080	9 268 920
待摊费用	360 000		(12) 360 000	
长期股权投资	900 000			900 000
固定资产原价	4 800 000	(13) 903 600	(9) 1 440 000	3 543 600
			(10) 720 000	
工程物资				
在建工程	5 400 000	(15)1 720 800		7 120 800
无形资产	2 880 000		(16) 216 000	2 664 000
长期待摊费用				
借方项目合计	28 688 280			27 614 282.40
贷方项目				
坏账准备	3 240		(11) 3 240	6 480
累计折旧	1 440 000	(9) 540 000	(14) 360 000	612 000
		(10) 648 000		
短期借款	1 080 000	(17) 900 000		180 000
应付票据	720 000	(2) 360 000		360 000
应付账款	1 033 680			1 033 680

（续表）

项　　　目	期初数	调　整　分　录		期末数
		借　　方	贷　　方	
其他应付款	780 000			780 000
应付职工薪酬	396 000	(18)　1 080 000	(18) 1 080 000	648 000
			(15)　100 800	
			(19)　151 200	
应付股利				
应交税费	131 760	(20)　522 840	(1)　765 000	949 678.80
		(2)　152 877.60	(8)　368 636.40	
			(15)　360 000	
应付利息	3 600	(21)　45 000	(6)　77 400	576 000
			(15)　540 000	
长期借款	5 160 000	(22)3 000 000		3 600 000
			(22) 1 440 000	
实收资本	17 400 000			17 400 000
盈余公积	540 000		(24)　139 266.54	679 266.54
未分配利润		(24)　139 266.54	(23)　928 443.60	789 177.06
贷方项目合计	28 688 280			27 614 282.40
二、利润表项目				本期数
营业收入			(1)　4 500 000	4 500 000
营业成本		(2)　2 700 000		2 700 000
营业税费		(4)　7 200		7 200
销售费用		(3)　252 000		252 000
管理费用		(5)　388 800		388 800
财务费用		(6)　149 400		149 400
投资收益			(7)　185 400	185 400
营业外收入			(9)　180 000	180 000
营业外支出		(10)　70 920		70 920
所得税		(8)　368 636.40		368 636.40
净利润		(23)　928 443.60		928 443.60

（续表）

项　　　　目	期初数	调整分录		期末数
		借　方	贷　方	
三、现金流量表项目				期末数
（一）经营活动产生的现金流量				
销售商品、提供劳务收到的现金		（1）4 905 000	（6）　72 000	4 833 000
现金收入小计				4 833 000
购买商品、接受劳务支付的现金		（12）　324 000	（2）　3 193 797.60	1 412 157.60
		（14）　288 000		
		（18）1 026 000		
		（19）　143 640		
支付给职工以及为职工支付的现金			（18）1 080 000	1 080 000
支付的各项税费			（20）　522 840	530 040
			（4）　7 200	
支付的其他与经营活动有关的现金		（11）　3 240	（3）　252 000	252 000
		（12）　36 000	（5）　388 800	
		（14）　72 000		
		（16）　216 000		
		（18）　54 000		
		（19）　7 560		
现金支出小计				3 274 197.60
经营活动产生的现金流量净额				1 558 802.40
（二）投资活动产生的现金流量				
收回投资所收到的现金		（7）　59 400		59 400
取得投资收益所收到的现金		（7）　180 000		180 000

（续表）

项　　　　目	期初数	调　整　分　录		期末数
		借　　方	贷　　方	
处置固定资产收回的现金净额		(9) 1 080 000		1 081 080
		(10)　 1 080		
现金收入小计				1 320 480
购建固定资产所支付的现金			(13)　903 600	1 623 600
			(15)　720 000	
投资活动产生的现金流量净额				－303 120
（三）筹资活动产生的现金流量				
借款所收到的现金		(22)1 440 000		1 440 000
现金收入小计				1 440 000
偿还债务所支付的现金			(17)　900 000	3 900 000
			(22) 3 000 000	
偿付利息所支付的现金			(21)　 45 000	45 000
现金支出小计				3 945 000
筹资活动产生的现金流量净额				－2 505 000
（四）现金及现金等价物		(25)1 249 317.60		1 249 317.60
调整分录借贷合计		27 043 021.74	27 043 021.74	—

第四步，核对调整分录，借方、贷方合计数均已经相等，资产负债表项目期初数加减调整分录中的借贷金额以后，也已等于期末数。见表13-6。

第五步，根据工作底稿中现金流量表项目部分编制正式的现金流量表。见表13-7。

表 13-7

现 金 流 量 表

编制单位：××公司　　　　200×年度　　　　单位：元

项　　　目	行次	金　额
一、经营活动产生的现金流量：		
销售商品、提供劳务收到的现金	1	483 300
收到的税费返还	3	
收到的其他与经营活动有关的现金	4	
现金流入小计	5	483 300
购买商品、接受劳务支付的现金	6	1 412 157.60
支付给职工以及为职工支付的现金	8	1 080 000
支付的各项税费	9	530 040
支付的其他与经营活动有关的现金	12	252 000
现金流出小计	13	3 274 197.60
经营活动产生的现金流量净额	14	155 880 240
二、投资活动产生的现金流量		
收回投资所收到的现金	15	59 400
取得投资收益所收到的现金	16	180 000
处置固定资产、无形资产和其他长期资产而收到的现金净额	18	1 081 080
收到的其他与投资活动有关的现金	19	
现金流入小计	20	1 320 480
购建固定资产、无形资产和其他长期资产所支付的现金	21	1 623 600
投资所支付的现金	22	
支付的其他与投资活动有关的现金	24	
现金流出小计	25	1 623 600
投资活动产生的现金流量净额	26	−303 120
三、筹资活动产生的现金流量：		
吸收投资所收到的现金	27	
借款所收到的现金	29	1 440 000
收到的其他与筹资活动有关的现金	30	
现金流入小计	31	1 440 000
偿还债务所支付的现金	32	3 900 000

（续表）

项　　　目	行次	金　额
偿付利息所支付的现金	35	45 000
支付的其他与筹资活动有关的现金	38	
现金流出小计	39	3 945 000
筹资活动产生的现金流量净额	40	－2 505 000
四、汇率变动对现金的影响额	41	
五、现金及现金等价物净增加额	42	－1 249 317.60
补　充　资　料	行次	金　额
1. 将净利润调节为经营活动的现金流量		
净利润	48	928 443.60
加：计提的资产减值准备	49	3 240
固定资产折旧	50	360 000
无形资产摊销	51	216 000
长期待摊费用摊销	52	
待摊费用减少(减:增加)	53	360 000
预提费用增加(减:减少)	54	
处置固定资产、无形资产和其他长期资产的损失(减:收益)	55	－180 000
固定资产报废损失	56	70 920
财务费用	57	77 400
投资损失(减:收益)	58	－185 400
递延税款贷项(减:借项)	59	
存货的减少(减:增加)	60	19 080
经营性应收项目的减少(减:增加)	61	－360 000
经营性应付项目的增加(减:减少)	62	249 118.80
其他		
经营活动产生的现金流量净额	63	1 558 802.40
2. 不涉及现金收支的投资和筹资活动		
债务转为资本		
一年内到期的可转换债券		
融资租入固定资产		
3. 现金及现金等价物增加情况		

（续表）

项　　目	行次	金　额
现金的期末余额	64	1 413 362.40
减：现金期初余额	65	2 662 680
加：现金等价物的期末余额	66	
减：现金等价物的期初余额	67	
现金及现金等价物净增加额	68	−1 249 317.60

第五节　所有者权益变动表

一、所有者权益变动表概述

所有者权益变动表反映构成所有者权益的各组成部分当期的增减变动情况。当期损益、直接计入所有者权益的利得和损失、与所有者（或股东，下同）的资本交易导致的所有者权益的变动，应当分别列示。所有者权益变动表的格式和内容见表 13-8。

表 13-8

所有者权益变动表

200×年度

项　　目	实收资本	资本公积	盈余公积	未分配利润	总计
一、净利润					
加：直接计入所有者权益的利得					
减：直接计入所有者权益的损失项目					
二、本期确认的收益和费用总额					
加：会计政策变更和会计差错更正的累积影响					
所有者投入资本					
减：向所有者分配利润					
提取盈余公积					
三、所有者权益变动					
加：上期末所有者权益					
四、期末所有者权益					

二、所有者权益变动表列示注意事项

(1) 本表反映企业年末所有者权益(或股东权益)变动的情况。本表应在一定程度上体现企业综合收益的特点,除列示直接计入所有者权益的利得和损失外,同时包含最终属于所有者权益变动的净利润,从而构成企业的综合收益。

(2) 本表各项目应当根据当期净利润、直接计入所有者权益的利得和损失项目、所有者投入资本和向所有者权分配利润、提取盈余公积等情况分析填列。在本表中,直接计入当期损益的利得和损失应包含在净利润中;直接计入所有者权益的利得和损失,主要包括:可供出售金融资产公允价值变动净额、现金流量套期工具公允价值变动净额等,应单列项目反映。

第六节　财务报表分析

一、会计报表分析的目的和方法

会计报表分析的目的,主要是确定企业的财务状况、获利能力和偿债能力等情况。对于不同的报表使用者其分析的角度、侧重点会有所不同。一般来说,债权人关心的是企业的偿债能力,以此作为是否向企业贷款的依据,投资者关心的主要是企业的获利能力,以便作出是否对企业进行投资的决策,而企业管理者关心的则是企业全面的财务状况和经营成果。会计报表分析则通过对会计报表所提供的各项数据进行加工、比较、分析和解释,以便正确评价企业财务状况的好坏、经营管理的得失,进一步制定有关投资、信贷、财务、管理等方面的方针、政策。因此,会计报表分析是会计工作的重要组成部分。

会计报表分析的方法,主要有比率分析法和趋势分析法两种。比率分析法是指将同一时期内某些相互关联的经济指标进行对比,求出它们之间的比率,以揭示这些指标之间的相互关系,并由此判断企业财务状况和经营成果的一种分析方法。而趋势分析法是指将一个企业连续若干期的会计报表,比较各项目前后期的增减方向和幅度,从而揭示企业财务状况和经营成果的增减变化及发展趋势。

二、财务指标分析

总结和评价企业财务状况和经营成果的分析指标主要包括短期偿债能力指标、长期偿债能力指标、获利能力指标、营运能力指标。为便于理解,以下举例中,数字来源均见表 13-1、13-2,并假设企业营业收入中销售净额为 270 000 元。

（一）短期偿债能力指标

1. 流动比率

流动比率是衡量企业短期偿债能力最常用的比率，它是企业流动资产总额与流动负债总额的比值。其计算公式如下：

$$流动比率=\frac{流动资产}{流动负债}$$

表13-1资料所示，××公司200×年终流动比率的计算如下：

$$流动比率=\frac{59\ 100}{21\ 000}=2.81$$

流动比率表明了企业的短期债务可由企业流动资产偿还的能力。通常认为，流动比率在2∶1左右即属适当。流动比率过高，虽然从债权人角度讲偿债有保障，但从企业角度来看未必是好现象。因为，过高的流动比率，可能意味着存货的滞销积压，也可能表示拥有过多货币资金没有充分利用。在判断企业短期偿债能力时，还应将流动比率与其他指标结合考虑。

2. 速动比率

速动比率是企业速动资产与流动负债的比值。速动资产是指企业可以立即用来偿付流动负债的那部分流动资产，一般从流动资产中扣除变现能力较差的存货、待摊费用后即可求得。对于其他与当期变现能力关系不大的项目，如预付账款、待处理流动资产净损失等，也可扣除，但若这些项目金额不大，可以不予考虑。因此，速动比率的计算公式如下：

$$速动比率=\frac{速动资产}{流动负债}=\frac{流动资产-存货、待摊费用}{流动负债}$$

根据表13-1资料，计算××公司200×年终速动比率如下：

$$速动比率=\frac{59\ 100-24\ 000-2\ 200}{21\ 000}=1.57$$

速动比率比流动比率更能说明企业的短期偿债能力。一般认为，速动比率以不能低于1∶1为好，但在不同行业情况会有所不同。因此，应参照各行业一般历史水平，予以判断和评价。

3. 现金比率

现金比率是衡量企业在紧急情况下，对短期债务的支付能力，它是货币资金和短期证券总额和流动负债的比值。其计算公式如下：

$$现金比率=\frac{货币资金+短期证券}{流动负债}$$

利用表 13-1 所列数据(假定其中的交易性金融资产都为短期证券),计算200×年终××公司的现金比率如下:

$$现金比率=\frac{12\,600+1\,500}{21\,000}=0.67$$

现金比率在评价企业短期偿债能力的重要性不及流动比率和速动比率,它只能说明企业在特殊情况下的应急支付能力。因此,企业一般不需要备有过多的货币资金和短期证券,而削弱资金的有效利用。

(二) 长期偿债能力指标

1. 资产负债率

资产负债率是负债总额与资产总额的比值,用来说明债权人债权的保障程度。其计算公式如下:

$$资产负债率=\frac{负债总额}{资产总额}$$

以表 13-1 的资料代入,200×年年末××公司的负债比率可计算如下:

$$资产负债率=\frac{21\,000+22\,500}{98\,400}=0.44$$

负债比率是衡量企业长期偿债能力的一个主要指标。对于债权人来说,为求债权的安全,一般希望此比率越低越好,但从投资者角度出发,资产负债率比率低,其承担的有限责任就大,同时也说明企业在负债经营方面可能保守。

2. 利息保障倍数

利息保障倍数是净利润加上利息费用及所得税后的合计数与利息费用的比值,用以作为判断债权安全程度的一个补充手段。其计算公式如下:

$$利息保障倍数=\frac{净利润+利息费用+所得税}{利息费用}$$

假定 200×年度××公司的利息费用支出是 20 000 元。根据表 13-2 资料,该公司的此项比率可计算如下:

$$利息保障倍数=\frac{54\,600+20\,000+30\,000}{200\,000}=5.23$$

企业的利润越大,利息保障倍数就越大,债权人收回本金和按期取息也越有保障。

3. 权益比率

权益比率是负债总额与所有者权益总额的比值，用于衡量企业的长期偿债能力。其计算公式如下：

$$权益比率=\frac{负债总额}{所有者权益总额}$$

根据表 13-1 资料计算的 200×年年末××公司的权益比率如下：

$$权益比率=\frac{21\,000+22\,500}{54\,900}=0.79$$

权益比率与负债比率有着相同的作用，它表明债权人权益受到所有者权益的保障程度。同时，也说明企业基本财务结构的强弱。从企业长期偿债能力角度出发，这个指标越低越好。

（三）获利能力指标

1. 资本收益率

资本收益率是企业净利润与实收资本（或股本）的比值，反映企业运用投资者投入资本获取收益的能力。其计算公式如下：

$$资本收益率=\frac{净利润}{实收资本}$$

利用表 13-1、13-2 所列数据，计算 200×年度××公司的资本收益率如下：

$$资本收益率=\frac{54\,600}{30\,000}=1.82$$

资本收益率越高，说明投资者投入资本的效益越好；反之，则越差。它是投资者进行投资决策时的一个重要依据。

2. 资本保值增值率

资本保值增值率是指期末所有者权益总额与期初所有者权益总额的比值。其计算公式如下：

$$资本保值增值率=\frac{期末所有者权益总额}{期初所有者权益总额}$$

根据表 13-1 资料，200×年度××公司资本保值增值率计算如下：

$$资本保值增值率=\frac{54\,900}{41\,310}=1.33$$

资本保值增值率是衡量投资者投入企业资本的完整性、保全性及增值性的重要指标。当该指标等于1时，说明资本保值；当该指标小于1时，说明资本减值；相反，当该指标大于1时，说明资本增值，而且指标越大越好。

3. 销售利润率

销售利润率是净利润与销货净额的比值，反映企业销售收入的获利能力，即每元销售收入可以获得的利润。其计算公式如下：

$$销售利润率=\frac{净利润}{销售净额}$$

根据表13-2资料，若企业营业收入中销售净额为270 000元，则200×年度××公司的销售利润率计算如下：

$$销售利润率=\frac{54\ 600}{270\ 000}=0.20$$

上述计算结果，说明200×年度××公司每元销售收入可以获得利润约0.20元，它能比较直观地看出销售收入与利润的关系。

4. 资产净利率

资产净利率是评价企业获利能力的一项综合性指标，它是净利润与总资产的比值。其计算公式如下：

$$资产净利率=\frac{净利润}{平均资产总额}$$

这一指标还可进一步分解为销售利润率和资产周转率两个指标。即：

$$资产净利率=\frac{净利润}{平均资产总额}=\frac{净利润}{销售净额}\times\frac{销售净额}{平均资产总额}$$

根据表13-1、13-2资料，可计算200×年度××公司的资产净利率如下：

$$资产净利率=\frac{54\ 600}{89\ 355}=0.61$$

$$=\frac{54\ 600}{270\ 000}\times\frac{270\ 000}{89\ 355}=0.20\times3.02=0.61$$

资产净利率能够将销售盈利情况与资金周转情况结合起来，综合反映企业的获利能力。同时，企业的管理当局可以通过指标的分解，进一步分析影响获利水平的原因，从而寻找经营管理中的薄弱环节，制定出有针对性的改进措施。

5. 股利支付率

股利支付率是反映普通股东分得的股利占全部盈利额的比值。其计算公式如下：

$$股利支付率=\frac{每股股利}{每股盈利额}$$

股利支付率是投资者关心的指标，不同投资者对股利支付率的要求是不一致的，有的投资者希望近期获益，多得股利；但有的投资者则愿意将利润用于企业发展，以获得更大股利。在实际工作中，股利支付率一般应根据企业经营发展，资金需要量的具体情况而定。

6. 每股盈余

每股盈余净利润与流通股数的比值，反映平均每股的收益水平。其计算公式如下：

$$每股盈余=\frac{净利润}{流通股数}$$

该项指标越高，说明每一股份可得的利润越多，投资的效益越好；反之，则越差。

7. 每股股利

每股股利是反映发放股利总额与流通股数的比值。其计算公式如下：

$$每股股利=\frac{发放股利总额}{流通股数}$$

每股股利的大小不仅取决于企业盈利水平的高低，同时，还受制于企业股利发放的方针。它是投资者十分关心的问题。

8. 市盈率

市盈率是每股市价与每股盈余的比值。其计算公式如下：

$$市盈率=\frac{每股市价}{每股盈余}$$

市盈率反映股票的每股盈余与市场价格的关系，比值越高，说明投资者的收益水平越高。这也是投资者重视的指标。

（四）营运能力指标

1. 应收账款周转率

应收账款周转率是赊销净额与应收账款平均余额的比值，反映年度内应收账款转为现金的次数。其计算公式如下：

$$应收账款周转率=\frac{赊销净额}{应收账款平均余额}$$

其中 $$\begin{array}{c}赊销\\净额\end{array}=\begin{array}{c}销售\\收入\end{array}-\begin{array}{c}现销\\收入\end{array}-\begin{array}{c}销售退回、\\折扣、折让\end{array}$$

$$\begin{array}{c}应收账款\\平均余额\end{array}=\left(\begin{array}{c}期初应收\\账款余额\end{array}+\begin{array}{c}期末应收\\账款余额\end{array}\right)\div 2$$

还可以通过计算应收账款平均账龄，来判断应收账款的变现速度。其计算公式如下：

$$应收账款平均账龄=\frac{360}{应收账款周转率}=\frac{应收账款平均余额}{赊销净额}\times 360$$

对于上述两个公式，应该说明的是：应收账款应是扣除估计坏账损失后的净额；赊销净额不应包括现销额，但企业外部报表使用者通常不易获得企业赊销数据，因此一般按销货净额进行计算。

一般来说，应收账款周转率越高越好，这说明客户信用良好，不易发生坏账损失，同时，也表明企业收账效率较高，偿债能力较强；反之，则是说明客户拖欠较久，信用欠佳，或企业催收工作不力，使过多资金积压在滞收的应收账款上。

2. 存货周转率

存货周转率是反映一定时期存货资产的周转次数，用来衡量企业销货能力强弱及存货是否适量的指标，它是销货成本与平均存货的比值。其计算公式如下：

$$存货周转率=\frac{销货成本}{存货平均余额}$$

其中：存货平均余额=(期初存货余额+期末存货余额)÷2

根据存货周转率，还可进一步计算存货周转天数。其计算公式如下：

$$存货周转天数=\frac{360}{存货周转率}=\frac{存货平均余额}{销货成本}\times 360$$

存货周转率与企业的获利能力有直接关系。通常认为，此项比率越高越好，因为在成本利润相同的情况下，存货周转率越高，获利就越大；反之，可能由于销售不力，采购过量或质量低劣等引起存货周转率低。

3. 营运资金周转率

营运资金周转率是销货净额与平均营运资金的比值，表明一定时期企业拥有的营运资金，平均每元能创造的销售收入。其计算公式如下：

$$营运资金周转率=\frac{销货净额}{平均营运资金}$$

其中平均营运资金=(期初营运资金+期末营运资金)÷2

根据表13-1、13-2资料,200×年度××公司的营运资金周转率计算如下:

$$平均营运资金=\frac{(50\ 910-15\ 000)+(59\ 100-21\ 000)}{2}=37\ 005(元)$$

$$营运资金周转率=\frac{270\ 000}{37\ 005}=7.3$$

该公司营运资金周转率为7.3,说明公司拥有的营运资金每元能创造的销售收入为7.3元。这个比率越高越好。

4. 全部资产周转率

全部资产周转率是销货净额与平均资产总额的比值,表明企业一定时期的全部资产平均每元获得销售收入的水平。其计算公式如下:

$$全部资产周转率=\frac{销货净额}{平均资产总额}$$

其中:平均资产总额=(期初资产总额+期末资产总额)÷2

根据表13-1、表13-2所列数据,200×年度××公司的全部资产周转率计算如下:

$$平均资产总额=(80\ 310+98\ 400)÷2=89\ 355(元)$$

$$全部资产周转率=\frac{270\ 000}{89\ 355}=3.02$$

一般来说,全部资产周转率越高说明企业资金的利用效果越好。但该指标应与企业历史水平和同行的平均水平加以比较,才能作出正确的评价。

第七节 合并会计报表

一、合并会计报表概念及合并范围

(一) 合并会计报表概念

合并会计报表,是指反映母公司和其全部子公司形成的企业集团整体财务状况、经营成果和现金流量的会计报表。其中,母公司是指有一个或一个以上子公司的企业;子公司是指被母公司控制的企业。

(二) 合并会计报表范围的确定

合并会计报表的合并范围应当以控制为基础予以确定。

(1) 母公司直接或通过子公司间接拥有被投资单位半数以上的表决权,表明母公司能够控制被投资单位,应当将被投资单位认定为子公司,纳入合并会计报表范围。但是,有证据表明母公司不能控制被投资单位的除外。

(2) 母公司拥有被投资单位半数或以下的表决权,且满足下列条件之一的,视为母公司能够控制被投资单位,但是,有证据表明母公司不能控制被投资单位的除外。

① 通过与被投资单位其他投资者之间的协议,拥有被投资单位半数以上的表决权。

② 根据公司章程或协议,有权决定被投资单位的财务和经营政策。

③ 有权任免被投资单位的董事会或类似机构的多数成员。

④ 在被投资单位的董事会或类似机构占多数表决权。

在确定能否控制被投资单位时,应当考虑企业和其他企业持有的被投资单位的当期可转换的可转换公司债券、当期可执行的认股权证等潜在表决因素。

母公司应当将其全部子公司,无论是小规模的子公司还是经营业务性质特殊的子公司,均纳入合并会计报表的合并范围。

二、合并会计报表的编制

(一) 股权取得时合并会计报表的编制

1. 购买法

按购买法编制股权取得时的合并会计报表,是将股权的取得视为一个企业取得另一个企业净资产的交易行为。因此,对被购买企业的净资产要按现行价格计价(即按资产的评估价值)。由于被购买企业的产权转让价格,通常与账面净资产的价值不同,因此就会产生资产增值或减值以及合并商誉等问题。下面,分别不同情况予以说明:

(1) 按被购买企业净资产的账面价值购买。

【例 13-2】 假定,某母公司在 2008 年 12 月 31 日按某子公司净资产的账面价值 1 200 000 元购得其全部产权,该母、子公司 2008 年 12 月 31 日各自的资产负债表见表 13-9,在购得子公司产权时,母公司应作会计分录如下:

借:长期股权投资	1 200 000	
贷:银行存款		1 200 000

表 13-9

母公司、子公司资产负债表

2008 年 12 月 31 日　　　　单位：元

项　　目	母 公 司	子 公 司
资产：		
银行存款	1 500 000	240 000
应收账款	300 000	60 000
存货	2 400 000	300 000
固定资产	4 800 000	900 000
资产合计	9 000 000	1 500 000
负债及所有者权益：		
应付账款	1 400 000	200 000
长期借款	1 000 000	100 000
股本	4 200 000	750 000
未分配利润	2 400 000	450 000
负债及所有者权益合计	9 000 000	1 500 000

股权取得后，母公司资产负债表的有关资产项目发生了变化，而子公司的资产、负债各项目仍保持原来记录。但在编制合并资产负债表时，需要将母公司的长期股权投资与子公司的所有者权益账户相抵销，即作抵销会计分录如下：

借：股本　　750 000
　　未分配利润　　450 000
　贷：长期股权投资　　1 200 000

必须指出，以上的抵销分录只在编制合并报表的工作底稿中做，而在母公司、子公司的账簿记录中是不做的。合并资产负债表中的其他各资产、负债项目是由母公司和子公司报表中的相同项目合并而成。见表 13-10。

（2）购买价超过被购买企业净资产的账面价值。

【例 13-3】　仍以[例 13-2]，假定某母公司在 2008 年 12 月 31 日以 1 250 000元购得某子公司全部产权。这时，除了须将股权投资相当于子公司所有者权益的数额 1 200 000 元进行抵销外，还须将投资额超过账面价值的差额单列为商誉。对此，在编制母、子集团公司合并资产负债表工作底稿时（见表 13-11），应作抵销会计分录如下：

表 13-10

母、子集团公司合并资产负债表工作底稿

2008 年 12 月 31 日　　单位：元

项　　目	资产负债表		抵销分录		合并资产负债表
	母公司	子公司	借　方	贷　方	
资产：					
银行存款	300 000	240 000			540 000
应收账款	300 000	60 000			360 000
存货	2400 000	300 000			2700 000
长期股权投资(子公司 100%)	1 200 000			①1 200 000	
固定资产	4 800 000	900 000			5 700 000
资产合计	9 000 000	1 500 000			9 300 000
负债及所有者权益：					
应付账款	1 400 000	200 000			1 600 000
长期借款	1 000 000	100 000			1 100 000
股本	4 200 000	750 000	①750 000		4 200 000
未分配利润	2 400 000	450 000	①450 000		2 400 000
负债及所有者权益合计	9 000 000	1 500 000	1 200 000	1 200 000	9 300 000

表 13-11

母、子集团公司合并资产负债表工作底稿

2008 年 12 月 31 日　　单位：元

项　　目	资产负债表		抵销分录		合并资产负债表
	母公司	子公司	借　方	贷　方	
资产：					
银行存款	250 000	240 000			490 000
应收账款	300 000	60 000			360 000
存货	2 400 000	300 000			2 700 000
长期股权投资(子公司 100%)	1 250 000			① 1 250 000	
固定资产	4 800 000	900 000			5 700 000
商誉			① 50 000		50 000
资产合计	9 000 000	1 500 000			9 300 000

（续表）

项　　目	资产负债表		抵销分录		合并资产负债表
	母公司	子公司	借　方	贷　方	
负债及所有者权益：					
应付账款	1 400 000	200 000			1 600 000
长期借款	1 000 000	100 000			1 100 000
股本	4 200 000	750 000	① 750 000		4 200 000
未分配利润	2 400 000	450 000	① 450 000		2 400 000
负债及所有者权益合计	9 000 000	1 500 000	1 250 000	1 250 000	9 300 000

借：股本　　750 000
　　未分配利润　　450 000
　　商誉　　50 000
　贷：长期股权投资　　1 250 000

（3）购买价低于被购买企业净资产的账面价值。当母公司购买子公司的价格低于子公司净资产的账面价值时，应将母公司的投资额分别与子公司的“股本”及“未分配利润”项目的金额相抵销，不够抵销的差额应列为负商誉增设“递延贷项”来反映，并在以后受益期间进行摊销。

2. 权益联营法

权益联营法是指母公司发行自己的股票去换取子公司的股份，以取得子公司的控股权，实现母、子公司间权益的联合。这时，子公司原来的股东就成了母公司的新股东。权益联营法，在会计处理上只需将子公司净资产的账面价值作为母公司的长期投资额。但是，如果母公司的长期投资与它发行股票的面值不一致，其差额应记入“资本公积”账户。

【例 13-4】　仍以［例 13-2］，假定母公司以每股面值为 1 元的 1 000 000 股的股票来换取子公司 750 000 股的股票。在换取子公司股份时，母公司应作会计分录如下：

借：长期股权投资　　1 200 000
　贷：股本　　1 000 000
　　　资本公积　　200 000

股权取得后，应编制母、子集团公司合并资产负债表工作底稿，见表 13-12 所示。在编制母、子集团公司合并资产负债表工作底稿上，应作抵销会计分录如下：

表 13-12

母、子集团公司合并资产负债表工作底稿

2008 年 12 月 31 日　　单位：元

项　　目	资产负债表		抵销分录		合并资产负债表
	母公司	子公司	借　方	贷　方	
资产：					
银行存款	1 500 000	240 000			1 740 000
应收账款	300 000	60 000			360 000
存货	2 400 000	300 000			2 700 000
长期股权投资(子公司 100%)	1 200 000			① 1 200 000	
固定资产	4 800 000	900 000			5 700 000
资产合计	10 200 000	1 500 000			10 500 000
负债及所有者权益：					
应付账款	1 400 000	200 000			1 600 000
长期借款	1 000 000	100 000			1 100 000
股本	5 200 000	750 000	① 750 000		5 200 000
资本公积	200 000				200 000
未分配利润	2 400 000	450 000	① 450 000		2 400 000
负债及所有者权益合计	10 200 000	1 500 000	1 200 000	1 200 000	10 500 000

借：股本　750 000
　　未分配利润　450 000
　贷：长期股权投资　1 200 000

3. 少数股权

在上述例子中，是假定母公司取得子公司 100%的股权。如果母公司取得子公司的股权不满 100%，那么不满部分就称为少数股权。在编制合并会计报表时，需要将少数股权的数额予以列示。

(1) 购买法下的少数股权。

【例 13-5】 仍以[例 13-2]，假定母公司在 2008 年 12 月 31 日以银行存款 960 000 元购买子公司 80%的股权。在购得子公司股权时，母公司应作会计分录如下：

借：长期股权投资　　　　960 000

　贷：银行存款　　　　960 000

股权取得后，编制的母、子集团公司合并资产负债表工作底稿，如表13-13所示。

表13-13

母、子集团公司合并资产负债表工作底稿

2008年12月31日　　　　单位：元

项　　目	资产负债表		抵销分录		少数股权	合并资产负债表
	母公司	子公司	借　方	贷　方		
资产：						
银行存款	540 000	240 000				780 000
应收账款	300 000	60 000				360 000
存货	2 400 000	300 000				2 700 000
长期股权投资（子公司80%）	960 000			①960 000		
固定资产	4 800 000	900 000				5 700 000
资产合计	9 000 000	1 500 000				9 540 000
负债及所有者权益：						
应付账款	1 400 000	200 000				1 600 000
长期借款	1 000 000	100 000				1 100 000
股本	4 200 000	750 000	①750 000			4 200 000
未分配利润	2 400 000	450 000	①450 000			2 400 000
少数股东权益(20%)					①贷 240 000	240 000
负债及所有者权益合计	9 000 000	1 500 000	1 200 000	960 000	贷 240 000	9 540 000

由于母公司拥有子公司80%的股权，还有20%属于“少数股权”，应单独列示。因此，在合并资产负债表工作底稿中，编制的抵销会计分录如下：

借：股本　　　　750 000

　　未分配利润　　　　450 000

　贷：长期股权投资　　　　960 000

　　　少数股东权益　　　　240 000

（2）权益联营法下的少数股权。

【例13-6】 仍以[例13-2]，假定母公司以每股面值1元的800 000股的股票来换取子公司80%的股份600 000股的股票。

在换取子公司股份时，母公司应作会计分录如下：

借：长期股权投资　　960 000
　贷：股本　　800 000
　　资本公积　　160 000

股权取得后，子公司原80%的股东转换为母公司的股东，还有20%属于"少数股权"。在编制母、子集团公司资产负债表工作底稿（见表13-14所示）时，应作抵销会计分录如下：

借：股本　　750 000
　未分配利润　　450 000
　贷：长期股权投资　　960 000
　　少数股东权益　　240 000

表13-14

母、子集团公司合并资产负债表工作底稿

2008年12月31日　　单位：元

项目	资产负债表		抵销分录		少数股权	合并资产负债表
	母公司	子公司	借方	贷方		
资产：						
银行存款	1 500 000	240 000				1 740 000
应收账款	300 000	60 000				360 000
存货	2 400 000	300 000				2 700 000
长期股权投资（子公司80%）	960 000			①960 000		
固定资产	4 800 000	900 000				5 700 000
资产合计	9 960 000	1 500 000				10 500 000
负债及所有者权益：						
应付账款	1 400 000	200 000				1 600 000
长期借款	1 000 000	100 000				1 100 000
股本	5 000 000	750 000	①750 000			5 000 000
资本公积	160 000					160 000
未分配利润	2 400 000	450 000	①450 000			2 400 000
少数股东权益（20%）					①贷240 000	240 000
负债及所有者权益合计	9 960 000	1 500 000	1 200 000	960 000	贷240 000	10 500 000

（二）企业股权取得并经营后合并会计报表的编制

1. 购买法

母公司在取得子公司股权后，每一会计年度都需要与子公司编制合并会计报表。合并的会计报表除资产负债表外，还包括利润表和利润分配表。如果母公司取得股权时采用的是购买法，其投资额是建立在子公司净资产的当时市价基础上，可能会产生资产升值或减值及合并商誉等问题。因此，股权取得并经营后的每一会计年度，在编制合并会计报表时就存在资产升值、减值和合并商誉的摊销问题。

【例 13-7】 假定母公司在 2008 年 12 月 31 日以 1 300 000 元购得子公司 100%的产权 1 200 000 元，合并时确认子公司存货、固定资产的市价分别高出账面价值为 10 000 元、40 000 元，合并商誉为 50 000 元。则在 2009 年度编制合并会计报表时，先要对这些购买差价部分根据资产的使用年限，采用一定的方法进行摊销，调整有关的成本、费用金额，并减少合并收益；对于未摊销部分应调整有关资产的账面价值。现予以说明如下：

(1) 假定，子公司存货计价采用先进先出法，而且合并时子公司的存货在 2009 年年末已全部售出，则其高出账面价值 10 000 元应增加本年的销货成本。

(2) 假定，固定资产高出账面价值 40 000 元，预计使用年限还有 5 年，则每年应摊销 8 000 元。又假定，子公司的固定资产用于产品生产，而产品又已全部销售。因此，摊销的价值应计入产品的销售成本；而摊余价值 32 000 元增加固定资产账面价值。

(3) 假定，合并商誉 50 000 元分 10 年摊销，则每年应摊销 5 000 元，计入管理费用；摊余价值 45 000 元，应计入的商誉账面价值。

应作调整会计分录如下：

借：营业成本	18 000	
管理费用	5 000	
固定资产	32 000	
商誉	45 000	
贷：长期股权投资		100 000

假定母公司长期投资采用权益法，子公司 2009 年实现净利润50 000元，并支付给母公司股利 10 000 元，在编制合并会计报表工作底稿时，需要将母公司从子公司获得的投资收益连同子公司的所有者权益，与母公司长期投资和子公司向母公司分配的股利支出相抵销。作抵销会计分录如下：

借：股本　　750 000
　　年初未分配利润　　450 000
　　投资收益　　50 000
　贷：长期股权投资　　1 240 000
　　　股利支出　　10 000

上述抵销会计分录中：

长期股权投资 $=1\,300\,000+50\,000-10\,000-100\,000=1\,240\,000$(元)

作了上述调整、抵销会计分录后，编制的母、子集团公司合并会计报表工作底稿，见表 13-15 所示。

表 13-15

母、子集团公司合并会计报表工作底稿

2009 年度　　单位：元

项目	母公司	子公司	抵销分录		合并会计报表
			借方	贷方	
利润表：					
营业收入	2 180 000	760 000			2 940 000
营业成本	1 725 000	575 000	①18 000		2 318 000
销售利润	455 000	185 000			622 000
期间费用	301 000	110 000	① 5 000		416 000
投资收益	50 000		② 50 000		
营业利润	204 000	75 000			206 000
利润总额	204 000	75 000			206 000
所得税	61 500	25 000			86 500
净利润	142 500	50 000	73 000		119 500
所有者权益变动表：					
净利润	142 500	50 000	73 000		119 500
年初未分配利润	2 400 000	450 000	② 450 000		2 400 000
可供分配利润	2 542 500	500 000			2 519 500
股利支出	200 000	10 000		② 10 000	200 000
年末未分配利润	2 342 500	490 000	523 000	10 000	2 319 500

（续表）

项　　目	母公司	子公司	抵销分录		合并会计报表
			借　方	贷　方	
资产负债表：					
银行存款	577 500	175 000			752 500
应收账款	250 000	70 000			320 000
存货	2 225 000	320 000			2 545 000
长期股权投资	1 340 000			① 100 000	
（子公司 100%）				② 1 240 000	
固定资产	5 000 000	1 000 000	① 32 000		6 032 000
商誉			① 45 000		45 000
资产合计	9 392 500	1 565 000			9 694 500
应付账款	1 650 000	210 000			1 860 000
长期借款	1 200 000	115 000			1 315 000
股本	4 200 000	750 000	② 750 000		4 200 000
未分配利润	2 342 500	490 000	523 000	10 000	2 319 500
负债及所有者权益合计	9 392 500	1 565 000	1 350 000	1 350 000	96 945 000

2. 权益联营法

在权益联营法下，由于母公司对子公司的股权投资是建立在子公司账面价值的基础上，不会产生资产升值、减值和合并商誉等问题。因此，在股权取得并经营后的每一会计年度，母、子公司编制合并会计报表时，只需按股权比例将母公司对子公司的长期投资及从子公司收到的股利，与子公司的所有者权益及母公司对子公司的投资收益相抵消即可。

【例 13-8】 假定母公司在 2008 年 12 月 31 日采用权益联营法取得了子公司 80％的股利 960 000 元，则 20％的“少数股权”为 240 000 元。2009 年子公司实现净利润 50 000 元，分配股利10 000 元。那么，在 2009 年度编制母、子公司合并会计报表工作底稿（见表 13-16）时，母公司与子公司相抵销的只能是 80％的股权，还有 20％应作为“少数股权”反映。作抵销会计分录如下：

表 13-16

母、子集团公司合并会计报表工作底稿

2009 年度　　　　单位：元

项　　目	母公司	子公司	抵销分录		少数股权	合并会计报表
			借　方	贷　方		
利润表：						
营业收入	2 180 000	760 000				2 940 000
营业成本	1 725 000	575 000				2 300 000
销售利润	455 000	185 000				640 000
期间费用	301 000	110 000				411 000
投资收益	40 000		①40 000			
营业利润	194 000	75 000				229 000
利润总额	194 000	75 000				229 000
所得税	61 500	25 000				86 500
少数股东损益					①借 10 000	－10 000
净利润	132 500	50 000	40 000		10 000	132 500
所有者权益变动表：						
净利润	132 500	50 000	40 000		10 000	132 500
年初未分配利润	2 400 000	450 000	①450 000			2 400 000
可供分配利润	2 532 500	500 000	490 000		10 000	2 532 500
股利支出	200 000	10 000		①10 000		200 000
年末未分配利润	2 332 500	490 000	490 000	10 000	借 10 000	2 332 500
资产负债表：						
银行存款	915 500	175 000				1 090 500
应收账款	250 000	70 000				320 000
存货	2 225 000	320 000				2 545 000
长期股权投资	992 000			①992 000		
固定资产	5 000 000	1 000 000				6 000 000
资产合计	9 382 500	1 565 000		992 000		9 955 500
应付账款	1 650 000	210 000				1 860 000
长期借款	1 200 000	115 000				1 315 000
股本	4 200 000	750 000	①750 000			4 200 000
未分配利润	2 332 500	490 000	490 000	10 000	借 10 000	2 332 500
少数股东权益					①贷 248 000	248 000
负债及所有者权益合计	9 382 500	1 565 000	1 240 000	1 002 000	贷 238 000	9 955 500

借：股本　　750 000
　　年初未分配利润　　450 000
　　投资收益　　40 000
　　少数股东损益　　10 000
　贷：长期股权投资　　992 000
　　　股利支出　　10 000
　　　少数股东权益　　248 000

上述抵销会计分录中：

投资收益＝50 000×80%＝40 000(元)

少数股东损益＝50 000×20%＝10 000(元)

长期股权投资＝960 000＋50 000×80%－10 000×80%

＝992 000(元)

少数股东权益＝240 000＋50 000×20－10 000×20＝248 000(元)

3. 公司间的经济往来

公司间的经济往来是指母公司与子公司或附属公司、集团公司内部各公司之间的经济往来。例如，公司间购货、售货引起的债权、债务关系，内部销售产生的利润等。这些经济往来在编制合并会计报表时，需要相互抵销。这是因为，在编制合并会计报表时，是把母公司与子公司或附属公司看作为一个经济实体。合并结果反映的是集团公司整体的财务状况和经营成果。

(1) 公司间的债权与债务。

【例 13-9】 假定某母公司 2008 年 12 月 31 日取得了某子公司的 100%股权。2009 年两公司在经济往来中存在下列债权与债务：

① 母公司的其他应收款中包括子公司应付给母公司的股利50 000元。

② 母公司应付账款中应付给子公司的购货欠款 10 000 元。

在编制母子公司合并会计报表工作底稿(见表 13-17)时，应将这些公司间的债权与债务相抵销，作抵销会计分录：

借：应付账款　　50 000
　　应付股利　　10 000
　贷：其他应收款　　50 000
　　　应收账款　　10 000

表 13-17

母、子集团公司合并会计报表工作底稿(部分)

2009 年度　　单位：元

项　　目	母公司	子公司	抵销分录		合并后金额
			借　方	贷　方	
资产负债表：					
应收账款		10 000		①10 000	
其他应收款	50 000			①50 000	
应付账款	10 000		①10 000		
应付股利		50 000	①50 000		

(2) 公司间销货和存货中的利润。合并会计报表应反映集团公司整体对外销售取得的利润。内部销售取得的利润在编制合并会计报表时要予以抵销。另外,公司间销售的存货,如果到了年度终了仍未售出,在编制合并会计报表时,也需要将未售出存货中包含的内部利润抵销掉。

【例 13-10】 某母公司 2009 年度向某子公司出售商品,销售收入为 120 000元,销售成本为 98 000 元,子公司在年末尚未售出。

在编制母、子公司合并会计报表工作底稿(见表 13-18 所示)时,应作抵销会计分录如下：

借：营业收入　　120 000
　贷：营业成本　　98 000
　　存货　　22 000

表 13-18

母、子集团公司合并会计报表工作底稿(部分)

2001 年度　　单位：元

项　　目	母公司	子公司	抵销分录		合并后金额
			借　方	贷　方	
利润表：					
营业收入	120 000		①120 000		
营业成本	98 000			①98 000	
资产负债表：					
存货		120 000		①22 000	98 000

经过上述抵销，将公司间销货产生的内部利润 22 000 元抵销了。因此，合并后子公司从母公司购入的存货，反映的是成本金额。

【例 13-11】 假定[例 13-10]子公司 2009 年度将上年度从母公司购得的存货出售 50%，销售收入为 70 000 元，取得利润为10 000 元，但与母公司成本 49 000 元相比，实际取得利润应为21 000 元(10 000＋22 000×50%)；另外 50%尚未出售部分存货的内部利润抵销子公司的存货价值，而这些内部利润已计入母公司的年初未分配利润。因此，应作抵销会计分录如下：

借：未分配利润　　22 000
　贷：营业成本　　11 000
　　存货　　11 000

(3) 公司间购售固定资产中的利润。母公司与子公司或附属公司、集团公司内部各公司间发生的购售固定资产业务产生的内部利润，在编制合并会计报表时也应予以抵销。但是，这种抵销一直要延续到该项固定资产使用年限的结束。这是因为，购入固定资产的公司根据固定资产使用年限而应提的折旧，通过计入成本、费用，最终从销售收入中收回，这部分收入包含了公司间的内部利润。因此，需要在编制合并会计报表时抵销掉(见表 13-19)。

表 13-19

母、子集团公司合并会计报表工作底稿(部分)

2009 年度　　单位：元

项　目	母公司	子公司	抵销分录		合并后金额
			借　方	贷　方	
利润表：					
营业收入		70 000			70 000
营业成本		60 000		① 11 000	49 000
利润		10 000			21 000
所有者权益变动表：					
年初未分配利润	22 000		① 22 000		
资产负债表：					
存货		60 000		① 11 000	49 000

【例 13-12】 某母公司于 2008 年 12 月将其生产的 1 台设备以48 000元出售给某子公司，该台设备的成本为 42 000 元。假定，该台设备预计使用年限为 3 年，无残值，子公司采用直线法计提折旧。

(1) 2008年出售后，母、子公司编制合并会计报表工作底稿时，应将内部购售设备的销售收入与销售成本及固定资产中所包含的未实现的内部利润进行抵销。作抵销会计分录如下：

借：营业收入　48 000
　贷：营业成本　42 000
　　固定资产　6 000

(2) 2009年度，在编制母子公司合并会计报表工作底稿时，需要将购售设备的内部利润6 000元从母公司年初未分配利润中予以抵销；另外，子公司当年计提折旧16 000元已计入销售成本，但其中包含了2 000元公司间的内部利润，也应予以抵销。因此，应作抵销会计分录如下：

借：未分配利润　6 000
　贷：固定资产　6 000
借：累计折旧　2 000
　贷：营业成本　2 000

(3) 2010年度，在编制合并会计报表工作底稿时，仍须抵销购售设备的内部利润6 000元；同时，除了抵销子公司当年计提折旧已计入销售成本16 000元中包含的公司间内部利润2 000元外，尚需抵销2001年度实现但在2002年子公司年初未分配利润中少计的内部利润2 000元。因此，应作抵销会计分录如下：

借：未分配利润　6 000
　贷：固定资产　6 000
借：累计折旧　4 000
　贷：营业成本　2 000
　　未分配利润　2 000

(4) 2011年度，道理同上，在编合并会计报表工作底稿时，应抵销会计分录如下：

借：未分配利润　6 000
　贷：固定资产　6 000
借：累计折旧　6 000
　贷：营业成本　2 000
　　未分配利润　4 000

公司间购售固定资产，各年合并会计报表工作底稿的有关部分，简要列表如表13-20～13-23所示。

表 13-20

母、子集团公司合并会计报表工作底稿(部分)

2009 年度 单位：元

项目	母公司	子公司	抵销分录		合并后金额
			借方	贷方	
利润表：					
营业收入	48 000		① 48 000		
营业成本	42 000			① 42 000	
资产负债表：					
固定资产		48 000		① 6 000	42 000

表 13-21

母、子集团公司合并会计报表工作底稿(部分)

2009 年度 单位：元

项目	母公司	子公司	抵销分录		合并后金额
			借方	贷方	
利润表：					
营业成本		16 000		② 2 000	14 000
所有者权益变动表：					
年初未分配利润	6 000		① 6 000		
资产负债表：					
固定资产		48 000		① 6 000	42 000
累计折旧		16 000	② 2 000		14 000

表 13-22

母、子集团公司合并会计报表工作底稿(部分)

2010 年度 单位：元

项目	母公司	子公司	抵销分录		合并后金额
			借方	贷方	
利润表：					
营业成本		16 000		② 2 000	14 000
所有者权益变动表：					
年初未分配利润	6 000		① 6 000	② 2 000	2 000

（续表）

项　　目	母公司	子公司	抵销分录		合并后金额
			借　方	贷　方	
资产负债表：					
固定资产		48 000		① 6 000	42 000
累计折旧		32 000	② 4 000		28 000

表 13-23

母、子集团公司合并会计报表工作底稿(部分)

2011 年度　　单位：元

项　　目	母公司	子公司	抵销分录		合并后金额
			借　方	贷　方	
利润表：					
营业成本		16 000		② 2 000	14 000
所有者权益变动表：					
年初未分配利润	6 000		① 6 000	② 4 000	4 000
资产负债表：					
固定资产		48 000		① 6 000	42 000
累计折旧		48 000	② 6 000		42 000

上述各年度母、子公司合并会计报表工作底稿中，母公司的年初未分配利润从 2010 年度起每年递增 2 000 元，到 2012 年共计6 000元(2012 年因不需抵销)，实际上就是公司间购售固定资产所实现的上年度内部利润。

(5) 公司间购售债券的合并方法。对于母公司与子公司或附属公司、集团内部各公司之间相互购售债券的价格(包括溢价和折价)，以及因购售债券所发生的投资收益与其相对应的利息支出，集团公司在编制合并报表时也应当相互抵销。计在合并会计报表工作底稿中，应对债券的购售价编制抵销会计分录如下：借记“应付债券”账户，贷记“长期股权投资”等账户；同时，应当将购售债券的投资收益与其相对应的利息支出编制抵销会计分录如下：借记“投资收益”账户，贷记“财务费用”或“在建工程”账户。

【例 13-13】 某子公司在 2008 年年初购入母公司按面值发行的长期债券 20 000 元，年利率为 10%，于每年年末付息。

2008 年度该集团公司在编制合并会计报表工作底稿(见表 13-24)时，应作抵销会计分录如下：

借：应付债券　　20 000
　　投资收益　　2 000
　贷：长期股权投资　　20 000
　　　财务费用　　2 000

表 13-24

母、子集团公司合并会计报表工作底稿(部分)

2008 年度　　单位：元

项　　目	母公司	子公司	抵销分录		合并后金额
			借　方	贷　方	
利润表：					
财务费用	12 000			2 000	10 000
投资收益		5 000	2 000		3 000
资产负债表：					
长期股权投资		80 000		20 000	60 000
应付债券	40 000		20 000		20 000

如果债券的利息，一方记入“在建工程”账户，一方记入“投资收益”账户，那么部分未实现的内部利润在以后年度编制合并会计报表时，还应予以调整，借记“年初未分配利润”账户，贷记“在建工程”账户。如果在建工程已形成固定资产，就须按公司间收购固定资产的内部利润进行合并处理。

4. 合并现金流量表的编制

合并现金流量表是综合反映母公司及其子公司组成的企业集团，在一定会计期间现金流入、现金流出数量以及其增减变动情况的会计报表。现金流量表要求按照收付实现制反映企业经济业务引起的现金流入和流出，其编制方法有直接法和间接法两种。我国明确规定企业对外报送的现金流量表采用直接法编制。

(三) 编制合并现金流量表时应进行抵销处理的项目

编制合并现金流量表应进行抵销处理的项目，主要有：一是母公司与子公司、子公司相互之间当期以现金投资或收购股权增加的投资所产生的现金流量；二是母公司与子公司、子公司相互之间当期取得投资收益收到的现金与分配股利、利润或偿付利息支出的现金；三是母公司与子公司、子公司相互之间以现金结算债权与债务所产生的现金流量；四是母公司与子公司、子公司相互之间当期销售商品所产生的现金流量；五是母公司与子公司、子公司相互之间处置固定资产、无形资产和其他长期资产收回的现金净额与购建固定资产、无形资产和其他长期资产支付的现金等。

（四）合并现金流量表中有关少数股东权益项目的反映

合并现金流量表编制与个别现金流量表相比，一个特殊的问题是在子公司为非全资子公司的情况下，涉及子公司与其他少数股东之间的现金流入和现金流出的处理问题。

对于子公司的少数股东增加在子公司的权益性资本投资，在合并现金流量表中应当在“筹资活动产生的现金流量”之下的“吸收投资收到的现金”项目下设置“其中：子公司吸收少数股东投资收到的现金”项目反映。

对于子公司向少数股东支付现金股利或利润，在合并现金流量表应当在“筹资活动产生的现金流量”之下的“分配股利、利润或偿付利息支付的现金”项目下单设“其中：子公司支付给少数股东的股利、利润”项目反映。

第八节　附　　注

一、会计报表附注概念

附注是指对资产负债表、利润表、现金流量表和所有者权益变动表等会计报表中列示项目的文字描述和明细资料，以及未能在这些报表中列示项目的说明。附注是财务报表重要的组成部分。

二、会计报表附注内容

企业应当按照规定披露附注信息，重要包括下列内容。

（一）企业的基本情况

（1）企业注册地、组织形式和总部地址。

（2）企业的业务性质和主要经营活动。

（3）母公司以及集团最终母公司的名称。

（4）财务报告的批准报出者和财务报告批准报出日。

（二）财务报表的编制基础

（三）遵循企业会计准则的声明

企业应当声明编制的会计报表符合企业会计准则的要求，真实、完整地反映了企业的财务状况、经营成果和现金流量等有关信息。

（四）重要会计政策和会计估计

企业应当披露采用的重要会计政策和会计估计，不重要的会计政策和会计估计可以不披露。在披露重要会计政策和会计估计时，应当披露重要会计政策的确定依据和财务报表项目的计量基础，以及会计估计中采用的关键假设和不确定因素。

（五）会计政策和会计估计变更以及差错更正的说明

（六）报表重要项目的说明

企业对报表重要项目的说明，应当按照资产负债表、利润表、现金流量表、所有者权益变动表及其项目列示的顺序，采用文字和数字描述相结合的方式进行披露。报表重要项目的明细金额合计，应当与报表项目金额相衔接。

复习思考题

一、单项选择题

1. “应收账款”账户所属明细账户如有贷方余额，则在资产负债表中应在（　　）项目内反映。

A. “应收账款”　　B. “应付账款”

C. “预付账款”　　D. “预收账款”

2. “预付账款”账户所属明细账户如有贷方余额，应在（　　）项目内反映。

A. “应收账款”　　B. “预收账款”

C. “预付账款”　　D. “应付账款”

3. 下列现金流量中，不属于“投资活动产生的现金流量”的是（　　）。

A. 购入商标权支付的现金

B. 支付购建固定资产的借款利息

C. 取得债券利息收入所收到的现金

D. 支付工程人员的工资

4. 某公司原流动比率为2∶1，速动比率为1∶1，现以银行存款支付下年度报纸杂志费，则该企业（　　）。

A. 两种比率均不变　　B. 流动比率下降

C. 速动比率下降　　D. 两种比率均提高

5. 若流动资产＞流动负债，那么开出支票偿还短期借款会使（　　）。

A. 营运资金增加　　B. 流动比率降低

C. 营运资金减少　　D. 流动比率提高

6. 按照我国合并会计报表暂行规定，少数股东权益在合并资产负债表中，应在（　　）单独列示。

A. 长期负债项目中

B. 在所有者权益类项目中

C. 流动负债项目中

D. 作为少数股东权益以总额为一类

7. 在编制合并资产负债表时，将企业集团内部交易形成的存货中包含的未实现内部销售利润抵销时，应作抵销分录如下（　　）。

A. 借记“营业利润”账户，贷记“存货”账户

B. 借记“净利润”账户，贷记“存货”账户

C. 借记“主营业务收入”账户，贷记“存货”账户

D. 借记“投资收益”账户，贷记“存货”账户

8. 当投资公司拥有被投资公司（　　）以上股权时，一般需要编制合并会计报表。

A. 25%　　B. 90%　　C. 70%　　D. 50%

二、多项选择题

1. 资产负债表上所有者权益金额的大小，受到（　　）的影响。

A. 接受捐赠资产　　B. 投资者投入资产计价

C. 坏账损失界定　　D. 固定资产折旧方法

E. 提取盈余公积比例

2. 资产负债表中的“货币资金”项目应根据（　　）账户的期末余额合计数填列。

A. “交易性金融资产”　　B. “应收账款”

C. “其他货币资金”　　D. “现金”

E. “银行存款”

3. 下列项目中，属于“筹资活动产生的现金流量”的有（　　）。

A. 在工程成本中列支的利息支出

B. 融资租赁所支付的现金

C. 分配股利或利润所支付的现金

D. 取得债券利息所收到的现金

E. 在财务费用中列支的贴现息支出

4. 支付的其他与经营活动有关的现金包含（　　）。

A. 支付某些制造费用　　B. 支付某些管理费用

C. 支付某些销售费用　　D. 支付有关的税金

E. 为职工支付住房公积金

5. 发生筹资费用所支付的现金不包括(　　)。

A. 代理发行公司代付的印刷费

B. 证券发行前企业支付的审计费

C. 证券发行后企业支付的股利或利息

D. 证券发行前企业支付的咨询费

E. 企业自行发行的证券支付的印刷费

6. 衡量企业短期偿债能力的指标有(　　)。

A. 流动比率　　B. 速动比率　　C. 现金比率　　D. 负债比率

E. 应收账款周转率

7. 反映资金周转状况比率的有(　　)。

A. 原材料周转率　　B. 营运资金周转率

C. 资本收益率　　D. 股利支付率

E. 全部资金周转率

8. A公司拥有C公司30%的普通股份,拥有B公司80%的普通股份,B公司拥有C公司30%的普通股份。则(　　)不是A公司直接和间接拥有C公司股份比例的正确值。

A. 54%　　B. 60%　　C. 80%　　D. 30%

三、判断题

1. 资产负债表中的“存货”项目,应根据“材料采购”、“原材料”、“材料成本差异”、“库存商品”、“周转材料”等账户的借方余额合计数填列。　(　　)

2. 资产负债表中的“固定资产原价”项目,应包括融资租入固定资产的原价。　(　　)

3. 资产负债表的右方项目是按照需要偿还的先后顺序排列的。　(　　)

4. 12月份的利润表中的“本年累计数”就是年度利润表中的“本年累计数”。　(　　)

5. 利润表中各项目都是根据有关的损益类账户本期实际发生额填列。　(　　)

6. 对外投资转出无形资产,由于不影响企业现金流量的增减变化,因此不需要在现金流量表正表中反映。　(　　)

7. 在填列现金流量表的“回收投资所收到的现金”项目时,应包括收回的长期债券投资的利息收入。　(　　)

8. 流动比率越高，表明企业短期偿债能力越强。（　　）

9. 资本保值增值率小于1时，说明资本增值。（　　）

10. 企业期末存货估价偏低，会提高期末速动比率。（　　）

11. 母公司拥有半数以上权益性资本的所有被投资企业，均应纳入合并会计报表内。（　　）

12. 对于子公司相互之间发生的内部交易，在编制合并会计报表时不需要进行抵销处理。（　　）

四、名词解释

1. 资产负债表
2. 利润表
3. 现金流量表
4. 直接法
5. 间接法
6. 比率分析法
7. 负债比率
8. 营运资金
9. 权益净利率
10. 权益乘数
11. 资产净利率

五、简答题

1. 资产负债表、利润表和现金流量表的反映内容有何不同？
2. 现金流量表中的现金的涵义是什么？它包括哪些内容？
3. 会计报表分析的目的是什么？
4. 会计报表分析中指标划分有那几类，并分别进行举例。
5. 短期偿债能力从哪几个方面进行分析？
6. 什么是营运能力？怎样进行营运能力分析？资产周转率是否越高越好？
7. 从投资者角度分析企业的获利能力主要计算哪些指标？考虑哪些影响因素？
8. 说明合并会计报表范围。

六、计算与分析题

习题一　练习会计报表的编制

资料

某企业某月末部分账户期末余额见表13-25。

表 13-25

某企业某月末部分账户余额

单位：元

总账账户			所属明细账户		
名称	借	贷	名称	借	贷
应收账款	301 000		A 企业	320 000	
			B 企业		20 000
坏账准备	500				
预付账款	2 000		C 企业	2 500	
			D 企业		500
长期股权投资	25 000				
固定资产原价①	8 000 000				
累计折旧②		5 000 000			
应付账款		6 000	E 企业		8 000
			F 企业	2 000	
预收账款		3 000	G 企业		3 500
			H 企业	500	
应付职工薪酬		12 000			
长期借款③		10 600			
应付债券④		20 000			
利润分配		5 000	未分配利润		5 000
本年利润		14 000			

① 其中融资租入固定资产 60 000 元。 ② 其中融资租入固定资产已提折旧 4 800 元。
③ 其中 1 年内到期长期借款 4 000 元。 ④ 其中 1 年内到期应付债券 12 000 元。

要求 根据以上资料填制资产负债表部分项目(年初数略)，其格式见表 13-26。

表 13-26

资 产 负 债 表

单位：元

资产	期末数	负债及所有者权益	期末数
应收账款		应付账款	
预付账款		预收账款	
一年内到期的长期债券投资		应付职工薪酬	
长期股权投资		一年内到期的长期负债	
固定资产原价		长期借款	
减：累计折旧		应付债券	
		未分配利润	

习题二 练习会计报表的编制

资料

某工业企业为一般纳税人,增值税税率为17%。其2004年1月1日有关会计科目的余额如表13-27所示。

表13-27

科目余额表

20×4年1月1日　　单位:元

科目名称	借方余额	科目名称	贷方余额
库存现金	3 100	短期借款	500 000
银行存款	1 908 000	应付票据	250 000
其他货币资金	168 000	应付账款	760 000
交易性金额资产	26 500	其他应付款	65 000
应收票据	80 000	应付职工薪酬	51 000
应收账款	400 000	应交税费	40 800
坏账准备	−8 000	应付利息	12 000
预付账款	65 000	长期借款	1 800 000
其他应收款	4 500	其中:一年内到期的非流动负债	850 000
原材料	294 700	递延所得税负债	8 000
库存商品	60 000	股本	1 000 000
存货跌价准备	−6 500	资本公积	3 433 300
可供出售金融资产	80 000	盈余公积	150 000
长期股权投资	215 500	利润分配(未分配利润)	90 000
固定资产	3 099 000		
累计折旧	−790 000		
在建工程	1 600 000		
无形资产	1 200 000		
累计摊销	−240 000		
合计	8 160 100	合计	8 160 100

本年度发生经济业务如下:

1. 销售一批价值为360 000元(不含增值税)的产品,货款尚未收到。该批产品主营业务成本为180 000元。

2. 用银行存款支付销售费10 000元。

3. 领料180 000元，其中产品生产领用140 000元，生产车间领用25 000元，厂管理部门领用15 000元。

4. 从银行提取现金50 000元，并发放工资。

5. 工资分配情况：生产工人工资40 000元，车间管理人员工资6 000元，厂部管理人员工资4 000元(应付福利费不考虑)。

6. 以银行存款支付零星开支3 000元，其中，用于车间开支2 000元，行政管理部门开支1 000元。

7. 计提生产车间固定资产折旧费7 000元，厂部管理部门折旧费3 000元。

8. 计算并结转制造费用。

9. 实际成本为20 000元的完工产品入库。

10. 出售1项专利权，取得收入60 000元，存入银行。该项专利的原始价值为60 000元，累计摊销额为18 000元，营业税税率为5%。

11. 报废旧机器1台，原价为80 000元，已提折旧64 000元，清理中变价收入6 000元，存入银行。又以银行存款支付清理费用2 000元。净损失转为营业外支出处理。

12. 盘盈设备1台，同为市场价为30 000元，已经上级批准处理。

13. 购入旧设备1台，原账面价值为40 000元，协商价值为32 000元，用银行存款支付。

14. 对外投资分得税后利润15 000元，存入银行(该企业长期投资采用成本法核算)。

15. 以账面价值为20 000元的无形资产对外作长期投资，双方确认价为24 000元。

16. 向银行取得长期借款100 000元。

17. 结转各损益类账户。

18. 编制应交所得税会计分录并结转入“本年利润”账户(所得税税率为33%)。

19. 提取10%的法定盈余公积和5%的任意盈余公积。

20. 应付投资者利润90 000元。

21. 结转利润分配的会计分录。

22. 年末，1年内到期的长期债券投资为6 000元，1年内到期的长期借款为 4 000 元。

要求

1. 根据提供的资料，编制有关会计分录。

2. 编制资产负债表。

3. 编制利润表。

习题三　练习合并会计报表的编制

资料

1. 母公司销售一批产品给子公司，年末应收账款中包含子公司应付账款 8 000 元，两公司坏账准备提取比例均为 0.5%。第二年年末母公司应收账款中包含子公司应付账款 5 000 元，坏账准备提取比例仍为 0.5%；第三年年末母公司的应收账款中无子公司应付账款。

2. 母公司本年初购入子公司发行的面值为 60 000 元，期限为 3 年的债券，发行价 60 720 元，年利率 10%，每年计息，一次还本付息。

3. 子公司销售一批存货给母公司，销售价为 80 000 元，成本价为 60 000 元，母公司购入后对外销售 60%，销售额为 65 000 元，还有 40%未售出。

4. 按第 3 项资料，下年度子公司又销售一批存货给母公司，销售价 40 000 元，成本价 32 000 元，母公司将上年购入的未销售存货全部售出，销售额 7 200 元，本期购入的全部未出售。

5. 按第 3 项资料，母公司将上年度购入的未销售存货 50%售出，销售价款为 85 000 元，50%未出售，本期购入子公司存货一批，销售价款为 40 000 元，成本价为 32 000 元，全部未出售。

6. 子公司从母公司购入 1 台设备，售价为 60 000 元，成本价为 48 000 元，折旧年限为 6 年，期满报废。

7. 母公司拥有子公司 100%的股权，年初子公司所有者权益账面价值为：实收资本 500 000 元，盈余公积 25 000 元，年初未分配利润 10 000 元，本年度子公司实现净利润 50 000 元，提取盈余公积 7 500 元，支付投资者利润30 000 元。

8. 母公司拥有子公司 80%的股权，年初子公司的实收资本为 100 000 元，母公司长期投资 92 000 元。子公司当年实现净利润 10 000 元，提取盈余公积 1 000 元。

要求

根据所给资料，作出在编制合并会计报表时的抵销分录（根据其中第 1、第 2 项资料编制 3 年抵销分录，第 6 项资料编制 6 年的抵销分录）。

习题四 练习分析会计报表

资料

某公司2008年简单的资产负债表及利润表资料见表13-28和表13-29。

表13-28

某公司资产负债表

2008年12月31日 单位：元

资 产	年初数	年末数	负债及所有者权益	年初数	年末数
银行存款	46 800	74 700	短期借款	10 800	46 800
应收账款	72 000	63 000	应付账款	7 200	3 600
存货	86 000	40 500	长期借款	54 000	36 000
固定资产	144 000	144 000	实收资本	180 000	180 000
减：累计折旧	28 800	34 200	盈余公积	10 800	16 830
固定资产净值	115 200	109 800	未分配利润	7 200	18 270
资产合计	270 000	301 500	负债及所有者权益合计	270 000	301 500

表13-29

某公司利润表

2008年度 单位：元

项 目	本年累计数
营业收入	226 800
减：营业成本	102 060
减：管理费用	22 140
财务费用(其中：利息费用24 000)	30 600
营业利润	72 000
加：营业外收支净额	18 000
利润总额	90 000
减：所得税	29 700
净利润	60 300

要求

根据上述资料计算下列指标(四舍五入，保留两位小数)。

(1) 流动比率。
(2) 速动比率。
(3) 负债比率。
(4) 利息保障倍数。
(5) 权益比率。
(6) 应收账款周转率。
(7) 存货周转率。
(8) 营运资金周转率。
(9) 资本收益率。
(10) 资产净利率。

习题五 练习编制与分析会计报表

资料

甲公司2008年12月31日的资产负债表见表13-30。

表13-30

甲公司资产负债表简况

200×年12月31日　　　　单位：元

资　　产	金额	负债及所有者权益	金额
货币资金	7 500	应付账款	?
应收账款	?	应交税费	7 500
存货	?	长期负债	?
固定资产净值	88 200	实收资本	60 000
		未分配利润	?
资产总计	129 600	负债及所有者权益总计	

补充资料：
(1) 年末流动比率为1∶8。
(2) 权益比率为0.8。
(3) 以销售额和年末存货计算的存货周转率为22.5次。
(4) 以销售成本和年末存货计算的存货周转率为15.75次。
(5) 本年销售毛利(销售额减去销售成本)为94 500元。

要求

根据上述资料，将甲公司的这张资产负债表中的数据填制完整。